D1654572

Westfälische Lebensbilder

Band 19

Veröffentlichungen der Historischen Kommission für Westfalen

Neue Folge 16

Westfälische Lebensbilder

Band 19

herausgegeben von
Friedrich Gerhard Hohmann

Redaktion:
Burkhard Beyer

Umschlagabbildung: Sweder Schele (1569–1639)
Gemälde eines unbekannten Malers aus der Zeit zwischen 1613 und 1619.
(Kollektion Vereniging Oudheidkamer Twente, Enschede)

Verlag: Aschendorff Verlag GmbH & Co. KG, Münster

Satz: Historische Kommission für Westfalen, Münster

Druck: Hubert & Co., Göttingen

Gedruckt auf säurefreiem, alterungsbeständigem Papier

ISBN 978-3-402-15117-4

Inhalt

Vorwort

Als im Jahr 2000 der letzte von Robert Stupperich betreute Band der Westfälischen Lebensbilder erschien, hatte die Historische Kommission für Westfalen glücklicherweise bereits einen Nachfolger gewonnen. Schon 1995 hatte sich Friedrich Gerhard Hohmann bereit erklärt, sich an der Herausgabe der Reihe zu beteiligen, 1998 begann er mit der konkreten Planung für den 17. Band, der im Jahr 2005 erschien. Nach Band 18 im Jahr 2009 folgt mit dem vorliegenden Band 19 nun also der dritte von ihm bearbeitete Band. Es wird der letzte Band sein, den Friedrich Gerhard Hohmann für die Kommission betreut, da er die Herausgabe aus Altersgründen niedergelegt hat. Zugleich wird es voraussichtlich der letzte Band der Lebensbilder in der bisherigen Form sein. Sein Erscheinen ist damit nicht nur Anlass für eine Danksagung an den Herausgeber, sondern auch für eine Zwischenbilanz der Reihe.

Der erste Band der „Westfälischen Lebensbilder" erschien 1930 in drei Heften. Die drei Teile waren durchgehend paginiert und in der letzten Lieferung mit einem Gesamtinhaltsverzeichnis versehen, so dass die Käufer am Jahresende vom Buchbinder ihrer Wahl einen stattlichen Band herstellen lassen konnten. Binnen eines Jahres wurden auf fast 500 Seiten 26 Biographien vorgelegt, unter den Beiträgern finden sich fast alle namhaften Autoren aus der Kommission und ihrem Umfeld. 1931 erschien ein ähnlich umfangreicher Band, dann kam das Vorhaben schon durcheinander. Die ersten beiden Hefte des dritten Bandes erschienen 1932, das dritte folgte erst zwei Jahre später. Dafür wurde schon 1933 der etwas knappere vierte Band vorgelegt, der zugleich als Festschrift für einen der beiden Herausgeber diente. Ein fünfter Band folgte in zwei Heften 1935 und 1937, dann kam die Reihe vorerst zum Erliegen.

Zwanzig Jahre sollte es dauern, bis 1957 der nächste – der sechste – Band erschien. Vorausgegangen waren eingehende Debatten und Erwägungen, die Fortsetzung des Vorhabens war lange Zeit alles andere als sicher. Nachdem man sich aber endlich entschieden hatte, die Reihe weiterzuführen, bemühte man sich um eine weitreichende Kontinuität. Die Bandzählung wurde fortgeführt, der Aufbau der Texte blieb unverändert, auf Fußnoten wurde auch weiterhin verzichtet. Noch immer galt der Grundsatz, dass einmal behandelte Personen nicht wieder zum Gegenstand werden sollten; die Chance, einige der parteipolitisch stark gefärbten Beiträge der 1930er-Jahre zu überarbeiten, unterblieb damit. Als wichtigste Änderung ist festzuhalten, dass die Lieferung in Teilbänden aufgegeben wurde. Nach dem sechsten Band 1957 folgten schon 1959 die Bände 7 und 8, 1962 der Band 9. Dann wurden die Abstände größer: Band 10 ließ acht Jahre lang bis 1970 auf sich warten, Band 11 folgte 1975, Band 12 im Jahr 1979. Ab Mitte der 1980er-Jahre folgten in knapperen Abständen die Bände 13 (1985), 14 (1987) und 15 (1990), dann dauerte es nicht weniger als zehn Jahre bis zum bereits erwähnten, im Jahr 2000 herausgegebenen Band 16.

Die Herausgeberschaft hat mehrmals gewechselt: Die Bände 1 und 2 betreuten der Direktor der Universitätsbibliothek in Münster, Aloys Bömer (1868–1944), sowie der Bibliotheksdirektor Otto Leunenschloss (1883–1960), beide waren zugleich Mitglieder der Historischen Kommission für Westfalen. Noch während des Erscheinens von Band 3 wurde Leunenschloss, der nach Berlin versetzt worden war, durch den Archivar Johannes Bauermann (1900–1987) ersetzt. Band 4 gab Leunenschloss allein heraus, denn der Band war zugleich die Festschrift für seinen Kollegen Bömer zum 65. Geburtstag; Band 5 verantworteten dann erneut Bömer und Bauermann. Von 1957 bis 1962 gaben der Oberstudiendirektor Wilhelm Steffens (1883–1970) und der ehemalige Oberbürgermeister und Oberstadtdirektor Karl Zuhorn (1887–1967) die Neufassung (Bände 6 bis 9) heraus, von 1970 (Band 10) bis 2000 (Band 16) betreute Robert Stupperich (1904–2003) die Reihe. Stupperich war von 1946 bis 1972 Professor für evangelische Kirchengeschichte an der Universität Münster.

Die Bände der „Westfälischen Lebensbilder“ waren von Anfang an weder thematisch noch zeitlich eingegrenzt. In einem Band konnten sowohl Literaten als auch Politiker versammelt sein, Kriegshelden und Bildhauer, Professoren und Wirtschaftsführer, Bischöfe und Fürsten, Täter und Opfer – das vollständige Verzeichnis der bisher behandelten Personen findet sich im Anhang dieses Bandes. Die einzige Bedingung für die Aufnahme war eine hinreichende Prominenz und ein deutlicher Bezug zu Westfalen, also entweder eine Herkunft aus Westfalen oder ein nachhaltiges Wirken in der Region. Es darf an dieser Stelle wohl offen ausgesprochen werden, dass bisweilen nicht nur die Thematik, sondern auch die Qualität der Beiträge durchaus unterschiedlich war.

Das übliche Verfahren bei der Entstehung der Bände war, dass die Herausgeber laufend geeignete Beiträge aus allen Themengebieten sammelten. Immer wenn eine ausreichend erscheinende Anzahl zusammengekommen war, wurde ein Band produziert – bisweilen mussten die Autoren bis zum Erscheinen ihres Beitrags deshalb einige Geduld beweisen. Zwei Ausnahmen von dieser Arbeitsweise hat es gegeben. Der 1979 erschienene Band 12 vereint die Porträts von zehn Frauen, vor allem Adelige und Schriftstellerinnen. Die andere Ausnahme ging auf eine Initiative von Friedrich Gerhard Hohmann zurück: Der 2005 erschienene Band 17 behandelte Gegner und Unterstützer des Nationalsozialismus. Wie schon bei Band 12 kam die thematische Klammer des Werkes im Titel nicht zur Geltung, aber auch ohne einen möglicherweise provokanten Titel hat der Herausgeber nicht nur Lob für diesen bemerkenswerten Band geerntet. Ungeachtet aller Einwände haben beide Bände einen Weg aufgezeigt, den die Kommission bei den künftigen Veröffentlichungen beschreiten möchte.

Mit der Zukunft der biographischen Reihen – neben den „Westfälischen Lebensbildern“ sind hier auch die von der Kommission mitverantworteten „Rheinisch-Westfälischen Wirtschaftsbiographien“ zu nennen – hat sich auf Einladung aller beteiligter Institutionen ein Workshop am 24. Oktober 2014 in Dortmund beschäftigt. Das Treffen hatte sich mit der auf den ersten Blick paradoxen Situation zu beschäftigen, dass Biographien in jüngerer Zeit insgesamt an Popularität deutlich gewonnen haben, es jedoch immer schwieriger wird, Autoren für regionale Sammelbiographien zu finden. Sollte es zwischen den knappen Wikipedia-Einträgen und den großen Monographien kein Interesse für mittlere Beiträge über Personen von regionaler Bedeutung mehr geben? Thomas Etzemüller führte die Teilnehmer des Workshops in die Biographieforschung ein, fragte nach Interessen und Motiven der Biographen und der Leser, nach den durch die Quellen gesetzten Grenzen und den Tücken des manipulierten Erbes. Marcus Weidner beschrieb das Verhältnis von „Biographien und Neuen Medien“. Mehrere Beiträge referierten die Geschichte und den aktuellen Stand der Rheinisch-Westfälischen Wirtschaftsbiographien. Auf die Anfänge der Westfälischen Lebensbilder blickte Dörthe Gruttmann ausführlich zurück, sie schilderte deren – oben bereits skizzierten – Erscheinungsverlauf und die unterschiedlichen Entwicklungstendenzen.

Unter den Teilnehmern des Workshops bestand Einigkeit darüber, dass die bisher gepflegte Form der Darstellung ohne Fußnoten und mit einem stark geraafftem Quellen- und Literaturnachweis nicht mehr zeitgemäß ist. Diese Form wird im vorliegenden Band deshalb letztmalig verwendet. Ebenfalls überlebt hat sich 85 Jahre nach Erscheinen des ersten Bandes zweifellos die Festlegung, dass einmal beschriebene Personen kein zweites Mal behandelt werden sollen. Künftig soll es Autoren deshalb offen stehen, entweder ältere Beiträge zu überarbeiten, mit Fußnoten zu versehen und unter doppeltem Autorennamen wieder einzureichen, oder aber einen älteren Beitrag durch eine ganz neue Fassung zu ersetzen. Einigkeit herrschte unter den Teilnehmern auch in der Ansicht, dass die Übernahme des Konzeptes der Themenbände von den „Rheinisch-Westfälischen Wirtschaftsbiographien“ sinnvoll wäre. Die Kommission will deshalb keinen neuen Generalherausgeber benennen, sondern möglichst viele Bandherausgeber gewinnen. Viele Themen sind vorstellbar, beispielsweise Baumeister, Stadtplaner, leitende Verwaltungsbeamte, Archivare, Historiker, Museumsleiter oder Künstler. Dabei sollte der Anteil der behandelten Frauen dringend gesteigert werden. Einzige Bedingung für die Aufnahme in das Werk müsste auch künftig sein, dass ihr Leben oder Wirken einen substanziellen Bezug zu Westfalen hat.

Die Historische Kommission für Westfalen will die biographische Forschung damit auch weiterhin zu ihren Publikationsschwerpunkten rechnen. Dabei soll nicht verkannt werden, dass eine ausschließlich gedruckte Form heute nur noch einen Teil des interessierten Publikums erreichen kann. Es wird zu ihren Aufgaben gehören, geeignete Formen einer dualen Veröffentlichung – gedruckt und digital – zu entwickeln. Wie diese duale Publikation genau aussehen wird, ist im Moment noch nicht absehbar.

Dieser hoffnungsvolle Ausblick wäre nicht möglich, wenn Friedrich Gerhard Hohmann die Reihe in den vergangenen 15 Jahren nicht am Leben erhalten hätte. Angesichts seiner zahlreichen Aufgaben und Ämter in Paderborn war dieser zusätzliche ehrenamtliche Einsatz keineswegs selbstverständlich. Ebensowenig selbstverständlich war es, dass er für den vorliegenden Band einen aus Gesundheitsgründen abgesagten Beitrag kurzfristig selbst übernommen hat. Der Vorstand und die Geschäftsstelle der Historischen Kommission sind ihm für sein Engagement zum Dank verpflichtet.

Münster, im Juni 2015

Wilfried Reininghaus
Erster Vorsitzender der Historischen Kommission für Westfalen

Burkhard Beyer
Geschäftsführer der Historischen Kommission für Westfalen

Otto von Hoya
(† 1424)

Wolfgang Bockhorst

Nur zwei Tage nach dem Tod des tüchtigen Bischofs Heidenreich Wolf von Lüdinghausen wählte das münsterische Domkapitel am 11. April 1392 seinen bisherigen Dompropst Otto von Hoya zum Bischof. Otto regierte das Stift 32 Jahre bis zu seinem Tod 1424 und kam damit – nach dem 47 Jahre amtierenden Ludwig von Hessen – auf die zweitlängste Regierungszeit eines münsterischen Bischofs im Mittelalter.

Otto war ein Sohn des Grafen Johann II. von Hoya, der als jüngerer Sohn zunächst für die geistliche Laufbahn bestimmt gewesen war, zudem Dompräbenden in Bremen und Hildesheim sowie Expektanzen in Münster und Osnabrück besaß. Dann aber trat er ins weltliche Leben zurück, um 1338 Helene, eine Tochter des Herzogs Erich I. von Sachsen-Lauenburg, zu heiraten und die Regierung der Obergrafschaft Hoya mit dem Hauptort Nienburg zu übernehmen.

Aus der Ehe gingen hervor die Söhne Gerd, der nur 1354 genannt wird und früh verstarb, Erich, der als Ältester die Herrschaft erhielt, Otto und Johann, die beide Geistliche wurden, sowie die Tochter Ermgard, die den Edelherrn Simon zur Lippe ehelichte. Das Geburtsjahr von Otto und Johann ist nicht bekannt. Als 1372 Johann II. von Hoya die Erbfolge regelte, scheinen Otto und Johann noch minderjährig gewesen zu sein, denn erst 1377 stimmten beide dieser Regelung nachträglich zu. Da nur Johann der Urkunde zufolge die Hilfe seines Bruders Erich zum Erwerb von Dompräbenden in Anspruch nehmen wollte, scheint Otto zu dieser Zeit schon versorgt gewesen zu sein. Allerdings war Otto auch in den folgenden Jahren noch in der Grafschaft Hoya ansässig, vielleicht weil sein Bruder Erich aus seiner ersten Ehe mit Anna von Diepholz nur eine Tochter besaß und er somit der nächste Erbfolger war. 1383 werden alle drei Brüder als Gegner in einer Fehde mit dem Stift Minden genannt und auch 1386 treten die drei Brüder bei einer Geldleihe bei der Stadt Bremen gemeinsam auf. Erst um 1390, als sich nach dem Tod von Erichs erster Frau eine erneute Ehe mit Helene von Braunschweig-Lüneburg anbahnte und damit eine männliche Nachkommenschaft wahrscheinlich wurde, haben Otto und Johann ihre kirchlichen Karrieren weiterverfolgt.

Otto erlangte im Sommer 1390 nach der Resignation des Wilhelm Freseken die Dompropstei in Münster, in dieser Würde wurde er zum ersten und einzigen Mal am 12. November des Jahres genannt. Schon zuvor muss er Domherr gewesen sein, wenngleich er als solcher nicht erwähnt wird. Ob Otto auch das seit 1304 vorgeschriebene einjährige Studium an einer italienischen oder französischen Universität absolviert hat, ist ungewiss.

Für die beschleunigte Wahl Ottos zum Bischof durch das Domkapitel, das am Gründonnerstag, dem 11. April 1392 einstimmig für ihn votierte, dürften wenigstens zwei Gründe maßgeblich gewesen sein: die Verhinderung päpstlicher Eingriffsmöglichkeiten und der für den 17. April festgesetzte Sühnetermin mit Graf Adolf von Kleve-Mark vor Lünen. Bei diesem wichtigen Treffen, das sicherlich schon mit Bischof Heidenreich verabredet worden war, sollten nach dem Tod des Grafen Engelbert von der Mark Ende 1391 die Verhältnisse zwischen Münster und dem Grafen Adolf als Erben Engelberts geregelt werden. Dass es bei diesen Verhandlungen vorteilhaft sein konnte, einen Dynastenspross auf den Bischofsstuhl zu haben, der in der Lage sein würde, seine familiären Beziehungen mit in die Waagschale zu werfen, mag bei der Wahl ebenfalls eine Rolle gespielt haben.

Der gerade gewählte Bischof begab sich nach Cappenberg, um dort im Kloster die Nacht vor dem Verhandlungstermin zu verbringen. Mitten in der Nacht wurde er dort jedoch von Johann von der Mark, dem Herren zu Arenberg, einem Vetter des Grafen Adolf, überfallen und flüchtete zu Fuß auf die Landesburg Botzlar bei Selm. Der Überfall, bei dem auch Gefangene gemacht und Pferde weggetrieben wurden, geschah ohne Kenntnis des Grafen Adolf. Dieser sagte Schadensersatz bis zum 29. September zu, der aber offenbar nicht in der geforderten Höhe entrichtet wurde, was das Verhältnis in der Folgezeit belastete. Seit diesem Ereignis hegte Otto ein Misstrauen gegen das Kloster Cappenberg, das er nie wieder besucht haben soll. Trotz des Zwischenfalls sind die Friedensverhandlungen mit dem Grafen Adolf aber weitergeführt worden und mündeten am 20. September 1392 in einen Landfrieden für Westfalen, an dem Erzbischof Friedrich von Köln, die Bischöfe Otto von Münster und Ruprecht von Paderborn, Graf Adolf von Kleve-Mark und die Städte Münster und Soest beteiligt waren.

Zwei Monate nach seiner Wahl erhielt Otto von Hoya am 10. Juni 1392 die Bestätigung durch den römischen Papst Bonifaz IX. und wurde feierlich inthronisiert. Am 18. August legte er den Eid ab, mit dem er sich verpflichtete, die Rechte des Domkapitels zu wahren und dessen Mitwirkung bei der Regierung des Landes zu garantieren. Schon am 12. Juli hatte er auf Wunsch des Domkapitels die Zulassung zu diesem Gremium auf Adelige und Akademiker beschränkt und damit seine Exklusivität festgeschrieben.

Otto von Hoya verstand sich zunächst und vor allem als weltlicher Fürst. In den 32 Jahren seiner Regierung hat er sein Hauptaugenmerk auf die innere Festigung und äußere Abrundung des Hochstifts gelegt, das durch seine Bemühungen in der Tat zum größten geistlichen Territorium des deutschen Reiches wurde.

Die münsterische Bischofschronik berichtet schon für 1392 vom ersten kriegerischen Einsatz des Bischofs gegen Heinrich von Kuenre in der Twente, dessen festes Haus Bruninck südlich von Enschede zerstört wurde. Das war gewissermaßen eine Vorübung zu der großen Auseinandersetzung mit den Grafen von Tecklenburg

Siegel des Bischofs Otto IV. von Münster. Beschreibung: „Der Bischof im Ornat, mit der Rechten segnend, mit der Linken den Stab haltend (Brustbild); darunter den Sechspass durchbrechend neben einander der Stift-Münsterische und der Hoiasche Schild (zwei Bärentatzen, unten zusammenhängend). Umschrift: Sigillum Ottonis de Hoia episcopi Monasteriensis." Abbildung und Beschreibung entnommen aus: Die Westfälischen Siegel des Mittelalters, II. Heft, I. Abteilung: Die Siegel der Bischöfe. Bearb. von Georg Tumbült, Münster 1885, Seite [XVII] und Tafel 47.

im folgenden Jahr, die sich seit langem abgezeichnet hatte. Seit der zweiten Hälfte des 14. Jahrhunderts betrieben die Tecklenburger eine aggressive Machtpolitik, die sich insbesondere gegen die benachbarten Stifte Münster und Osnabrück richtete. Schon Ottos Vorgänger Heidenreich hatte 1385 mit dem Bischof Dietrich von Osnabrück ein auf zehn Jahre angelegtes Bündnis gegen die Grafen von Tecklenburg geschlossen, das zwar einige militärische Erfolge verbuchen konnte, letztlich jedoch zu einem achtjährigen Waffenstillstand führte und die eigentliche Konfrontation nur aufschob. Da dieser Waffenstillstand 1393 auslief und die Tecklenburger durch einen heftigen Familienzwist kaum handlungsfähig waren, nutzte Otto die Gelegenheit, diesen Gegner entscheidend zu schwächen. Am 18. Juni 1393 schloss er ein Bündnis mit Bischof Otto von Osnabrück sowie den beiderseitigen Hauptstädten Münster und Osnabrück mit dem erklärten Ziel, die Cloppenburg zu erobern. Der Vertrag enthielt bereits Vereinbarungen über die gemeinsame Verwaltung der Burg und des sie umgebenden Amtsbezirkes; er zeigt damit klar, dass im Fall der Eroberung an eine Rückgabe an die Tecklenburger zumindest vorerst nicht gedacht war. In der Tat hatte gerade der Bischof von Münster ein hohes Interesse an der Region um Cloppenburg, da er mit ihrem Erwerb die bis dahin getrennten münsterischen Herrschaftsräume im Emsland und um Vechta verbinden konnte.

Noch im Juni 1393 zog die Koalition vor die Burg Cloppenburg, die im folgenden Monat eingenommen wurde; nur wenig später mussten auch Friesoythe und die auf der Grenze zu Friesland liegende Schnappenburg ihre Tore öffnen. Damit war das Ziel einer Eroberung des tecklenburgischen Nordlandes vollständig erreicht. Zwar benannten nun die Bischöfe von Münster und Osnabrück jeweils Verwalter für das eroberte Gebiet, doch relativ rasch setzte sich der münsterische Bischof als die stärkere Kraft durch. Schon im Januar 1394 huldigten die freien Leute auf dem Hümmling dem Bischof als Inhaber der Cloppenburg. In der Tat hat Otto alles getan, um diesen für ihn wichtigen territorialen Gewinn nicht wieder aus der Hand zu geben. In diesem Vorhaben ist er durch seinen Bruder Johann, der als Domherr zu Osnabrück bis zu seiner Wahl zum Bischof von Paderborn im Juni 1394 anscheinend die Osnabrücker Interessen in Cloppenburg wahrnahm, zumindest nicht behindert worden. Ende 1396 konnte Otto sein Ziel erreichen: Am 28. Dezember schloss er mit Bischof Dietrich von Osnabrück ein Bündnis auf acht Jahre und eine Übereinkunft, in der ihm dieser gegen Zahlung von 1100 rheinischen Gulden und den Verzicht auf münsterische Rechte an der Osnabrücker Stiftsburg Vörden seine Rechte an Burg und Amt Cloppenburg abtrat. In dieser Urkunde sicherte Otto zu, das Stift Osnabrück zu schützen, falls Cloppenburg doch noch an die Tecklenburger zurückgegeben werden sollte. Aber nur wenige Tage später versprach er am 1. Januar 1397 dem münsterischen Domkapitel, dass das eroberte Gebiet auf ewig beim Stift Münster bleiben solle. Zudem verfügte er, dass künftig jeder Bischof vor seiner Inthronisation dieses Versprechen erneuern sollte. Zur Absicherung der Eroberung fehlte allerdings immer noch der Verzicht des Grafen Nikolaus von Tecklenburg – eine weitere Auseinandersetzung war darum unvermeidbar.

Bevor es hierzu kam, brach 1395 eine Fehde mit den Edelherren von Steinfurt und Solms-Ottenstein aus, deren Rechte und Besitzungen im westlichen Münsterland mit denen des Bischofs vermischt lagen, was immer wieder zu Auseinandersetzungen geführt hatte. Im April des Jahres hatten sich Ludolf von Steinfurt sowie Johann und Heinrich von Solms mit Bischof Otto noch auf eine Sühneverhandlung geeinigt, bei der beide Seiten einem Schiedsrichtergremium die zu klärenden Klagepunkte vortragen sollten. Doch schon im Frühsommer 1396 belagerte der Bischof die Burg Övelgünne der Herren von Solms bei Schöppingen und konnte sie einnehmen. Dabei wurde den Burgherren die Möglichkeit eröffnet, innerhalb eines Monats in Ausgleichsverhandlungen die Burg zurückzugewinnen, was aber nicht geschah – wenig später wurde die Burg auf Befehl des Bischofs geschleift.

Nur kurze Zeit später, am 22. Juni 1396, konnte Bischof Otto von den Steinfurtern jedoch gefangen genommen und auf die Burg Steinfurt gebracht werden. Schon am 22. Juli zogen Ottos Brüder Bischof Johann von Paderborn, Graf Erich von Hoya, sein Vetter Graf Otto von Hoya und sein Schwager Simon zur Lippe vereint mit den münsterischen Truppen vor Steinfurt, konnten Stadt und Burg aber nicht einnehmen. Über die Behandlung des Bischofs während der Belagerung erzählt die münsterische Bischofschronik:

> „In Steinfurt war als Kommandant Junker Heinrich von Solms, der sah, dass die Frau von Steinfurt mit dem Bischof Brett spielte, und sagte zu ihr: ‚Nichte von Steinfurt, Ihr werdet mit dem Pfaffen noch so lange zum Spiel auf der Kammer sitzen, bis Eure Herrschaft verspielt ist.‘ Der Bischof musste darauf in den Turm. Als der Bischof in den großen Turm ging, schlug ihm der von Solms auf den Rücken und sagte verächtlich: ‚Geh weg, du Pfaffe.‘ Da wandte sich der Bischof Otto um und sagte: ‚Solms, Solms, denke an diesen Stoß.‘ Und so lange der Bischof im Gefängnis war, hatte er eine Fülle weiterer Kränkungen von Solms zu erleiden.“

Da die Belagerer die Stadt nicht erstürmen konnten, stauten sie den Graben um Stadt und Burg und zwangen damit die Belagerten zu Verhandlungen. Diese endeten damit, dass der Bischof im August 1396 gegen Zahlung von 7500 Gulden frei gelassen wurde und dem Edelherrn von Steinfurt die münsterischen Rechte in den Kirchspielen Steinfurt und Borghorst verpfänden musste. Darüber hinaus versprach der Bischof, an dem Steinfurter und seinen Verbündeten keine Rache für den Überfall zu nehmen, vielmehr sogar dafür zu sorgen, dass er die päpstliche Absolution erhielt. Tatsächlich wurden der Edelherr von Steinfurt und seine Burgmannen wegen der Gefangennahme des Bischofs erst 1399 von diesem vorläufig aus dem päpstlichen Bann entlassen. Im darauffolgenden Jahr wurden dann auch die weiteren Kirchenstrafen, in die der Edelherr wegen der Plünderung und Verbrennung des Pfarrhauses in Metelen während dieser Fehde geraten war, aufgehoben.

Ob sich Bischof Otto im August 1397 auf Seiten des Herzogs von Geldern gemeinsam mit dem Erzbischof von Köln und den Bischöfen von Utrecht, Osnabrück und Paderborn auf einem dreitägigen Kriegszug gegen Brabant befand, wie

Geldrische Chroniken berichten, ist nicht eindeutig zu klären. Die münsterische Bischofschronik weiß hiervon nichts.

In den nächsten Jahren wandte sich der Bischof jedenfalls der problematischen Situation im Westen des Münsterlandes zu. Hier durchsetzten nicht nur die Edelherrschaften Ahaus, Ottenstein und Gemen das territoriale Gefüge des Fürstbistums. Auch Vreden drohte verloren zu gehen, seitdem der Erzbischof von Köln das Amt Aspel 1392 an Graf Adolf von Kleve-Mark verpfändet hatte, denn die kölnischen Rechte in Vreden waren ein Zubehör dieses Amtes. Als Graf Adolf von Kleve-Mark im Dezember 1395 Sweder Herrn zu Voorst und Keppel als Amtmann in Vreden einsetzte, musste Bischof Otto alarmiert sein. Denn Sweder war durch seine Heirat mit der Erbtochter Johanna von Ahaus 1393 in den Besitz dieser Herrschaft gekommen und erhob Ansprüche auf die Herrschaft Lohn, obwohl diese schon 1316 von Bischof Ludwig für das Fürstbistum Münster erworben worden war. Als dann die Vredener Bürger dem Bischof die Gefolgschaft bei einem Zug gegen den Herrn von Borculo verweigerten und das Gerücht aufkam, der Graf von Kleve-Mark wolle in Vreden eine Burg bauen, griff Bischof Otto 1398 unvermutet ein – er besetzte die Stadt und baute vor dieser eine Burg. Dieses feste Haus, das mit einer Besatzung von Burgmannen versehen wurde, sicherte Vreden endgültig dem Stift Münster und war eine ernste Warnung an Sweder von Voorst und Heinrich von Solms, den Herrn zu Ottenstein, der 1396 den Bischof so übel behandelt hatte.

Die Reaktion des Grafen Adolf von Kleve-Mark und des Sweder von Voorst, der sich während des Überraschungscoups des Bischofs im Salland aufhielt, ließ nicht lange auf sich warten. Graf Adolf sagte dem Bischof die Fehde an und Sweder zog mit 80 Bewaffneten in das Stift, um dort zu plündern. Dies wurde dem Bischof gemeldet, der sich nach der Angabe der Bischofschronik mit Mannschaft bei Lünen aufhielt, wo er den Grafen von Limburg gefangen genommen hatte. Sofort zog Otto ins Kirchspiel Billerbeck, wo ihm nur einen Tag später die Gefangensetzung Sweders gelang, die der Verfasser der Bischofschronik äußerst fantasievoll darstellte. Der Herr von Voorst blieb in den beiden folgenden Jahren Gefangener des Bischofs und kam erst im November 1400 gegen Zahlung von 30 000 Gulden wieder in Freiheit. Da er nicht die ganze Summe in Geld aufbringen konnte, verpfändeten er und seine Frau Johanna dem Bischof am 12. November 1400 für 12 000 Gulden die Herrschaft Ahaus mit Burg und Stadt Ahaus sowie allem Zubehör. Im Januar 1406 verzichtete dann Johanna, die nach Sweders Tod den Ritter Godert von Ruhr geheiratet hatte, auf ihr Rückkaufsrecht und verkaufte dem Bischof die Herrschaft endgültig für 4500 Gulden. Wie wichtig dieser Erwerb für den Bischof war, zeigte sich wenige Monate später am 12. November 1406, als der Bischof festsetzte, dass der Befehlshaber der Burg diese nach seinem Tod dem Domkapitel zu überantworten habe. Ähnlich wie die Cloppenburg sollte auch Ahaus dauerhaft für das Stift Münster gesichert werden.

Für Cloppenburg hatte der Bischof zwar 1397 erklärt, dass diese Burg mit dem zugehörigen Amtsbezirk integraler Bestandteil des Stifts Münster sein sollte und jeder seiner Nachfolger vor der Huldigung beschwören solle, Cloppenburg nicht wieder aus der Hand zu geben. Es bestanden jedoch immer noch die Ansprüche der Tecklenburger, die sich mit dem Verlust dieses Gebietes und ihrer Machtstellung nördlich der Hase nicht abfinden konnten. Stets stand Graf Nikolaus von Tecklenburg auf der Seite der Feinde des Bischofs und nutzte jede Gelegenheit, diesem zu schaden.

Um den permanenten Fehdezustand zu beenden, seinen Gegner zu besiegen und Cloppenburg unangefochten mit dem Stift zu vereinen, schloss der Bischof Bündnisverträge mit den benachbarten regionalen Gewalten. Zum Bischof von Osnabrück, mit dem schon 1396 ein achtjähriges Bündnis vereinbart worden war, kamen am 25. April 1398 der Graf von Bentheim, der sich mit dem Bischof ebenfalls auf acht Jahre verband und sich verpflichtete, bis Pfingsten (also bis zum 26. Mai) der Fehde des Bischofs gegen den Tecklenburger beizutreten. Am 5. Oktober 1398 kam noch Adolf von Berg, Graf zu Ravensberg, hinzu, der allerdings nur bis zum September 1399 eine Hilfszusage gegen Tecklenburg machte.

Anfang 1399 ließ Graf Nikolaus von Tecklenburg seine Gegner von seinem Freigrafen vor sein Gericht laden. Dabei wurden neben dem Bischof Otto seine Brüder Johann, seit Februar 1399 Bischof von Hildesheim, und Erich Graf von Hoya, sein Vetter Otto Graf von Hoya und Bruchhausen und Bernd Graf von Bentheim, des Weiteren sechs münsterische Domherren und 258 Adelige sowie zehn Städte des Stifts genannt. Verbündete des Bischofs waren also vornehmlich Mitglieder seiner Familie. Inwiefern und ob Graf Nikolaus von Tecklenburg im Verbund mit den Grafen von Kleve und der Mark, den mächtigsten Gegnern des Bischofs, stand, lässt sich nicht feststellen. Es ist jedoch auffällig, dass diese zeitgleich mit den Übergriffen des Tecklenburgers den Süden des Stifts Münster beunruhigten – im Frühsommer 1400 überfiel der Graf von der Mark die Stadt Werne und legte sie in Asche. Der Bischof konnte diesen Einfall jedoch schnell abwehren und nutzte nun sein aufgebotenes Heer, um gegen den Tecklenburger zu ziehen. Im Juli belagerte er Bevergern. Die Stadt wurde nach vier Tagen eingenommen, die Burg fiel im August. Im September begann die Belagerung von Lingen und Tecklenburg. Vor Lingen wurde er dabei von seinem Bruder und Hildesheimer Bischof Johann, dem Herzog Bernhard von Braunschweig und den Grafen von Hoya, Schaumburg und Homburg unterstützt, während der Bischof von Osnabrück und die Städte Münster und Osnabrück vor Tecklenburg Beistand leisteten. Bischof Otto befand sich vor Tecklenburg, wo Graf Nikolaus die Verteidigung leitete. Die Anwesenheit der Bundesgenossen und der Einsatz von Belagerungsmaschinen zeigten, dass die Belagerungen längerfristig geplant waren und nicht spontan geschahen. Die Kriegsmaschinerie sollte so lange laufen, bis der Bischof sein Ziel erreicht hatte. Das muss auch dem Tecklenburger klar geworden sein, denn schon im Oktober, noch bevor Lingen oder Tecklenburg eingenommen werden konnten, trat er in Verhandlungen mit dem Bischof und akzeptierte dessen Forderungen. Seine Unterwerfung wurde in mehreren Urkunden dokumentiert, die am 25. Oktober 1400 in Münster aufgesetzt wurden.

Graf Nikolaus musste nicht nur endgültig auf die Ämter Cloppenburg und Friesoythe mit allen zugehörigen Rechten verzichten, sondern auch auf seine Rechte im Emsland und auf dem Hümmling, weiter auf Burg und Stadt Bevergern mitsamt den umliegenden Kirchspielen Bevergern, Riesenbeck, Saerbeck, Greven, Hembergen, Emsdetten, Rheine und dem halben Kirchspiel Schapen. Der Graf verlor darüber hinaus sämtliche Ansprüche im Stift Münster, die er aus Vogtei- und Geleitsrechten ableiten konnte und musste schließlich seinen Gegnern Urfehde schwören. Die Grafschaft Tecklenburg war damit auf die Hälfte geschrumpft und bestand nur noch aus den Gebieten um Lingen und Tecklenburg sowie der Herrschaft Rheda. Das Stift Münster dagegen hatte eine gesicherte Verbindung seiner Teile erreicht, einerseits zwischen dem Emsland und Vechta, womit das Niederstift Münster entstand, andererseits zwischen dem Oberstift und dem Niederstift durch den Gewinn Bevergerns und der wichtigen Straße an der Ems. Der Bischof hatte damit alle seine Ziele gegen Tecklenburg erreicht.

Die Burg Bevergern wurde in der Folgezeit zu einer starken Festung ausgebaut. Unter der Leitung des Baumeisters Hane arbeiteten daran auch Gesellen aus Dortmund, die der Bischof von dort erbeten hatte. Auch Cloppenburg sowie die landesherrlichen Burgen des Niederstifts in Meppen und Vechta wurden neu erbaut oder zumindest verstärkt. Dagegen sind die Versuche des landsässigen Adels im Niederstift, seine Burgen weiter auszubauen, konsequent behindert worden.

Eine Sicherung der neu erworbenen Gebiete war durchaus notwendig, denn die Tecklenburger haben die Verluste keineswegs akzeptiert, immer wieder Klage geführt und Ansprüche auf Rückgabe erhoben. 1424 erschienen die Grafen sogar am Totenbett von Bischof Otto auf der Burg Bevergern und baten um Rückgabe ihrer ehemaligen Burgen, die der Bischof ihnen aber mit dem Hinweis verweigerte, dass man Kindern keine Burgen, sondern Äpfel geben solle.

Mit dem Erwerb Cloppenburgs richtete sich der Blick des Bischofs auch auf die zu seiner Diözese gehörigen friesischen Gebiete, wo die einheimischen Häuptlinge um die Macht rangen. Im Frühjahr 1399 soll er zusammen mit dem Erzbischof von Bremen und dem Bischof von Minden von Friesoythe aus gegen den Häuptling Widzeld tom Brock gezogen sein, wobei Widzeld in Detern erschlagen wurde. Am 13. März 1401 schloss er ein Bündnis mit der Stadt Groningen, verschiedenen friesischen Landschaften am Dollart und dem Propst Hisko von Emden, die sich zu dieser Zeit in einer Fehde mit dem Bischof von Utrecht befanden. Es scheint bei diesem Bündnis aus Sicht der Friesen in erster Linie um die Sicherung ihres Handels von Friesland nach Westfalen gegangen zu sein, da die Straße an der Ems nun unbestritten von Münster kontrolliert wurde. Der Vertrag ist jedoch wohl auch als Versuch Ottos zu werten, seine Position in diesem Gebiet, das ja zur Diözese Münster gehörte, zu stärken.

In den folgenden Jahren versuchte der Bischof weiterhin, sich in Friesland und Norddeutschland zu engagieren. Hierzu trat er wiederholt in Verbindung mit der Hanse, die seine Unternehmungen finanzieren sollte. 1405 wollte er sich von den Hansestädten tausend Gulden leihen, um die Burg Delmenhorst erobern zu können. Dieses Vorhaben, bei dem sich Ansprüche der Grafen von Hoya mit den Interessen des Stifts Münster verbanden, wurde von der Hanse jedoch abgelehnt. Auch ein weiteres Angebot 1406, den Handel der Hanse in Friesland gegen Zahlung von 3000 Gulden zu sichern, blieb ergebnislos. Das Angebot wurde 1410 noch einmal wiederholt, nun mit der Zielrichtung gegen die Vitalienbrüder, die mit ihren Piraterien den hansischen Handel empfindlich geschädigt hatten, deren Blütezeit aber längst vorbei war. Mit seinen Angeboten ist der Bischof niemals zum Zuge gekommen, wohl auch deswegen, weil die Hanse in der ohnehin schon schwer zu durchschauenden Lage in Ostfriesland nicht noch einen weiteren Machtfaktor etablieren wollte. Ergebnislos waren auch die Versuche des Bischofs, sich in die Streitigkeiten zwischen Keno tom Brok, dem Häuptling des Brokmerlandes, und Hisko Abdena, Propst zu Emden, einzumischen. Im Juni 1409 fand deswegen ein Hansetag in Meppen statt, auf dem Bischof Otto anwesend war. Zwar machte der bedrängte Hisko 1409 Emden zum Offenhaus des Bischofs, doch konnte der Bischof hieraus keinen Nutzen ziehen, denn die Hanse verhinderte sein Eingreifen und schon 1413 eroberte Keno tom Brok die Stadt Emden. Während die münsterischen Ambitionen in Friesland damit endgültig scheiterten, ist der Wunsch des Bischofs, Delmenhorst für das Stift Münster zu erwerben, viel später, 1482, doch noch in Erfüllung gegangen – schon 1547 sollte es aber wieder verloren gehen.

Wenn der Bischof im friesischen Raum ohne Erfolg blieb, so gelang ihm doch noch ein wichtiger Erwerb im Münsterland. Bereits bei der Gefangenschaft in Steinfurt 1396 hatte sich Heinrich von Solms, Herr zu Ottenstein, als ein den Bischof regelrecht hassender Feind erwiesen. Dennoch hatte der Bischof ihn bisher geschont, weil Solms sich auf den Grafen Adolf von Kleve-Mark stützen konnte. Anfang 1401 sorgte dann aber ein Kriminalfall für eine unversöhnliche Feindschaft, die eine kriegerische Auseinandersetzung unausweichlich erschienen ließ. Hermann von Merveldt und Bernd Droste ermordeten in Münster Johann van der Wersche, einen illegitimen Halbbruder des Heinrich von Solms. Obwohl der Bischof gegenüber der Stadt Münster, die Merveldt gefangen genommen hatte, nichts für seinen Drosten und vertrauten Rat unternahm, ja sogar zuließ, dass dieser hingerichtet wurde, sah Solms offenbar bei ihm eine Mitschuld und verbündete sich mit Graf Adolf von Kleve-Mark, dem alten Gegner des Bischofs. Die Bündnisurkunde vom 21. März 1406 zeigt, dass Heinrich von Solms nicht nur erklärter Feind des Bischofs war, sondern auch die Belagerung seiner Burg Ottenstein erwartete. Konkret vereinbart wurde für den Fall einer Einschließung und Belagerung von Ottenstein durch den Bischof von Münster, dass Graf Adolf binnen eines Vierteljahres zu Hilfe kommen und alles tun sollte, um die Belagerung aufzuheben. Der Urkunde ist auch zu entnehmen, dass der Edelherr Heinrich von Gemen auf Seiten des Bischofs stand.

Im September 1406 begann die Belagerung der durch ihre Lage in sumpfigem Gebiet gut geschützten Burg. Der Bischof ließ um die Burg Blockhäuser bauen, um die Zugänge und damit die Versorgung zu unterbinden. Er richtetete sich also auf eine längere Belagerung ein und versuchte die starke Festung durch Aushungern zur Übergabe zu zwingen. Entgegen seiner Zusage ist Graf Adolf von Kleve-Mark erst 1407 für Solms tätig geworden. Am 1. Mai des Jahres schloss er einen Vertrag mit Hermann von Velen, mit dem ihm dieser seine Burg Velen für die Fehde gegen den Bischof von Münster und den Herrn von Gemen öffnete. Auf seine Veranlassung schickten auch der mit ihm verschwägerte deutsche König Ruprecht, sein Schwiegervater Herzog Johann von Burgund, der Landgraf von Hessen und die Grafen von Heinsberg, Sayn und Moers Absagebriefe an den Bischof, in denen er gemahnt wurde, die Belagerung abzubrechen.

Diese Abmahnungen konnten den Bischof jedoch nicht von seinem Ziel abbringen, ebensowenig ein Hilfszug des Grafen Adolf im September 1407, bei dem die Burg verproviantiert wurde. Die Belagerung, zu der das Landvolk und auch die Bürger der umliegenden Städte aufgeboten waren, wurde fortgesetzt. Ein weiterer klevischer Hilfszug im Frühjahr 1408 konnte abgewehrt werden, im Juli musste die Festung sich ergeben. Am 26. Juli, unmittelbar nach der Kapitulation, musste Heinrich von Solms zugunsten des Stifts Münster auf Burg und Stadt Ottenstein, das Gogericht im Kirchspiel Vreden, das Gericht zum steinernen Kreuz sowie auf Zehnten, Güter und Leute Verzicht leisten, die ihm vom Stift Münster verpfändet waren und die früher zur Herrschaft Ahaus gehörten. Er zog mit seiner Familie nach Zütfen, wo er 1425 starb. Heinrich von Solms Versuche, die Herrschaft zurückzugewinnen, blieben erfolglos. Immerhin konnte er 1416 wenigstens seine allodialen Güter zurückerhalten. Als König Sigismund in diesem Jahr nach Nimwegen kam, stellten sich bei ihm Heinrich von Solms und Bischof Otto ein, letzterer um vom König die Regalien zu empfangen. Der König vermittelte die Rückgabe der Allodien gegen den Verzicht Heinrichs auf die Herrschaft. 1421 bestätigten seine beiden Töchter Agnes und Ermgard in Münster den Verzicht von 1408, womit diese kleine, von Ahaus abgesplitterte Herrschaft endgültig dem Stift Münster einverleibt wurde. Am 14. August 1408 wurde auch das Verhältnis zu Kleve-Mark bereinigt. Graf Adolf und Bischof Otto schlossen einen Friedensvertrag, der 1412 verlängert wurde.

Die Eroberung Ottensteins, die für den Bischof eine konsequente Folge des Erwerbs von Ahaus darstellte, dämpfte auch die Hoffnung Hermanns von Velen, sich eine von Münster unabhängigere Stellung bewahren zu können. Hermann hatte sich 1372 dem Bischof Florenz von Münster unterwerfen und die Burg Velen als Offenhaus vom Stift Münster zu Lehen nehmen müssen. Als er am 1. Mai 1407 seine Burg dem Grafen Adolf von Kleve-Mark öffnete, wurde er zum offenen Feind des Bischofs und verstieß eklatant gegen den älteren Vertrag. Nach der Eroberung Ottensteins musste er sich erneut dem Bischof unterwerfen. Am 17. Oktober 1408 belehnte dieser den Herrn von Gemen mit dem Hof Schwering im Kirchspiel Velen, der bisher im Besitz Hermanns von Velen gewesen war, und am 31. Oktober 1409 mussten Hermann und seine Söhne Bernd und Simon bestätigen, dass Velen münsterisches Lehen und ein Offenhaus des Bischofs und Stifts sei. Dafür mussten sie Bürgen stellen.

Damit hatte der Bischof von Münster die eigenständigen kleineren Herrschaften im Münsterland weitgehend verdrängen können. Lediglich die Herren zu Steinfurt,

Anholt und Gemen behielten ihre unabhängige Stellung, allerdings immer bedroht und gefährdet durch das übermächtige Stift Münster. Unbestritten münsterisches Lehen war die Herrschaft Borculo, die sich im Besitz der Herren von Bronckhorst befand.

Bei der Belagerung von Ottenstein hatten Osnabrücker Ritter und Bürger mitgewirkt, denn seit 1404 verwaltete Bischof Otto auch das Stift Osnabrück, das ihm der mit seiner Hilfe 1402 zum Bischof gewählte Heinrich von Holstein anvertraut hatte. Heinrich war nach dem Tod seiner Brüder Albrecht und Gerhard 1403 und 1404 nach Holstein gegangen, um dort die Regierung zu übernehmen, hatte aber zunächst keinen Verzicht auf das Bistum geleistet. Am 12. August 1404 setzte Bischof Heinrich vielmehr seinen Onkel, Bischof Otto von Münster, mit Genehmigung des Domkapitels, der Stiftsmannschaft und des Rates der Stadt Osnabrück zum Vormund und Verwahrer des Stifts Osnabrück ein und übergab ihm gleichzeitig die Städte und Festungen Osnabrück, Iburg, Grönenberg, Hunteburg, Fürstenau, Wittlage, Vörden, Quakenbrück, Wiedenbrück und Bramsche. Ebenso stellten am selben Tag Domkapitel, Stiftsmannschaft und Rat der Stadt Osnabrück dem Bischof Otto als neuen Verwahrer des Stifts einen Revers aus, in dem sie versprachen, dass bei der Rückkehr des Bischofs Heinrich und seiner Regierungsübernahme Bischof Otto, seine Brüder und Bürgen von allen Verpflichtungen aufgrund der Administration des Stifts frei sein sollten. Im Sommer 1410 verzichtete Heinrich dann doch formell auf das Bistum, woraufhin der Pisaner Papst Johannes XXIII. am 16. Juli 1410 Otto vorläufig die Verwaltung des Bistums Osnabrück übertrug. Am 16. September 1410 scheint Otto offiziell die Bistumsverwaltung übernommen zu haben, denn an diesem Tag beschwor er das übliche Juramentum seiner Vorgänger und verbriefte der Stadt Osnabrück ihre Rechte und Gewohnheiten für die Zeit seiner Administration. Im Mai 1412 erhielt Otto vom Papst die Verwaltung des Bistums Osnabrück auf Lebenszeit übertragen, was ihn zur Abhaltung eines allgemeinen Lehntags am 18. Dezember 1412 auf dem Domhof zu Osnabrück veranlasste.

Otto hat seine neue Aufgabe tatkräftig wahrgenommen und sich zuerst der Burgen des Landes versichert, die er teilweise aus Verpfändungen löste. Schon 1408 verhinderte er die Übernahme der Domdechanei zu Osnabrück durch den wohl an der Kurie tätigen Johannes Homersen, dem diese wichtige Präbende durch Papst Gregor XII. übertragen worden war. Über seine sonstigen Taten für das Stift Osnabrück weiß der Osnabrücker Geschichtsschreiber Ertwin Ertmann einige Jahrzehnte später erstaunlich wenig zu berichten, doch soll er die Landesburgen Vörden und Wittlage stark ausgebaut und das Bistum in Frieden regiert haben.

In der Tat schloss Bischof Otto zwischen 1412 und 1417 eine Reihe von Friedens- und Freundschaftsverträgen, die der Sicherung des erreichten Zustandes dienen sollten. Nicht nur, dass der 1408 geschlossene Frieden mit Kleve wiederholt verlängert wurde, auch wurde mit dem Erzstift Köln 1412 ein Erbbündnis geschlossen und 1417 ein Schutzvertrag mit der Stadt Dortmund vereinbart. Dennoch wurde Otto 1421 erneut in eine Fehde gezogen, die seine Brüder Graf Erich von Hoya und Bischof Johann von Hildesheim gegen die Herzöge Bernhard, Otto und Wilhelm von Braunschweig und Bischof Wilbrand von Minden führten. Otto operierte von der Burg Drakenburg nördlich von Nienburg an der Weser, von wo er verschiedene Einfälle in braunschweigisches Gebiet unternahm. Als er aber durch eine Seuche einen großen Teil seines Heeres verlor und seine Brüder 1422 um Frieden nachsuchten, musste er die Fehde aufgeben, zumal die Stadt Osnabrück heftigen Widerstand gegen diesen Kriegszug leistete. Der Bischof hat danach persönlich keine Feldzüge mehr unternommen. Allerdings hat er offenbar den Herzog Reinald von Geldern bei seinem Streit mit Brabant mit 800 Pferden unterstützt.

Während seiner Regierungszeit blieben die Beziehungen zu den jeweiligen Päpsten und Kaisern wenig ausgeprägt und auf das Notwendige beschränkt. Otto hielt sich zunächst an Papst Bonifaz IX., der seine Wahl am 10. Juni 1392 konfirmierte, und an die ihm folgenden Päpste der römischen Obedienz. Nach der Absetzung von Papst Gregor XII. durch das Konzil zu Pisa erkannte Otto die Pisaner Päpste Alexander V. und Johannes XXIII. an, von denen der letztere ihm die Administration des Bistums Osnabrück 1410 und 1412 übertrug. Auf dem Konzil zu Konstanz war Bischof Otto von Februar 1415 bis März 1418 vertreten durch Johannes von Büren, der dem Edelherrengeschlecht entstammte, in Paris kanonisches Recht studiert hatte und u. a.Pfründen in Utrecht, Meppen und Bremen besaß. Otto folgte dann dem durch das Konzil bestimmten Papst Martin V., der ihm am 18. Februar 1418 nach einer entsprecheden Bittschrift einen Sündenerlass bewilligte. 1420 soll Otto im Auftrag des Papstes eine Untersuchung gegen Bischof Wilbrand von Minden geführt haben, dem die Mitwisserschaft an der Ermordung eines Geistlichen zur Last gelegt wurde.

Auch die Beziehungen zu den Kaisern und zum Reich überschritten nicht das notwendige Maß. Erst am 11. Mai 1400 erteilte König Wenzel dem Bischof, der wegen schwerer Kriege *(ob gravium guerrarum)* nicht in eigener Person erscheinen konnte, die Regalien. Nach der Absetzung Wenzels hat sich Otto nur wenige Monate später auf die Seite König Ruprechts von der Pfalz gestellt, Ende 1400 wurde er zu den Anhängern Ruprechts gezählt. Spätestens 1407 scheint das Verhältnis allerdings zerrüttet gewesen zu sein, denn die münsterische Bischofschronik berichtet für dieses Jahr von einem Absagebrief des Königs an den Bischof zugunsten des Herrn von Ottenstein. Auch im Streit um das Bistum Verden 1408 zwischen Ulrich von Albeck und Heinrich von Hoya, dem Vetter des Bischofs Otto, nahm der König Partei für Ulrich und forderte für diesen die Unterstützung Ottos und seiner Verwandten. Erst 1416 trat Otto in nähere Verbindung zu König Sigismund, als dieser sich bei seiner Rückkehr aus England in den Niederlanden aufhielt – wie erwähnt traf der Bischof den König in Nimwegen, wo dieser ihm am 17. November 1416 die Regalien erteilte. Anzunehmen ist, dass der König bei dieser Gelegenheit den Ausgleich zwischen Bischof Otto und Heinrich von Solms vermittelt hat, dem Otto seine Eigengüter im Münsterland zurückerstattete. Wiederholt wurde Bischof Otto von Sigismund mit verschiedenen Aufträgen betraut, so übertrug dieser ihm 1416 und 1417 die Sorge für die Stadt Dortmund und ernannte ihn 1420 zum Schiedsrichter in den Streitigkeiten des Häuptlings Sibet von Rüstringen mit der Stadt Bremen.

Die letzten Jahre des Bischofs waren von Krankheit überschattet. Sein Biograph berichtet von einem schwammartigen Geschwür, das ihm zwischen der Leber und den Rippen wuchs. Er war so geschwächt, dass ihm die Zügel der Regierung, die er bisher so kräftig geführt hatte, aus der Hand glitten. Nun konnte Johann von Raesfeld ungehindert auf Straßenraub gehen, Ritter aus der Mark und dem Vest Recklinghausen konnten ohne Furcht vor dem Bischof einen Einfall in das Stift Münster wagen. 1421 schlossen deswegen die Burgmannen zu Vechta, 1422 die Burgmannen zu Quakenbrück und 1423 Domkapitel, Stadt und Ritterschaft zu Osnabrück Bündnisse zur Friedenswahrung in ihren Einflussbereichen, da der Bischof zu dessen Sicherung offenbar nicht mehr in der Lage war.

Zu erwähnen ist schließlich noch, dass die münsterische Bischofschronik von verschiedenen Seuchen und Pestilenzien im Münsterland während der Regierungszeit Ottos berichtet. Sie erzählt auch, dass zu seiner Zeit erstmals ein umherwanderndes Volk aufgetreten sei, dessen Herkunft unbekannt war. Gemeint sind offenbar die Zigeuner, die auch in anderen Quellen um 1400 erstmals auftauchen.

Bischof Otto von Hoya starb am 3. Oktober 1424 auf der von ihm stark befestigten Burg Bevergern. Seine Eingeweide wurden in der dortigen Burgkapelle beigesetzt, sein Leichnam wurde nach Münster gebracht, zunächst in dem von ihm errichteten Fürstenhof auf dem Domplatz aufgebahrt und dann im Dom auf der Nordseite vor dem Hochaltar begraben. Sein etwas mehr als ein Jahrhundert später von den Täufern zerstörtes Grab war mit einer Inschrift versehen, die seine Taten als weltlicher Fürst verherrlichte und ihn als Wiedergeburt von Herkules und Hektor feierte:

„*Otto decessit, en sub petra requiescit.*
Bellorum rector fuit hic, velut Hercules, Hector.
Et dilatator, castrorum depopulator,
Ast magnatorum victor fuit et pavor horum.
Nunc, Deus alme tuum sibi praesta cernere vultum.“

Otto ist verstorben und sieh, er ruht unter diesem Stein.
Er war ein Schlachtenlenker wie Herkules und Hektor.
Er war ein Erweiterer (seines Landes), ein Burgenverheerer,
aber doch ein Sieger über die Großen und ihr Schrecken.
Nun, Gott, lass ihn dein segensreiches Antlitz schauen.

Otto von Hoya verstand sich in erster Linie als Territorialfürst und hat als solcher zweifellos die Grundlagen gelegt, die für das Stift Münster bis zu seiner Auflösung 1803 bestimmend gewesen sind. Als geistlicher Oberhirte seiner Diözese ist er dagegen nur wenig in Erscheinung getreten – nicht einmal die Bischofsweihe hat er empfangen. Der Verfasser der münsterischen Bischofschronik, der seine Taten als Kriegsheld nicht genug rühmen kann, rügt denn auch mit bitteren Worten die Zurücksetzung seiner geistlichen Funktion und hält ihm vor, seine Braut, die Kirche zu Münster, vernachlässigt zu haben.

Immerhin aber hat Otto vier Diözesansynoden abhalten lassen, auf denen vornehmlich Verordnungen zur Hebung der verwahrlosten Sitten des Klerus erlassen wurden, darunter 1413 das strikte Verbot der heimlichen Ehe. Während er Weihehandlungen durch Weihbischöfe vornehmen ließ, hat er aber doch in die Verwaltung der Diözese eingegriffen, indem er die Funktionen und Kompetenzen des Offizials und des Generalvikars klarer voneinander abgrenzte.

Über die persönliche Frömmigkeit lässt sich wenig sagen, doch immerhin war er Mitglied des Großen Kalands am Dom zu Münster und des Kalands zu Billerbeck. Ob die Bestätigung des Klosters Frenswegen 1394 oder die Überlassung des zum bischöflichen Hof gehörigen Obstgartens an die Fraterherren zu Münster als eine Hinwendung zur *Devotio moderna* gewertet werden kann, erscheint mehr als fraglich. Fromme Stiftungen zu Lebzeiten sind nicht bekannt, erst aus seinem Nachlass sind der Altar in der Burgkapelle zu Bevergern und sein Gedächtnis im Dom zu Münster fundiert worden.

Otto war ein durchsetzungsstarker Fürstbischof, dessen Politik auf die Festigung seines Territoriums gerichtet war. Die Ziele, die er sich dabei gesteckt hat, waren durchaus realistisch und erreichbar. In weiten Teilen hat er sie tatsächlich erreicht, indem er zum richtigen Zeitpunkt mit den richtigen Koalitionen operierte. Gescheitert sind allerdings seine Versuche, die alten Rechte Münsters in Friesland wieder zur Geltung zu bringen. Hier war er immerhin einsichtig genug, seine Aktivitäten auf den diplomatischen Bereich zu beschränken und sich nicht militärisch in die innerfriesischen Streitigkeiten einzumischen, was mit großer Wahrscheinlichkeit zu einem Desaster geführt hätte.

In seiner Politik hat sich Otto im Unterschied zu seinen Vorgängern auf seine Verwandten stützen können, im Gegenzug hat er diese immer wieder gefördert und unterstützt. Insbesondere nachdem sein Bruder Johann im Juni 1394 den Bischofsstuhl in Paderborn bestiegen hatte, zeigte sich eine zwischen den Brüdern und Vettern von Hoya sowie ihrer Schwägerschaft abgestimmte Familienpolitik, die über Westfalen hinausreichte. Wenn einer von ihnen angegriffen wurde, kamen die anderen zu Hilfe. Dies gilt für Ottos Kriegszug gegen die Tecklenburger 1397 wie auch für Johanns immer wieder aufflackernde Auseinandersetzungen mit den Herzögen von Braunschweig-Lüneburg, in denen ihm Otto stets Beistand leistete. Häufig genannt wird Otto auch, wenn es um die Schlichtung von Streitigkeiten geht. Wegen seiner politischen Erfahrung wurde er gern als Schiedsrichter eingesetzt und nicht selten gelang es ihm, die streitenden Parteien mit einem für beide Seiten tragbaren Kompromiss zu versöhnen.

Seinen Zeitgenossen hat er durch seine kraftvolle Politik und seine Erfolge durchaus imponiert. Wenn König Sigismund ihm 1416 bei der Verleihung der Regalien attestierte, dass ihm ein allseits bekannter und gefeierter Ruf vorauseile, so drückte das die Meinung seiner Zeit aus. Der Verfasser der münsterischen Bischofschronik verschwieg aber nicht die Schattenseiten des Bischofs, der rücksichtslos und überheblich seine Herrschaft ausgeübt habe. Er sei der Meinung gewesen, er könne sich alles erlauben, weil er das Land sicher gemacht habe. Dennoch ist das

Urteil der Nachwelt über ihn überwiegend positiv ausgefallen. Vor allem zeigt sich das in einer Biographie, die wohl Mitte des 15. Jahrhunderts entstand und die durch die Wiedergabe vieler Anekdoten die Popularität des Bischofs betonte. Der gelehrte Albert Krantz beschreibt ihn in seiner sächsischen Kirchengeschichte als einen Liebhaber der Waffen, geeigneter zum Führen von Kriegen als zum Verwalten von Kirchen. Krantz rühmte Otto als einen hervorragenden und siegreichen Bischof.

In den beiden von ihm regierten Fürstbistümern ist die Erinnerung an seine machtvolle und erfolgreiche Regierung noch längere Zeit lebendig geblieben. Sicherlich war sie auch ein Beweggrund für die Wahl seines Neffen Erich zum Administrator des Bistums Osnabrück 1437 und für die Ernennung seines weiteren Neffen Johann zum Verweser des Stifts Münster 1450.

Quellen und Literatur

Über das Leben Ottos existieren mehrere chronikalische Quellen. Wohl unmittelbar nach seinem Tod wurde seine Vita der lateinischen münsterischen Bischofschronik zugefügt. Wenig später erfolgte eine recht genaue Übersetzung dieser Chronik ins Niederdeutsche, die nur wenige Abweichungen und Zusätze enthält. Ende des 15. Jahrhunderts ist dann in Münster eine Chronik entstanden, die zwar die älteren Chroniken benutzt, allerdings erhebliche Zusätze bringt. Gerade für Otto IV. findet sich hier eine umfangreiche Biographie, die eine Fülle von Mitteilungen und ausschmückende Anekdoten enthält, die die Volkstümlichkeit des Bischofs betonen und aus Überlieferungen zu schöpfen scheinen, die in den ersten Jahrzehnten nach seinem Tod umliefen.

Die Chronik der Bischöfe von Osnabrück, die Ertwin Ertmann Ende des 15. Jahrhunderts verfasste, enthält einige Nachrichten über die Amtszeit Ottos als Administrator des Bistums Osnabrück, ist allerdings nicht so ergiebig wie die münsterische Chronistik, auf der sie teilweise fußt.

Auch wenn die Biographie aus dem Ende des 15. Jahrhunderts reichhaltige Nachrichten über den Bischof enthält, so mangelt es ihr – wie auch den anderen chronikalischen Berichten – an einer verlässlichen chronologischen Ordnung und Zuschreibung der dargestellten Ereignisse, die auch durch die urkundliche Überlieferung nicht immer verifiziert werden können.

Die historische Forschung hat sich zum Teil auch wegen dieser Schwierigkeiten nur selten mit dem Bischof beschäftigt. Neben verschiedenen kleineren biographischen Skizzen sind nur zwei umfangreichere Abhandlungen zu seiner Person verfasst worden, eine ungedruckte Dissertation von Otto Schnurr von 1914/19 und die Lebensbeschreibung von Wilhelm Kohl 2003 in seinem Werk über das Bistum Münster im Rahmen der Germania Sacra.

Quellen

Bistumsarchiv Osnabrück, U 1 Urkunden Domarchiv.
Landesarchiv Nordrhein-Westfalen, Abteilung Westfalen: Fürstbistum Münster, Landesarchiv – Urkunden; Domkapitel Münster – Urkunden; Gesamtarchiv Landsberg-Velen, Gemen – Urkunden.

Gedruckte Quellen

Andernach, Norbert (Bearb.): Die Regesten der Erzbischöfe von Köln im Mittelalter, Bd. 10: 1391–1400 (Friedrich von Saarwerden), Düsseldorf 1987 (Publikationen der Gesellschaft für Rheinische Geschichtskunde, Bd. 21).
Ders. (Bearb.): Die Regesten der Erzbischöfe von Köln im Mittelalter, Bd. 12,1: 1411–1414 (Friedrich von Saarwerden). Nicht eingereihte Regesten, Erwähnungen nach dem Tod, nachgetragene Regesten 1370–1410, Ergänzungen und Berichtigungen zu den Bänden 8–11, Düsseldorf 1995 (Publikationen der Gesellschaft für Rheinische Geschichtskunde, Bd. 21).
Becker, Klemens: Akten und Urkunden zur Geschichte der Stadt Bocholt, Teil 1: Die Bocholter Stadtrechnungen, Bocholt 1914 (Beilage zum Jahresbericht des Gymnasiums zu Bocholt, Ostern 1914).
Beninga, Eggerik: Chronica der Fresen, bearb. von Louis Hahn, hg. von Heinz Ramm, Teil 1, Aurich 1961/1964 (Quellen zur Geschichte Ostfrieslands, Bd. 4).
Böhmer, Johann Friedrich (Hg.): Regesta Imperii, Bd. XI: Die Urkunden Kaiser Sigmunds 1410–1437, bearb. von Wilhelm Altmann, 2 Bde., Innsbruck 1896–1900.
Bruns, Alfred/Behr, Hans-Joachim (Bearb.): Inventar des fürstlichen Archivs zu Burgsteinfurt, Bd. 2: Regierungssachen der Grafschaften Bentheim und Steinfurt. Bestände A Bentheim, A Steinfurt, G, Münster 1976 (Inventare der nichtstaatlichen Archive Westfalens, Bd. 6; Das Bentheimer Land, Bd. 85).
Ficker, Julius (Hg.): Die münsterischen Chroniken des Mittelalters, Münster 1851 (Die Geschichtsquellen des Bisthums Münster, Bd. 1) *[online verfügbar auf der Plattform „Internet Archive“ unter: https://archive.org/details/diemnsterischen00fickgoog]*.
Fink, Karl August (Bearb.): Repertorium Germanicum, Bd. 4: Verzeichnis der in den Registern und Kameralakten Martins V. vorkommenden Personen, Kirchen und Orte des Deutschen Reiches, seiner Diözesen und Territorien. 1417–1431, 3 Teilbde., Berlin 1943–1958.
Finke, Heinrich (Hg.): Acta concilii Constanciensis, Bd. 4, Münster 1928.
Friedländer, Ernst (Hg.): Ostfriesisches Urkundenbuch, Bd. 1: 787–1470, Emden 1878 *[online verfügbar auf der Plattform „Universitätsbibliothek Heidelberg“ unter: http://diglit.ub.uni-heidelberg.de/diglit/drwOstfrUrkunde1878]*.
Hanserecesse. Die Recesse und andere Acten der Hansetage von 1256–1430, Bd. 5: 1460–1466, Leipzig 1880.

Hodenberg, Wilhelm von (Hg.): Hoyer Urkundenbuch, 8 Bde., Hannover 1848–1855 *[online verfügbar auf der Plattform „Münchener Digitalisierungszentrum", verlinkt auf der Plattform „Rambow Genealogie" unter: http://www.rambow.de/urkundenbuch.html].*

Ilgen, Theodor (Bearb.): Quellen zur inneren Geschichte der Rheinischen Territorien. Herzogtum Kleve. 1. Ämter und Gerichte, Entstehung der Ämterverfassung und Entwicklung des Gerichtswesesens vom 12. bis ins 16. Jahrhundert. Bd. 2: Quellen. 2. Teil mit einer Karte des Territoriums Kleve. Mit den Registern zu Band 1, 2,1 und 2,2, Bonn 1925 (Nachdruck Düsseldorf 1978) (Publikationen der Gesellschaft für Rheinische Geschichtskunde, Bd. 38).

Jarck, Horst-Rüdiger (Bearb.): Urkundenbuch der Stadt Osnabrück 1301–1400, Osnabrück 1989 (Osnabrücker Urkundenbuch, Bd. 6).

Kemkes, Hugo/Wolf, Manfred (Bearb.): Die Lehnregister der Bischöfe von Münster 1379–1450, Münster 2007 (Veröffentlichungen der Historischen Kommission für Westfalen XXVIII, Westfälische Lehnbücher, Bd. 3).

Kohl, Wilhlem (Bearb.): Quellen zur Geschichte von Ottenstein. 1319–1815, Ahaus 1988 (Beiträge zur Geschichte der Stadt Ahaus, Bd. 4).

Krantz, Albert: Ecclesiastica historia sive Metropolis [...], Basel 1558 *[online verfügbar auf der Plattform „Münchener Digitalisierungszentrum" unter: http://reader.digitale-sammlungen.de/de/fs1/object/display/bsb10867331_00001.html].*

Kühne, Ulrich (Bearb.): Repertorium Germanicum, Bd. 3: Verzeichnis der in den Registern und Kameralakten Alexanders V., Johann's XXIII. und des Konstanzer Konzils vorkommenden Personen, Kirchen und Orte des Deutschen Reiches, seiner Diözesen und Territorien 1409–1417, Berlin 1935.

Kunze, Konrad (Bearb.): Hansisches Urkundenbuch, Bd. 5: 1392–1414, Leipzig 1899 *[online verfügbar auf der Plattform „Hansischer Geschichtsverein" unter: http://www.hansischergeschichtsverein.de/hanseub.htm].*

Lacomblet, Theodor Joseph (Hg.): Urkundenbuch für die Geschichte des Niederrheins oder des Erzstifts Cöln, der Fürstenthümer Jülich und Berg, Geldern, Meurs, Cleve und Mark und der Reichsstifte Elten, Essen und Werden. Aus den Quellen in dem Königlichen Privinzial-Archiv zu Düsseldorf und in den Kirchen- und Stadt-Archiven der Provinz, vollständig und erläutert, Bd. 3: 1301–1400, Düsseldorf 1853 (Neudruck Aalen 1960).

Löffler, Klemens (Hg.): Die Bischofschroniken des Mittelalters, Münster 1917 (Mindener Geschichtsquellen, Bd. 1).

Meyer, Godelieve M. de (Hg.): De Stadsrekeningen van Deventer, Teil 1, Groningen 1968.

Milz, Joseph u. a. (Bearb.): Urkundenbuch der Stadt Duisburg, Bd. 2: 1350–1400, Duisburg 1998 (Duisburger Geschichtsquellen, Bd. 11).

Mitteilungen des historischen Vereins zu Osnabrück 2 (1850), S. 353.

Niesert, Joseph (Hg.): Beiträge zu einem münsterischen Urkundenbuche aus vaterländischen Archiven, Bd. 1, Abt. 2, Münster 1823.

Ders. (Hg.): Münstersche Urkundensammlung, 4. Bd. in fünf Abtheilungen: Urkunden über Synodal- und Archidiakonal-Gegenstände. Über mehrere Stifte aus dem XII. Jahrh. Über Vogteien mehrerer Stifte. Über die Vogtei des Stiftes Borchorst. Über die Vogtei des Stiftes Vreden. Nebst einem vollständigen Register, Coesfeld 1832; 7. Bd. in drei Abtheilungen: Über Synodal- und Archidiakonal-Gegenstände. Capitulationen und ertheilte Privilegien Münsterscher Bischöfe. Über das Domkapitel, Coesfeld 1837 *[beide Bände online verfügbar auf der Plattform „Digitale Sammlungen" der ULB Münster unter: http://sammlungen.ulb.uni-muenster.de/hd/content/titleinfo/338932].*

Oberndorff, Lambert Graf von: Regesten der Pfalzgrafen am Rhein. 1214–1508, Bd. 2: Regesten König Ruprechts, Innsbruck 1912–1939.

Philippi, Friedrich/Forst, Heinrich (Hg.): Die Chroniken des Mittelalters, Osnabrück 1891 (Osnabrücker Geschichtsquellen, Bd. 1).

Preuss, Heike (Bearb.): Kleve-Mark-Urkunden. Regesten des Bestandes Kleve-Mark-Urkunden im Nordrhein-Westfälischen Hauptstaatsarchiv in Düsseldorf, Bd. 3: 1394–1416, Siegburg 2003 (Veröffentlichungen der Staatlichen Archive des Landes Nordrhein-Westfalen, Reihe C, Quellen und Forschungen, Bd. 48).

Rothert, Hermann (Bearb.): Die mittelalterlichen Lehnbücher der Bischöfe von Osnabrück, Osnabrück 1932 (Osnabrücker Geschichtsquellen, Bd. 5).

Rübel, Karl (Bearb.): Dortmunder Urkundenbuch, Bd. 3, 1. Hälfte, Dortmund 1899 *[online verfügbar auf der Plattform „Digitale Sammlungen" der ULB Münster unter: http://sammlungen.ulb.uni-muenster.de/hd/content/titleinfo/239844].*

Rüthning, Gustav (Bearb.): Oldenburgisches Urkundenbuch, Bd. 5: Süd-Oldenburg, Oldenburg 1930.

Sudendorf, Hans (Hg.): Urkundenbuch zur Geschichte der Herzöge von Braunschweig und Lüneburg und ihrer Lande, 8. Teil: Vom Jahr 1395 bis zum 31. März 1399, Hannover 1876.

Tross, Ludwig (Hg.): Gert's van der Schüren Chronik von Cleve und Mark, Hamm 1824 *[online verfügbar auf der Plattform „Digitale Sammlungen" der ULB Münster unter: http://sammlungen.ulb.uni-muenster.de/hd/content/titleinfo/763681].*

Wehlt, Hans-Peter (Bearb.): Lippische Regesten. Neue Folge, Lemgo 1989–2005 (Lippische Geschichtsquellen, Bd. 17).

Weizsäcker, Julius (Hg.): Deutsche Reichstagsakten, Bd. 4: Deutsche Reichstagsakten unter König Ruprecht, 1. Abt.: 1400–1401, 2. Aufl., Göttingen 1956.

Wenker, Hermann (Hg.): Meppener Urkundenbuch, 4 Bde., Meppen 1902–1906.

Witte, Bernhard [auch Wittii, Bernhardi]: Historia antiquae occidentalis Saxoniae seu nunc Westphaliae [...], Münster 1778.

Literatur

Alberts, Wybe Jappe: Geschiedenis van Gelderland, s'Gravenhage 1966.
Averesch, Wilhelm: Ein münsterländischer Kaland. Ein Beitrag zur Geschichte der Kalande, Diss. Münster 1942.
Bockhorst, Wolfgang: Geschichte des Niederstifts Münster bis 1400, Münster 1985.
Ders.: Die Grafschaft Tecklenburg im Spätmittelalter 1263–1557, in: Frank Brosse (Hg.) Tecklenburg im Mittelalter. Vortragsreihe im Geschichtskreis des Geschichts- und Heimatvereins Tecklenburg von 1922 e.V., Tecklenburg 2013, S. 30–42.
Ders.: Otto von Hoya. Bischof von Münster und Administrator von Osnabrück (reg. 1392/1410–1424), in: Hans Galen/Helmut Ottenjann (Hg.): Westfalen in Niedersachsen. Kulturelle Verflechtungen: Münster – Osnabrück – Emsland – Oldenburger Münsterland, Cloppenburg 1993, S. 358–359.
Eubel, Konrad: Hierarchia Catholica medii aevi. Sive summorum pontificum, S. R. E. cardinalium, ecclesiarum antistitum series, e documentis tabularii praesertim Vaticani collecta, digesta, edita, Bd. 1: Ab anno 1198 usque ad annum 1431 perducta, Münster 1913 *[online verfügbar auf der Plattform „Internet Archive" unter: https://archive.org/details/hierarchiacathol01eubeuoft].*
Hardt, Hermann von der: Magnum Oecumenicum Constantiense Concilium […], Bd. 4: Corpus Actorum Et Decretorum Magni Constantiensis Concilii De Ecclesiae Reformatione Unione Ac Fide, Frankfurt/Leipzig 1699 *[online verfügbar auf der Plattform „Digitale Sammlungen" der ULB Düsseldorf unter: http://digital.ub.uni-duesseldorf.de/ihd/content/titleinfo/1035784].*
Helmert, Theodor: Der große Kaland am Dom zu Münster im 14. bis 16. Jahrhundert, Diss. Münster 1979.
Kock, Hermann: Series episcoporum Monasteriensium. Eorumdemque vitae ac gesta in ecclesia, Bd. 2: Ab Ottone II usque ad Franciscum de Waldeck exclusive, Münster 1801 *[online verfügbar auf der Plattform „Digitale Sammlungen" der ULB Münster unter: http://sammlungen.ulb.uni-muenster.de/ob/content/titleinfo/740535].*
Kohl, Wilhelm: Das Domstift St. Paulus zu Münster, Berlin 1987 (Germania Sacra, NF 17,1).
Ders. (Bearb): Das Bistum Münster. 7,1. Die Diözese, Berlin/New York 1999 (Germania Sacra, NF 37,1).
Ders. (Bearb): Das Bistum Münster. 7,3. Die Diözese, Berlin/New York 2003 (Germania Sacra, NF 37,3).
Philippi, Friedrich: Landrechte des Münsterlandes, Münster 1907.
Reigers, Friedrich: Beiträge zur Geschichte der Stadt Bocholt und ihrer Nachbarschaft, Bocholt 1891 (Nachdruck 1963).
Schnurr, Otto: Bischof Otto IV. von Münster, Graf von Hoya. 1392–1424, Diss. Münster 1919.

Schröer, Alois: Das Bistum Münster, Bd. 1: Die Bischöfe von Münster. Biogramme der Weihbischöfe und Generalvikare, Münster 1993.

Ders. (Hg.): Monasterium. Festschrift zum siebenhundertjährigen Weihegedächtnis des Paulus-Domes zu Münster, Münster 1966.

Stüve, Carl: Geschichte des Hochstifts Osnabrück bis zum Jahre 1508, Osnabrück 1853 *[online verfügbar auf der Plattform „Internet Archive" unter: https://archive.org/details/geschichtedesho01stgoog]*.

Tenhagen, Friedrich: Gesammelte Abhandlungen zur Vredener Geschichte, Vreden 1939.

Tschuschke, Volker: Die Edelherren von Ahaus, Vreden 2007 (Westmünsterland, Bd. 16).

Sweder Schele zu Weleveld und Welbergen (1569–1639)

Gunnar Teske

Das letzte Drittel des 16. und das erste Drittel des 17. Jahrhunderts können im deutsch-niederländischen Grenzraum ohne Zweifel als eine Krisenzeit bezeichnet werden. Lutheraner, Calvinisten und Katholiken stritten auf beiden Seiten der Grenze um ihre Stellung in Staat und Gesellschaft. Auf niederländischer Seite war dieser Streit verknüpft mit dem Achtzigjährigen Krieg um die Unabhängigkeit der sieben protestantischen niederländischen Provinzen vom spanischen König; auf deutscher Seite gingen die konfessionellen Auseinandersetzungen über in den Dreißigjährigen Krieg, der in Westfalen seinen Höhepunkt in den 1630er-Jahren erreichte. Sweder Schele hat diese Zeit nicht nur durchlitten, er hat als Spross einer deutsch-niederländischen Adelsfamilie auch versucht, den ihm in den Niederlanden zu Verfügung stehenden politischen und konfessionellen Einfluss zu nutzen, bis er als Lutheraner keine Entfaltungsmöglichkeiten mehr hatte und in das Oberstift Münster emigrieren musste. Halt gaben ihm sein ganzes Leben hindurch sein lutherisch geprägter Glaube, sein tief verwurzeltes Adelsbewusstsein und seine Familie, die aus Westfalen stammte, wo er teils freiwillig, teils unfreiwillig etwa 25 Jahre seines Lebens verbrachte. Seine Bedeutung für spätere Jahrhunderte liegt darin, dass er ein Hausbuch schrieb, das nicht allein die Geschichte seiner Familie von den sagenhaften Anfängen bis in seine eigene Zeit enthält, sondern in dem er auch seine Zeit und seine Umgebung mit wachem Auge beschreibt. Er vermittelt darin einen tiefen Einblick in das Denken und Fühlen eines humanistisch geprägten Vertreters des niederen Adels im deutsch-niederländischen Grenzraum während der genannten Umbruchzeit.

Geboren wurde Sweder Schele am 24. August 1569 auf Haus Weleveld bei Borne nördlich von Enschede. Seine Eltern, Christoffer Schele und Judith Ripperda, hatten bereits sieben Töchter. Auf Sweder sollten noch eine weitere Tochter und ein weiterer Sohn, Daniel, folgen, sodass zur Familie insgesamt zehn Kinder gehörten, zu denen noch eine uneheliche Tochter des Vaters hinzukam. Die Scheles hatten seit etwa 1400 ihren Stammsitz auf der nach ihnen benannten Schelenburg bei Schledehausen (Gemeinde Bissendorf) östlich von Osnabrück. Dadurch, dass Sweders Großvater Sweder d. Ä. 1521 die Erbtochter Anna von Weleveld geheiratet hatte, war die Familie auch in den Besitz dieses alten Adelssitzes in der Twente im Stift Overijssel gekommen. Das Paar hatte jedoch die meiste Zeit auf der Schelenburg gelebt und diese repräsentativ umgebaut. Nach dem Tod des Großvaters hatte die Witwe Anna von Weleveld es geschafft, in der ihr verbleibenden Lebenszeit das elterliche Haus zu entschulden und den Besitz weiter zu vermehren. Die beiden Söhne des Paares, Caspar und Christoffer Schele, konnten mit der Schelenburg auf der einen und Haus Weleveld mit den zugehörigen Höfen und weiterem Besitz in der Grafschaft Bentheim und im Hochstift Osnabrück auf der anderen Seite ein ansehnliches Erbe antreten. Die Brüder heirateten die beiden Schwestern Adelheid und Judith aus der angesehenen Familie Ripperda; sie waren Töchter von Judith von Twickelo, Erbin von Weldam. Aus diesen Familien stammten auch die drei Taufpaten Sweders: Eggerich Ripperda zu Boxbergen, Drost von Salland, der Bruder der Mutter, weiterhin Adolph von Rutenberg zu Zuthem, ein Schwager der Mutter, sowie Lucretia von Twickelo zu Rutenberg, Ehefrau von Goswin von Raesfeld, Drost von Twente, eine weitere, entfernte Verwandte der Mutter.

Die Scheles waren eine streng lutherisch gesinnte Familie. Caspar Schele hatte auf Empfehlung des Osnabrücker Fürstbischofs Franz von Waldeck 1543 in Wittenberg bei Luther und Melanchthon studiert und den ersten lutherischen Pastor in Schledehausen eingeführt. Hamelmann hat ihn in seinem Werk *De viris illustribus* zu den gelehrten Adeligen im Hochstift Osnabrück gezählt und ihm den Appendix des zweiten Teils von *De traditionibus* gewidmet. Caspars Bruder Christoffer war ein ebenso strenger Lutheraner. Nach Sweders eigenen Worten sorgten die Eltern für eine frühe Einweisung in die rechte Lehre und ließen ihn durch die Hauslehrer Johann von Hellendoorn und Hermann von Metelen unterrichten.

Die Familie war wohlhabend, pflegte aber einen bescheidenen Lebensstil. Seitdem sich Christoffer 1556 auf Haus Weleveld niedergelassen hatte, setzte er die Aufbauarbeit seiner Mutter fort. Gegen den Widerstand der Bauern forderte er seine adeligen Rechte wieder ein. Dabei kam es vereinzelt auch zu Handgreiflichkeiten, sodass sein Sohn Sweder zeitlebens eine deutliche Distanz zu den einfachen Bauern wahrte.

Eine zweite, nicht weniger tiefgreifende Erfahrung kam hinzu. Bereits ein Jahr vor Sweders Geburt hatten die Niederlande, die als Provinzen dem König von Spanien unterstanden, sich unter der Führung Wilhelms von Oranien erstmals erfolgreich gegen den Herzog von Alba, den militärischen Befehlshaber des Königs, zur Wehr gesetzt. Mit der Utrechter Union der sieben Nordprovinzen von 1579, die auch Christoffer Schele als Vertreter von Overijssel 1580 unterschrieb, wurde diese Provinz endgültig in den Krieg hineingezogen. Christoffer, der nur eine kurze militärische Ausbildung genossen und sich auf die Verwaltung seiner Güter konzentriert hatte, schloss sich dem militärischen Kampf nicht an. Angesichts der militärischen Unsicherheit zog er sich mehrfach nach Osnabrück und auf die Schelenburg zurück. Im September 1580 folgte seine Frau Judith Ripperda in einer dramatischen Flucht nach Rheine, wo sie sich eine Mietwohnung suchte und von Wilhelm Morrien zu Falkenhof unterstützt wurde. Fünf der Töchter und die beiden Söhne waren zunächst mit dem Hauslehrer Hermann von Metelen auf Haus Weleveld geblieben, bis sie der Mutter folgen konnten; Christoffer Schele kam erst Anfang 1581 in die

Sweder Schele (1569–1639). Gemälde eines unbekannten Malers aus der Zeit zwischen 1613 und 1619. (Kollektion Vereniging Oudheidkamer Twente, Enschede)

Stadt. Schon 1582 musste die Familie wegen der Pest, der eine Tochter zum Opfer fiel, Rheine wieder verlassen. Nach einigen Umwegen lebte die Familie ein Jahr auf der Schelenburg, dann einige Zeit auf Haus Sandfort bei Osnabrück, bis sie sich 1585 für mehr als zehn Jahre in Osnabrück in der Kampstraße, der heutigen Seminarstraße, in der Neustadt niederließ. Haus Weleveld stand seitdem Fortzug der Familie wechselnden Besatzungen, Plünderungen und mutwilligen Zerstörungen offen; schließlich stand es seit 1583 nach einer Seuche mit vielen Toten leer. 1587 gelang es Christoffer Schele immerhin, seinen Amtmann dazu zu bewegen, sich auf Haus Weleveld niederzulassen. Er selbst blieb mit seiner Familie vorerst weiter in Osnabrück.

Der elfjährige Sweder, der Ende 1580 seiner Mutter nach Rheine gefolgt war, kam Ostern des folgenden Jahres auf die Schelenburg. Dort wurde er mit seinen Vettern durch die Lehrer Hermann Balder aus Glandorf und Georg Klosterberg aus Dortmund weiter unterwiesen. Als sein Vetter 1584 eine Stelle als Domherr in Minden erhielt, ist er ihm dorthin gefolgt; hier wurde er von Theodor Hanning aus Enger, dem dortigen Konrektor, unterrichtet. Noch im selben Jahr durch eine Pest aus Minden vertrieben, schloss Sweder seine Schulbildung in Osnabrück bei Conrad Nellius ab, den er 1594 in einem Epitaph als Philosophen, Arzt und Redner pries. Wie aus seinem Hausbuch hervorgeht, hat er bei den Lehrern eine klassisch-humanistische Ausbildung erfahren, die neben der religiös-konfessionellen Bildung auch solide Kenntnisse der lateinischen Sprache vermittelte. Sweder selbst sah später die Kenntnis der lateinischen Sprache auch für Adelige als grundlegend für das Verständnis der lateinischen Autoren und der Rechtsliteratur an. Die vier Lehrer, die bis auf den ersten aus unterschiedlichen Territorien Westfalens stammten, dürften in dem jungen Sweder auch das Interesse für Westfalen geweckt haben, das ihn sein Leben lang begleiten sollte.

Während seine Vettern nach Helmstedt gingen, nahm er nach Abschluss der Schulzeit 1587 ein zweijähriges Studium an der Universität im thüringischen Jena auf, wo er sich vornehmlich mit Jura und Geschichte befasste. Später betrachtete er seine Jahre in Jena als grundlegend für seine theologische Sicht. Als Frucht dieser Studien reifte 1589 bei der Rückkehr nach Osnabrück in ihm der Entschluss, eine Familienchronik der Scheles zu verfassen. Doch schloss sich zunächst ein weiteres Studienjahr an der Universität Marburg an, wo er sich als Niederländer („Belgicus") einschrieb; auch später betrachtete er trotz aller Affinität zu Westfalen die Niederlande als sein Vaterland. Im Februar 1591 kam es nachts in Marburg zu einer tätlichen Auseinandersetzung zwischen Studenten und dem Hofgesinde, bei der Sweder am Arm verwundet wurde. Als die Spannungen zwischen beiden Gruppen weiter zunahmen, kehrte er mit seinen Vettern nach Osnabrück zurück.

Ab 1591 schrieb Schele den ersten, mehr als 660 Blatt und 34 Kapitel umfassenden Teil seines Stamm- oder Hausbuchs, die eigentliche Familienchronik. Angeregt wurde er vermutlich durch genealogische Aufzeichnungen seines Onkels Caspar Schele zu Schelenburg, von dem eine Geschichte über Franz von Waldeck überliefert ist. Einleitend berichtet Sweder zunächst „Von herkommen, policei, regierung, religion und vornemsten thaten der alten Sachsen und Westphälingen" und

Haus Weleveld, Zeichnung aus dem Jahr 1737 von Hendrik Spilman. (Foto: Privatbesitz)

im Zusammenhang mit Sweder Schele erwähnte Orte
Deventer
Stadt, Residenz
Glandorf
Dorf, Siedlung
Haus Hange
Adelssitz / Schloss / Burg
Stift Metelen
Kloster / Stift
Orientierungsort
0
10
20
30 km
Entwurf: G. Teske; Kartographie: Th. Kaling (2015)
© Historische Kommission für Westfalen
NIEDERLANDE
Hasselt
Kampen
Hardenberg
Haus Venebrügge
Haus Rutenberg
Zwolle
Haus Zuthem
Haus Rhaan
Hellendoorn
Almelo
Stift Weerselo
Haus Boxbergen
Haus Weleveld
Borne
Oldenzaal
Hengelo
IJssel
Deventer
Haus Weldam
Enschede
Haus Marsch
Zutphen
Berkel
Arnheim
Issel
Rhein
Winterswijk
Vreden
Stadtlohn
Ahaus
Coesfeld
Berkel
Stift Varlar
Stever
Nordhorn
Vechte
Bentheim
Haus Falkenhof
Ochtrup
Stift Langenhorst
Haus Welberg
Stift Metelen
Horstma
Lingen
Ems
Meppen
Haus Car
Ascher
Ems

Oldenburg
Weser
Friesoythe
Cloppenburg
Vechta
Haus Buddenburg
DEUTSCHLAND
Diepholz
Haus Ihorst
Dümmer
Haus Hange
Hase
Haus Rahden
Hunte
Weser
Haus Kuhof
Mettingen
Minden
Bückeburg
Haus Schelenburg
Riesenbeck
Osnabrück
Haus Sandfort
Tecklenburg
Rinteln
Enger
Herford
Glandorf
Bielefeld
Werre
Ems
Werse
Münster
Warendorf

darüber, „Woher der adell und ritterschafften in diesen landen entstanden und von gegenwertigem staet derselben landen unter den bischoffen“. Damit sind zwei der Bezugspunkte von Scheles Weltbild bezeichnet: Westfalen, das Land seiner Vorfahren, und sein adeliger Stand; eingebettet in das erste Kapitel ist eine ausführliche Geschichte der Sachsen und Westfalen seit dem Jahr 2153 v. Chr., also von den sagenhaften Anfängen, der angeblichen Gründung Duisburgs durch Odysseus, bis zu Karl dem Großen

Da sein Lehrer Theodor Hanning in Minden den jungen Schele darauf hingewiesen hatte, dass *scheel* lateinisch *paetus* heißt, sah Sweder seine Familie von den Paeti, einem Zweig der römischen Gens der Aelier, abstammen; mit Karl dem Großen seien sie nach dessen Langobardenkrieg nach Westfalen gezogen. In seine Überlegungen über das Familienwappen hat er dann die Fortsetzung der Geschichte Westfalens vom 9. bis zum 14. Jahrhundert eingebunden. Erst dann erreicht Sweders Familiengeschichte, wie er auch selbst wusste, historisch zuverlässigeren Boden, weil er von nun an urkundliche Belege anführen konnte. Angefangen von Rabo Schele d. Ä. zu Rahden erzählt Sweder die Geschichte der nachfolgenden sechs Generationen seiner Familie und der Geschlechter, die in die Familie Schele eingeheiratet haben; vor allem den Vorfahren seiner Mutter Judith Ripperda und seiner Großmutter Anna von Weleveld widmete er ausführliche Beiträge. Auch seine eigene Geschichte erscheint hier unter den Kindern von Christoffer Schele und Judith Ripperda. Neben dem Stolz auf seine lange Familientradition, der bedeutende Familien wie die von Twickelo, die Ripperda aus Overijssel und die tom Brok aus Ostfriesland angehören, schwingt zugleich – nach Art der Hausväterliteratur – der Vorbildcharakter der Vorfahren im positiven wie im negativen Sinne mit. Unter historisch Belegtes mischen sich immer wieder auch Mythen und Sagen wie die vom verborgenen Schatz im „Juden-Kellerchen“ der Schelenburg. Eingefügt in die Familiengeschichten sind Kataloge der Landesherren, nämlich der Bischöfe von Minden, Utrecht und Osnabrück. Am Ende hat Sweder die Genealogien der Familien noch einmal zusammengefasst, deren Wappen beschrieben und mit lateinischen Epigrammen kommentiert. Hier zeigt sich noch einmal der Doppelcharakter des ersten Teils des Hausbuchs: Auf der einen Seite ist es eine mahnende, erbauliche Schrift für die nachfolgenden Generationen, auf der anderen Seite ein Nachweis des alten und hohen Adels der Familie Schele.

Dabei ist Westfalen, seine Geschichte und vor allem seine vom Adel beherrschte ständische Verfassung eine feste Bezugsgröße. Geographisch verstand Schele darunter den nördlichen Teil des niederrheinisch-westfälischen Reichskreises ohne Ostfriesland und den niederrheinischen Teil, aber auch ohne das Herzogtum Westfalen und das Vest Recklinghausen, die als kurkölnische Gebiete zum kurrheinischen Kreis gehörten. Als Quellen stützte er sich vornehmlich auf die *Saxonia* des Albert Krantz von 1520, die *Rerum Frisicarum historia* des Ubbo Emmius (1596–1615), die Osnabrücker Chronik des dortigen Bürgermeisters Ertwin Ertmann (um 1430–1505) und die Werke des Reformationshistorikers Hermann Hamelmann (1526–1595); auch Werner Rolevinck und die 1638 erschienenen *Annales ecclesiastici reformationis*

Cliviae von Werner Teschenmacher (1589/90–1638) hat er noch gekannt und benutzt. Daneben machte er reichlich Gebrauch von der *Germania* des Tacitus, aus der er das Lehnswesen ebenso abzuleiten versuchte wie den Gebrauch der Wappen. In ähnlicher Weise zog er Verbindungslinien aus den Jahrhunderten zwischen Tacitus und Karl dem Großen in seine eigene Zeit.

Parallel zu dieser ausführlichen Familiengeschichte hat Sweder Schele 1591 einen annalistischen zweiten Teil begonnen, in dem er zunächst nur kurze Familiennachrichten mitteilt. Die Einträge werden aber von Jahr zu Jahr ausführlicher und zu einer Quelle ersten Ranges für den weiteren Lebensweg des Autors. Deutlicher noch als im ersten Teil zeigt sich hier Scheles ausgeprägtes Adelsbewusstsein, denn wie dem ersten hat er auch dem zweiten Teil eine ausführliche, zwanzig Seiten umfassende Einleitung „von den Satzungen des ritterstands und von adelichen tugenden" vorangestellt. Anhand von Auszügen aus Rüxners Turnierbuch, das 1530 erstmals erschienen ist und bis zum Ende des Jahrhunderts schon mehrere Auflagen erlebt hatte, erstellt er einen Katalog von Anforderungen an ein adeliges Leben mit dem Hinweis, dass ein Adeliger, der besser angesehen sein wolle als andere, diesem Anspruch auch entsprechen müsse. Unter Verweis auf Tacitus und das Turnierbuch weist er daher die Behauptung des Kirchenhistorikers Albert Krantz, Bürger und Adelige seien einst gleichgestellt gewesen, entschieden zurück.

Die Zeit nach der Rückkehr aus Marburg 1591 scheint Sweder bei seinem Schwager Johann von Oldenhaus zu Welbergen bei Ochtrup verbracht zu haben, bei dem er, wie er schreibt, den Anfang guter Sitten und Manieren gelernt habe. Oldenhaus war nicht nur von der Ritterschaft zur münsterischen Regierung abgeordnet, sondern genoss auch das besondere Vertrauen Graf Arnolds von Bentheim-Steinfurt-Tecklenburg, der ihn mehrfach als Gesandten einsetzte. Auf eine solche Gesandtschaft nach Den Haag durfte ihn der junge Schele 1591 begleiten.

1593 folgte dann als letzter Abschnitt der Ausbildung die Kavalierstour. Ursprünglich sollte Junker Schele zu Erlernung des Französischen nach Frankreich reisen. Dann ergab es sich aber, dass Sweder sich dem jungen Grafen Everwin Wirich von Bentheim, Sohn Graf Arnolds, sowie Georg Engelbert von Westerholt, Sohn des Bentheimer Drosten Burchard von Westerholt, anschließen konnte. Zunächst begleitete Graf Arnold die kleine Truppe bis zum Haus Broich. Allein setzten sie dann die Reise über Heidelberg, Baden-Durlach und Basel nach Genf, der Wiege des Calvinismus, fort. Schele verbrachte hier den Winter, um die französische Sprache zu erlernen. Im darauffolgenden Jahr setzte er seine Reise in anderer Begleitung Richtung Italien fort. Nachdem er in Padua ausreichend Italienisch gelernt hatte, reiste Sweder Anfang Juni 1595 weiter Richtung Rom. An der Universität Bologna ließ er sich immatrikulieren, um die für den Kirchenstaat nötigen Privilegien zu erhalten. Über Florenz und Siena erreichte er schließlich Rom – die Stadt seiner Vorväter, wie der Junker glaubte.

Nach nur kurzem Aufenthalt kehrte er nach Padua zurück und machte von dort einen Ausflug nach Venedig, bevor er über Venetien und Kärnten nach Wien zog. Hier bekam die Kavalierstour einen kleinen militärischen Akzent, indem die Gruppe einen Abstecher ins Lager vor Gran in Ungarn machte, das die europäischen Truppen gerade von den Türken zurückerobert hatten. Einen längeren Aufenthalt gönnte Schele sich am Hof Kaiser Rudolfs II. in Prag. Danach ging es ohne größeren Aufenthalt über Dresden, Leipzig und natürlich Wittenberg, Magdeburg, Braunschweig, Hildesheim und Hameln nach Minden, wo er bei seinen Vettern noch einmal eine Pause einlegte, um mit Herzog Christian von Braunschweig-Lüneburg zu verkehren, damals Domherr und später Administrator von Minden. Am 10. Dezember 1595 erreichte er zusammen mit einem französischen Lakaien, den er aus Italien mitgebracht hatte, nach mehr als zwei Jahren wieder Osnabrück.

Im selben Jahr stürzte auf Haus Weleveld das Gebäude ein, das Christoffer Schele und Judith Ripperda 1575 hatten errichten lassen. Sweder hatte es bereits 1591 zusammen mit seinem Schwager Johann von Oldenhaus auf der Reise nach Den Haag besichtigt und sich von seinem durch die Besatzung maroden Zustand überzeugt. 1596 ließen Christoffer Schele und sein ältester Sohn das Haus neu errichten. Im folgenden Jahr verlegten sie ihren Wohnsitz zurück nach Haus Weleveld und nahmen die Verwaltung der Güter nach eineinhalb Jahrzehnten Abwesenheit wieder selbst in die Hand.

1598 begann Sweder Schele sich politisch zu engagieren. Anlass waren ein Bildersturm in der Twente, eine Sondersteuer der Generalstaaten ohne Zustimmung des Landtags von Overijssel und der Versuch der Städte, den Adel auf dem Landtag von Overijssel zurückzudrängen. Als Vertreter der Twenter Junker reiste Sweder zu den Generalstaaten und dem Generalstatthalter nach Den Haag, in Overijssel versuchte er den Widerstand seiner Standesgenossen gegen die Städte zu organisieren. Um die Interessen des Twenter Adels besser vor dem Landtag wahrnehmen zu können, ließ er sich als Vertreter seines altersschwachen Vaters im August 1598 offiziell zum Landtag von Overijssel einschreiben. Eine weitere Mission zur Befreiung eines Bürgers aus Deventer führte ihn an den Landtag von Gelderland nach Arnheim, wo er sein Ziel erreichen konnte.

Mehrere Bewerbungen um das Drostenamt in der Twente und in Salland schlugen fehl, weshalb Sweder sich in den kommenden Jahren weiteren Gesandtschaften zu den Generalstaaten entzog. 1612 wurde er jedoch offizieller Vertreter von Overijssel in diesem obersten parlamentarischen Gremium der Vereinigten Provinzen. Jährlich verbrachte er nun mehrere Wochen in Den Haag und übernahm turnusgemäß auch mehrfach den Vorsitz bei den Generalstaaten. Besonders stolz war er darauf, dass unter seiner Präsidentschaft dem Generalstatthalter Prinz Mauritz von Oranien im Namen des englischen Königs und im Beisein des französischen Botschafters der Hosenbandorden verliehen wurde.

Inzwischen hatte sich auch die private Lage des jungen Adeligen verändert. Zunächst hatte ihn die unsichere militärische Lage gezwungen, von 1598 bis 1601 in Deventer bei der Witwe des Drosten Zuflucht zu suchen. Nach seiner Rückkehr heiratete er 1602 Rainera von Coevorden zu Rhaan bei Hellendoorn, die einem der ältesten overijsselschen Geschlechter entstammte. Die kirchliche Trauung fand am 17. Oktober zu Rhaan statt, bevor die Braut am 19. Oktober nach Weleveld geführt wurde. Dort wurde am 21. ein Ringelrennen veranstaltet, dessen Teilnehmer sich Namen aus alten Ritterepen zulegten; Sweder nahm als Gewinner den Preis aus den Händen der Schwester der Braut entgegen. Dem Paar wurden in den nächsten Jahren drei Töchter und drei Söhne geboren. Der erste Sohn starb bald, während der zweite, Christoffer Hilmer, gemütskrank wurde, sodass der dritte, Goswin Heidenreich, der spätere Erbe von Weleveld werden sollte.

1606 und 1609 starben Sweders Eltern, Christoffer Schele und Judith Ripperda. Sweder stilisiert in seiner Chronik ihr gottgefälliges Sterben. Die Söhne Sweder und Daniel setzten ihrem Vater in der Kirche von Borne ein großes Epitaph, das außer zahlreichen Bibelsprüchen auch eine kurzgefasste Familiengeschichte, eine Würdigung seines Lebenswandels in 19 elegischen Distichen, seine wichtigsten Lebensdaten und die Reihe seiner Kinder enthielt; Bruchstücke davon sind noch heute in der Kirche zu sehen. 1607 teilten die Brüder das Erbe in der Weise, dass Sweder die um Borne liegenden Güter dies- und jenseits der Landesgrenze und Daniel die weiter entfernt liegenden niederländischen Güter sowie den Osnabrücker Besitz erhielt. Es gelang Sweder, seinen Besitz um weitere Höfe und Einkünfte zu erweitern. 1613 erwarb er mit der Erbkastellanschaft in der Landesburg Venebrügge nahe Uelsen ein weiteres landtagsfähiges Gut in Overijssel.

Auch Haus Weleveld baute er weiter aus. Einerseits verbesserte er die Befestigung, indem er 1606 durch die Anlage der Nieuwbeek die Versandung der Gräfte verhinderte, 1609 durch Soldaten der Garnison Hasselt einen neuen Graben um die Vorburg anlegen ließ und 1616 hinter der Bleiche eine neue Gräfte anlegte und die Binnengräfte vertiefte. Andererseits setzte er die von seinem Vater begonnenen Baumaßnahmen fort, indem er 1603 eine neue Küche anlegen ließ und vor allem 1617 Johann Niemann aus Osnabrück beauftragte, den eingestürzten Saal neu zu errichten und auszustatten; der Giebel wurde mit zahlreichen Sinnsprüchen und einem Salvator-Bild verziert. 1613 ließ er im Innenhof von Haus Weleveld eine Inschrift mit einer kurz gefassten Familiengeschichte anbringen, an deren Schluss er die Nachfahren zu Frömmigkeit und Tugend ermahnte.

Im selben Jahr starb Sweders erste Frau Rainera von Coevorden und wurde in der Kirche von Borne beigesetzt. Den Haushalt übernahm zunächst Sweders unverheiratete Cousine Benedicta Schele zu Schelenburg. Zwei Jahre später heiratete er Anna Brawe zu Kampe im Emsland, die ihn zunächst nach Den Haag begleitete, bevor die beiden sich im nächsten Jahr in Weleveld niederließen. Während Sweder von seiner ersten Frau nur wenig schrieb und ihr auch nur ein einfaches Epitaph widmete, scheint er zu seiner zweiten Frau ein sehr inniges Verhältnis gehabt zu haben. Mit ihr hatte er eine weitere Tochter und zwei Söhne, darunter den jüngsten, Rabo Hermann Schele, der zum bedeutendsten Vertreter seines Geschlechts im 17. Jahrhundert werden sollte. 1619 verkaufte er in väterlicher Vorsorge 401 Eichenbäume für 10054 Gulden. Er legte das Geld so an, dass es in 16 bis 20 Jahren so viel an Zinsen einbringen sollte, dass er damit die Brautschätze seiner Töchter bezahlen könnte.

Während des spanisch-niederländischen Waffenstillstands von 1609 bis 1621 brachte es Sweder Schele privat also zu Glück und Wohlstand. Die konfessionelle

Lage wurde dagegen immer schwieriger. Sowohl in Borne und auf Weleveld als auch auf nationaler Ebene setzten sich die strengen Calvinisten immer weiter durch. Nachdem Rudolph Heger aus Mettingen 1614 in Celle von Johann Arnd ordiniert worden war, wurde er zunächst unbehelligt in Borne vom Prediger Johann Niehoff als Kaplan angenommen und feierte dort in den folgenden Jahren an den Hochfesten das Abendmahl gemäß der Augsburgischen Confession; schon seit 1612 hatte er als Erzieher von Sweders Kindern in Weleveld und als Hilfsprediger in Borne gewirkt. Pläne für die Errichtung einer Hauskapelle bezeugen die Zuversicht dieser Jahre. Doch 1619 wurden Niehoff und Heger trotz aller gegenteiligen Bemühungen Sweder Scheles abgesetzt und vertrieben.

Auf nationaler Ebene war 1618/19 die Synode von Dordrecht von entscheidender Bedeutung. Sie erkannte einzig die von Calvin gelehrte strenge Prädestinationslehre als verbindlich an und leitete die Verdrängung aller Andersgläubigen aus ihren Ämtern ein. Zu Beginn der Synode schickte Sweder an die Städte Deventer, Kampen und Zwolle eine Rede, die er zum Jahreswechsel 1618/19 vor den Generalstaaten gehalten hatte und in der er für den Ausgleich zwischen allen drei christlichen Konfessionen warb. Oberste Instanz war für ihn das Wort Gottes. Am Katholizimus kritisierte er den Zölibat, die Kommunion in einer Gestalt und die Anrufung der Heiligen, am Calvinimus die Prädestinationslehre, übertriebene Neuerungen und Profanierungen. Wenn diese Fehlentwicklungen abgeschafft würden, sah Schele die Hoffnung auf Beilegung der Streitigkeiten. Unter diesen Bedingungen war er sogar bereit, den Papst als Bischof von Rom und als oberste Aufsicht über die Wahrung von Gottes Wort anzuerkennen. Sein Kerngedanke war, den Missbrauch zu entfernen, das Wesentliche aber zu erhalten – diese Vorstellung bewegte ihn bis an sein Lebensende.

Nachdem die Synode von Dordrecht anders entschieden hatte, bat Sweder Schele im selben Jahr auf dem Landtag zu Kampen darum, von der Vertretung der Provinz bei den Generalstaaten entbunden zu werden. Im Jahr zuvor hatten die Generalstaaten sein Wirken noch durch das Geschenk eines bleiverglasten Fensters für Haus Weleveld anerkannt. Im September 1621 erreichte ihn eine Mahnung der Stände von Overijssel, die ihn zur Unterzeichnung des neuen Eides auf den Calvinismus drängte. Da er sich weigerte, dieser Aufforderung nachzukommen, wurde er zukünftig nicht mehr zu den Landtagen eingeladen.

Damit war Sweder Scheles politische Karriere in den Niederlanden beendet. Als Privatmann hatte er in den kommenden Jahren zunächst mehr Zeit, sich seinem Hausbuch zu widmen, das nun einen anderen Charakter annahm. Bisher hatte er vor allem Ereignisse notiert, nun entwickelte er Pläne und vertraute der Chronik mehr und mehr seine persönlichen Gedanken zu den Entwicklungen seiner Zeit an. Hatten die Jahreseinträge bisher immer nur wenige Seiten umfasst, nie mehr als zehn, sind den folgenden drei Jahren jeweils über 20, dem Jahr 1623 sogar mehr als 40 Seiten gewidmet. Im Vordergrund stehen dabei Fragen des Glaubens.

Unter Berufung auf das Recht, in Hauskapellen lutherischen Gottesdienst feiern zu dürfen, versuchte Sweder 1620 einen alten Schulfreund, Wolter Molanus, auf die

Vikarie von Weleveld zu berufen. Molanus hatte zuvor als Prediger in Cloppenburg gewirkt, bis er durch gegenreformatorische Maßnahmen von dort vertrieben worden war. Für die Hauskapelle von Weleveld entwarf Sweder 1623 eigens eine sechzehnseitige Gottesdienstordnung im Geiste Johann Arnds.

Zugleich mit der konfessionellen Zuspitzung änderte sich mit dem Ablauf des spanisch-niederländischen Waffenstillstands 1621 auch die militärische Sicherheitslage. Da Schele sah, dass ein kleines Haus wie Weleveld keinen dauerhaften Schutz bot, kaufte er im selben Jahr ein Haus in der Stadt Deventer. Im Übrigen begab er sich nach dem Vorbild seines Vaters für einige Zeit zu seinen Verwandten ins Osnabrücker Land, nach Minden und an die lutherische Universität Rinteln. Erst als er Schutzbriefe („Salvagardien") erhalten hatte, die ihm zuverlässig genug erschienen, kehrte er noch im selben Jahr auf Haus Weleveld zurück.

Mit dem Erscheinen von Christian von Braunschweig-Wolfenbütttel und Ernst von Mansfeld in Westfalen spitzte sich 1622 die Lage auch in der Twente weiter zu. Nun häufen sich im Hausbuch die Nachrichten über den Kriegsverlauf und die zur Verteidigung ergriffenen Maßnahmen. Als nach der Schlacht bei dem nahe gelegenen Stadtlohn herrenlose Soldaten plündernd das Land durchstreiften und auch Adelssitze überfielen, brachte Sweder, wie andere Adelige auch, sein Hab und Gut bei einem Verwandten in Oldenzaal in Sicherheit. Um sich vor den Übergriffen von Tillys Soldateska zu schützen, mietete Sweder Ende August vom Kommandanten von Oldenzaal für eine Woche ein Fähnlein königlicher, also spanischer Soldaten zur Stationierung auf Weleveld. Trotz aller Unzulänglichkeiten gehörte Haus Weleveld jedoch immer noch zu den sichersten Orten in Borne. Deshalb nahm Schele nicht nur Verwandte und Freunde auf, sondern fühlte sich verpflichtet, auch den Schwächsten Zuflucht zu bieten. Auf diese Weise sei den Bauern, wie er notierte, der Nutzen ihrer Arbeiten zur Befestigung des Hauses klar geworden.

Während dieser Unruhen bemerkte Schele als erstes Zeichen des Alters, dass seine Sehkraft nachließ und er für Kleingeschriebenes eine Brille benötigte. Trübsinnig schloss er den zweiten Teil des Hausbuchs mit einem Vergleich zwischen dem Kreuz des Diesseits und der Glückseligkeit des Jenseits. Die Wahl der lateinischen Sprache für diese Betrachtung zeigt, dass Sweder sich aus seiner unerfreulichen Gegenwart mehr und mehr in eine Art inneres Exil zurückzog. In den folgenden fünf Jahren ruhte sein Hausbuch.

Es gab neben diesen inneren aber auch ganz praktische Gründe, die Sweder Schele an der Fortsetzung seines Hausbuches hinderten. Sie hingen mit dem Tod seiner ältesten Schwester Anna Schele zusammen. Anna, Jahrgang 1559, hatte 1585 Johann von Oldenhaus zu Welbergen geheiratet. Sweder hatte, wie erwähnt, einige Zeit seiner Jugend auf Welbergen verbracht, denn das Paar hatte bis auf eine früh verstorbene Tochter keine eigenen Kinder. Nachdem Johann von Oldenhaus 1604 verstorben war, hatte Anna 1607 in zweiter Ehe Ernst von Ittersum, Drost von Twente, geheiratet. Nach dem Tod Ernst von Ittersums 1612 war Anna nach Welbergen zurückgekehrt. Hier gelang es ihr, gegen Zahlung einer Abfindung das Haus mit allen Rechten im Stift Münster und in der Twente, aber auch mit allen Schulden für sich und ihre Familie zu erwerben. 1622 erkrankte Anna Schele schwer, angeblich an Paratyphus. Zwei Jahre mied sie Welbergen und hielt sich bei ihren Geschwistern auf, bis sie am 14. Februar 1624 verstarb.

Bereits einen Tag später beauftragte Sweder Schele einen Notar damit, das Haus für ihn als ältesten der Geschwister in Besitz zu nehmen. Die wirtschaftliche Lage und der bauliche Zustand von Welbergen waren desolat. Zielstrebig setzte Sweder sich dafür ein, die Anteile seines Bruders und seiner beiden noch lebenden Schwestern übertragen zu bekommen, um als alleiniger Besitzer das Haus vor Konkurs und Verfall retten zu können – zur Ehre seiner Schwester, seines Schwagers und des Stiftes Münster, wie er betonte. Nachdem er dies erreicht hatte, begann Sweder 1625 mit den Bauarbeiten, die vor allem den Bereich der Vorburg betrafen, nämlich ein hölzernes Bauhaus, das *nie huiß*, zwei Türmchen im Garten, ein Backhaus und die Erneuerung des Mühlenstaus. 1626 konnte er seinen Wohnsitz von Weleveld in Overijssel nach Welbergen im Oberstift Münster verlegen. 1629 waren die Aufbauarbeiten und Reparaturen im Wesentlichen abgeschlossen. 1632 ließ er an der Außenwand zur Gräfte eine schlichte lateinische Inschrift anbringen, die die Bauleistungen unter ihm und seiner Frau für die Nachwelt festhalten sollte.

Zu Ostern 1629 nahm Sweder seine Hauschronik oder sein „Stammbuch der Schele zu Weleveld“, wie er es jetzt auch nannte, wieder auf und fügte einen dritten, stärker religiös geprägten Teil hinzu. Auf in der Regel mehr als einhundert Seiten pro Jahr, 1631 waren es sogar dreihundert, vertraute der inzwischen Sechzigjährige dem Hausbuch an, was ihn persönlich bewegte. In bunter Folge reihen sich Nachrichten und Beobachtungen, Kommentare und Meditationen, Entwürfe und Planungen, selbst verfasste Epigramme und Gedichte sowie immer wieder Gebete aneinander.

Während Westfalen 1629 noch abseits des Kriegsgeschehens lag, war Sweder damit beschäftigt, seine neue Umgebung kennen zu lernen. So besuchte er die Stiftskirche der Prämonstratenser in Varlar oder das Reinhildis-Grab in der Kirche von Riesenbeck und notierte die zu diesem Grab erzählte Legende. Näheren Kontakt pflegte er mit den benachbarten Stiften Langenhorst und Metelen sowie ihren Äbtissinnen Adolpha Droste zu Vischering und Maria Clara von Spaur. Letztere unterstützte er bei Geschäften in den Niederlanden, führte gegen das Stift aber auch einen Prozess um das Jagdrecht von Welbergen. Auch mit den Professoren der Hohen Schule zu Steinfurt stand Schele im steten Austausch. So sandte er ihnen für ein Jahr seine niederländischen Zeitungen zum halben Preis zuzüglich Botenlohn nach Burgsteinfurt weiter, Prof. Johann Westenborg stellte er als Hausarzt an. Ein besonderes Vertrauensverhältnis verband Schele mit Johann von Morrien zu Falkenhof, den er schon von seinen früheren Aufenthalten in Rheine kannte. In ihrer Korrespondenz bestärkten sie sich gegenseitig in ihrem lutherischen Glauben. An den Höfen des benachbarten Auslands hatte Sweder Schele ebenfalls Kontaktpersonen, Freunde und vor allem Verwandte. Sowohl in Brüssel wie in den Niederlanden, in Steinfurt, Oldenburg und Bückeburg befanden sich Vertrauensleute, die er für seine Kinder oder bei anderer Gelegenheit nutzen zu können hoffte.

Haus Welbergen bei Ochtrup, Aufnahme aus dem Jahr 2011.
(Foto: Burkhard Beyer)

Gleich 1626 ließ Schele sich zum Landtag aufschwören und wurde seitdem regelmäßig eingeladen. 1629 nahm er am Landtag zu Münster teil und versuchte als Markenrichter, die Erhebung von Novalzehnten im Amt Horstmar zu verhindern. Ausdrücklich bekannte er sich zur Verantwortung in seinem neuen Vaterland und entschuldigte sich 1631 schriftlich beim Dompropst für sein Fernbleiben vom Landtag.

Im Mittelpunkt seiner Verantwortung stand aber weiterhin die Familie und ihr Erhalt. Sweder hatte aus erster Ehe neben dem jung verstorbenen Sohn Christoffer zwei Söhne, Goswin Heidenreich und Christoffer Hilmer, sowie drei Töchter, aus der zweiten Ehe eine Tochter und zwei weitere Söhne, Johann Ernst und Rabo Hermann. Je nach Zeitumständen und Fähigkeiten ließ er seinen Söhnen unterschiedliche Formen von Bildung angedeihen. Seine beiden Söhne Christoffer Hilmer und Goswin Heidenreich hatte er zusammen mit Wolter Molanus jun. 1621, nachdem er vor den kriegerischen Unruhen in Twente nach Osnabrück geflohen war, auf dem dortigen Ratsgymnasium eingeschult. Während Christoffer Hilmer wegen gesundheitlicher Probleme später von einem Hauslehrer unterrichtet wurde, fing Goswin Heidenreich, der zukünftige Herr auf Weleveld, nach der Schule zunächst als Page am Hof zu Steinfurt an, bevor er 1630 eine Kavalierstour nach Frankreich und Brüssel machte. Er sollte dort zum einen die französische Sprache lernen, zum anderen sollte er sich die notwendigen Kenntnisse und Umgangsformen aneignen, die ihn für eine zukünftige Schwiegertochter attraktiv machen würden. Nach seiner Rückkehr aus dem Ausland suchte Goswin Heidenreich nach einer Braut, die er in Elisabeth Agnes Schade zu Ihorst, Hange und Buddenberg fand. Im September 1631 fand die Hochzeit statt.

Die Söhne aus zweiter Ehe besuchten dagegen, zusammen mit drei Söhnen von Sweders Bruder Daniel Schele zu Kuhof, die Hohe Schule zu Steinfurt. Weil dort die calvinistische Lehre galt, wurden sie von einem Hauslehrer in der lutherischen Religionslehre erzogen. Während Johann Ernst 1634 mit etwa 15 Jahren verstarb, ging Rabo Hermann im selben Jahr nach Groningen, begleitet von seinem lutherischen Hauslehrer Petrus Teschemaker aus dem Bergischen. Später studierte er in Leiden. Von den Töchtern war nur eine verheiratet: Agnes Reinera war zunächst Stiftsdame in Weerselo, bevor sie 1636 Johann von Lintelo zu Marsch bei Zutphen ehelichte.

Das Leben auf Welbergen wurde mehr und mehr vom Krieg bestimmt. Immer wieder hielt Sweder die Ereignisse in seinem näheren Umfeld, aber auch Nachrichten über den Kriegsverlauf auf Reichsebene fest. Das Jahr 1629 war im Münsterland vor allem von Truppendurchzügen und Verteidigungsmaßnahmen beherrscht. Die ständigen Kontributionen zur Versorgung der Truppen führten zu einer Teuerung, sodass das Brotgetreide mit gemahlenen Eicheln gestreckt wurde. Trotzdem hegte Sweder Mitte 1630 Hoffnungen auf einen baldigen Frieden. In den folgenden Jahren verschlechterte sich die Lage aber wieder, besonders seit Ende 1631. Es kam immer häufiger zu Plünderungen, Erpressungen und Verwüstungen. Ähnlich wie 1622 auf Weleveld suchten auch auf Welbergen Bauern und Soldaten Schutz. Für den Pastor von Welbergen, der Soldaten beim Desertieren geholfen haben sollte, verwendete Sweder sich vor dem Kriegsgericht in Rheine unter Ausnutzung seiner verwandtschaftlichen Beziehungen; ein andermal bürgte er für die Zahlung von Lösegeldern, die für die Freilassung von Gefangenen aus Ochtrup erpresst wurden. Mehrfach gewährte er dem Kirchspiel Kredite zur Bezahlung von Kontributionen. Fassungslos und zornig notierte Sweder 1634, wie ein von Soldaten entführtes Kind erstickt und wie ein Bauer gefoltert worden war, indem man ihm in siedendes Wasser getauchtes Brot in den Mund stopfte. Halt gab ihm in diesen grausamen Zeiten allein sein unerschütterlicher Glaube.

Anders als in Overijssel empfand Schele Ende der 1620er-Jahre im Fürstbistum Münster – trotz der gegenreformatorischen Maßnahmen von Kurfürst Ferdinand – das konfessionelle Klima noch als relativ tolerant, vor allem innerhalb des Adels. Im Oberstift Münster, das 1631 noch mehr als 20 evangelische adelige Familien zählte, nahm Sweder durch neue Ordensniederlassungen der Kapuziner, Franziskaner, Jesuiten und Klarissen vor allem die katholische Reform wahr, während er im Hochstift Osnabrück, in Tecklenburg und Minden die sehr viel radikaleren, gegenreformatorischen Maßnahmen des Osnabrücker Bischofs Franz Wilhelm von Wartenberg beobachten musste.

Gerade 1629 sah Sweder noch Chancen zu einem Ausgleich zwischen den verschiedenen Lagern, wenn sie bereit wären, auf äußeren Zwang zu verzichten und zu ertragen, was sich nicht ändern ließe. Mit großem Interesse verfolgte er das Leipziger Religionsgespräch im März 1631, bei dem lutherische Theologen aus Sachsen und reformierte Amtsgenossen aus Brandenburg und Hessen über die Artikel der *Confessio Augustana* verhandelten; 1632 trug er die Ergebnisse, die ihm Johann von Morrien zu Falkenhof zugeschickt hatte, auf 23 Seiten in seine Chronik ein. Er selbst verfasste für sich und seine Familie einen – heute verlorenen – Traktat unter dem Titel *Thesaurus confessionum*, in dem er für die Einheit der Christen eintrat.

Sweder blieb jedoch nicht verborgen, dass der Krieg vornehmlich eine machtpolitische Auseinandersetzung war, in der die Religion nur noch als Vorwand genutzt wurde. Neben der militärischen Lage widmete er sich in seiner Chronik deshalb auch eingehend dem Regensburger Kurfürstentag im Juli 1630.

Besondere Hoffnung setzte Sweder auf Gustav Adolph von Schweden. Noch bevor der König überhaupt deutschen Boden betreten hatte, verglich Sweder ihn mit David, der den Goliath Wallenstein bei Stralsund zu Fall gebracht habe, weil schwedische Soldaten den kaiserlichen Feldherrn 1628 zur Aufgabe der Belagerung der Ostseestadt gezwungen hatten. In den folgenden Jahren pries er ihn, den er gern mit der lateinischen Form *Christofforus* (Christusträger) bezeichnete, in zahlreichen selbst gedichteten Hymnen als zweiten Judas Maccabäus, als Constantin oder Karl den Großen, sah in ihm eine Bedrohung des päpstlichen Roms wie durch Alarich und Geiserich. Mit Hoffnungen und Gebeten verfolgte er den Siegeszug des Königs durch Deutschland, und als dieser in der Schlacht bei Lützen gefallen war, widmete er ihm ein aus 26 Distichen bestehendes lateinisches Epitaph, das von der Vorstellung ausging, der König und Märtyrer liege zwischen Luther und Melanchthon in Wittenberg begraben.

Ende 1632 bricht der Text des Hausbuchs ab, weil Schele Welbergen vorübergehend verlassen musste, und das Jahr 1633, dem Sweder in seinem Hausbuch nur 14 Seiten gewidmet hat, ist hauptsächlich von Kriegsnachrichten bestimmt. Immer wieder verschaffte Sweder sich von allen Kriegsparteien Salvagardien für seine Besitzungen und verhielt sich im Übrigen neutral. Trotzdem wurde es angesichts der Situation auf Welbergen immer schwieriger, das Hausbuch fortzusetzen; einzelne Nachrichten notierte er auf Zetteln, um sie später in das Buch einzutragen. Aus dem Jahr 1636 liegen gar keine Nachrichten vor, aus den Jahren 1635 und 1637 nur jeweils eine halbe Seite. Dann endet das Werk.

Auch Sweders finanzielle Situation verschlechterte sich. Aus dem Jahr 1637 ist eine Obligation im Welbergener Archiv erhalten. Mehr und mehr wurde Sweders unerschütterliches Gottvertrauen durchsetzt von Gedanken über die Nichtigkeit der Welt aus dem biblischen Buch Kohelet. Als 1634 sein Sohn Johann Ernst mit 15 Jahren starb, tröstete der Vater sich damit, dass Gott ihn damit dem Unglück der Welt entzogen habe.

In den letzten Lebensjahren wandte sich Sweder Schele wieder der Familie und ihrer Geschichte, dem Thema des ersten Teils zu. Als sich nach der Heirat seines Sohnes Goswin Heidenreich 1631 das junge Paar noch einige Zeit auf Haus Welbergen aufhielt, weil der Umbau von Haus Weleveld noch nicht abgeschlossen war, trug sich am Neujahrstag die gesamte Familie wie in einem Gästebuch in das Hausbuch ein und begann damit gleichsam ein neues Kapitel der Familiengeschichte. Mit Freude konnte Sweder am 11. September die Geburt seines ersten Enkelsohnes auf Haus Weleveld eintragen. Als dieser vom Kaplan Wolter Molanus auf den Namen Sweder Christoffer getauft wurde, notierte er alle Paten und die gesamte Taufgesellschaft aus Mitgliedern benachbarter und verwandter Adelsfamilien, mit dem Organisten aus Langenhorst insgesamt 21 Personen. Die Geburt der weiteren Enkelsöhne Karl Otto, Johann Gisbert, Wilhelm Heinrich und Nicolaus Daniel in den folgenden Jahren wurde nicht mehr sogleich vermerkt, vielmehr hat Sweder Schele 1633 und 1635 zwei kurze Gesamtdarstellungen der Familiengeschichte bis 1624 bzw. 1635 in das Hausbuch aufgenommen. Über die alten Sitze der Familie Schele – Schelenburg, Weleveld, Kuhof und Sudena – verfasste er 1634 je ein Epigramm und fügte zwei weitere über die noch zu errichtenden Häuser Hardenberg und Emser in Drenthe hinzu.

Im April 1636 setzte Sweder zusammen mit seiner zweiten Frau sein Testament auf. Der dritte Sohn aus erster Ehe, Goswin Heidenreich, sollte Haus Weleveld, das Stadthaus in Deventer sowie die Erbkastellanschaft zu Venebrügge erhalten, während für den jüngsten Sohne Rabo Hermann Haus Welbergen vorgesehen war. Der zweite, unselbstständige Sohn Christoffer Hilmer wurde mit genauen Angaben zum Umgang mit ihm der Obhut von Goswin Heidenreich übergeben. Für die Töchter waren die von den Brüdern je zur Hälfte zu finanzierenden Brautschätze festgelegt, ansonsten mussten sie sich mit einer Rente begnügen, und auch für seinen ersten Enkel setzte das Ehepaar eine Summe aus, die zu dessen Nutzen anzulegen war. Jede einzelne Verfügung wurde ausführlich begründet, um Streit in der Familie zu verhindern.

1639 hat Sweder Schele in einem separat erhaltenen Faszikel noch einmal die Geschichte der Familie Schele von den sagenhaften römischen Wurzeln bis in die Gegenwart niedergeschrieben und darin auch dem Tod des dreijährigen Enkels Johann Gisbert ein dreizeiliges Trostgedicht gewidmet. Von seinen vier Töchtern, drei aus der ersten, eine aus der zweiten Ehe, hatte wie erwähnt nur eine – die dritte – geheiratet, die anderen lebten noch bei ihrem Vater. Am 28. Mai desselben Jahres ist Sweder Schele im 70. Lebensjahr vermutlich auf Welbergen gestorben. Vierzehn Tage später wurde er in der Kirche von Borne beigesetzt. Seine zweite Frau Anna Brawe folgte ihm am 9. Mai 1644 und fand ebenfalls in Borne ihre letzte Ruhestätte.

Obwohl Sweder Schele seine Gedanken nie veröffentlicht hat, ist er nicht ohne Wirkung geblieben. Die letzte Familiengeschichte von 1639 wurde 1774, als der Schelenburger Zweig der Scheles ausgestorben war und die Nachfahren von Sweders Bruder Daniel Schele zu Kuhof die Nachfolge antraten, in deutscher Übersetzung in einer schön gestalteten Reinschrift kopiert und bis 1770 fortgesetzt. Sie bildete damit gleichsam die Grundlage und Legitimation der neuen Herren auf der Schelenburg. Und auch im 19. Jahrhundert hat der Hannoversche Staatsminister Georg von Schele, als er eine eigene Geschichte seiner Familie veröffentlichte, auf den ersten und zweiten Teil des Hausbuchs, die sich im Archiv der Schelenburg befanden, zurückgegriffen. Der ausgeprägte Adelsstolz Georg von Scheles im 19. Jahrhunderts hatte seine Entsprechung im Selbstverständnis seines Vorfahren aus dem 16. Jahrhundert.

Sweders Streben nach Ausgleich, sein Humanismus und sein Adelsstolz fanden seine Fortsetzung in seinem jüngsten Sohn Rabo Hermann Schele (1620–1662). Dieser studierte Jura an der Universität Leiden, als sein Vater starb. Sein Erbe, die Häuser Welbergen und Venebrügge, sicherten ihm ein Auskommen. Nach seiner Kavalierstour durch Frankreich und Italien lebte er zunächst auf Haus Welbergen, wo seine erste, an die am Westfälischen Friedenskongress in Münster vertretenen Mächte gerichtete Schrift *Protrepticus pro pace* entstand, die er unter dem Pseudonym „Publius Demophilus" veröffentlichte. Darüber hinaus war er Experte für das antike römische Militärwesen, über das er zahlreiche Schriften publizierte. 1647 wurde Rabo Hermann als Erbkastellan von Venebrügge zur Ritterschaft von Salland zugelassen, wofür er den reformierten Glauben annahm und auf eine Zulassung zu den münsterischen Landtagen verzichtete. Als außerordentlicher Vertreter der Stände von Overijssel bei den Generalstaaten vertrat er nach dem Tod des Statthalters Wilhelm II. von Oranien zusammen mit dem holländischen Ratspensionär Johan de Witt, mit dem er einen regen Briefwechsel pflegte, einen dezidiert republikanischen Standpunkt und lehnte die Berufung eines neuen Statthalters ab. In seinen Hauptwerken *De iure imperii* und *Libertas publica*, die beide posthum erschienen, gab er die theoretische Begründung für die Verfassung einer Ständerepublik; das letztgenannte Werk wurde zu einer wichtigen Streitschrift während der zweiten statthalterlosen Zeit (1702–1747) und am Anfang der Batavischen Republik (1795–1806). Bei Georg Schele soll ein Porträt Rabo Hermanns über dem Schreibtisch gehangen haben.

Sweder Scheles wichtigste Hinterlassenschaft und sein größter eigener Verdienst besteht in der Abfassung seines umfangreichen Hausbuchs, mit der er eine schier unerschöpfliche Quelle zur Kultur-, Konfessions-, Militär-, Mentalitäts- und Adelsgeschichte des deutsch-niederländischen Grenzraums hinterlassen hat. In diesem Hausbuch tritt er uns entgegen als Vertreter einer altehrwürdigen Familie, als Adeliger, als Lutheraner und nicht zuletzt auch als Persönlichkeit, die in Zeiten voller Umbrüche und Gefahren ihren Weg gesucht hat.

Quellen

Archiv Haus Welbergen.

Historisch Centrum Overijssel, Huisarchief Almelo, Nr. 3680 (Teil 3 des Hausbuchs).

Landesarchiv Nordrhein-Westfalen, Abteilung Westfalen, Archiv Haus Campe.

Niedersächsisches Landesarchiv, Staatsarchiv Osnabrück, Dep. 38b (Schelenburg), hier besonders Nr. 1000 (Teil 1 und 2 des Hausbuchs); 1005 (kurze Familiengeschichte).

Literatur

Bakker, Adrie de: De handschriften van Sweder Schele van het Weleveld, in: Jaarboek Twente 30 (1991), S. 83–94.

Ders.: Schele, Sweder (1569–1639). Luthers gedeputeerde ter Staten General, in: Overijsselse biographieën 3 (1993), S. 77–81.

Ders./Schlüter, Dick: ‚Gott betert desen tidt'. Jonker Sweder Schele. Ooggetuige van de Tachtigjarige Oorlog, Oldenzaal 1995.

Bakker, Jan Albert: De Romeinse muntschatten van Brandlecht (1620), Ringe (1654/55) en Emsbühren (voor 1713) in eigentijdese berichten, in: Jaarboek voor Munt- en Penningkunde 80 (1993), S. 5–21.

Ders.: Hunebed de Duvelskut bij Rolde – een literatuurstudie, in: Nieuwe Drentse Volksalmanak 119 (2002), S. 62–94.

Brecht, Martin: Luthertum mit Johann Arndt zwischen Calvinisten und Katholiken: Die Chronik Sweder Scheles von Weleveld/Welbergen, in: Wolfgang Breul-Kunkel/Lothar Vogel (Hg.): Rezeption und Reform. Festschrift für Hans Schneider zu seinem 60. Geburtstag. Darmstadt u. a. 2001, S. 137–155 (Quellen und Studien zur hessischen Kirchengeschichte, Bd. 5).

Gevers, Arnoldus Johannes/Mensema, Albertus Jans: De Havezaten in Twente en hun bewoners, Zwolle 1995 *[hierin bes. S. 101–104]*.

Gietman, Conrad: Het adellijk bewustzijn van Sweder Schele tot Weleveld, in: Overijsselse Historische Bijdragen 107 (1992), S. 83–114.

Ders.: De stervenskunstenaar Christoffer Schele tot Weleveld, in: Virtus 4 (1997), S. 11–20.

Ders.: Republiek van adel. Eer in de Oost-Nederlandse adelscultuur (1555–1702), Utrecht 2010.

Reimann, Nobert: Haus Welbergen. Aus der Geschichte eines Rittersitzes im Münsterland, in: Christoph Goldt (Hg.): 850 Jahre Welbergen. Portrait eines Dorfes im Münsterland, Borken 2001, S. 277–296.

Schlüter, Dick: Betovering en vervolging. Over toverij in Oost-Nederland tussen de 16de en 20ste eeuw, Hengelo 1991 *[hierin bes. S. 58–68]*.

Spits, Jet: Och ewig is so lang. Zeven eeuwen Weleveld. Havezate, landgoed en bewoners, Zutphen 2003 *[hierin bes. S. 37–86]*.

Swigchem, Bert van: Sweder Schele en zijn huiskapel. Meditaties van een Overijssels landjonker, in: Wim Denslagen u. a. (Red.): Bouwkunst. Studies in vriendschap voor Kees Peeters, Amsterdam 1993, S. 502–513.

Teske, Gunnar: Das Hausbuch des Sweder Schele zu Weleveld und Welbergen, Erbkastellan zu Venebrügge (1569–1639). Ein Ego-Dokument zur westfälischen Landesgeschichte, in: Westfälische Zeitschrift 162 (2012), S. 81–104.

Dietrich von Landsberg (um 1615/18–1683)

Gerd Dethlefs

Am 15. September 1651, kurz vor dem turnusmäßigen Landtag, versammelten sich im Arnsberger Schloss 38 Angehörige der Ritterschaft des Herzogtums Westfalen – das war etwas weniger als die Hälfte der 79 Gutsbesitzer, die drei Jahre zuvor zum Landtag geladen worden waren. Die Ritterschaft hatte 1648 beschlossen, ihre Mitglieder einer formalisierten Ahnenprobe zu unterwerfen – alle 16 Ururgroßeltern eines Ritters mussten künftig aus anerkannten Adelsfamilien stammen. Zweimal, am 21. Juli und erneut am 26. August 1651, war dies durch Rundschreiben den adeligen Gutsbesitzern bekannt gegeben worden mit der Aufforderung, ihre Ahnentafel einzusenden und zwei Ritter zu benennen, die mit einem Eid die Richtigkeit der Abstammung zu bekräftigen und darüber einen „Revers" als schriftliche Erklärung auszustellen hatten – irrten diese Ritter sich, sollten sie ihre Mitgliedschaft verlieren. Und würde sich herausstellen, dass einer der 16 Ahnen in der Ururgroßeltern-Generation nicht von altem und anerkanntem Adel war, sollten der Proband und die Aufschwörer als „abgeschnittene Glieder" betrachtet und „zu Landtagen nicht mehr admittiert" werden.

Als erster legte der Landdroste Dietrich Freiherr von Landsberg als Vorsitzender der Ritterschaft seine Ahnentafel vor. Seine Aufschwörung vollzogen zwei Vettern, die bereits in anderen Korporationen die Ahnenprobe durchlaufen hatten: der Deutschordensritter und Landkomtur zu Westfalen und Mülheim an der Möhne, Ernst von Schilder (um 1610/15–1674) sowie Landsbergs Studienfreund Johann Gottfried von Hörde zu Eringerfeld (1611–1686), seit 1645 Domherr zu Hildesheim. Es folgten 37 weitere Adelige, im folgenden Jahr noch einmal sieben. Viele derjenigen, die keine Ahnentafel eingereicht hatten, hatten unter ihren Vorfahren Patrizier aus Dortmund, Werl oder Soest, einige sogar gänzlich unebenbürtige, bürgerliche Personen. Ebenfalls abgewiesen wurden Landfremde, die Adelsgüter käuflich erworben hatten. Die Mitgliederzahl der Ritterschaft sank dadurch von 79 im Jahr 1648 auf nur noch 47 im Jahr 1657. Die Steuerlisten führten 1652 insgesamt 162 adelige Güter auf, von denen einige in bürgerlicher Hand waren, zudem besaßen einige Adelige mehrere Güter. Dennoch wurde der eingesessene Adel künftig nur noch von etwa einem Drittel der Gutsbesitzer vertreten. Die politische Mitsprache auf dem Landtag war fortan auf wenige alteingesessene Familien beschränkt. Vor allem aber gelangte die Kontrolle über den Zugang zum Landtag aus der Hand des

Landesfürsten in die der Ritter selbst. Das Verfahren wurde auch für andere Ritterschaften wie die in Paderborn (1662) und in Ravensberg (1668) vorbildhaft.

Der Initiator des neuen Verfahrens war seit gerade einmal vier Jahren im Amt und als Mittdreißiger zudem noch relativ jung. Dietrich von Landsberg wurde einer verschollenen Familienchronik zufolge 1618 in eine südwestfälische Adelsfamilie geboren. Das Geburtsjahr dürfte indes wenige Jahre früher gewesen sein, denn das Datum ist nur errechnet aus der vergleichsweise unsicheren Angabe, er sei 1683 im „65. Jahr seines Alters“ verstorben. Von der namengebenden Burg Landsberg bei Kettwig an der Ruhr (heute Stadt Essen) stammend, hatte das Geschlecht schon um 1300 einen Seitenzweig im südlich von Lippstadt gelegenen Erwitte gebildet. Dietrichs Eltern Jobst von Landsberg (1568–1622) und Dorothea von Erwitte (1572–1656) waren verwandtschaftlich gut „vernetzt“. Über seine Großmutter väterlicherseits, Ursula von Hörde zu Störmede und Eringerfeld, war Dietrich ein Vetter zweiten Grades des Domherrn Christoph Bernhard von Galen (1606–1678), der seit 1650 Fürstbischof von Münster war. Auch die Familie von Fürstenberg zählte zur Hörde'schen Verwandtschaft.

Der Vater Jobst war zu Beginn des Dreißigjährigen Krieges Obrist in einem Fußregiment im Heer der katholischen Liga gewesen. Zudem amtierte er als Paderborner Landdroste zu Dringenberg und als adeliger Rat in der Regierungsbehörde des von den Kölner Kurfürsten regierten Herzogtums Westfalen – also dem Sauerland zwischen Werl und Geseke, Balve und Marsberg, Olpe und Medebach. Neben seinen ererbten Gütern hatte Jobst von Landsberg nicht unerhebliche Einkünfte aus seinen Ämtern. Dank seiner katholischen Gesinnung genoss er das Wohlwollen seines Landesherrn, des Kölner Kurfürsten Ferdinand von Bayern (1577–1650), einem der konsequenten Förderer der Gegenreformation.

Dietrichs Mutter Dorothea von Erwitte stammte aus der Linie zu Welschenbeck (bei Belecke) und war 1596 mit Jobst von Landsberg die Ehe eingegangen. Von ihren neun überlebenden Kindern wurden zwei Töchter Stiftsdamen in Neuenheerse und Fröndenberg, nicht weniger als fünf konnten standesgemäß heiraten. Drei von ihnen knüpften verwandtschaftliche Bande zu den einheimischen Drostenfamilien von Meschede-Alme zu Anröchte, von Schorlemer-Overhagen zu Werl und Böckenförde-Schüngel sowie von Fürstenberg zu Stirpe – ein Netzwerk, das auch dem späteren Landdrosten Dietrich nützlich war. Noch wichtiger aber waren die Ehen der beiden anderen Töchter mit katholischen Adeligen der benachbarten Grafschaft Mark: Margarethe heiratete 1631 den Herrn von der Recke zu Kurl, Bruder des damaligen Paderborner Domdechanten Dietrich Adolf von der Recke (1601–1661), der dort 1650 zum Fürstbischof gewählt wurde. Ihre Schwester Anna Ursula von Landsberg vermählte sich mit Westhoff von Brabeck zu Letmathe und hatte mit ihm fünf Söhne. Der älteste Sohn Jobst Edmund (1619–1702) war ab 1651 als Domküster, ab 1655 als Domdechant zu Münster ein langjähriger enger Mitarbeiter Christoph Bernhards von Galen. 1674 wechselte er als Domdechant nach Hildesheim und wurde dort 1688 sogar zum Fürstbischof gewählt.

Landdrost Dietrich von Landsberg (um 1615/18–1683), großformatiges Gemälde um 1670/75, Ausschnitt. (Privatbesitz Graf von Landsberg-Velen, heute im Hotel Schloss Velen; Foto: Burkhard Beyer)

Von Dietrichs Eltern sind aus den Jahren 1619 bis 1622, als Jobst von Landsberg als Obrist der katholischen Liga zeitweise abwesend war, eine Handvoll Briefe überliefert, die nicht nur das innige Verhältnis der Eheleute zeigen, sondern auch eine besondere Zuneigung zum nachgeborenen Sohn, „meinem lieben Dietze". Dietrich war das jüngste der Geschwister und erhielt als zweiter Sohn den Leitnamen der Familie von Erwitte, Dietrich. Ein Vetter dritten Grades seiner Mutter war Dietrich Othmar von Erwitte, Offizier im Heer der Liga. Als Oberstleutnant war er 1622 Verteidiger von Geseke gegen den „Tollen Christian", dann ab 1623 Obrist über ein Reiterregiment unter Tilly gewesen. 1631 fiel Erwitte als Generalwachtmeister bei Breitenfeld im Kampf gegen die Schweden.

Nach dem frühen Tode des Vaters am 9. Juli 1622, der in der Dringenberger Pfarrkirche ein prächtiges Grabmal erhielt, verstarb ein Jahr später auch Dietrichs erheblich älterer Bruder, der designierte Stammhalter Ludolf Jobst kurz vor der Hochzeit. Dietrich hatte wohl schon eine Domherrenstelle erhalten, denn von 1624 bis 1630 ist mit lateinischem Vornamen ein „Theodor a Landsberg" in den Listen der Paderborner Domherren bezeugt. Die Übertragung dieser Stelle geht vermutlich auf die Einflussnahme seines angeheirateten Onkels Walter von Brabeck (gestorben 1626) zurück, der dort Dompropst war. Da die Übernahme einer kirchlichen Pfründe erst nach dem vollendeten siebten Lebensjahr möglich war, dürfte Landsbergs angenommenes Geburtsjahr 1618 wohl um zwei bis drei Jahre zurückzudatieren sein.

Für eine gute Schulbildung – an bisher unbekanntem Ort – spricht, dass seine Mutter ihn mitten im Krieg zum Studium der Rechte an die Universität Orléans schickte, wo er sich am 9. Mai 1633 gemeinsam mit seinem 22-jährigen Vetter Johann Gottfried von Hörde in die Matrikel der Deutschen Nation einschrieb.

Der noch relativ junge Landsberg – auch sein Neffe Jobst Edmund von Brabeck nahm 1636 erst siebzehnjährig das Studium in Orléans auf – blieb drei Jahre und betrieb die üblichen adeligen „Exercitien": Fechten, Reiten, Tanzen, Schießen, Mathematik und das Lautenspiel. Französisch sollte das Lateinische als Sprache der höfischen Elite ablösen. In den 33 Monaten seines Studiums gab er 5158 Gulden für seinen Lebensunterhalt aus. Ein Studium konnte ihm entscheidende Vorteile gegenüber bürgerlichen Juristen bei der Konkurrenz um die fürstliche Gunst verschaffen – es war die Zeit, in der eine juristische Fachausbildung für Spitzenstellungen im Rat des Fürsten entscheidend zu werden begann.

Nach dem Studium in Orléans absolvierte Dietrich von Landsberg eine Bildungsreise, die ihn nach Paris, „England, Italien, Neapoli und Cicilien" führte. Aus dem Landjunker wurde ein Kavalier, der sich dank seiner Sprachkenntnisse und der Vertrautheit mit der abendländischen Kultur sicher am Hofe zu bewegen wusste. Für den Fürstendienst war er damit hoch qualifiziert. Zurückgekehrt, stellte sich der nun weltgewandte junge Adelige seinem Landesherrn Kurfürst Ferdinand vor und erhielt den Rang eines Kämmerers. Dies war nicht nur Ausdruck des Vertrauens, sondern auch der Herrschernähe, denn mit diesem Rang hatte er jederzeit direkten Zugang zu seinem Landesfürsten.

Aus den folgenden Jahren fehlen Nachrichten über Dietrich von Landsberg. Das nächste Lebenszeichen ist erst die Hochzeit über fünf Jahre später. Im Ehevertrag wird er weiterhin nur als Kämmerer genannt, jedoch noch nicht als Offizier. Am 29. Juni 1642, dem Festtag des Kölner Patrons Petrus, heiratete er in Köln Anna Margaretha von Frentz, Tochter des kurkölnischen Landhofmeisters Adolf Sigismund von und zu Frentz, also eines einflussreichen Höflings; seine Frau verstarb indes bereits im November 1643 nach der Geburt von Zwillingen im Kindbett. Eine zweite und eine dritte Ehe sollten folgen.

Am 6. Mai 1643 gewährte ihm der Kurfürst die Anwartschaft auf das Drostenamt zu Erwitte, drei Tage später ernannte er ihn zum Adligen Westfälischen Rat. Damit hatte Dietrich von Landsberg Sitz und Stimme im Arnsberger Regierungskollegium, das aus je vier adeligen und gelehrten Räten unter Vorsitz des Landdrosten bestand. Hier qualifizierte ihn seine Gewandtheit für Missionen zum kurkölnischen Hof nach Köln und Bonn, um Landesbeschwerden beim Kurfürsten vorzubringen. Die Klagen über die drückenden Einquartierungen und Kontributionen sowie gegen übermäßige Forderungen der Truppen nutzten aber praktisch wenig, da die Notwendigkeit der Truppenunterhaltung unabweisbar war. Ähnliche Missionen sind nach Kassel, also zur Hauptstadt des hessischen Landesfeindes, bezeugt.

Immerhin verwandte ihn nun auch der Kurfürst immer öfter im diplomatischen Dienst. Als der kurkölnische Hauptgesandte beim Westfälischen Friedenskongress, der Osnabrücker Fürstbischof Franz Wilhelm von Wartenberg, am 25. November 1644 in Münster seinen Einzug hielt, gehörte Landsberg zu dessen Gefolge und verrichtete beim kaiserlichen Hauptgesandten Graf Nassau-Hadamar den Antrittsbesuch. Größere Bedeutung hatten seine Missionen zu den Kommandeuren der feindlichen Armeen in Westfalen, zum schwedischen General Wrangel und zum französischen Marschall Turenne. Er übergab ihnen im Mai 1647 die von seinem Kurfürsten vollzogenen Ratifikationen des Ulmer Waffenstillstandes vom 14. März 1647, der die Länder Ferdinands neutralisieren und aus dem Krieg herauslösen sollte. Anschließend reiste Landsberg zum Wiener Kaiserhof, wo er dem etwas jüngeren, aus Schwaben stammenden Grafen Franz Egon von Fürstenberg (1626–1682) dabei assistierte, die Kölner Politik zu rechtfertigen.

Damit hatte er sich für weitere Aufgaben und für ein höheres Amt qualifiziert. Nach dem Tode des aus einer alten sauerländer Adelsfamilie stammenden, seit 1624 amtierenden Landdrosten Friedrich von Fürstenberg (1576–1646) wurde er zu dessen Nachfolger ernannt. Der gleichnamige Sohn des Landdrosten, Friedrich von Fürstenberg (1618–1662), war zu dieser Zeit zwar ebenfalls schon Adeliger Rat, aber die Familie schien bereits allzu mächtig. Zudem war sie im Begriff, mit den Ämtern Bilstein und Waldenburg Teile des ihr verpfändeten und verlehnten Landes zu verselbständigen und dem Landesherrn zu entfremden.

Dietrich von Landsberg wurde am 21. September 1647 vereidigt, am 2. Oktober saß er erstmals der Sitzung eines Landschaftsausschusses vor. Als Landdroste war er Statthalter des Kurfürsten in Arnsberg und Chef des dortigen Regierungskollegiums („Landdrost und Räte“ des Herzogtums Westfalen). Damit übte er großen Einfluss auf alle im Land getroffenen und auf alle das Land betreffenden Entscheidungen aus. Zudem traf er Personalentscheidungen jeglicher Art und war darüber hinaus auch noch Vorsitzender der Ritterschaft. Bei einer zweiten Reise nach Wien erhob ihn Kaiser Ferdinand III. am 27. April 1648 in den Reichsfreiherrenstand. Als Sohn und Enkel kaiserlicher Offiziere und als Verwandter des bei Breitenfeld gefallenen Generals Erwitte hatte er gute Argumente für eine Standeserhöhung vorzuweisen.

Nach seiner Rückkehr warb er im August 1648 als Obrist Soldaten für ein Infanterie-Regiment an, das in Westfalen im kaiserlich-ligistischen Heer dem Feldmarschall Lamboy unterstellt wurde. Diese neue Aufgabe erstaunt, denn militärische Erfahrung oder gar einen Offiziersrang scheint er bis dahin nicht besessen zu haben. Verwundern kann seine Entscheidung jedoch nicht, denn Offizier zu sein war für viele seiner Verwandten und Standesgenossen vor allem eine sichere Einnahmequelle – und das nicht einmal so sehr wegen der Chance, Beute zu machen. Durch die Hände eines Obristen ging viel Geld, pro Rekrut erhielt Landsberg allein 16 Taler Werbegeld. Hinzu kam die nicht zu unterschätzende Gelegenheit, bei Märschen und Einquartierungen willkommene Nebeneinkünfte einzustreichen.

Nach dem Westfälischen Frieden trat Dietrich von Landsberg im Februar 1649 mit seinen Truppen in spanische Dienste. Unter Lamboy warb er im April 1649 noch einmal 600 Mann in zehn Kompanien an, Musterplatz war Jülich. Am 10. Juni 1649 wurde er als „Generalwachtmeister über acht Regimenter teutscher Völker" verpflichtet, auch wenn der Vertrag zwischen Frankreich und dem Kaiser solche Weiterverwendungen eigentlich untersagt hatte. Das militärische Engagement Landsbergs war jedoch nicht von Dauer, bereits am 20. Mai 1650 erhielt er seinen Abschied. Nachdem er dem Kölner Metropolitankapitel am 23. Juni des Jahres einen Revers über die Beachtung der domkapitularischen Rechte erteilt hatte, kehrte er nach Arnsberg zurück, wo ihn als Landdroste große Aufgaben erwarteten.

Der Krieg hatte bewährte Verfahren der Landesverwaltung und der Landesverfassung außer Kraft gesetzt. Die Notwendigkeit, mehrmals kurzfristig Geld für die Finanzierung von Soldaten aufzubringen, hatte Sondersteuern wie beispielsweise Kontributionen oder sogenannte „Licenten" als Sonderzölle erfordert. Die Geldbeschaffung durch solche Steuererhebungen war einerseits unumgänglich, bedurfte aber einer ständischen Mitwirkung. Die Landtage konnten jedoch nur sehr unregelmäßig tagen, so dass ihre Aufgaben auf Deputierte von Adel und Städten übertragen worden waren, die ein- bis zweimal im Monat zusammenkamen. Wichtig war zudem eine rasche Kontrolle und Rechnungslegung. 1643 beschlossen Räte, Drosten und je vier Deputierte aus Adel und Städten, der Pfennigmeister (Direktor der Landeskasse) solle quartalsweise vor ihnen Rechnung legen. 1649 wurde festgelegt, mindestens einmal im Quartal zu tagen, was sich bewährte. Landsberg setzte durch, dass ein kurfürstliches Reskript am 5. Dezember 1657 diese „Konventionen" als „Quartalstände" auf feste Termine – jeweils den siebten Tag der Monate Januar, April, Juli und Oktober eines Jahres – festlegte. Die Quartalstände hatten auch Schatzungen auszuschreiben und die ständischen „Gravamina" (Beschwerden) vorzutragen. Faktisch waren sie somit eine ständische Mitregierung.

Die rasche Aufhebung der Licenten und Kontributionen nach dem Friedensschluss war eine Hauptforderung der Stände in ihren Gravamina. Da der Friedensvertrag vom 24. Oktober 1648 jedoch hohe Geldzahlungen an Schweden und Hessen vorsah, damit diese ihre Soldaten bezahlen und entlassen konnten, konnte dieser Forderung zunächst nicht stattgegeben werden. Um das benötigte Geld aufzutreiben, berief der Kurfürst zum 15. November 1648 einen gemeinsamen Landtag des Erzstiftes in Bonn ein. Von den durch den Abschied vom 26. November bewilligten 20000 Talern sollten das Herzogtum Westfalen und das Vest Recklinghausen zwei Fünftel tragen. Dagegen erhob sich heftiger Protest: Dass man einen rheinischen Landtag besuchen solle und dass dieser sogar für Westfalen Steuern festsetzen wolle, sei unerhört. Man sei „dessen Quotisierens nicht geständig", das Vorhaben sei ein Verstoß gegen die Erblandesvereinigung von 1590, das Landesgrundgesetz. Daher musste Landsberg im Dezember 1648 noch einen eigenen Landtag einberufen und durchführen, der „citra consequentiam", wegen der Notlage des Staates, 7000 Taler als „freiwillige Beisteuer" bewilligte. Diese war durch eine Kopfschatzung auch von den eigentlich steuerfreien Einwohnern, also Adel, Klerus und Judenschaft, mit aufzubringen. Im Gegenzug stimmte der Landesherr der geforderten Einführung der Ahnenprobe zu.

Es galt also, die ständische Verfassung weiterzuentwickeln und neue Formen der ständischen Mitsprache zu finden. Landsberg hatte sowohl die Rechte der Stände geltend zu machen und zu verteidigen als auch den in diesem Fall unabweisbaren Geldforderungen des Landesherrn nachzukommen. Ihm gelang es, Kreditgeber für die Zahlungen zu finden, die die einzutreibende Summe vorschießen konnten. Zur Abwicklung war im Sommer 1650 Kurfürst Ferdinand selbst nach Arnsberg gekommen, wo er am 13. September des Jahres starb.

Ein Vertrauensverhältnis vermochte Landsberg auch zu dessen Neffen und Nachfolger aufzubauen: Erzbischof und Kurfürst Maximilian Heinrich von Bayern (1621–1688) – sich selbst nannte er stets Maximilian Henrich, was in der Literatur bisweilen für Verwirrungen sorgt. Grundlage dafür war das starke kirchliche Engagement des Landesherrn. Den beiden von Jesuiten erzogenen Wittelsbachern Ferdinand und Maximilian Heinrich war die Behauptung der katholischen Konfession in ihren Bistümern ein Hauptanliegen. Mit französischer Hilfe war es im Westfälischen Frieden 1648 gelungen, die drohende Säkularisation abzuwenden, weil die Lande des Kurfürsten Ferdinand – neben dem Erzstift Köln waren dies die Hochstifte Münster, Paderborn und Hildesheim sowie das Bistum Lüttich – bereits vor dem Stichtag 1. Januar 1624 rekatholisiert worden waren. Fortan galt die Pflege und Verwurzelung des katholischen Glaubens als eine politische Voraussetzung für das Überleben der geistlichen Staaten.

Neben den auf die Oberschichten spezialisierten Jesuiten, die seit 1652 eine Missionsstation in Arnsberg unterhielten, waren es vor allem die Franziskaner als Träger von höheren Schulen und seelsorgerischen Angeboten, die der Bevölkerung spezifisch katholische Formen der Frömmigkeitsausübung wie Prozessionen, Wallfahrten und Bruderschaften vermittelten. Zwischen 1638 und 1654 wurden allein im

Herzogtum Westfalen fünf neue Klöster gegründet. Karrierebewusste einheimische Adelige, aber auch um das Wohlwollen des Kurfürsten ringende Städte wie etwa Brilon beteiligten sich an den Gründungen. Das fiel ihnen um so leichter, als die Bettelorden und vor allem die Kapuziner mit ihrem strengen Armutsideal keine Konkurrenten um Güter und Kapitalien waren. Im Auftrag des Kurfürsten legte Dietrich von Landsberg am 9. August 1648 den Grundstein für den Bau des Observantenklosters in Attendorn, der zehn Jahre später geweiht werden konnte. Für den Bau schenkte er 73 Taler sowie 1649 „gold- und silberdurchwirkte Gewänder, in die goldene und silberne Blumen sowie sein Wappen eingestickt waren".

Landsberg förderte besonders das Kapuzinerkloster in Werl. 1645 hatte es zwar einen kurfürstlichen Stiftungs- und Schutzbrief erhalten, aber der Stadtrat und auch der Pfarrer, ein Konventuale des Prämonstratenser-Klosters Wedinghausen, leisteten zunächst erheblichen Widerstand gegen den neuen Konvent. Als 1651 der Ankauf eines Grundstücks anstand – so die Klosterchronik – sprach der Guardian als Klostervorsteher beim Landdrosten in Arnsberg vor. Statt der für den Grundstückskauf erhofften 500 Taler stiftete der Landdrost aus Verehrung für den heiligen Franziskus – alle seine sechs Söhne erhielten übrigens den Namen Franz – die Summe von 2000 Talern. Damit konnte nicht nur das Grundstück gekauft, sondern auch ein Teil des Baus finanziert werden. Als „principalis fundator" rühmten ihn die dankbaren Kapuziner.

Den Franziskustag 1651 beging man festlich und weihte die neue Kapelle mit dem Altar ein. Doch während die Festgäste unter dem Vorsitz des Landdrosten im Drostenhaus tafelten, erbeutete ein dreister Einbrecher das Silbergerät des Klosters und verkaufte das zerschlagene Ziborium für sechs Taler an einen Juden in Menden. Nachdem die Kapuziner die Hilfe des Kirchenpatrons Antonius von Padua erfleht hatten, wurde – wiederum der Klosterchronik zufolge – der von Gewissensbissen geplagte Dieb wahnsinnig. Er gestand die Schandtat in Balve und wurde schließlich mit dem Feuertod bestraft – ein Ereignis, das den Kapuzinern die Wirkmächtigkeit ihres Patrons bewies und ihnen hohes Ansehen in der Bevölkerung eintrug. Ihr Prestige färbte auf den Stifter ab. Der vom Landdrosten am Himmelfahrtstag 1652 selbst gelegte Grundstein der Kirche trug als Aufschrift das Distichon:

„*En Francisce tibi gazas Landsbergius auget*
Exiguo dives dum tibi donat opes."

Siehe Franziskus, dir mehrt Herr von Landsberg die Schätze, so
dass Dich der Reiche bedenkt, Reichtum dem Armen schenkt.

Dietrich von Landsberg hatte an seiner Stiftung aber nicht nur Freude. 1659 musste ihm der Guardian gestehen, dass die Kirche schon baufällig sei und einzustürzen drohe; der Droste zu Werl musste die Kirche sogar schließen lassen. „Quod cito fit, cito perit" – was rasch entsteht, auch schnell vergeht, tröstete die Klosterchronik. Von den Sachzwängen gedrängt, stimmte Landsberg nicht nur der

Renovierung zu, sondern stiftete 100 Taler für einen Neubau. Durch seine Fürsprache und eine erneute Geldspende konnte nun sogar das große Grundstück hinter dem Kloster hinzugekauft werden. 1661 begann der zweite Kirchenbau, nun unter Leitung des Kapuzinerbruders Bonitius aus Trier, der in den folgenden Jahren auch den Bau von Schloss Melschede und des Jagdschlosses Hirschberg planen und leiten sollte. Am Fest der Kreuzerhöhung, dem 14. September 1661, legte Landsberg den Grundstein für die den Heiligen Franziskus und Antonius von Padua geweihte zweite Kirche, seine Frau Jutta Antonetta legte den zweiten Stein. Wieder gab es ein großes Fest für den Adel, den Klerus und das Volk von Werl. Wenige Wochen später erfolgte am 2. November als Sühnegabe für einen Jagdfrevel von Bürgern der Stadt Soest die Übernahme des Mariengnadenbildes aus der seit langem lutherischen Soester Wiesenkirche, das Werl rasch zum wichtigsten Wallfahrtsort Südwestfalens werden ließ.

Bei der Ausschmückung der Kirche beteiligten sich auch der fromme Kurfürst Maximilian Heinrich, der Paderborner Bischof Ferdinand von Fürstenberg aufgrund einer Wunderheilung, der Balver Droste Ferdinand von Wrede zu Melschede und weitere Spitzenbeamte. Bei der festlichen Kirchweihe am 12. Mai 1669 ließ sich der Landdroste als „zweiter Salomon" und Tempelstifter feiern und bewirtete nach dem Weiheakt wiederum alle Ehrengäste auf seine Kosten. Die Familie blieb dem Kloster dauerhaft verbunden. 1693 schenkten die Töchter Landsbergs ihre mit Goldbrokat durchwebten Brautkleider dem Kloster, aus denen Altarvela für den Marienaltar gefertigt wurden.

In Arnsberg, dem Wohnsitz Landsbergs, gab es mit dem Prämonstratenserstift St. Laurentius in Wedinghausen nur ein Kloster. Wer am Regierungssitz prominent wahrgenommen werden wollte, musste aber hier vor Ort Stiftungen tätigen. So schenkte Landsberg 1680 den Prämonstratensern einen neuen Hochaltar, den der Schreiner Christian Gresemann in Münster fertigte und für den Elisabeth Cronenberg, ebenfalls aus Münster, das Altarblatt schuf. Mit dieser Stiftung erwarb Landsberg im Chor der Kirche ein Erbbegräbnis für sich und seine Familie, hier fand er nach seinem Tode am 15. November 1683 auch sein Grab. 1864 musste der barocke Hochaltar einem neugotischen weichen.

Die mit Namen und Wappen versehenen Stiftungen zielten nicht zuletzt auf das Wohlwollen des Landesherrn, des Kölner Kurfürsten Maximilian Heinrich, der 1650 seinem Onkel Ferdinand auch als Fürstbischof von Lüttich und Hildesheim nachgefolgt war. 1653 nahm Landsberg im Gefolge des Kurfürsten an der Wahl von König Ferdinand IV. in Augsburg und am Reichstag in Regensburg teil; 1658 finden wir ihn bei der Kaiserwahl in Frankfurt. Während dies in erster Linie repräsentative Auftritte waren, übernahm der Landdroste daneben zahlreiche diplomatische Missionen vor allem zu norddeutschen Fürsten. Dabei blieb Landsberg allerdings stets Ausführender der Anweisungen aus Bonn und Köln, nicht Gestalter der Außenpolitik. Maximilian Heinrich, ein gutwilliger, gutgläubiger und rechtlich denkender Mensch, vertraute in politischen Fragen weitgehend dem Rat seines ersten Ministers Franz Egon Graf von Fürstenberg (dem Landsberg sicherlich nicht erst seit der gemeinsamen Reise nach Wien 1647 nahestand) sowie dessen Bruder Wilhelm Egon Graf von Fürstenberg (1629–1704). Diese beiden schwäbischen Grafen, seit 1664 Reichsfürsten, lenkten den Kurfürsten nach der Kaiserwahl von 1658 in die Bahnen der französischen Politik und in die des seit 1647 amtierenden Mainzer Kurfürsten Johann Philipp von Schönborn (1605–1673). Der von ihnen geplante „Rheinbund“ sollte unter französischem Schutz die kleineren deutschen Fürsten gegen die als fragwürdig angesehene Machtpolitik des Wiener Hofes schützen. Eine ausgedehnte Korrespondenz bezeugt das enge Verhältnis Landsbergs vor allem zu Franz Egon von Fürstenberg.

Landsbergs Kompetenz erstreckte sich vor allem auf militärische Fragen, war er doch als Generalmajor höchster Offizier des Kurfürsten und so etwas wie ein „Kriegsminister“. Höhepunkte seiner militärischen Laufbahn waren der Einsatz als Kommandeur der kurkölnischen Hilfstruppen bei der (vergeblichen) Belagerung Münsters von August bis Oktober 1657 und die Verteidigung der Landeshauptstadt Bonn gegen die kaiserliche Armee im November 1673. Ende Oktober des Jahres war Landsberg in Bonn neben dem Franzosen Ravillon zum Stadtkommandanten bestellt worden. Nach der Einschließung durch die kaiserlichen Truppen forderte der Marchese di Grana am 9. und 10. November, die Stadt dem kaiserlichen Schutz zu unterstellen. Landsberg verwies darauf, erst kurfürstliche Instruktionen einholen zu müssen – der Kurfürst war nach Köln geflüchtet –, so dass am 11. November die Beschießung begann. Am folgenden Tag kapitulierten Landsberg und Ravillon gegen freien Abzug, die Festungsbauwerke galten als unzureichend und völlig veraltet.

Für alles Organisatorische, für Werbungen, Marschbefehle, Personal- und Disziplinarfragen war Landsberg unentbehrlich, auch hinsichtlich der Truppen im Hochstift Hildesheim. Sobald es aber um Heeresführung und Strategie ging – wie in dem Krieg, den Kurfürst Maximilian Heinrich im Bündnis mit Ludwig XIV. und Münsters Bischof Christoph Bernhard von Galen 1672 bis 1674 gegen die Niederlande führte – übernahmen zumeist französische Offiziere mit größerer Erfahrung das Kommando. 1672 gelang es den Verbündeten zunächst, die Niederlande zu überrennen, Zwolle und Deventer wurden mit kurkölnischen Kommandanten versehen. Landsberg jedoch blieb im Sauerland und war mit Nachschub- und Organisationsaufgaben beschäftigt. Als Brandenburg zugunsten der Niederländer in den Krieg eingriff und im Januar 1673 Werl belagerte, wurde es von kurkölnischen Truppen unter dem Obristen Bibow und dem Drosten Böckenförde erfolgreich verteidigt. Erneut war Landsberg nicht am Ort des Geschehens, sondern in Arnsberg. Als dann eine kaiserliche Armee unter General Johann Sporck (um 1600–1679) Ende des Jahres heranmarschierte und Quartiere im Sauerland beanspruchte, flüchtete Landsberg Anfang Dezember 1673 mit dem kostbaren Inventar des Schlosses Arnsberg nach Lippstadt und brachte auch seine Familie dorthin in Sicherheit.

Ein weiteres militärisches Amt erlangte Landsberg bereits 1671 in der Stadt Neuss, wo er zum Gouverneur ernannt wurde. Zudem bekleidete er von 1674 bis zu seinem Tode das Amt eines Gouverneurs in Rheinberg, der militärisch wichtigsten Festung des Erzstiftes, wo auch sein 1671 errichtetes Regiment in Garnison lag. Trotz dieser verschiedenen, durchaus beachtlichen Aufgaben waren die militärischen Ämter für Landsberg wohl vor allem eine Einnahmequelle und dienten dem Prestigegewinn.

Viele diplomatische Missionen Landsbergs betrafen militärische Fragen – so bei Konventen des Rheinbundes in Frankfurt am Main und Hildesheim (1658 bis 1660). Bei anderen Missionen ging es um Fürsten, die für einen Beitritt zum Rheinbund umworben wurden, wie etwa die welfischen Herzöge von Braunschweig-Lüneburg in den Linien zu Celle, Hannover und Wolfenbüttel (1659/60), einen ähnlichen Anlass hatte die Reise 1660 zum Kurfürst von Brandenburg nach Berlin. 1665 suchte Landsberg zwischen den zerstrittenen Linien des Welfenhauses einen Vergleich zu vermitteln. Noch 1677 erledigte er eine diplomatische Mission an den Pfalz-Neuburgischen Hof wegen der Verteilung der Winterquartiere.

In Rheinbund-Angelegenheiten weilte er 1659 und 1660 am Hof des münsterischen Fürstbischofs Christoph Bernhard, 1665 übernahm er für diesen sogar – wenn auch vergebliche – Verhandlungen mit dem Grafen Georg Friedrich von Waldeck zur Übernahme von Truppen in münsterische Dienste und beteiligte sich selbst an Werbungen eines münsterischen Obristen Brabeck, wohl eines Neffen, dem er Gelder vorschoss.

Ein Einsatzschwerpunkt für Landsberg war zwischen 1658 und 1666 Hildesheim, wo Maximilian Heinrich als Fürstbischof regierte und wo Landsberg mehrfach als Landtagskommissar des Kurfürsten tätig war. Seine Verhandlungen mit den Hildesheimer Landständen – Domkapitel, Ritterschaft, Klöstern und Städten – betrafen zunächst Geldforderungen des Landesherrn für sich und für das Landesmilitär, vor allem zum Ausbau der Festung Peine. Sie endeten allerdings im Streit nicht zuletzt um Grundsatzfragen der Verfassung.

Die Geldbeschaffung für den Kurfürsten und seine Berater war auch in seinem Amtsbezirk im Herzogtum Westfalen eine Hauptaufgabe Landsbergs. Er hatte als Landdroste die Verhandlungen der Landstände zu leiten, die Geldforderungen für das Militär und anderes durchzusetzen. Dabei wusste er unrealistische Forderungen abzublocken, mit seiner Verhandlungskunst häufig genug einen Konsens zu erreichen und seine Bonner Vorgesetzten zufrieden zu stellen.

Bei der Erschließung neuer Geldquellen war man dabei nicht zimperlich. Als 1670 das Judengeleit auslief, schrieb ihm der Premierminister Franz Egon von Fürstenberg am 13. April 1670 aus Brühl, Landsberg solle mit dem Oberjägermeister überlegen, ob es zu verlängern sei, „oder aber sie aus dem Landt zu jagen und hingegen von den Stätten ein gewißes in Vorschlag kommenermaßen anzunehmen". Die dafür festgelegte, von den Städten zu zahlende Summe von 2000 Talern ermäßigte man trotz verschiedener Eingaben nicht, das Geld verwendete man zum Ankauf des Gutes Olpe von den Herren von Loen. Für 1671 ist eine Zahlung von 200 Talern durch die Stadt Arnsberg belegt, die damit das „Judenprivileg" dauerhaft für sich erwarb, anschließend die Ausweisung der Juden durchsetzte und Neuansiedlungen für lange Zeit verhinderte. Landsberg und seine Vorgesetzten entschieden rein nach fiskalischen Gesichtspunkten, machten sich dafür aber die antijüdischen Interessen der Stände, vor allem der Städte zunutze.

Konkurrenz und Rivalität zu anderen Sauerländer Geschlechtern wie dem der Fürstenbergs waren wohl Anlass zu Vorwürfen, der Landdroste nehme die Interessen der Stände nicht ausreichend wahr. So entstand Ende 1663 eine Rechtfertigungsschrift an die Landstände. Landsberg umschrieb darin die Aufgaben seines Amtes,

> „daß dem gnädigsten Landtfürsten und Herren gehöriger Respect und Gehorsamb, iedoch mit Conservirung der uhralten Privilegien, Landtvereinigung unndt guter Gewonheiten; demnegst zwischen den löblichen Landtstenden dieses Fürstenthumbß von Ritterschafft und Städten nicht alleine gute Einigkeit iederzeit erhalten, sondern auch, was zu einiger Mißverstendnus, die doch wegen ein und anderer Differentien zimblich eingerißen, Anlaß geben könte, gar auß dem Wege geraumbt werden mögte [...]"

Im einzelnen zählte er dann neun Punkte auf, die er zu einem für die Stände erfolgreichen Abschluss gebracht hatte. Erstens die Einlösung der an die Amtsdrosten Fürstenberg verpfändeten Ämter Waldenburg, Bilstein und Fredeburg (1652–1654) durch die Zahlung von 42000 Talern, die durch eine außerordentliche Schatzung aufgebracht wurden. Zweitens die Vermittlung des *Recessus perpetuae concordiae* (1654) über die Schatzfreiheit der Ritterschaft und die Schatzquote der Städte; drittens die „viermahls des Iahrs freye, unbeschriebene Zusahmentrettung der löblichen Landtstende nach dero Belieben", also die Einführung der Quartalstände 1657; viertens die Einführung der Sechzehn-Ahnen-Aufschwörung in der Ritterschaft 1651, die 1657 vom Kurfürsten noch einmal ausdrücklich bestätigt wurde. Weiterhin – fünftens – die Erhaltung der Kreditwürdigkeit der Landschaft, indem er 1657 und 1660 der Westfälischen Landschaft die Zahlung einer jährlichen Pension von sechs Prozent auf jedes Kapital erlaubt habe (die Reichsgesetze sahen nur fünf Prozent vor). Sechstens die Übernahme der Landtagszehrungskosten durch den Kurfürsten (1659); siebtens die Beilegung des Streites, welcher Stand auf dem Landtag die erste „Relation" abgeben müsse (1657/60); achtens die Anerkennung des – noch zu behandelnden – Indigenatrechtes durch den Fürsten und das widerstrebende Domkapitel (1660/62); schließlich neuntens die Beilegung der Grenzstreitigkeiten mit der Grafschaft Waldeck in der Freigrafschaft Düdinghausen (1652/1663).

Landsbergs Schrift zeigt deutlich die Konsensorientierung seiner Politik, die gerade angesichts der vielfältigen Konflikte zwischen den rheinischen Landständen im Erzstift untereinander sowie zwischen diesen und dem Kurfürsten, aber auch etwa der Ständekämpfe in Kleve-Mark verständlich ist. Der 1654 verabschiedete *Recessus perpetuae concordiae*, der Rezess (wörtlich: die Wiederherstellung) ewiger Eintracht, spiegelt das Streben nach „Einigkeit" als Strategie zur Durchsetzung eigener Interessen. Es war das wohl problematischste Gesetz, das Landsberg zustande brachte. Als der Kurfürst im Oktober 1653 Gelder für das „Defensionswerk", also für die Anwerbung und Besoldung von Soldaten, forderte, verweigerte die

Ritterschaft einen Beitrag. Die Städte dagegen führten zahlreiche Beispiele für die Schatzpflichtigkeit der Ritterschaft an und forderten die Besteuerung der 162 adeligen Güter wie bisher: noch 1652 hatten sie in drei Steuerklassen zu 32, 20 und sechs Talern insgesamt 3216 Taler aufgebracht. Landsberg fand in langen Verhandlungen mit den Städten dann eine Kompromissformel, derzufolge die Ritterschaft grundsätzlich steuerfrei sei; nur für Türkensteuern und im Falle des Landesnotstandes, der auf einem Landtag zu beschließen sei, wären sie beitragspflichtig. Das entsprach teilweise dem Regensburger Reichstagsabschied vom 13. Mai 1654, der die Landstände zur Bewilligung der Reichssteuern und der Finanzierung der Besatzungen in den Landesfestungen verpflichtet hatte. Dafür wurde die Steuerlast der Städte, die unter dem Dreißigjährigen Krieg schwer gelitten hatten, von einem Viertel auf ein Fünftel einer Schatzung ermäßigt – der Kompromiss ging also zulasten des Bauernstandes. Die rechtliche Kodifizierung einer Einschränkung der adeligen Steuerfreiheit ist für westfälische Verhältnisse ungewöhnlich. So kritisch dieser „Recessus" auch beurteilt wird, weil die Steuerlast von der Leistungsfähigkeit der Pflichtigen abgekoppelt wurde, so hat die Ritterschaft bei späteren staatlichen Notlagen doch durchaus noch Beiträge aufgebracht.

Das Harmoniebedürfnis scheint auch ein Charakterzug des Kurfürsten gewesen zu sein. Nachdem der Landtag ihm im Januar 1667 insgesamt 15 000 Taler bewilligt hatte, schenkte er seinen „getreuen Ständen" einen Landständepokal mit der ausdrücklichen Bestimmung, „daß berürtes Trinckgeschier so wenig von den Successoribus am Ertz Stifft, alß auch bem[elten] Landt Ständen von dannen verbracht werden, sondern yederzeit alda verbleiben solle". Seit der Säkularisation 1802 befindet sich das kostbare Stück allerdings in Darmstadt.

Wie Politik im Herzogtum Westfalen funktionierte, zeigt auch die Einführung des Indigenatrechtes 1662. Es bedeutete, dass öffentliche Ämter und besoldete Beamtenstellen ausschließlich von Landeskindern bekleidet werden sollten. Vorbild waren beispielsweise die Verhältnisse in Jülich-Kleve-Berg, wo auf diese Weise früh ein Schutz vor einer befürchteten Fremdbestimmung der regionalen und lokalen Verwaltung erreicht wurde. Schon 1651 hatten die Stände gefordert, Adelige westfälische Räte nur aus Einheimischen zu nehmen, nachdem Kurfürst Ferdinand im Jahre 1649 Ferdinand Maximilian von Weichs zu Endenich (1618–vor 1680) zum Adeligen Rat und Drosten zu Werl ernannt hatte. 1652 wurde Weichs, nicht zuletzt wegen „in und umb die Stadt Werll […] verübten großen Exorbitantien" als Amtsdroste abgelöst und durch Landsbergs Schwager Ernst Dietrich von Böckenförde genannt Schüngel († 1670) ersetzt, der die Witwe des Drosten Schorlemer geheiratet hatte.

Einen neuen Anlauf zur Durchsetzung des Indigenatrechts unternahmen die Stände 1659. Landsberg schrieb dazu Eingaben und verhandelte mündlich in Bonn. Nachdem die Stände dem Kurfürsten 13 000 Taler und seinem Minister Franz Egon von Fürstenberg noch einmal 1000 Taler gezahlt hatten, fertigte der Kurfürst am 3. August 1660 das gewünschte Privileg aus, allerdings unter dem Vorbehalt einer Einwilligung des Kölner Domkapitels. Dieses erklärte sich für nicht zuständig, da die Benennung der Landesbeamten allein dem Kurfürsten zustehe, zudem wolle man den Nachfolgern („Successoren") des Kurfürsten nicht die Hände binden. Erst im dritten Anlauf vermochte Landsberg die Bedenken des Domkapitels zu zerstreuen. Er argumentierte mit den Zahlungen der Stände für die Unversehrtheit des Landes, so etwa bei der Einlösung verpfändeter Landesteile – ganz so, als ob die Stände damit ein Eigentumsrecht am Land erworben hätten. 1662 wurde endlich die vom Domkapitel ratifizierte Urkunde ausgestellt.

Wie wichtig diese Urkunde für die Stände war, zeigt der Aufbau und die Zusammenstellung des Ritterbuches von 1682. Es enthält in seinem ersten Teil die Landesgrundgesetze: die Erblandesvereinigung von 1590 und deren kurfürstliche Bestätigung von 1653; die Formeln von Eid und Reversal der Aufschwörer und des Eides auf die Schweigepflicht, womit das Aufnahmeverfahren in die Ritterschaft rechtlich abgesichert wurde; den *Recessus perpetuae concordiae* von 1654 mit der kurfürstlichen Bestätigung, das Indigenatsprivileg vom 23. August 1662 mit dessen Ratfikation durch das Domkapitel, sowie die eigenhändige, am 12. Mai 1682 in Köln geleistete Unterschrift des Kurfürsten Maximilian Heinrich. Alle späteren Kurfürsten haben im Rahmen der Huldigungsfeiern mit ihrer Unterschrift diese Landesgrundgesetze bestätigt. Der zweite Teil des Ritterbuches enthielt die Stammbäume der 1682 lebenden Mitglieder der Ritterschaft.

Das Indigenatrecht sollte vor allem die Selbstständigkeit gegenüber dem rheinischen Erzstift sichern. Man wollte nicht von „Landfremden" regiert werden. Dagegen hat die rechtliche Absicherung einer von den kurfürstlichen Zentralbehörden unabhängigen Landesverwaltung keinen Eingang in das Ritterbuch gefunden. 1647 war ein Antrag Landsbergs, „Landdrost und Räten" als eigenständiger Behörde ein Siegel zu verleihen, noch von Kurfürst Ferdinand abgelehnt worden. Sein Nachfolger Maximilian Heinrich erließ auf die inständigen Bitten der Stände – sicher unter Mitwirkung Landsbergs – im Juli 1667 eine Kanzleiordnung, die die relative Selbstständigkeit von Landdrost und Räten sowie ein eigenes Siegel bestätigte – was der ab 1688 regierende Nachfolger Joseph Clemens von Bayern (1671–1723) allerdings wieder aufhob. Die Auseinandersetzungen um den Grad westfälischer Selbstverwaltung dauerten bis zum Ende des kölnischen Kurstaates fort.

Landsberg bemühte sich erfolgreich um weitere Ämter. Die schon 1643 erworbene Anwartschaft auf das Drostenamt zu Erwitte, das bis dahin der Werler Amtsdroste mitverwaltet hatte, wurde 1646 nach dem Tod seines Schwagers, des Drosten Caspar Dietrich von Schorlemer, realisiert. 1658 verlieh Kurfürst Maximilian Heinrich ihm und seiner Familie die Erblichkeit des Drostenamtes zu Erwitte. Dafür hatte ihm Landsberg 1120 Goldgulden zur Einlösung des verpfändeten Amtes Balve gezahlt und weitere Gelder an kurfürstliche Beamte, insgesamt 2000 Taler. In demselben Jahr ernannte ihn sein Schwager, der Paderborner Fürstbischof Dietrich Adolf, zum Erbamtmann über die Paderborner Güter und Besitzrechte in Erwitte, die er sorgfältig beachtete und wahrte.

Die Ämterhäufung als Offizier, als Beamter der Lokal- und Zentralverwaltung sowie als Diplomat bedeutete zugleich die Kumulierung von Einkünften, die er zum Erwerb mehrerer Adelsgüter nutzte. Die zweite Ehe schloss Landsberg 1646 mit einer reichen Erbtochter, Anna Katharina von Plettenberg zu Meyrich und Mellen, die indes schon vor Ablauf des ersten Ehemonats starb. Damit erwarb er Erbansprüche auf das halbe Haus Wocklum, das er bis 1669 durch Auszahlung der übrigen Erben und Kreditgeber sowie den Ankauf der zweiten Hälfte für insgesamt 40 345 Taler an sich brachte; 1648 kaufte er Gut Mellen bei Balve für insgesamt 29 000 Taler, 1652 Gut Brockhof bei Erwitte von der überschuldeten Familie Schorlemer durch Übernahme von deren Schulden sowie 1665 Gut Völlinghausen für insgesamt 12 400 Taler. 1677 kam noch das „Erb- und Weingut Corey" bei Zell an der Mosel hinzu. 1682 hatte Landsberg ein Kapital in Höhe von insgesamt 32 400 Talern bei der Westfälischen Landschaft angelegt. Das war zwar nur die Hälfte der 67 100 Taler, die das Land der Familie Fürstenberg zu Herdringen schuldig war; von der gesamten Landesschuld in Höhe von 282 000 Talern aber immerhin 11,5 Prozent.

1664 kaufte Landsberg den umfangreichen Wohnhof in Arnsberg, den Kurfürst Ernst von Bayern 1606/07 für seine Geliebte Gertrud von Plettenberg erworben und umgestaltet hatte. Als die Arnsberger Kanzlei 1663 von dort in das nun fertiggestellte Schloss übergesiedelt war, sollte der Hof versteigert werden. Als sich kein Bieter fand, erwarb Landsberg ihn selbst für 1000 Taler. Weitere 5000 Taler investierte er in den Erwerb benachbarter Grundstücke und Gärten – erhalten ist eine eigenhändige Aufstellung über den Ankauf von Blumenzwiebeln – sowie in den Ausbau des Hauses zu einem ansehnlichen Stadthof. 1669 erwähnte der Hofmeister Rudolf von Essl in seiner „Kurtzen Beschreibung der Graffschafft und Statt Arnßberg in Westfalen" den Landsberger Hof, der früher ziemlich in „decadentz gerathen" war. Der Landdrost aber habe

> „[…] es durch sonderlichen Fleiß, […] vermittels einen neuen Tachs, Verbesserung der Gewölber und Sölder, Gegenbau und Stützung eines förmblichen Thurms und anderen einwendig angewendeten schweren Baukösten etc. so weit wieder in Ordnung gebracht, daß es sich nunmehro sowohl zum nützlichen Gebrauch als zierlichem Prospect sehr wohl und manierlich, auch den besten niederländischen Gebeuen gleich präsentirt."

Zur Ausstattung des Hofes, der nach Bränden in den Jahren 1709 und 1733 ab 1740 von Michael Spanner von Grund auf neu gebaut wurde, ist bisher wenig bekannt. Im Juli 1668 kaufte Landsberg für 840 Taler während einer Reise nach Amsterdam, Rotterdam und Den Haag kostbare Stoffe, Gemälde („Schildereien") und Ledertapeten, „Tapeten für Tische und Stühle" – also gewebte Bezugsstoffe – und „goldene Spiegel". In Den Haag erwarb er drei „Blumenstücke", drei Landschaftsbilder und „eine liebe Frau" für 20 Taler. Auf der Hinreise in Wesel suchte er einen Maler auf, vielleicht war es Jacob Quinchard († 1680), der auch Hofmaler Christoph Bernhards von Galen war. Stammen von Quinchard die ganzfigurigen Bildnisse, die Landsberg als militärischen Befehlshaber und seine Frau als vornehme Dame mit Schoßhund zeigen? Einem der Brände leider zum Opfer fiel ein großes Familiengemälde. Es war ein

„[…] Hauptstück, 14 Fuß lang und 11 Fuß hoch, worauff dreyzehen [Personen] gantz dem Leben nach mit Haupt, Leib und Füßen Contrefaiten, als Vater, Mutter und elff Kinder, funff Söhne sechs Döchter, und sechs verstorbene alß drey Söhnen und drey Döchter in der Höhe auß den Himmel kommende Kindern mit Blumen werffend […]“

dargestellt waren. Nach dem in den Akten des Landsberger Hofes erhaltenen Vertrag mit dem Maler Francis Friendt (auch Vriendt oder Freundt) entstand es 1675/76 in Köln für 300 Taler; die Kinder mussten eigens dorthin reisen.

Seinen erheblichen Besitz suchte Landsberg zu sichern, indem er 1681 ein Familienfideikommiss stiftete – eines der frühesten in Westfalen und fortan eine der typischen Formen, um adeligen Besitz gegen Teilungen, Verfall und vor allem gegen übermäßige Ausgaben und Verschuldung zu sichern. Der Wocklumer Besitz wurde mit 49736 Talern (bei einem jährlichen Ertrag von 1493 Talern) und der Erwitter Besitz mit 218913 Talern (bei 7986 Talern Jahresertrag) bewertet. In Form eines Familienvertrages zwischen dem Stifter und seinen Söhnen errichtet, sollte die Familienstiftung sowohl unveräußerlich als auch unteilbar sein, sie sollte nur jeweils einem der Söhne zufallen, während die anderen Kinder mit schmaleren Abfindungen abgespeist wurden. Denn die Familie war inzwischen sehr groß geworden.

Aus der ersten, 1642 geschlossenen Ehe mit Anna Margaretha von Frentz überlebte nur der Sohn Ferdinand Franz Adolf (1643–1682), der indes zu einem verschwenderischen Lebensstil neigte und daher nicht den Maßstäben des Vaters genügte. Die zweite, sehr kurze Ehe mit Anna Katharina von Plettenberg 1646 blieb kinderlos. Die dritte Ehefrau war wiederum Rheinländerin, Jutta Antonetta von der Leyen zu Bongart (1633–1703). Aus der 1654 geschlossenen Ehe gingen sechzehn Kinder hervor, von denen fünf jung verstarben. Die Absicherung der überlebenden elf Kinder war eine kostspielige Aufgabe; möglichst viele versorgte der Vater mit geistlichen Pfründen. 1659 gelang es durch die Fürsprache Franz Egons von Fürstenberg, dem ältesten Sohn Domherrenpräbenden in Hildesheim und in Münster zu verschaffen, 1670 mit Hilfe Fürstenbergs und des Kurfürsten dann eine Präbende zu Osnabrück für den zweiten Sohn aus dritter Ehe zu gewinnen.

Statt des genannten Erstgeborenen wurde der älteste überlebende Sohn aus der dritten Ehe, Franz Anton von Landsberg (1656–1727), zum Stammhalter ausersehen. Die weiteren vier jüngeren Söhne hatten den geistlichen Stand zu wählen und erhielten Dompräbenden: Franz Dietrich Josef (1659–1727), Franz Johann Ferdinand (1660–1726), Franz Ludolf Jobst (1668–1732) und Franz Caspar Ferdinand (1670–1748). Franz Johann Ferdinand war seit 1685 auch Droste zu Balve und 1703 bis 1707 Bauherr der nach ihm benannten „Landsberger Kurie“ an der Pferdegasse in Münster. Franz Dietrich Josef wurde 1704 Dompropst in Hildesheim, Franz Ludolf 1701 Domdechant in Münster, beide standen damit zeitweise auf dem Sprungbrett in den Reichsfürstenstand. Die Versorgung der Kinder kostete den Vater pro Person zwischen 1000 und 9000 Taler – wobei die Unterbringung von drei Töchtern in den Klöstern Marienberg bei Boppard (1681), St. Cäcilien in Köln (1684) und Rumbeck bei Arnsberg (1691) noch von allem die preiswerteste „Aussteuer“ war.

Der erbende Sohn Franz Anton unternahm 1675 bis 1678 eine große Kavaliersreise nach England, Frankreich und Italien, dann entschied er sich für eine Karriere als Offizier. Er begann als Hauptmann im väterlichen Regiment, zog 1685 als Major in den Türkenkrieg und trat Ende 1688 als Obrist in den Dienst des Fürstbischofs von Münster. Seit 1712 war er Oberkommandierender der münsterischen Armee und seit 1719 Generalleutnant. Seiner Ehe mit Anna Maria von Galen zu Dinklage (1676–1734), Großnichte des Fürstbischofs Christoph Bernhard, entsprang nur eine Tochter, über die der ganze Besitz der Familie verloren zu gehen drohte, denn die Erbtochter Antonetta Helena (1697–1739) war schon 1712 dem Freiherrn Caspar Heinrich von Korff-Schmising (1687–1765) angetraut worden.

Der jüngste Sohn Dietrichs, Franz Caspar Ferdinand, der schon 1720 von seinem älteren Bruder das Drostenamt zu Balve übernommen hatte, trat daher 1732 mit päpstlichem Dispens seine Präbenden an den Domkapiteln zu Münster und Osnabrück ab und heiratete Anna Maria Freiin von der Recke zu Steinfurt (1710–1765) – sie sind die Stammeltern der heute noch blühenden Familie der Grafen und Freiherrn von Landsberg-Velen.

Familien haben wie Unternehmen oder Staaten Gründergestalten, die durch Geschick und Tüchtigkeit Besitz und Macht weit über ihren Tod hinaus zu befestigen vermocht haben. Eine solche Gründerfigur war Dietrich Freiherr von Landsberg zu Erwitte und Wocklum, kurkölnischer Kämmerer und Generalmajor, Landdroste des Herzogtums Westfalen und Erbdroste zu Erwitte. Während der 35 Jahre, die er als kurfürstlicher Statthalter und als Vorsitzender der Landstände tätig war, sorgte er für eine Ausgestaltung der landständischen Verfassung und für die Festschreibung ständischer Freiheiten, die bis zum Ende des kölnischen Kurstaates 1802 Bestand haben sollten. Als geschulter Jurist entwickelte er Verfahren und Strukturen, die gegen den Trend der Zeit eine Stärkung ständischer Mitsprache bedeuteten – erkauft allerdings mit erheblichen Geldzahlungen an den Landesherren. Der war damit jedoch durchaus einverstanden. Denn der westfälische Besitz war für den Kölner Erzbischof nur ein Nebenland, für ihn waren die daraus zu erzielenden Einnahmen allemal wichtiger als Mitspracherechte der einheimischen Eliten.

Das Leben Dietrich von Landsbergs kann Strukturen frühneuzeitlicher Politik anschaulich machen. Dass der Staat nicht nur seiner Selbsterhaltung und der Herstellung von Frieden und Recht sowie dem Seelenheil seiner Einwohner dienen sollte, sondern auch und vor allem der Alimentierung des Fürsten und der regionalen und lokalen Eliten, war für die Vormoderne normal. Erst ein Jahrhundert später rückte die Wohlfahrt aller Einwohner zu einem vorrangigen Staatsziel auf. Dafür stehen in Westfalen auch Sauerländer Adelige wie der münsterische Minister Franz von Fürstenberg (1729–1810) und der westfälische Landdrost Franz Wilhelm von Spiegel (1752–1815).

Quellen

Landesarchiv NRW, Abteilung Westfalen: Herzogtum Westfalen, Landesarchiv; Herzogtum Westfalen, Landstände; Dep. Landsberg-Velen, Akten Nr. 15288 (1673), 15289–15290 (1670), 25961 (1663), 25956 (1668), 25966, 26292–26299 (Landsberger Hof ab 1663) u. a.
Stadtarchive Werl, Brilon, Arnsberg.

Literatur

Dethlefs, Gerd (Bearb.): Die Kavaliersreise des Franz Anton Freiherr von Landsberg 1675–1678. Tagebuch und Briefwechsel, Münster 1984 *[hierin bes. S. 20–24, zur Familie siehe die Stammtafel S. 195–198].*

Ders.: Der Landdrost Dietrich von Landsberg († 1683) und die Landständische Verfassung im kurkölnischen Herzogtum Westfalen in der Mitte des 17. Jahrhunderts, in: SüdWestfalen Archiv 8 (2008), S. 9–58.

Gosmann, Michael (Hg.): Der Arnsberger Landständepokal von 1667. Eine Stiftung des Kölner Kurfürsten Maximilian Henrich v. Bayern für das Herzogtum Westfalen, Arnsberg 1997.

Herberhold, Franz: Die politischen, wirtschaftlichen und rechtlichen Verhältnisse der Gemeinde Erwitte bis zum Beginn des 19. Jahrhunderts, in: 1100 Jahre Erwitte, Münster 1936, S. 31–266.

Landsberg-Velen, Manfred Freiherr von: Geschichte der Häuser Landsberg und Velen, 2 Bde. Dankern 2007 *[hier bes. Bd. 1, S. 45–78].*

Schulte-Hobein, Jürgen (Hg.): Kurfürst – Adel – Bürger. Das kurkölnische Herzogtum Westfalen 1180–1803, Ausstellungskatalog Sauerland-Museum Arnsberg 2009/2010, Arnsberg 2009 *[hierin bes. Porträt und Ahnentafel].*

Wolf, Manfred (Bearb.): Quellen zur Militärgeschichte aus dem Archiv Landsberg-Velen, Münster 1995 *[hierin bes. S. 399–473].*

Engelbert Seibertz
(1813–1905)

Andrea Teuscher

Einen Künstler, einen Maler in der Familie zu haben, gehörte nicht zur Zukunftsplanung des Vaters, der für seinen Ältesten der Familientradition gemäß eine Juristenlaufbahn vorsah. Doch dann durchlief der Sohn eine recht erfolgreiche Künstlerkarriere, die ihm so viel Anerkennung über die Grenzen seiner westfälischen Heimat hinaus einbrachte, dass ihm heute eine eigene Abteilung im Sauerland-Museum in Arnsberg gewidmet ist.

Engelbert Seibertz wurde kurz vor Mitternacht am 20. April 1813 in Brilon geboren. Er war das erste Kind des Juristen, des späteren Kreisgerichtsrats und verdienten Historikers Johann Suibert Seibertz (1788–1871) und seiner Frau Julie (1793–1867), einer Tochter des Arnsberger Hofgerichtsdirektors Friedrich Arndts (1753–1812) und dessen Ehefrau Maria Johanna, geb. Biegeleben (1764–1837). Auf Engelbert folgten noch fünf Geschwister: Siegbert (1815–1839), Adelbert (1816–1871), Bertha (1818–1912), Mechthilde (1822–1837) und Berthilde (1824–1848), von denen nur drei die Eltern überlebten. Die Familie bewohnte zunächst das väterliche Haus „Am Oberen Tor" – heute Strackestraße 21 – in Brilon. 1817 kaufte Johann Suibert Seibertz zusätzlich das ehemals adelige Rittergut Wildenberg in Brunskappel, das er im Laufe der Jahre zu einem repräsentativen Herrensitz umgestalten ließ und als Sommerresidenz für die Familie nutzte.

Die bildliche Vorstellungskraft des Knaben wurde schon früh von der Mutter geprägt, die ihren Kindern mit Vorliebe die damals aktuellen, die Vergangenheit romantisch verklärenden historischen Romane des schottischen Schriftstellers Sir Walter Scott vorlas. Früh hatte er von der Mutter auch das Lesen gelernt. Die Schule – das Gymnasium Petrinum – mit ihrem klassischen Bildungsideal, die ihre Inhalte über die Sprachen Latein und Griechisch mit einem tiefen Einstieg in die römische Geschichte und die antike Mythologie zu vermitteln suchte, konnte den jungen Engelbert nicht im gleichen Maße faszinieren wie die Bilderwelt der nicht ganz so fernen Vergangenheit. Goethes Faust und Schillers Wallenstein, also verhältnismäßig aktuelle Literatur mit historischem Bezug, soll Engelbert als Sekundaner auswendig vorgetragen haben. Schon seine ersten Zeichnungen sind Belege für den Wunsch, diese Literatur bildlich umzusetzen. Und sie beschäftigte ihn ein Leben lang.

Auch die katholische Erziehung prägte ihn, obwohl er Zeit seines Lebens kein treuer Kirchgänger war. Folgender Bericht in seinen Lebenserinnerungen lässt die Wirkung der religiösen Malerei erkennen:

> „Auch des hundertmal angesehenen Altarbildes in der Klosterkirche zu Brilon will ich bei diesen frühen Kunsteindrücken gedenken. Dasselbe ist von dem Paderborner Maler Stratmann und stellt auf einer sehr großen Fläche die Anbetung der Heiligen Drei Könige vor in einer an Rembrandts Weise erinnernden Composition."

Gemeint war das 1785 geschaffene Werk des Malers Anton Josef Stratmann (1734–1807) in der katholischen Kirche St. Nikolai in Brilon, der ehemaligen Minoritenkirche. Seibertz' Vater bestärkte seinen Sohn – zumindest indirekt – in seinen Interessen, denn neben seiner Tätigkeit als Jurist beschäftigte er sich leidenschaftlich mit lokaler Geschichte und Kunst, oft nahm er den Sohn auf Exkursionen in die Region mit. Intensiv studierte der Sohn die Sammlung druckgraphischer Reproduktionen von berühmten Kunstwerken, die sein Vater angelegt hatte und die er später sogar fortführte. Für den Bildungsbürger des 19. Jahrhunderts barg eine solche Sammlung die Möglichkeit, die große Kunst ins eigene Haus zu holen und ein kleines Privatmuseum einzurichten; für den Künstler bedeutete sie einen großen Schatz an Motiven.

Erste praktische Erprobungen des Zeichentalentes erfolgten während eines in der Schule abgehaltenen Zeichenunterrichts, an dem Engelbert teilnehmen durfte, zusammen mit Heinrich Rustige (1810–1900), einem aus Werl gebürtigen entfernten Verwandten, der später ebenfalls Maler werden sollte. Das ungewöhnlich intensive Interesse erstaunte die Eltern, die ein derartiges schulisches Engagement ihres Sohnes seit dem Beginn der Gymnasialzeit nicht mehr gewohnt waren. Für Engelbert wurde zusehends klarer, dass hier seine eigentliche Begabung lag.

Engelbert geriet zunehmend in Konflikt mit seinen Eltern, weil er die Schule unbedingt mit dem Abitur abschließen sollte. 1826, in der Quarta, wurde er besonders aufsässig:

> „Diese [Opposition] begann, als ich von einem jungen Maler, welchen die Regierung zu Arnsberg nach Düsseldorf auf die Akademie geschickt, hörte und von seinen dortigen Erfolgen. Ich erklärte sogleich, auch Maler werden zu wollen. Bis dahin hatte ich von einer Künstlerstellung in unserer Zeit eigentlich gar keinen Begriff gehabt. Ich kannte nur die alten Maler, von den lebenden wusste ich nichts; dass man von der Kunst seinen Lebensunterhalt gewinnen könne, fiel mir gar nicht ein, besonders da der Vater erzählt hatte, dass der geschickte Maler Stratmann in Paderborn, der für das schöne Altargemälde in der Klosterkirche 60 Pistolen [ca. 300 Taler] bekommen, keineswegs von dem Ertrage seiner Malerei leben könne, wenn er nicht zugleich eine andere Anstellung hätte. Als ich aber nun von dem jungen Maler näheres vernahm, so erschien mir kein Los glücklicher, als das eines Malers, und ich erklärte mit der größten Bestimmtheit, keinen anderen Beruf wäh-

Engelbert Seibertz, Selbstporträt mit Palette (Ausschnitt), 1865, Öl auf Leinwand, signiert unten links: „München E S 1865". (Arnsberg, Sauerland-Museum)

len zu wollen, fand aber einen ebenso bestimmten Widerspruch bei meinem Vater, nicht allein aus Abneigung desselben gegen einen Stand, der nach seinen Begriffen so wenig Sicherheit der Existenz bot, sondern hauptsächlich auch deshalb, weil er kein Vertrauen zu meinem Talent besaß und der Ansicht war, ich wolle nur der lästigen Schule entgehen und würde ebenso wenig Eifer und Ernst für die Sache beweisen als bisher für jene."

Schließlich wurde eine Abmachung getroffen. Nach der Tertia sollte Engelbert als eine Art Reifeprüfung noch ein halbes Jahr die Sekunda besuchen, und zwar auf dem Laurentianum in Arnsberg, obwohl die Eltern noch in Brilon wohnten. Vermutlich kam der Sekundaner 1829 bei seinen Verwandten mütterlicherseits, der Familie Arndts, in der Königstraße in Arnsberg unter. Beim Arnsberger Historienmaler Anton Huxoll (1808–1840) schulte er sich weiter „mit großem Eifer" im Zeichnen, nun als Vorbereitung auf die Akademie in Düsseldorf.

Im Mai 1830 zog der Siebzehnjährige selbstständig los, um seinem Berufswunsch an der Kunstakademie in Düsseldorf näher zu kommen. Die dortige Akademie leitete seit Ende November 1826 der aus Berlin stammende Friedrich Wilhelm (von) Schadow (1788–1862, 1845 geadelt) als Nachfolger des kurz zuvor nach München abgewanderten Peter Cornelius. Dem Sohn des bekannten Bildhauers Johann Gottfried Schadow (1764–1850) lag besonders daran, die technischen Fertigkeiten der Ölmalerei weiterzugeben und die Genre- sowie Landschaftsmalerei zu befördern. Er vermittelte damit den später so berühmten Malern der „Düsseldorfer Schule" die Grundlagen. Der an der Berliner Akademie ausgebildete Schadow hatte seine ersten Erfolge als Bildnismaler errungen, war von 1810 bis 1819 in Italien, wo er mit der Künstlergruppe der „Nazarener" in engen Kontakt kam. 1813 wurde er in den „Lucasbund" aufgenommen und konvertierte ein Jahr später in Assisi zum Katholizismus, 1830/31 und 1839/40 weilte er erneut für längere Zeit in Italien.

Von Schadow wurde Engelbert Seibertz in die Akademie aufgenommen, und eigentlich wäre er angesichts der Vorliebe Engelberts zum Porträt der geeignete Lehrer gewesen – wenn er nicht bald nach dessen Ankunft wieder nach Italien abgereist wäre. Engelbert geriet in einen Kreis äußerst begabter Schüler, von denen einige, wie Andreas Achenbach (1815–1910) und Julius Lange (1817–1878), später sehr berühmt werden sollten, die sich ohne strenge Aufsicht und Anleitung aber eher den heiteren Seiten des Studentenlebens hingaben. So musste der Vater immer wieder für Engelberts Streiche finanziell aufkommen. Doch sind durchaus auch künstlerische Spuren der Düsseldorfer Zeit im Seibertzschen Werkverzeichnis (im Folgenden: WV) nachweisbar. Gleich beim ersten Eintrag (WV 1) „Kopf eines Alten in kleinem Format" ist vermerkt: „copirt nach einer Studie aus der Schadowschen Schule". Weitere Genremotive sind zu finden, wie „Ein Bauer", „Ein alter bärtiger Kopf", „Ein lesender Mönch", „Kleine Kopie einer Rittersfrau" oder „Singende Bauern" (WV 4, 14, 15, 20, 22), daneben treten erste Porträts und kleinere Landschaften. Unter WV 21 findet sich der „Kopf der Schadowschen Mignon, lebensgroß, Leinwand, nach einer Kopie von Anton Huxol". Auch wenn der Verbleib des Bildes von Seibertz nicht bekannt ist, belegt der Eintrag doch den aufrechterhaltenen Kontakt zu seinem ersten Zeichenlehrer Huxoll, der selbst ein Schadow-Schüler war. Schadows 1828 entstandenes Gemälde der Mignon (heute in Leipzig) war programmatisch für die poetisch und romantisch verklärte Porträtauffassung der Nazarener-Schule, von deren Bildmitteln hinsichtlich Komposition und physiognomischer Charakterisierung in Seibertz' Bildnissen Übernahmen festzustellen sind (vgl. WV 122, 124). Als Modell für die Mignon soll Schadow die junge Schauspielerin Constanze Le Gaye, später verheiratete Dahn (1814–1894), gedient haben, der Seibertz später in München begegnen sollte.

Noch ein anderes Gemälde Schadows hat so starken Eindruck bei Engelbert Seibertz hinterlassen, dass Nachwirkungen bis in die 1860er-Jahre zu verfolgen sind. Es handelt sich um „Die heilige Familie unter dem Portikus" von 1818 (heute München, Neue Pinakothek). Von Kronprinz Ludwig während eines Romaufenthaltes 1817/18 in Auftrag gegeben, hat Seibertz es wahrscheinlich erst in München kennengelernt, dann aber für drei Kompositionen verwendet. Erstens für eine Skizzenbuch-Zeichnung „Frau Nanny Haushofer" (bezeichnet „Chiemsee 1841"), wo er das christliche Thema der Madonna mit dem schlafenden Jesusknaben ins Profane der Mutter mit dem wachen Kind übersetzte. Zweitens für eine weitere Skizze „Mutter mit schlafendem Kind" (bezeichnet „Prag 1845") im selben Skizzenbuch und die dazugehörige große Kohlezeichnung von 1865 (heute im Sauerland-Museum Arnsberg), beide zeigen in dem nackten, schlafend-schlaffen und wie weggerutscht gelagerten Kind und der Figur der Mutter Motivübernahmen von Schadow, auch wenn die scharfe, raffaelische Linienkontur der weicheren Gestaltung der zweiten Jahrhunderthälfte gewichen ist. Und schließlich – drittens – ist die Wandmalerei der Leinfeldergruft von 1861 auf dem Münchner Südfriedhof zu nennen. Das Bild ist heute leider nicht mehr gut lesbar, hat aber als einzige Wandmalerei auf dem ganzen Friedhof die Zerstörungen des Zweiten Weltkrieges überdauert und ist schon deshalb von besonderer Bedeutung.

Im Mai 1831, ein Jahr nachdem er von Arnsberg nach Düsseldorf gezogen war, besuchte Engelbert Seibertz seinen Onkel Ludwig Arndts (1803–1878) in Bonn. Aus dem Besuch wurde ein Aufenthalt, der bis zum Dezember des Jahres dauerte. Der Wunsch zur Verlängerung wurde durch die Bekanntschaft mit dem Maler Jakob Götzenberger (1802–1866) ausgelöst, dessen Persönlichkeit auf Seibertz „einen gewinnenden Zauber" ausübte. Als Schüler von Peter Cornelius (1783–1867) in Düsseldorf war Götzenberger bei den Münchner Glyptotheksfresken beteiligt gewesen, wurde 1824 zur Aula-Ausmalung in Bonn für das Fresko „Theologie" hinzugezogen und hatte bis 1828 das Fresko „Philosophie" selbstständig vollendet. Götzenberger war gerade aus Italien zurückgekehrt, wo er zwischen 1828 und 1831 in Rom, Neapel und Florenz Studien betrieben hatte. Die Fresken „Jurisprudenz" und „Medizin" fertigte er nach seiner Rückkehr aus Italien zwischen 1831 und 1834. Seibertz erklärte seinem Onkel Ludwig Arndts, nach zwei absolvierten Semestern nicht wieder nach Düsseldorf zurückkehren zu wollen – Schadow weilte ja unerreichbar in Italien. Stattdessen begab er sich in die Obhut dieses neuen Lehrers und stellte seine Staffelei in der Aula auf, um sich in seiner künstlerischen Ausbildung von Götzenberger anleiten zu lassen. „Ich musste wieder ganz von vorne anfangen, mit dem Stift möglichst genau kopieren und selbst nach der Natur zeichnen." Sein Eifer war nun endgültig geweckt, und Seibertz bezeichnete seine Bonner Zeit „als die eigentliche Grundlage meiner künstlerischen Bildung". Götzenberger wurde für ihn zu einer wichtigen Person, die ihn ernst nahm und ihm auch Lebenserfahrung weitergab. Menschlich und didaktisch geschickt konnte er seinem Schüler die sinnlichen Seiten der Kunst und des Lebens näherbringen. In Bonn lernte Engelbert Seibertz auch die „Faust"-Illustrationen von Peter Cornelius kennen, denn Götzenberger besaß sorgfältige Pausen davon, die Seibertz jede einzeln für sich durchzeichnete. Versehen mit diesen Kenntnissen und mit mündlichen Empfehlungen Götzenbergers plante er eine Fortsetzung seiner Studien in München, an der Akademie unter Peter Cornelius.

Zuvor verbrachte er jedoch von Dezember 1831 bis August 1832 eine Zeit erster beruflicher Erfahrungen in Brilon und Rüthen. Er bekam vor allem Aufträge für Porträts, so von der Familie Ulrich aus Bredelar. Den Auftraggeber dieser insgesamt drei Bildnisse, Theodor Ulrich (1790–1871), malte er vor der Bredelarer Hütte (WV 33), womit er zugleich ein Stück Industriegeschichte dokumentierte – im Hintergrund dieses Porträts sieht man das ehemalige Kloster Bredelar, in dem die Familie Ulrich eine Eisenhütte eingerichtet hatte. Das Interesse von Seibertz an Industriebauten ist auch durch ein zweites Gemälde belegt, das die Olsberger Hütte (WV 43) wiedergibt und das – im Juli 1832 für die Briloner Gewerkenfamilie Unkraut gemalt – als älteste eigenständige Industriedarstellung Westfalens gilt. Auf die Reise von Brilon nach München begleiteten Engelbert die vielsagenden Worte des Vaters: „Ich hoffe, Du hast nun ausgetobt."

Nach einem längeren Aufenthalt bei seinem Onkel von Biegeleben und dessen Familie in Darmstadt kam Engelbert Seibertz Ende Oktober 1832 in München an. Eine beeindruckende Atmosphäre empfing ihn, denn wegen der Wahl des Prinzen Otto zum König von Griechenland war das Oktoberfest anlässlich des Besuchs einer griechischen Gesandtschaft bis zum Ende des Monats verlängert worden. Es herrschte reger Festtagstrubel. Seibertz bezog ein Zimmer „für 12 Taler bei der Witwe Waibhauser auf dem Karlsplatz, gegenüber dem Garten des Kadettenkorps", also dort, wo heute das Hotel Königshof steht. Am anderen Ende des Rondells war das Fink'sche Kaffeehaus, ein damals berühmter Künstlertreff. Die Akademie war auch nicht weit, sie befand sich in den Räumen des aufgelösten Jesuitenklosters an der Neuhauser Straße. Und der Münchner Kunstverein, 1823 als einer der ersten in Deutschland gegründet, bot den Künstlern eine von der Akademie und den königlichen Aufträgen unabhängige Plattform, auf der die Mitglieder einmal im Jahr ihre Werke ausstellen und einem Publikum präsentieren konnten. Davon gedachte auch Seibertz zu profitieren.

Die auch für Künstler des 19. Jahrhunderts obligatorische Reise nach Italien unternahm er von Juni bis Oktober 1833, zusammen mit seinem Freund aus Düsseldorfer Tagen, Eduard Freudenberg (1808–nach Juni 1855). Eine klassische Bildungsreise bis nach Rom wurde es allerdings nicht. Anhand seiner Beschreibungen und des erhaltenen Reisepasses lässt sich die Reiseroute genau nachverfolgen und deckt sich mit den Zeichnungen in Seibertz' zweitem Skizzenbuch. Von München startete man in den ersten Junitagen, der Pass war am 31. Mai 1833 für Mittenwald gültig gestempelt worden.

> „Von Partenkirchen nahmen wir unseren Weg über Mittenwalde durch die Scharnitz an der Martinswand vorbei nach Innsbruck. Von dort ging es über Schwaz bis Jenbach, das freundliche Inntal hinab. [...] Weiter zogen wir durch das Zillertal und gelangten endlich nach Zell, dem vorläufigen Reiseziel."

Über Finkenberg wanderte man schließlich in das Tuxertal.

> „Am 30. Juli wagten wir den Weg über das Joch, bis dahin hatten wir auf besseres Wetter gewartet. Von Steinach wanderten wir über den Brenner nach Sterzing. Dann ging der Weg nach Meran weiter. Der Anblick in das herrliche Etschtal war bezaubernd. Hierauf gings zum Dorf Tirol. Gegen Ende August verließen wir das Dorf und wanderten nach Mals. Der ursprüngliche Plan, bis Mailand-Como zu gehen, wurde aufgegeben."

Durch das Vintschgauer Tal ging es zurück nach Meran. Von Bozen, „der letzten deutschen Stadt, wanderten wir zu Fuß nach Trient, dann [an den Gardasee] über Torbole nach Riva. In Riva zeichnete ich das letzte Skizzenblatt." Von dort ging es weiter nach Verona, wo man nach Osten abbog. Bis Florenz kam er also nicht, geschweige denn bis zum klassischen Ziel Rom, wo er Cornelius hätte begegnen können und wo sein Reisebegleiter Freudenberg später leben sollte. Mit fortgeschrittenem Alter bedauerte er, diese Reise nach Rom nicht unternommen zu haben. Als letztes großes Ziel steuerte man über Padua „auf einem langweiligen Weg" Venedig an. „Unvergessliche Herrlichkeit! Aber der Wunsch, dort für immer wohnen zu bleiben, kam mir nicht." Von der Stadt und ihrer Lage war er zwar begeistert, aber diese berühmte Kulisse animierte ihn nicht zum Zeichnen – kein einziges Blatt fertigte er dort. Schließlich ging es von Venedig über Lienz und Salzburg zurück; die Grenze nach Bayern wurde laut Reisepass am 2. Oktober 1833 überschritten.

Ein wichtiges Ergebnis seiner Italienreise war die Schulung der Beobachtungsgabe an der ländlichen Bevölkerung. Sein Zeichenstil wurde routinierter, der Strich verlor das Pedantische, stattdessen kam die Orientierung am klassischen Menschenbild von Peter Cornelius in ausgewogener Linienführung und klarer Proportionierung durch. Der Mensch, die individuelle Person im Porträt stand fortan im Mittelpunkt seines künstlerischen Interesses. Einige Kompositionsentwürfe hielt er auch auf der Reise fest, wobei die Motive meist Personengruppen, nur wenige dagegen Landschaften waren.

In die Zeit bald nach Rückkehr von dieser Reise ist die Bekanntschaft mit Wilhelm Kaulbach (1805–1874) zu datieren. Der Schüler und Nachfolger von Cornelius in München stammte aus Arolsen, war also Waldecker, 1837 sollte er Hofmaler und 1849 Akademiedirektor werden. Hier trafen zwei Künstler von ähnlicher Mentalität zusammen, die sich auf Anhieb verstanden, woraus sich eine lebenslange Freundschaft entwickeln sollte. Seibertz nahm sich ein Zimmer in der Lerchenstraße (heute Schwanthaler-Straße), wo sich auch Kaulbachs Wohnung und Atelier befanden. Da es in dieser Gegend damals noch günstige, größere Wohnungen gab, avancierte die Lerchenstraße zeitweise zu einer Art Künstlerviertel. Dort hatte schon der Bildhauer Ludwig Schwanthaler (1802–1848) sein Atelier gehabt, das zu einem Museum wurde; auch Clemens Brentano (1778–1842) und andere Dichter lebten im Viertel. Kaulbach wohnte rechts neben dem Schwanthaler-Museum, Seibertz weiter die Straße hinauf, jenseits der Singstraße (heute Schillerstraße) auf der linken Seite.

Während Kaulbach in seinem Atelier malte, las ihm Seibertz aus Büchern vor, zum Beispiel „Tom Jones“ von Henry Fielding oder „Clarissa“ von Samuel Richardson, außerdem Texte von Wieland. Während er vorlas, hatte Seibertz viel Zeit zum Studium der Arbeitsweise seines Freundes. 1834 sah Seibertz die „Hunnenschlacht“ in Kaulbachs Atelier entstehen:

> „Klar und deutlich lebte die Idee in dem Geiste seines Schöpfers, ohne Skizze oder Entwurf auf dem Carton selbst, zeichnete er Figur an Figur, Gruppe an Gruppe, mit dem Attila beginnend, fertig und vollendet hin.“

Kaulbach spaltete schon die zeitgenössische Kritik in zwei Lager. Der Kunsthistoriker und Schriftsteller Franz Kugler (1808–1858) erhob ihn in den Rang eines der größten Meister seit der Renaissance, sein Freund Franz Liszt (1811–1886) nahm die „Hunnenschlacht“ zum Anlass einer Tondichtung. Dagegen kreideten viele Kollegen Kaulbachs Linienkunst den Mangel an malerischer Bewältigung der Farben und der künstlerischen Durchdringung der Thematik an. Aber gerade die „Hunnenschlacht“ (heute Sammlung Graf Raczyński, Posen, Nationalmuseum) festigte die freundschaftlichen Bande zwischen Kaulbach und Seibertz. Dem ewig zweifelnden und zaudernden Kaulbach konnte Seibertz während seines Militärdienstes in Berlin von dem ungeheuren Beifall des Publikums für das dort ausgestellte Bild berichten. Die Übermittlung dieser Glücksbotschaft vergaß Kaulbach ihm nie. Wilhelm Kaulbach regte Engelbert Seibertz an, selbst ein historisches Thema anzugehen und den „König von Thule“ (WV 65) zu malen. Es wurde sein erstes eigenständiges Historienbild, aber der Erfolg war nicht gerade überwältigend – im Kunstverein fand sich kein Käufer dafür, weshalb es schließlich in der Gemäldesammlung seines Vaters landete. Eine erste wirkliche Zusammenarbeit mit Kaulbach entstand 1834 bei der Ausmalung der Faustzimmer in der Münchner Residenz. Als typische Schülerarbeit übertrug Seibertz vom Meister gezeichnete Kartons auf die Wand. Aber 1860 fand doch noch eine Beschäftigung mit Kaulbachs Historienbildern statt, indem Seibertz eine Fotografie des Kaulbachschen Bildes „Schlacht von Salamis“ (München, Maximilianeum) übermalte und als eigenständiges Werk in sein Verzeichnis aufnahm. So ist Engelbert Seibertz alles in allem eher als ein Schüler Kaulbachs denn als Schüler von Peter Cornelius zu verstehen.

Beim ersten großen Kostümfest der gesamten Münchner Künstlerschaft 1835 spielte Seibertz eine besondere Rolle, die zugleich seinen jovialen Charakter beleuchtete. Die Veranstaltung fand am 2. März im Königlichen Hoftheater unter einem Motto statt, dessen Idee und Dramaturgie auf Seibertz zurückgingen. Die Festgesellschaft erschien in Kostümen der Wallensteinschen Soldateska, passend dazu wurde ein richtiges Lagerleben und Lagertreiben inszeniert; Seibertz selbst gefiel sich dabei in der Maske einer „hochbusigen, kecken Marketenderin“. Eugen Napoleon Neureuther (1806–1882) fertigte ein radiertes Erinnerungsblatt (München, Stadtmuseum, Graphische Sammlung) zu diesem vielfach gerühmten „Wallensteinfest“, das eine lange Reihe erfolgreicher Münchner Künstlerfeste begründete.

Aus dieser Münchner Phase erster gesellschaftlicher und künstlerischer Etablierung wurde Seibertz gerissen, als er zur Ableistung seines bereits erwähnten Militärjahres eingezogen wurde, das er – mit preußischem Pass ausgestattet – von April 1836 bis zum Frühjahr 1837 in Berlin beim Neuchâteller Garde-Schützen-Bataillon ableisten musste. Damit endeten auch seine vom Vater finanzierten „Lehr- und Wanderjahre“, anschließend sollte er auf eigenen Füßen stehen. Erst einmal kehrte er zu seinen Eltern nach Brilon zurück, wo seine Schwester Mechthilde im Februar 1837 im Alter von nicht ganz 15 Jahren an den Folgen einer Grippe gestorben war. Im Oktober 1837 wurde sein Vater Johann Suibert Seibertz unter Ernennung zum Land- und Stadtgerichtsrat an das Justizamt Arnsberg versetzt. Man trennte sich nicht leicht von Brilon, doch wurde der Wohnortwechsel dadurch erleichtert, dass die Söhne Siegbert und Adelbert ihre juristische Ausbildung nach einer gemeinsamen Zeit in Berlin nun am Arnsberger Hofgericht fortsetzten. Im April 1838 erwarb Johann Suibert in Arnsberg in der Königstraße ein neues Haus mit Scheune und Garten. Das Gebäude lag inmitten eines neu entstandenen klassizistischen Stadtteils, in dem vorwiegend evangelische Beamte mit ihren Familien aus dem gehobenen Bürgertum wohnten; sie waren ab 1816 an die in Arnsberg neugegründete Bezirksregierung und an andere Behörden versetzt worden. In Arnsberg sah sich Johann Suibert Seibertz mit den weitgehend von Protestanten geprägten bildungsbürgerlichen Vorstellungen konfrontiert, die mit seiner katholischen Mentalität nicht leicht in Einklang zu bringen waren. Die Wahl, sich im klassizistischen Viertel ein Haus zu kaufen, bedeutete aber gleichzeitig, sich gesellschaftlich im Kreis der Honoratioren zu positionieren und zu etablieren. Die Arnsberger Katholiken waren in der Mehrzahl Handwerker oder Händler, wohnten meist in der Altstadt „hinter dem Glockenturm“ und stellten für ihn keinen angemessenen gesellschaftlichen Umgang dar.

Engelbert Seibertz versuchte vor allem mit Porträtaufträgen seinen Lebensunterhalt zu erwirtschaften, so dass er sich selbst als „Portraitmaler“ bezeichnete. Leider sind nur wenige Gemälde aus diesen Jahren überliefert. Das allein in Vorzeichnungen dokumentierte Porträt von Auguste Kreilmann aus dem Jahr 1836 (WV 75) bewertete er selbst als das wahrscheinlich „erste Bild von einigem künstlerischen Wert, welches ich gemalt“. Zwei Jahre später entstand das Bildnis der Tante Sophie Freusberg, geb. Biegeleben (WV 116), das formal und technisch recht gelungen erscheint. Sein Cousin Ludwig von Biegeleben (1812–1872) hat in seinen Erinnerungen eine bemerkenswerte biographische Notiz über Seibertz verfasst:

> „Da sitzt an der Staffelei ein Maler mit struppigem Bart und grauwollenem Wams und unterhält stundenlang sein Original mit mancherlei Erzählungen. Seine ganze Seele ist in seinen Worten, nur die Hände malen. Das allerbehaglichste Vergnügen und die Freude an den Dingen, von denen er redet, strahlt aus seinen begeisterten Augen. Sein Lächeln kann sich in schütterndem Lachen von Zeit zu Zeit entladen, und es ist ein beschönigendes und philosophisches."

Eine Selbstbeschreibung von Seibertz veranschaulicht sein damaliges Aussehen:

> „Man sagt, ich sei ein lustiger [Genosse] gewesen, der heitere Übermut trat im Eindruck meiner Persönlichkeit sehr hervor, zumal im oberflächlichen Verkehr. Wenn ich [...] hinzufüge, dass ich gewöhnlich einen grauen Reitrock mit stehendem Kragen und vielen Tupfen, für besondere Gelegenheiten aber einen schwarzen Sammetrock mit schwarzem Anzug, gleichem Hut nebst unvermeidlichen, aber ebenfalls schwarzen Sporen trug, wird man sich eine ungefähre Vorstellung von dem jungen Romanhelden machen können."

Im April 1839 kehrte Seibertz nach München zurück und knüpfte wieder an die alten Bekanntschaften und Beziehungen an. Der kurz zuvor einem Ruf an die Münchner Universität gefolgte Onkel Ludwig Arndts besorgte ihm eine Wohnung in der Salvatorstraße 8 beim Kunstvereinsdiener Dat. Sein Nachbar war der Maler Philipp Foltz (1805–1877), der im Sommer 1838 von einem dreijährigen Italienaufenthalt zurückgekehrt war und sich im Nebenhaus eingemietet hatte. Foltz sollte 1851 Professor der Malklasse an der Münchner Akademie und 1865 Galeriedirektor der Alten Pinakothek werden.

Das Leben der Künstlerschaft folgte in gewisser Weise geregelten Abläufen. Da das Café Fink am Karlsplatz nicht mehr existierte, trafen sich „die meinigen", wie Seibertz sie nannte, nun im Kapplerbräu an der Promenadenstraße, sonntags gab es zudem einen festen Termin beim Weinwirt Fries in der Rosengasse. Vorsitzender der sogenannten „Gesellschaft der Freunde" war der Lithograph und Kupferstecher Ludwig Troendlin (1798–1869), der den mysteriösen Beinamen „der große Balvi" trug. Den Schlachtenmaler Dietrich Monten (1799–1843) konnte man eher im Theatercafé Tambosi am Hofgarten antreffen, das nun auch zum Lieblingslokal von Seibertz wurde. Die persönliche Beziehung gerade zu diesem Maler intensivierte sich in der folgenden Zeit, Monten und dessen Frau Adele (geb. von Gagern) wurden Seibertz' engste Freunde. Monten wiederum verkehrte im Hause des Hofmalers Joseph Karl Stieler (1781–1858), der seinerseits Kontakte zur Schauspielerfamilie Dahn unterhielt – wie erwähnt hatte Constanze Dahn Modell gesessen für Friedrich Wilhelm Schadows Darstellung der Mignon. Seibertz' schon in Düsseldorf durch Schadow geweckte Leidenschaft für das Theater erhielt neue Nahrung, ungezwungen und gerne bewegte er sich in diesen Kreisen.

Rechtes Aufsehen erregte im Fasching 1840 – im Jahr der Fertigstellung des Nürnberger Dürer-Denkmals von Christian Daniel Rauch – der groß angelegte und perfekt inszenierte Maskenzug zum Künstlerfest unter dem Motto „Verleihung eines Wappens an Albrecht Dürer". Die neugotische Dürer-Renaissance erreichte damals einen Höhepunkt. Zum Fest erschien eine umfangreiche Programmschrift mit genauer Beschreibung aller Abteilungen und Personen, für die Seibertz dem Autor Rudolf Marggraff die nötigen Informationen geliefert hatte. Dieser beschrieb ihn als jovialen Listen- und Wortführer. Historische Illustrationen aus der Dürerzeit wie etwa Dürers „Triumphzug Kaiser Maximilians", der „Trostspiegel" und Hans Burgkmairs Holzschnitte zum „Weißkunig" wurden als Vorlagen studiert. Für die Kostüme betrieb man ungewöhnlich akribische Vorbereitungen. Jeder Teilnehmer war für den Entwurf seines Gewandes selbst verantwortlich – Seibertz ließ an seinem Kostüm des „Kunz von der Rosen" die vielen Rosen von seiner Tante Bertha Arndts fertigen und einzeln annähen. Alle seine Freunde nahmen als größere oder kleinere Figuren teil: Dietrich Monten, Wilhelm Kaulbach, Eugen Napoleon Neureuther, Max Haushofer (1811–1866), Christian Ruben (1805–1875), Johann Friedrich Lentner (1814–1852), Friedrich Anton Wyttenbach (1812–1845), Julius Lange oder auch Carl Spitzweg (1808–1885). Zur musikalischen Begleitung wurden eigens Lieder vom königlichen Kapellmeister Franz Lachner (1803–1890) und neue Märsche vom Klavierlehrer Kunz komponiert. Das Ganze wurde ein solcher Erfolg, dass der Umzug, der am 17. Februar 1840 auf dem Platz zwischen dem Bazar am Hofgarten und dem Odeon stattfand, am 2. März wiederholt werden musste. Der Maskenzug ist zweifach künstlerisch festgehalten worden. Zum einen malte Wilhelm Kaulbach zwei der Hauptakteure des kaiserlichen Zuges in lebensgroßen, ganzfigurigen Porträts: Dietrich Monten als Hauptmann der Landsknechte und den Maler Heinrich Heinlein (1803–1885) als Ritter Ulrich von Schellenberg (beide heute in München, Neue Pinakothek). Zum anderen zeichnete Eugen N. Neureuther die einzelnen Teilnehmer – darunter auch Seibertz – in ihren historischen Kostümen, diese Einzelblätter sind als Mappenwerk zusammengestellt worden und erhalten geblieben. Ein Gedenkblatt zur Erinnerung mit einer Zusammenfassung aller Einzeldarstellungen gab Eugen Neureuther als Radierung heraus (alle: München, Staatliche Graphische Sammlung). Und schließlich errang dieser Umzug sogar literarischen Ruhm, indem Gottfried Keller eine detaillierte Beschreibung in seinen „Grünen Heinrich" einfließen ließ. Engelbert Seibertz kam als Kunz von der Rosen, dem lustigen Rat des Kaisers Maximilian, während des Umzuges eine tragende Rolle als Spielmacher zu, die Keller so beschrieb:

> „Unmittelbar hinter dem Kaiser ging sein lustiger Rat Kunz von der Rosen, aber nicht gleich einem Narren, sondern wie ein kluger und wehrbarer Held launiger Weisheit. Er war ganz in rosenrotem Samt gekleidet, knapp am Leibe, doch mit weiten ausgezackten Oberärmeln. Auf dem Kopfe trug er ein azurblaues Hütchen mit einem Kranze von je einer Rose und einer goldenen Schelle; an der Hüfte indessen hing an rosenfarbenem Gehänge ein breites, langes Schlachtschwert von gutem Stahl. Wie sein Held und Kaiser war er nicht sowohl ein Dichter als selbst ein Gedicht. [...] An einem langen Seile führte Kunz von der Rosen alle vorhandenen Narren durch das Gedränge. Jeder trug auf einer Tafel geschrieben den Na-

men seiner Narrheit, und von den leichtern schied der lustige Rat neun schwere aus und stellte sie vor dem Kaiser als Kegelspiel auf.“

Die Bekanntschaft mit den Malerkollegen Max Haushofer und Christian Ruben wuchs durch dieses erfolgreiche Maskenfest zu einer Freundschaft, man pflegte nun auch außerhalb der regelmäßigen Künstlertreffen häufigen Kontakt. 1840 malte Seibertz das Porträt von Rubens Frau Susanne, geb. Dumbser, die eine Tochter des Lindenwirts auf der Fraueninsel war. Dadurch trat auch die Landschaft um den Chiemsee in Seibertz' Bewusstsein. Der eigentliche Entdecker dieser Insel für die Landschaftsmaler war im Jahre 1828 Max Haushofer gewesen; er hatte seinen Freund Christian Ruben darauf aufmerksam gemacht, der 1834 erstmals mitgekommen war; beide hatten dann dorthin geheiratet und waren Schwäger geworden. Im Jahre 1841, am Donnerstag nach Fronleichnam, brach man zum ersten Mal in größerer Teilnehmerrunde zur Fraueninsel im Chiemsee auf. Es wurde ein längerer gemeinsamer Aufenthalt, der zur Gründung eines Inselstammtisches führte. Dafür malten in jenem Sommer Engelbert Seibertz und Johann Friedrich Lentner, die sich ebenfalls angefreundet hatten, das bis heute existierende sogenannte Herbergeschild (WV 153) im Wirtshaus. In der Funktion eines Gästebuches wurde auch eine Künstlerchronik angelegt, deren erster, hier relevanter Band leider im Zweiten Weltkrieg verlorenging. Engelbert Seibertz berichtete in seinen Erinnerungen von einer kleinen Liebelei mit der dritten Wirtstochter Toni, die er als Modell für ein Gemälde gewinnen wollte. Wenn auch aus einer Verlobung, die den Freunden Haushofer und Ruben sehr zugesagt hätte, nichts geworden ist, so bewahrte Seibertz doch zeitlebens dem Bild – eine Schifferin in ihrem Kahn (WV 168, heute Prien/Chiemsee, Kunstsammlung) – ein besonderes Andenken; es hing noch in Arnsberg in seinem Wohnzimmer. Besonders für Haushofer als Landschaftsmaler wurde Frauenchiemsee und die Alpenlandschaft zur zweiten Heimat, wo er seine prägenden künstlerischen Eindrücke empfing und wohin er noch von Prag aus regelmäßig im Sommer mit Schülern zum Malen fuhr.

Die 1842 beginnenden Prager Jahre waren für Engelbert Seibertz eine ungemein fruchtbare und erfolgreiche Zeit. Er führte zahlreiche Gemälde aus, allein 60 Porträts sowie einen vielteiligen, ihn mehrere Jahre beschäftigenden Auftrag. Dadurch gewann er eine große technische Routine und motivische Sicherheit, zudem erfuhr er hohe Anerkennung durch einen in ästhetischer Hinsicht und Geschmacksschulung erfahrenen Kreis adeliger Personen. Seibertz konnte durch dieses Renommee seine Gemälde auch in bürgerlichen Kreisen unterbringen. Insgesamt sind diese sechs Jahre, von 1842 bis März 1848, als seine intensivsten und besten zu bezeichnen, in denen er zu künstlerischer Reife gelangte. Seine in den 1860er-Jahren nach Tagebucheinträgen abgefassten Erinnerungen berichten selbstkritisch und überaus lebendig über diese Zeit.

„Während meiner Abwesenheit in München [1840, Seibertz befand sich auf Besuch in Regensburg] waren einige Herren von der ‚Gesellschaft patriotischer Kunstfreunde in Prag‘ in München gewesen, um sich nach einer geeigneten Persönlichkeit für die dortige Akademiedirektorenstelle umzusehen. Zunächst hatten sie dabei auf Kaulbach gerechnet; diesem aber, der seine Hallen bereits in München und Berlin aufgeschlagen, entsprachen die dortigen Aussichten nicht, er machte daher auf meinen Freund Ruben aufmerksam. Dieser zeigte auch wenig Lust, liebgewordene, altgewohnte Verhältnisse gegen ganz fremde aufzugeben und erzählte mir nach meiner Rückkehr, er habe den Antrag abgelehnt. Es kamen nun wiederholte Anträge, worin ihm zugleich die Aussicht auf eine große künstlerische Arbeit in Aussicht gestellt wurde. Anfangs hatte ich ihm Recht gegeben, dann aber hielt ich es für unverantwortlich, eine so gesicherte, ehrenvolle Stellung, verbunden mit der schönsten Wirksamkeit eines schaffenden wie lehrenden Künstlers, auszuschlagen. Ich redete ihm daher auf jede Weise zu, seinen Entschluss reiflich zu erwägen. Er sagte mir endlich, es fiele ihm sehr schwer, von seinen alten Freunden zu scheiden, er würde sich aber leichter entschließen, wenn wenigstens einer ihn begleiten wolle. Wenn ich ihm verspräche, mit ihm nach Böhmen zu ziehen, wolle er die Unterhandlungen fortführen. Dieser Antrag kam mir sehr erwünscht, weil ich hoffte, damit eine Existenz zu begründen, und ich sagte unter der Bedingung zu, dass ich mich vorläufig auf ein Jahr verpflichtete. Wir waren nun einen Schritt weiter. Es war aber eine andere Schwierigkeit zu überwinden. Die Prager Herren hatten eine Konkurrenz ausgeschrieben. Ruben wollte sich absolut nicht beteiligen, weil sein Stolz die immerhin doch mögliche Wahl eines anderen gar nicht ertragen haben würde. Ich stellte ihm vor, die Konkurrenz sei doch bei dem Stand der Angelegenheit nur eine Formsache. Kurz und gut, ich brachte ihn dazu, einige seiner Bilder zur Ansicht einzuschicken, die ich zum Teil selber herbeischaffte, wie das ‚Ave Maria‘ aus Frankfurt, auch zeichnete ich eigenhändig eine Pause des ‚Columbus‘ zu diesem Zwecke. Ruben nahm an[,] und nach seiner Rückkehr aus Prag, wo er versprochen die Stelle anzutreten, schilderte er meine Aussichten fast noch günstiger als die eigenen, und so war auch über mein Schicksal entschieden. Jedoch beschlossen wir, ihn vorläufig allein reisen zu lassen und meine Nachfolge auf den Herbst zu verlegen, weil der Adel während des Sommers ohnehin nicht in der Stadt war."

Christian Ruben ging also im Sommer 1841 nach Prag, Engelbert Seibertz folgte ihm zum 1. Januar 1842.

Bald nach Antritt seines Direktorenpostens begann Christian Ruben 1842 mit einer grundlegenden Reform der Prager Akademie. Er entwickelte eine neue administrative und wirtschaftliche Organisationsform der Akademie, indem er die Studenten durch genau abgestufte Entlohnungen auch finanziell stärker an die Akademie band. Ruben führte zudem das dreistufige Ausbildungssystem nach Münchner Vorbild ein: In der Elementarklasse lernten die Studenten Zeichnen nach Vorlagen und Gipsabgüssen, in der nächsten Stufe nach lebenden Modellen, und schließlich bekamen sie Unterricht in Figurenmalerei sowie Kompositionslehre vom Entwurf bis zur Behandlung von historischen Details in Idealität und Wirklichkeit. In Prag musste man allerdings mehrere Jahre warten, um Rubens Vorstellungen auch an seinen eigenen Werken messen zu können. Große Erwartungen wurden deshalb mit der Fertigstellung des Gemäldes „Columbus im Augenblicke, da er die neue Welt erblickt" (Prag, Nationalgalerie-Ausstellungspalais, 1846 vollendet) verknüpft, die durch eine positive Besprechung von Anton Springer im Sinne eines „Programmbildes" erfüllt wurden. Dieses Gemälde von Ruben, zu dem Seibertz eine Kopfstudie als Vorlage für den Behelmten in der linken Bildhälfte beitrug (WV 187), wurde sein berühmtestes Werk, aus dem man – seinem Lehrprogramm zufolge – eine Erneuerung der Historienmalerei herauslas und das sogar international rezipiert wurde. Als Ruben 1852 nach Wien ging, um dort eine vergleichbare Reform der Akademie einzuleiten, hatte er in Prag maßgebliche Grundlagen für die akademische Arbeit der nächsten Jahrzehnte gelegt.

> „An der Spitze der ‚Gesellschaft patriotischer Kunstfreunde in Prag', welche Ruben berufen [...] hatte, standen damals Graf Erwin Nostitz als Präsident, ihm zur Seite Graf Franz Thun jun. als Geschäftsführer, dann Baron v. Kotz, k. k. [= kaiserlich königlicher] Gubernialrath. [...] Alle drei, unter sich befreundet, noch jung, voll Eifer, ihrer Thätigkeit Bedeutung zu geben, hatten das unbedingte Vertrauen zu Ruben's überwiegender und überzeugender Persönlichkeit, der zu ihnen denn auch weit mehr in das Verhältnis eines gleichberechtigten Freundes, als eines von ihnen abhängigen Beamten trat. [...] In einer solchen Stellung durfte er natürlich hoffen, für ein paar befreundete Künstler etwas thun zu können[,] und hatte in zwei Briefen seine Aufforderung an mich, nach Prag zu kommen, nicht nur wiederholt, sondern auch seine Freude über den Entschluß Lentners, mich zu begleiten, ausgesprochen. Außer ihm war an der Academie von früherer Zeit her noch ein alter Professor der Landschaftsmalerei namens Manes angestellt, dessen Fähigkeiten zwar nicht mehr ausreichend erschienen, die ehrwürdige Persönlichkeit erforderte aber Rücksichten, und Ruben sah sich genöthigt, die beabsichtigte Pensionierung desselben hinauszuschieben, wodurch auch für mich die Aussicht auf die Stelle, worauf er mir noch in München nach der Rückkehr von Prag Hoffnung gemacht, in eine unsichere Ferne gerückt wurde; er schrieb aber, dass es mir an lohnender Beschäftigung als Portraitmaler nicht fehlen werde, da ich die dortigen nicht sehr zu fürchten brauche [...]. Unsere Verabredung, dass ich wegen Abwesenheit des Adels auf dem Lande erst im Winter folgen sollte, erschien unter den Umständen zweckmäßig und es war dabei geblieben."

Der erwähnte Antonín Mánes (1784–1843) war von 1835 bis zu seinem Tod Leiter der Klasse für Landschaftsmalerei. Mit der Aussicht auf diesen Posten kam Seibertz nach Prag, obwohl er nur wenige Berührungspunkte mit der Landschaftsmalerei vorweisen konnte, die er allerdings kurz zuvor durch seine Aufenthalte am Chiemsee intensiviert hatte. Die Bewerbung von Seibertz zerschlug sich jedoch, weil die Herren der „Gesellschaft der patriotischen Kunstfreunde" eine Neubesetzung mit Rücksicht auf die Verdienste des sterbenskranken Mánes nicht zuließen.

„Abends begleiteten wir Ruben in die Samstagsgesellschaft des Grafen Franz Thun, welche allwöchentlich die dortigen Künstler, ihre Protektoren und Freunde versammelte, und sahen uns somit gleich am ersten Tag, wie man zu sagen pflegt, in medias res versetzt. Die meisten der Herren, welche sich in diesem Kreise bewegten, lernten wir schon an diesem Abend kennen, vor allem Baron v. Kotz, die Grafen Deym und Wurmbrand, die Naturforscher Corda und Dr. Schmidt, die Künstler Hellich, Kučera, Rom, Corunna, Mánes, Kandler, den Silberarbeiter Fortner, Gordigiani, den sangeskundigen Professor der Musik am dortigen Conservatorium, und wie sie sonst alle hießen. Der Graf Franz bewillkommnete uns in der zuvorkommendsten Weise und wir waren damit ein für allemal eingeführt."

Diese Samstagsgesellschaften hatte Graf Franz von Thun (1809–1870), den man als den klassischen „Amateur" bezeichnen darf, bei dem Dichter Ludwig Tieck in Dresden kennengelernt und als ideale Möglichkeit übernommen, verschiedene Kreise Kunstinteressierter zusammenzubringen. Im geselligen Beisammensein wurden Meinungen der Kunstliebhaber, Kunstkenner und Künstler ausgetauscht, dabei auch hart diskutiert, aber das Wichtigste war der persönliche Kontakt der Teilnehmer untereinander, der vieles möglich machte, nicht nur Aufträge. Später – unter anderem nach einer Zeit in Dresden während der Revolution von 1848 – wurde Franz von Thun kulturpolitisch wieder aktiv, rief den schon 1842 angedachten Dombauverein ins Leben, der die unvollendete Fassade des Prager Veitsdoms endlich fertigstellte und Restaurierungsmaßnahmen organisierte; daraus wurde eine Art Denkmalbehörde. Ab 1850 wirkte von Thun im Kunstreferat des „Ministeriums für Cultus und Unterricht", dann von 1853 bis 1861 als Mitglied des Kunstministeriums und anschließend als Landtagsabgeordneter. Ab 1862 hatte er den Posten eines „Conservators für Böhmen" inne. Er war eine der herausragendsten Persönlichkeiten des Prager Lebens der Jahrhundertmitte, von dessen Kunstförderung und Bekanntschaft auch Seibertz sehr profitierte. Seibertz porträtierte ihn 1846 in einem lebensgroßen Brustbild (WV 236).

Bessere Startbedingungen in einer neuen Umgebung konnte man sich eigentlich nicht vorstellen, und Seibertz wusste sie gut zu nutzen. Die in diesen Kreisen vermittelten Kontakte führten schon bald zu ersten Aufträgen. Und den zur Zufriedenheit des Auftraggebers ausgeführten Porträts folgten wiederum neue für weitere Familienmitglieder, offizielle Anlässe oder Weitervermittlungen an Verwandte und Bekannte. Auch aus komplizierten Umständen wusste Seibertz positive Ergebnisse abzuleiten. Porträts Verstorbener (WV 161, 174, 204) nach schlechten – gemalten, lithographierten oder später auch fotografierten – Vorlagen verwandelte er in ausdrucksstarke Bildnisse, wobei er Erzählungen der Auftraggeber über besondere Charaktereigenschaften oder physiognomische Merkmale der Darzustellenden kongenial umzusetzen wusste. Am liebsten war es ihm aber, die Porträts in der gewohnten Umgebung der Porträtierten zu fertigen, auch um sie beobachtend besser kennenzulernen. Seine Lebenserinnerungen schildern verschiedene solcher

Landaufenthalte, zu denen er im Sommer gerne eingeladen wurde. Bei der Familie Windischgraetz auf Schloss Gemnischt/Jemniště porträtierte er die junge, quirlige Tochter Gabriele (WV 172), der er zudem Zeichenunterricht geben durfte und die ihm dabei kräftig den Kopf verdrehte. Die ausgesprochen herzliche Aufnahme einschließlich der Teilnahme an der Tafel der Familie lässt durchaus Rückschlüsse auf den liebenswürdigen Charakter von Seibertz zu. Graf Wilhelm von Wurmbrand-Stuppach lud Seibertz auf das Schloss Liblín in der Nähe von Pilsen, wo erst einmal gefachsimpelt wurde und der Künstler viel über den böhmischen Bergbau zu hören bekam. Schließlich wurde sogar eine Bergwerkspartie unternommen und für das Porträt des Wilhelm von Wurmbrand-Stuppach (WV 173) ein Bergmannskostüm ausgewählt.

Im Juni 1843 reiste Engelbert Seibertz auf Einladung des Grafen Erwin von Nostitz-Rieneck (1806–1872), den er auch durch die „Gesellschaft der patriotischen Kunstfreunde" kannte, nach Schloss Mieschitz/Měšice, um dessen Porträt (WV 190) anzufertigen. Dieser Landsitz übertraf alles, was ihm bisher begegnet war. Obwohl in einer nicht sehr reizvollen Gegend im Norden von Prag gelegen, war das Schloss geradezu luxuriös mit allem „Confort" und großzügigen Parkanlagen ausgestattet. Es bildete den Lebensmittelpunkt seines Besitzers, denn Graf Erwin hielt sich lieber hier als in Prag auf. Seibertz unternahm während seines Aufenthaltes ausgedehnte Spaziergänge mit dem Grafen, auf denen dieser ihm Einblicke in seine nach damals neuesten Erkenntnissen betriebene Landwirtschaft vermittelte, die nicht unwesentlich zum Reichtum des Grafen beitrug. In dieser Weise ernst genommen, wundert es nicht, dass er sein Porträt des Grafen, das zudem von Franz Hanfstaengl (1804–1877) lithographiert wurde, später als „eines meiner gelungensten Bilder aus jener Zeit" bezeichnete.

Während dieses längeren Aufenthaltes legte er für einen anderen Porträtauftrag eine einwöchige Unterbrechung ein, um im nahe gelegenen Schloss Weltrus/Veltrusy auf Einladung des Grafen Chotek das bereits in Prag begonnene Bildnis von dessen Gemahlin, Gräfin Carlotta Chotek (WV 189), zu vollenden. Seibertz traf auf einen architektonisch sehr reizvollen kleinen Landsitz mit prachtvoller Gartenanlage. Doch das in der Waldeinsamkeit sehr eintönig verlaufende Familienleben des Grafen gab ihm Veranlassung zu schneller Arbeit und baldiger Rückkehr nach Mieschitz.

Die spezielle Bekanntschaft mit dem Fürsten Camille Rohan (1800–1892) lässt wiederum Rückschlüsse auf Seibertz' Charakter zu. Die berühmte Familie Rohan hatte in den Wirren der Großen Revolution Frankreich verlassen müssen und in Böhmen in dem prunkvollen neugotischen Schloss Sichrow/Sychrov einen neuen Familiensitz gefunden. Der Prinz war einer Wiener Künstlergruppe in Prag unter Anführung eines gewissen Grünler zugetan – gemeint ist wahrscheinlich Louis Grünler (1809–1886). Doch Seibertz' Auftreten ließ ihn neugierig werden, und er wollte einen Porträtauftrag von ihm erledigt wissen (WV 214). Um die Ausführung gab es jedoch vielerlei Diskussionen. Der Prinz wollte unbedingt in einem farblich extravaganten Morgenrock dargestellt werden, auch bestimmte er die Details und sonstige auf dem Bild zu erscheinende Attribute. Seibertz wurde es zu bunt, er legte die Arbeit nieder. Schließlich ließ er sich aber von Camille Rohan durch eine sehr charmant vorgetragene Entschuldigung zur Weiterarbeit überreden. Aus der Begegnung sollte eine lange Freundschaft entstehen, die noch zwei weitere Aufträge nach sich zog (WV 217, 228).

Als ein ganz besonderer Freund und Förderer stellte sich Fürst Hugo von Salm-Reifferscheidt (1803–1888) heraus. Unter den Adeligen aus Mähren zählte der Fürst zu den erfolgreichen Frühindustriellen. 1836 hatte er die Leitung des Familienbesitzes in Raitz/Rájec (nördlich von Brünn) übernommen, zu dem Hochöfen, Kupfer- und Eisenwerke, aber auch Tuchmanufakturen und eine Zuckerfabrik gehörten; Ackerbau und Landwirtschaft kamen als traditionelle Bereiche dazu, die er mit fortschrittlichen Methoden und Versuchsstationen reformierte. Seit 1843 gab er immer wieder Bildnisse bei Seibertz in Auftrag – zuerst sein eigenes (WV 182) und das seiner Gemahlin, der Fürstin Leopoldine von Salm-Reifferscheidt (WV 183). Im Oktober 1843 vollendete Seibertz das Bildnis der älteren Schwester von Leopoldine, Fürstin Eleonora, Landgräfin zu Hessen-Rotenburg (WV 191). Gleich anschließend folgte ein Gruppenbild der fünf Kinder des Fürsten Hugo (WV 192), das auf dem Familiensitz Schloss Raitz/Rájec gemalt wurde, wobei die Kinder in der charakteristischen Karstlandschaft Mährens wie bei einem Sonntagsausflug dargestellt sind; es gehört zu den ausgewogensten und lebendigsten Kompositionen von Seibertz. 1845 wurde die Familiengalerie mit dem Bruder des Fürsten Hugo, dem Gubernialpräsidenten Altgraf Robert von Salm-Reifferscheidt (WV 209), fortgesetzt. Schließlich vollendete das Porträt der Altgräfin Felizitas Salm-Reifferscheidt geb. Clary und Aldringen, Gemahlin von Altgraf Robert (WV 237), die Galerie.

Zu Beginn des Jahres 1847 kam es in fast ganz Deutschland und auch in Böhmen als Folge der Missernte des vorigen Jahres zu einer bedenklichen Versorgungssituation der Bevölkerung. Unter solchen Umständen dachte der Adel nicht unbedingt an Kunstförderung, wegen fehlender Nachfrage wurde die Lage auch für Seibertz immer bedrohlicher. Sein Freund und Gönner Salm-Reifferscheidt sann auf Abhilfe und bot ihm, weil Familienporträts nicht mehr anstanden, einen außergewöhnlichen Auftrag an. Fürst Salm hatte im Atelier von Seibertz die ersten drei vollendeten Faustzeichnungen gesehen, die ihn auf die Idee brachten, ähnliche Arbeiten für die Gestaltung seiner Prager Handbibliothek einzusetzen. Für das erst 1843 erworbene Palais Salm in der Prager Herrengasse/Panská wollte Fürst Hugo als Bibliotheksausstattung eine Serie gleichformatiger Leinwandbilder von Seibertz gemalt haben, die von hinten in die Holzrahmen der Schranktüren eingelassen werden sollten. „Die Bilder sollten nichts weiter sein, als skizzenhafte Dekorationen für die Türen der Bücherschränke.“

Es war ein lukrativer Auftrag mit Perspektive, an dem Seibertz seit März 1847 und auch noch nach seiner Rückkehr nach Arnsberg 1848 arbeitete. Durch die ratenweise Auszahlung des Honorars enthob er den Künstler zudem seiner finanziellen Sorgen. Seibertz entwickelte ein Konzept, bei dem in zwei Reihen übereinander eine Serie von zehn Schriftstellern und Künstlern auf der einen Raumseite und von acht Wissenschaftlern und Forschern auf der anderen Seite dargestellt wurden, hinzugesetzt wurden jeweils kommentierende Szenen mit Darstellungen aus ihren Werken, die in Arabesken eingefasst waren. Bei den Einzelfiguren waren jeweils zwei als Pendants aufeinander bezogen: an der einen Wand Goethe und Schiller, Ariost und Dante, Dürer und Erwin von Steinbach, Cervantes und Shakespeare sowie Immermann und Tieck; an der zweiten Wand Alexander von Humboldt und Isaac Newton, Johannes Kepler und Nikolaus Kopernikus, Galileo Galilei und Roger Bacon sowie schließlich Gottfried Wilhelm Leibniz und Friedrich Wilhelm von Schelling. Passend für die Ausgestaltung einer Bibliothek entsprachen die Ornamente typischen Buchillustrationen, wie sie Seibertz später auch in seinen Faustblättern verwendete. Die dreigeteilten Kompositionen ließen eine gleichmäßige, aber durchaus abwechslungsreiche Abfolge von erzählerischen und allegorischen Szenen entstehen, die dem Betrachter die literarischen und wissenschaftlichen Interessen des Bibliothekseigentümers verdeutlichten. Wenn man bei Seibertz nach originärer Historienmalerei sucht, so ist sie hier zu finden. Zugleich wiesen die größeren Einzelfiguren in der oberen Reihe auch in Seibertz' Zukunft, zum Programm des Münchner Maximilianeums, wo in den Wanddarstellungen wieder solche Einzelfiguren – den Gebäudeabmessungen entsprechend monumentalisiert – auftauchen sollten. Das umfangreiche Werk für die Bibliothek sollte nicht lange an Ort und Stelle bleiben. Die Familie Salm-Reifferscheidt konnte das Palais nur bis zu den Unruhen von 1848 nutzen, dann verlangte ein größerer administrativer und politischer Einsatz die Anwesenheit des Hausherrn in Mähren. Als man 1861 das Prager Palais an das Haus Kaunitz veräußerte, wurden die Leinwände aus den Holzverkleidungen der Bibliothek herausgenommen und nach Schloss Raitz/Rájec gebracht, wo sie sich heute noch befinden.

In der Prager Zeit trat auch Seibertz' Privatleben in einen neuen Lebensabschnitt. Er machte die Bekanntschaft mit Julius Köckert (1827–1918), einem jungen und hoffnungsvollen Maler, durch den er auch dessen Familie kennenlernte. Der Vater Gustav Köckert (1802–1858) entstammte einer alten protestantischen Beamtenfamilie aus Dessau, die dort seit dem Dreißigjährigen Krieg ansässig war; die Vorfahren der Mutter Philippine Köckert (geb. Mollard, 1799–1871) kamen aus Ostpreußen. Gustav Köckert war Sänger und hatte eine ausgezeichnete Bassstimme. Nach acht Jahren Engagement am Stadttheater in Leipzig war er zunächst nach Magdeburg und von dort weiter in die Rheinprovinz gegangen. Hier lebte er zehn Jahre und wurde 1837 durch den Oberpräsidenten der Rheinprovinz in Koblenz zum Direktor der Vereinigten Theater von Köln und Aachen ernannt. Da ihm diese Stellung wenig Freude bereitete, nahm er den Ruf als Opernregisseur an die Nürnberger Oper an. Von Nürnberg aus wurde die älteste Tochter Franziska (1825–1861) als Sängerin nach Prag engagiert, woraufhin die Familie Köckert mit ihren vier Kindern Franziska, Auguste, Julius und Adolf (1828–1911) in die böhmische Hauptstadt umgezog.

Offensichtlich hat Seibertz in dieser Familie und ihrer künstlerischen Ausrichtung einen Halt gefunden, der für sein Leben und seine Arbeit fundamental war.

Er heiratete 1844 die erst achtzehnjährige, 1826 geborene Sängerin Auguste Köckert, eine bescheidene und zurückhaltende Frau, die nie öffentlich aufgetreten war. Doch das Familienglück war nur von kurzer Dauer. Die am 15. April 1845 geborene Tochter Berthilde starb schon am 22. April an den Folgen einer vorzeitigen Geburt, am 15. August des gleichen Jahres erlag Auguste einer Tuberkulose. Ein Jahr später, 1846, ehelichte Seibertz die um ein Jahr ältere Schwester seiner verstorbenen Frau, Franziska Köckert. Zur Erleichterung von Seibertz' Eltern war Franziska vor der Ehe zum Katholizismus übergetreten und verzichtete auch auf weitere Engagements als Sängerin; ihr letzter Auftritt erfolgte am 4. April 1846 im Ständischen Theater in der Prager Altstadt. Die Hochzeit fand am 24. Juni 1846 in der Nürnberger Frauenkirche statt. Aus dieser Ehe stammte das einzige überlebende leibliche Kind von Engelbert Seibertz, die Tochter Anna (1847–1890). Seit 1845 lebte in Prag auch Seibertz' Schwester Bertha. Sie hatte 1841 den Architekten und Kunsthistoriker Bernhard Grueber (1806–1882) geheiratet, den Seibertz 1834 in Regensburg kennengelernt und als Freund gewonnen hatte. Er war 1844 auf Vermittlung von Engelbert Seibertz als Professor für Baukunde an die Prager Akademie berufen worden.

Unter den deutschen Künstlern in Prag bildete sich ein enges, von Ruben gesponnenes Freundschaftsnetz heraus. Im Dezember 1844 wurde Max Haushofer, Schwager von Ruben, als Professor der Landschaftsmalerei angestellt, obwohl Ruben eigentlich Seibertz die Anwartschaft auf diese Stelle zugesichert hatte. Seibertz stellte in seinen Erinnerungen fest:

> „Haushofer war einer der ersten gewesen, die – trotz der bekannten Abneigung von Peter Cornelius gegenüber der Landschaftsmalerei – in die freie Natur zogen und dort Motive und Kompositionen nach dem Alltag und der Landschaft entwarfen, ohne historische oder mythologische Verbrämung. [...] In Anbetracht meines guten Verdienstes und der Willfährigkeit Ruben's in Bezug auf die Anstellung Gruebers fanden sich indessen für mich Gründe genug, nicht zu schmollen, selbst wenn ich dazu mehr Neigung gespürt hätte, als dieses bei meiner Natur der Fall ist, welche sich möglichst jeder Rivalität zu entziehen sucht. [...] So unterließ ich denn auch meinerseits nichts, Haushofer freundlich entgegen zu kommen[,] und unsere gegenseitigen Beziehungen gestalteten sich so angenehm, als es unter wenig sympathischen Naturen überhaupt möglich ist, was man von dem Verhältnis Haushofer zu Ruben von Anfang an eigentlich nicht sagen konnte."

Mit anderen Künstlern gab es dagegen zunehmend Probleme, was sich in der Herausbildung von mehreren, teilweise politisch motivierten Lagern niederschlug. Auf der einen Seite standen die schon länger in Prag ansässigen Maler Wiener Prägung, die glaubten, ihre Pfründe gut abgesteckt zu haben. Auf der anderen Seite stand die neue Gruppe um Ruben, die im politisierten Konflikt zwischen Böhmen und Tschechen wegen ihrer deutschsprachigen Herkunft nicht vermitteln konnte, obwohl sie eigentlich liberal eingestellt war. Bei der Suche nach Aufträgen buhlte sie um die gleichen potenten Adelskreise wie die etablierten Künstler. Zunächst war es ein wirklicher Künstlerdisput, der in den unterschiedlichen Stilmitteln begründet lag und sich auf natürlichem Wege durch den Tod der Kontrahenten der Gegenseite (Grünler, Mánes) fast völlig erledigte. Später entwickelte sich der Disput immer stärker zu einer politischen Auseinandersetzung innerhalb der jüngeren Künstlerschar, in der Josef Hellich (1807–1880) Wortführer war; dabei prallten die deutschsprachigen Traditionen mit den tschechisch-nationalen bedingungslos aufeinander.

Die Lebenserinnerungen von Engelbert Seibertz sind für die historische Betrachtung dieser schwierigen Phase zu einer wichtigen, authentischen Quelle geworden. In den folgenden drei Zitaten kommt die zunehmende Eskalation zum Ausdruck, die schließlich zu seinem Weggang aus Prag führte. Das erste Zitat stammt aus dem Jahr 1847:

> „Die Kunstausstellung dieses Jahres, worauf ich durch die Bildnisse der Freunde vertreten war, gab der czechischen Parthei wieder willkommene Gelegenheit zu journalistischen Angriffen und Intrigen gegen Ruben und seinen Anhang, dessen ganzes Treiben ihr verhasst war; Grueber, gerade damals für den Grafen Thun in Tetschen beschäftigt, machte deshalb von dort einen Ausflug nach Augsburg, um die Redaction der Allgemeinen Zeitung über die Prager Verhältnisse aufzuklären, was dann auch in soweit Erfolg hatte, dass man ihn als Correspondenten annahm. Obgleich nur auf einer früheren Ausstellung bereits ein Bild[,] und zwar das Portrait des Fürsten Hugo Salm[,] muthwillig beschädigt worden war, so berührten mich persönlich die Hetzereien doch nur wenig und ließen mich gleichgültiger als den leidenschaftlichen Ruben."

Das zweite Zitat entstand im Winter 1847:

> „Die Misshelligkeiten zwischen der deutschen und czechischen Parthei wurden [...] zum Theil auch durch meine Mitwirkung vorübergehend ausgeglichen[,] und unter dem Namen ‚Concordia' eine Gesellschaft gegründet, welche hüben und drüben im Interesse für Wissenschaft und Kunst die verschiedensten Persönlichkeiten vereinigte, unter denen auch viele Herren von hohem Adel nicht fehlten."

Und schließlich ein drittes Zitat, entstanden in der Faschingszeit des Jahre 1848. Nun eskalierte der Konflikt:

> „Ob während dieser lustigen Carnevalszeit in Prag bereits heimliche politische Agitationen stattfanden, davon weiß ich nichts zu berichten. Sicher ist aber, dass die Regierung [...] schon bei Gelegenheit unseres Balles eine revolutionäre Demonstration befürchtet habe, weshalb im Stillen eine bedeutende Abtheilung Militair auf die Sophieninsel kommandirt gewesen sey. [...] Bei dem Rufe nach Bildung von Nationalgarden constituirte sich die ‚Concordia' gleich als Freicorps, welches Ruben zu seinem Hauptmann erwählte. Im Umsehen war die ganze Gesellschaft bewaffnet, der massenweise Freiwillige zuströmten[,] und auch ich hatte das Vergnügen, mit der böhmischen Kokarde am grauen Hut, einer rothweißen Schärpe und dem Säbel eines befreundeten Offiziers [...] auf der Straße herumzu-

schlendern. Die ganze Geschichte war mir gründlich zuwider, aber ich sah keinen Weg, davon loszukommen; glücklicherweise aber, weil ich einer der wenigen war, dem noch einige militairische Kenntnisse zu Gebote standen von der Schützenzeit zu Berlin her, gelang es mir, die Feldwebeldienste der famosen Compagnie zu übernehmen und mich somit von den Exerzitien und Marschdiensten zu befreien. [...] Der Übermuth der Czechen-Parthei wuchs mit jedem Tage, sie machte auch innerhalb der ‚Concordia' ihre Anmaßungen geltend, und als man dieselben zurückwies, schied sie ganz aus und errichtete unter dem Namen ‚Swornost' ein besonderes Freicorps, welches den Baron Vilani zu seinem Hauptmann wählte. [...] Im weiteren Verlauf freilich wurden die beiden Corps nach ganz verschiedenen Richtungen auseinandergetrieben, indem sich die ‚Swornost' mit ihrem Hauptmann, dessen schöner Gemahlin man nachsagte, dass sie von einer böhmischen Königskrone träume, an die Spitze der Revolution stellte und die Katastrophe herbeiführte. [...]

Damals war ich aber nicht mehr in Prag, welches ich in den letzten Märztagen ganz unerwartet verließ. [...] Die Lage war bis dahin eine immer bedenklichere geworden und erregte bereits so ernste Befürchtungen, dass Grueber sich entschloss, seine Familie nach Tetschen aufs Land zu bringen, und mir den Rath gab, Fränzchen und Anna ebenfalls dahin zu geleiten; er würde bereits abends abreisen, da schon in den nächsten Tagen ein Aufstand zu erwarten sey. Der Vorschlag, mit dem er früh Morgens zu mir ins Atelier-Zimmer trat, kam mir eigentlich sehr ungelegen, ich war mitten in der Arbeit und dachte an kein Fortgehen, da ich Frau und Kind erst im Mai nach Westfalen bringen wollte. [...] Andererseits lag die Erwägung nahe, dass die westfälische Reise durch den Gang der politischen Ereignisse im Mai wahrscheinlich zu einer Unmöglichkeit geworden sey, so entschloss ich mich denn auch, Fränzchen mit Anna und der Magd schon jetzt dahin zu schicken und bis Dresden zu begleiten. Meine Frau erklärte, dass sie mit Hilfe der Mutter bis Abends ihre Koffer gepackt haben könne[,] und so wurde denn auch die gemeinsame Fahrt bis Tetschen mit Grueber verabredet. Darauf ging ich in die Stadt, das nöthige zu besorgen, setzte Ruben von meiner Absicht in Kenntnis und holte von der Polizei meinen Pass. Die Bureaus der Stadthauptmannschaft, sonst voll geschäftiger Beamten, waren wie verödet, nur ein alter Schreiber war da, um Auskunft zu geben. Es kostete einige Mühe, den Pass aufzufinden, ich musste selber suchen helfen und endlich fand sich derselbe in einem ziemlich dicken Aktenhefte, welches die Aufschrift führte: ‚Fremdenbehandlungsprotokoll den Herrn Maler E. Seibertz aus München betreffend'. Das schmeckte sehr nach geheimer Polizei; zu Vermuthungen, was die Herren etwa über mich aufgeschrieben haben mochten, war aber keine Zeit; froh, das verlangte Papier in Händen zu haben, eilte ich nach Hause; das letzte wurde besorgt[,] und um 5 Uhr setzten wir uns in die Lohnkutsche, welche uns an die nächste Dampfschiffstation der Elbe brachte, wo wir mit Gruebers übernachteten. [...] Am folgenden Tage führte uns das Dampfboot beim schönsten Frühlingswetter die reizenden Elbeufer entlang nach

Tetschen; Gruebers nahmen Abschied von uns[,] und dann gings weiter an der Gebirgswelt der sächsischen Schweiz vorüber bis Dresden. [...] Bei mancherlei Erwägungen während des Tages und die Bitten meiner Frau, welcher es ein trauriger Gedanke war, allein und fremd in meinem elterlichen Hause anzukommen, hatten mich bestimmt, sie nicht zu verlassen[,] und so setzten wir denn am andern Morgen die Reise zusammen weiter fort mit der Eisenbahn über Leipzig, Halle, Magdeburg nach Braunschweig. [...] Die Fahrt durch die deutschen Lande, welche damals im ersten Freiheitsjubel waren, der die schwarzroth-goldenen Fahnen von allen Zinnen flaggen ließ, hatte mir nach dem czechischen Carneval einen eigenthümlich behaglichen Eindruck gemacht; auf der rothen [westfälischen] Erde aber, die ich seit 10 Jahren nicht mehr betreten, wurde mir ganz heimathlich zu Muthe[,] und nun gar, als wir von Hamm mit einer Extrapost über Werl nach Arnsberg fuhren, das war wie lauter Frühlingsluft. Wer kann das beschreiben? Endlich hielt der Wagen vor der bekannten Treppe unseres Hauses. Es war bereits Abend, ich sah die Mutter durch das Fenster des Cabinets beim Licht am Schreibtisch sitzen, als das Blasen des Postillons sie überraschte, denn wir kamen unerwartet. Hastig sprang ich ins Haus und lag nach so langen Jahren zum erstenmal wieder an der treuen Mutterbrust, dann führte ich ihr mein liebes Weib mit dem Kinde entgegen. Darauf erschien der bedächtige Papa und hinterdrein die alte [Hausangestellte] Therese mit der Schwester Berthilde, die einzige der Geschwister, welche damals noch im Hause war. [...] Es war der erste April [1848], als wir ankamen."

So hatte sich Engelbert Seibertz von seinem Schwager Grueber wegen der eskalierenden Ereignisse überreden lassen, Prag ziemlich fluchtartig zu verlassen. Bei diesem überstürzten Aufbruch konnte er seine Geschäfte nicht mehr regeln und auch seine künstlerischen Materialien nicht alle mitnehmen. Nur acht Skizzenbücher, einige Mappen und Rollen mit den wichtigsten Zeichnungen und Entwürfen zu „Faust" und „Wallenstein" hatte er eingepackt. Sein in der Stadt verbliebener Schwiegervater Köckert schickte ihm nach Niederschlagung des Aufstandes eine Kugel aus einem Gewehr, die den Weg in sein Atelier gefunden hatte und in der Wand stecken geblieben war.

Seibertz blieb länger in Arnsberg. Auf Betreiben der Mutter entstand im Garten ein Atelierbau, wo er an den in München und Prag angefangenen Faust-Illustrationen weiterarbeitete. Hier vollendete Seibertz die Vorlagen zu 25 Stahlstichen, 34 Holzschnitten und zahlreichen Vignetten; bis zum Herbst 1850 waren alle Blätter fertiggestellt. Mit Ausnahme der drei noch in Prag vollendeten Hauptblätter sind alle anderen mit „Arnsberg E. S. 1848–1850" bezeichnet. Mit der Fertigstellung des Werkes bahnte sich für Seibertz eine dauerhafte Einnahmequelle an, denn der Cotta-Verlag in Stuttgart, der 1808 Goethes „Faust" erstmals gedruckt hatte, interessierte sich für die Veröffentlichung der Illustrationen. Erste Kontakte zum Verleger Cotta kamen noch 1850 zustande. Der Verlag wollte jedoch zuvor den Wert durch Kunstsachverständige ermitteln und die finanziellen Risiken berechnen lassen – Seibertz sandte einige Blätter ein und erhielt schon nach zehn Tagen eine positive Nachricht, am 7. Dezember 1850 wurde in Stuttgart ein Vertrag abgeschlossen. Der Münchner Adrian Schleich, der schon die Stiche der Illustrationen von Kaulbach zu „Reineke Fuchs“ geliefert hatte, sollte auf Kosten des Verlegers die Stahlstiche anfertigen, die übrigen Illustrationen wurden nach den Originalzeichnungen auf Holz übertragen. Eine solche Zusammenarbeit bedurfte der ständigen Auseinandersetzung und Kontrolle der Arbeitsgänge, sie machte Seibertz’ Anwesenheit in München notwendig. Also nahm er dort wieder seinen Wohnsitz und gab die Rückkehr nach Prag endgültig auf. Laut Vertrag sollte der erste Teil des Werks möglichst schnell erscheinen, sobald die politischen Verhältnisse und Aussichten für den deutschen Buchmarkt dies zuließen; der zweite sollte folgen, wenn die Kosten des ersten Teils durch entsprechenden Verkauf gedeckt waren. Für die Illustration beider Bände sah der Vertrag für Seibertz ein Gesamthonorar von 6000 Taler vor. Der erste Teil erschien 1854 und der zweite 1858. Von besonderer Bedeutung ist, dass Seibertz beide Bände – also erstmals auch „Faust II“ – vollständig illustriert hatte. Seibertz, der bis dahin fast ausschließlich als Porträtmaler bekannt war, erhielt durch die „Faust“-Illustrationen, der bald weitere Blätter zu „Wallenstein“ folgten, einen internationalen Ruf als Illustrator und Historienmaler. Damit begann eine äußerst intensive Schaffensperiode des westfälischen Künstlers.

Eine ungewöhnliche Ehre war die Beteiligung von Seibertz an der Bildauswahl und Bildhängung für die Große Kunstausstellung im Jahre 1854, die erstmalig im neuen Glaspalast in München gemeinsam mit der Ersten Allgemeinen Deutschen Industrieausstellung stattfand. Die Freude darüber, einmal die Seiten zu wechseln und Bilder anderer Künstler präsentieren zu können, war allerdings nicht ungetrübt. Die Aufgabe hatte ihre Schattenseiten, es galt ständig wegen vermeintlicher Zurücksetzungen zu vermitteln, zu beschwichtigen, aber auch streng durchzugreifen. Seibertz musste großes diplomatisches Geschick beweisen. Spezielle Probleme hatte er mit dem jungen Carl Piloty (1826–1886), der monierte, sein für das königliche Maximilianeum bestimmtes Bild („Die Gründung der katholischen Liga durch Herzog Maximilian I. von Bayern 1609“) hinge in einem schlechteren Licht als das ebenso für das Maximilianeum gemalte Bild von Philipp Foltz („Kaiser Friedrich Barbarossa und Herzog Heinrich der Löwe in Chiavenna 1176“), obwohl beide an gegenüberliegenden Wänden im selben Raum platziert waren. Auch Friedrich Kaulbach (1822–1903) begehrte auf und wollte seine Porträts von meist vornehmen oder sogar fürstlichen Herrschaften dem Rang der Dargestellten gemäß berücksichtigt wissen. Er gab erst Ruhe, als sich nach Eröffnung der Ausstellung ein für ihn günstiges Verkaufsergebnis einstellte. Seibertz selbst war mit „Fausts Hexenküche“ und einem Porträt von „Onkel Ludwig Arndts“ (WV 362, heute München, Ludwig-Maximilians-Universität) vertreten. Alles lief sehr positiv an, es zeichnete sich ein guter Verkauf der Eintrittskarten ab, mit denen der Erwerb eines Loses verbunden war. Aus dem Einnahmeüberschuss der Eintrittsgelder sollten von einer besonderen Jury auszuwählende Kunstgegenstände angekauft werden, die am Schluss der Ausstellung für eine Verlosung vorgesehen waren. Damit war geplant, die beteiligten Künstler direkt finanziell zu unterstützen. Alles wäre auch prächtig verlaufen, wenn nicht nach etwa vier Wochen die Cholera in München ausgebrochen wäre, was zu einer unvorhergesehenen Stadtflucht führte und die Ausstellung ziemlich abrupt beendete.

Eine neue Chance für Seibertz bot die Große Kunstausstellung des Jahres 1858. In das von der Akademie und der Künstlerschaft zusammengestellte Zentralkomitee wollte Engelbert Seibertz wegen häufiger Abwesenheit von München am 25. Oktober 1857 nicht gewählt werden. Darin saßen u. a. Wilhelm Kaulbach, Heinrich Heinlein, Christian Morgenstern (1805–1867, der Vater des Dichters), Moritz von Schwind (1804–1871), Eduard Schleich d. Ä. (1812–1874), Carl Theodor Piloty und Julius Köckert (der Schwager von Seibertz), ferner als Schriftführer Moritz Carriere (1817–1895) von der Akademie. Als es um die Platzierungen und Hängungen vor Ort ging, bat Feodor Dietz (1813–1870) die bewährte Kraft Seibertz jedoch so eindringlich zur Mitarbeit, dass er nicht absagen konnte. Erst drei Wochen vor Ausstellungsbeginn übernahm er diese ihm schon bekannte Aufgabe, allerdings nur unter der Bedingung, dass man ihm vollkommen freie Hand ließe, denn für große Diskussionen sei keine Zeit mehr. Neben den nicht ausbleibenden Belehrungen, Bitten und gar Bedrohungen war es auch eine körperlich sehr anstrengende Angelegenheit, die den Organisator abends „wie einen abgehetzten Hund nach Hause schleichen“ ließ. Er wohnte damals in der Barer Straße 15, also eigentlich um die Ecke. Seibertz wurde die Ehre zuteil, bei einer unangemeldeten Vorbesichtigung den „alten König Ludwig I.“ durch die Räume zu geleiten, der sich anschließend mit großer Befriedigung verabschiedete. Während der Ausstellungswochen empfing Seibertz in seinem dem Glaspalast gegenüberliegenden Atelier in der Sophienstraße viele Besucher, unter anderem den alten Freund Heinrich Rustige und seinen Onkel Ludwig Arndts aus Wien. Als alte Bekannte und Freunde waren aus Prag Max Haushofer, Graf Franz von Thun und Prinz Camille Rohan angereist. Seibertz beschreibt: „Bei der in Folge der Ausstellung wie üblich stattfindenden Ordensverleihung“ erhielten Feodor Dietz und er als Würdigung der besonderen Verdienste den St. Michaelsorden I. Klasse. Andere Beteiligte, wie die Künstler Andreas Achenbach, Friedrich Amerling (1803–1887), Eduard Bendemann (1811–1889) oder Friedrich Preller d. Ä. (1804–1878), erhielten denselben Orden, allerdings nur in der Ausführung II. Klasse. Am 12. Dezember 1858 kamen Kaulbach und Carriere von der Akademie in Seibertz’ Atelier und brachten den Orden persönlich vorbei, dabei erledigte „Meister Reineke [= Kaulbach] die Sache allerhöchstem Auftrag gemäß“ inklusive Ritterschlag mittels Malstock. Anstandsbesuche bei den Ministern von der Pfordten und von Zwehl sowie ein besonderer Empfang von König Maximilian II. in der Audienz am gleichen Tage ließen Seibertz erst die herausragende Ehre ermessen, die ihm in Anerkennung seines unermüdlichen Einsatzes für die Gesamtheit der Künstler und der Künste zum Ruhme Münchens und ganz Bayerns zuteil geworden war.

Die berühmt gewordene Kunstausstellung von 1858 stellte eine Art erster Leistungsschau aller führenden Künstler der Zeit dar, die ihre besten Werke in einem noch nie dagewesenen Nebeneinander zum direkten Vergleich präsentierten.

Münchner, Berliner, Düsseldorfer, aber auch Wiener und Dresdner Künstler waren vertreten. Der Erfolg war gewaltig, auch in finanzieller Hinsicht, und die Erträge flossen an die Künstlerschaft zurück, denn von den Überschüssen wurde die „Deutsche Kunstgenossenschaft“ gegründet, der an erster Stelle der „Lokalverband München“ angehörte. Daraus erwuchs noch im Sommer des gleichen Jahres die „Münchner Künstlergesellschaft“, die sich bald umbenannte in „Münchener Künstler-Genossenschaft“. Sie war bis zur Gründung der „Secession“ 1892 die alleinige Vertretung aller Münchner Künstler. Auch daran hatte Seibertz also nicht unbeträchtlichen Anteil.

Die zweite Münchner Zeit brachte Seibertz noch einen bedeutenden Auftrag, der direkt mit dem damals bedeutendsten Bauprojekt des bayerischen Königs zusammenhing. Das Maximilianeum in München war das einzige städtebauliche Großprojekt, das König Maximilian II. in seiner Regierungszeit realisierte. Es war verbunden mit einer Stiftung für Hochbegabte und einer Historischen Galerie, die die großen Epochen und Errungenschaften der Menschheit thematisierte. Der leitende Architekt Friedrich von Bürklein (1813–1872) wohnte in Seibertz’ Nachbarschaft

> „[…] und besprach gern Pläne und Projekte mit mir. Als nun der genannte Bau so weit war, dass an die malerische Ausschmückung [= die wandfeste Ausstattung] desselben gedacht werden konnte, […] überraschte mich Bürklein durch die Mitteilung, dass er […] für zwei Hauptbilder im Innern neben [Georg] Hiltensperger [1806–1890] und [Friedrich] Pecht [1814–1903] meinen Namen eingeschoben habe, weil ihn einige Äußerungen über die verschiedenen Aufgaben glauben ließen, dass ich gerade diese nicht ungern übernehmen würde. […] Darum war mir etwas zaghaft bei der Geschichte zumute, andererseits aber hatten die Aufträge großen Reiz für mich, sicherten sie doch für lange Zeit meine Stellung, und so sagte ich getrost zu.“

Am 19. Mai 1857, also noch vor der Grundsteinlegung am 6. Oktober des Jahres, unterzeichneten Friedrich von Bürklein und Engelbert Seibertz für die Ausführung von zwei Wandbildern einen Vertrag, den der König am 30. Januar 1858 genehmigte. Bis zum 1. Juli mussten dem König Farbenskizzen mit der Komposition vorgelegt werden, um den Auftrag endgültig zu erhalten, ein für alle Künstler übliches Prozedere. Für den 4. Oktober 1858 ist ein erster Atelierbesuch des Königs bei Seibertz überliefert, bei dem er zur Figurenzusammenstellung kleinere Änderungswünsche äußerte.

Das erste von Seibertz für das Maximilianeum zu liefernde große Bild war das „Konferenzzimmer-Bild“. Laut Vertrag hatte Seibertz als „1. Bild: Literaten und Künstler. Die Mitglieder des Maximilian-Ordens, Fraunhofer, Lachner, Schwanthaler, Platen, Westenrieder“ auszuführen. Der erst 1853 vom König gestiftete Maximiliansorden dürfte Thema für dieses Bild gewesen sein. Bis zum heutigen Tag gilt der auf einhundert lebende Träger beschränkte Maximiliansorden als höchste bayerische Auszeichnung für herausragende Leistungen im Bereich der Kultur und der Wissenschaft. Seibertz’ Komposition stellt eine imaginierte Veranstaltung zur Verleihung des Ordens an Alexander von Humboldt dar, der seinerzeit nicht persönlich in München erschienen war. Er schuf eine Handlung, die alle Dargestellten miteinander verband. Der Chemiker Justus von Liebig (als Präsident der Akademie der Wissenschaften) und der Maler Wilhelm von Kaulbach (als Präsident der Akademie der Bildenden Künste) führen im Namen des Königs den Naturforscher Humboldt in den Reigen der Persönlichkeiten ein. Unter diesen sind auch damals schon Verstorbene dargestellt, die den Orden ebenso verdient gehabt hätten. Seibertz hat sie geschickt im Hintergrund platziert und teilweise so zur Seite gedreht, dass ein Ordensband nicht sichtbar ist. Die Auswahl der Personen zielte auf die besondere Förderung der Geistes- und Naturwissenschaften unter König Maximilian II. Für die Komposition orientierte sich Seibertz an dem berühmten Bild der „Schule von Athen", das Raffael für die päpstlichen Stanzen im Vatikan gemalt hatte. Ursprünglich trug das Maximilianeum die Bezeichnung „Athenäum", eine auch andernorts gebräuchliche Bezeichnung für eine höhere Lehranstalt. Wie bei Raffael erinnerte dies an das antike Athena-Heiligtum in Athen, wo Dichter und Denker aus ihren Werken lasen und lehrten. Und wie Raffael stellte auch Seibertz die Geistesgrößen aus Kultur und Wissenschaft vor einen Gebäudeprospekt, in diesem Fall das Maximilianeum, und verwiest damit auf München als einen Ort der Gelehrsamkeit. Einen großen, dreiteiligen Karton für die Übertragung dieser Komposition auf die Wand fertigte Seibertz 1859, die Ausführung des Wandbildes selbst wurde 1864 in Angriff genommen. Eine Änderung an der Architektur des Maximilianeums, 1864 vom König kurz vor seinem Tod verfügt, hat Seibertz in seinem Gemälde nicht mitvollzogen: Das Wandbild mit den gotisierenden Spitzbögen in den Arkaden – ganz dem Maximilianstil verpflichtet – dokumentiert den frühen Planungszustand der zur Stadt hin ausgerichteten Fassade des Maximilianeums, die später dann im Neorenaissance-Stil mit Rundbögen ausgeführt wurde. Im Jahr darauf, 1865, folgten die Kartons zu den allegorischen Darstellungen in den Bogenfeldern über dem Gruppenbild, von denen Seibertz 1866 die „Wahrheit" (mit Spiegel) mit den begleitenden Kindergruppen selbst ausführte, während die anderen Darstellungen der „Chemie" und „Architektur" der Maler Joseph Schwarzmann (1806–1890) übernahm.

Das zweite von Seibertz für das Maximilianeum zu liefernde große Bild war das „Lesesaal-Bild". Laut Vertrag, unter Berücksichtigung des königlichen Nachtrags vom 31. Oktober 1858, hatte Seibertz zu malen:

> „[...] Staatsmänner wie Metternich, Montgelas, von der Pfordten, den preußischen Staatsmann Hardenberg, den Engländer Adam Smith, William Pitt, [Friedrich] Gentz, Talleyrand und als Zusatzbild den bayerischen Staatsmann [Wigulaeus Freiherr von] Kreit[t]mayr".

Als thematische Grundlage für das Bild zog Seibertz die politisch-wirtschaftlich-geographische Situation Bayerns zur Zeit von Maximilian II. heran. Bayern war an der Seite Napoleons zum Königreich aufgestiegen, hatte dann aber in den Befreiungskriegen ab Oktober 1813 gegen Napoleon gekämpft. Auf dem Wiener Kongress musste es das erst 1805 als Kriegsbeute angegliederte Tirol sowie Vorarlberg, Salzburg und andere Gebiete an Österreich zurückgeben bzw. abtreten, dafür bekam es als Entschädigung die Rheinpfalz zugesprochen. In diesen Grenzen gehörte Bayern bis 1866 – also über den Tod Maximilians hinaus – dem Deutschen Bund an. Das Hoheitsgebiet des Königreiches Bayern, wie es Maximilian II. übernommen hatte, war also maßgeblich ein Ergebnis der Verhandlungen und Grenzziehungen auf dem Wiener Kongress 1814/1815 gewesen. Darauf gründete Maximilian II. seine Herrschaft nach außen, nach innen auf der von Kreittmayr verfassten, zwischen 1751 und 1756 erschienenen Gesetzgebung, mit Ludwig von der Pfordten (1818–1880) als Staatsminister bzw. zeitweise sogar Ministerpräsidenten. Alle auf dem Bild vertretenen Personen, deren Anwesenheit Maximilian II. im Künstlervertrag als programmatischen Bildbestandteil festschrieb, hatten entweder praktisch oder theoretisch zu diesem Staatsgebilde beigetragen. Auch hier konnte es kein historisches Zusammentreffen aller gegeben haben, was Seibertz sehr geschickt durch die Teilung des Bildraumes in drei unterschiedliche Zeiträume umsetzte. In der Mitte die Politiker des Wiener Kongresses, die über das Schicksal Bayerns verhandelt hatten, links um die Büste des Königs versammelt zwei Politiker aus Bayern, die Wesentliches zum damaligen *status quo* beigetragen hatten, und rechts zwei Herren, die historische Voraussetzungen in Theorie und Praxis geschaffen hatten, dass Bayern das werden konnte, was es unter Maximilian II. geworden war. Der Maler Seibertz schaffte mit seiner Darstellung ein feines Beziehungsgeflecht, dessen Interpretation zu einer Unterrichtsstunde über bayerische Geschichte bis in die damalige Gegenwart geriet, was den Absichten des Königs sicherlich entgegenkam. Besonders raffiniert war die Einfügung der königlichen Büste im linken Bildteil. Sie wird als Darstellung von König Maximilian I. bezeichnet, trägt aber deutlich die Porträtzüge des auftraggebenden Königs Maximilian II. Die Ausführung des großen Wandbildes im Lesesaal wurde 1863 – vor demjenigen im Konferenzsaal – in Angriff genommen. Die weitere Raumausstattung unterstrich die historisch-didaktischen Verknüpfungen: In den Bogenfeldern wurden die „Friedensgöttin“, die Personifikation der „Geschichte“ mit den Hilfswissenschaften „Geographie“ und „Altertumskunde“ sowie die „Kriegsfurie“ gezeigt; diese Allegorien konnten wie Kommentatoren der im Mittelbild angesprochenen Ereignisse gesehen werden. Leider sind sie wie das Hauptbild im Zweiten Weltkrieg so schwer beschädigt worden, dass sie nicht restauriert werden konnten; stattdessen wurde die ganze Wand unter Putz gelegt.

Neben den beiden großen Werken gab es auch noch Aufträge für einige kleinere Arbeiten im Maximilianeum. 1867 fertigte Seibertz Skizzen für die Lünetten einer Wand im Treppenhaus mit allegorischen Gruppen – immer eine sitzende Frau mit zwei Knaben – der „Frömmigkeit“, der „Wahrheit“ und der „Gerechtigkeit“. 1867/68 folgten die Skizzen für die „Arbeitsamkeit“, die „Freiheit“ und die „Weisheit“, ferner für die „Tapferkeit“, die „Vaterlandsliebe“ und die „Treue“ mit den entsprechenden Kartons. Die malerische Ausführung wurde 1871 in Angriff genommen, dabei führte Seibertz „die eintönigen Gruppen in mehr plastischer als malerischer Wirkung mit gelbem Grunde“ aus. Im Jahr 1878 erwähnte Seibertz außerdem vier von ihm gezeichnete „Kartons für Fassadenbilder des Maximilianeums: Genien, welche über Tapferen Kränze halten", die so auch ausgeführt wurden – aber nicht mehr von Seibertz selbst, der 1873 endgültig nach Arnsberg zurückgegangen war. Bereits 1864 war König Maximilian II., sein großer Gönner, gestorben. Dem Nachfolger Ludwig II. lagen andere Projekte am Herzen, weshalb sich die Vollendung des Maximilianeums hinzog und Seibertz sich zunehmend von anderen Künstlern vertreten ließ.

Von 1857 bis in die 1870er-Jahre war Seibertz in das Projekt des Maximilianeums eingebunden, er hatte maßgeblichen Anteil an der Programmatik der wandfesten Ausgestaltung. Dies scheint er in guter Zusammenarbeit mit dem Architekten Bürklein, aber auch in Kollegialität mit den anderen Künstlern betrieben zu haben. Sein immer wieder als ausgleichend beschriebener Charakter hat ihn davor bewahrt, sich in Künstlerfehden verwickeln zu lassen, aber wohl auch dazu geführt, dass andere Namen wie Piloty, Hiltensperger, Michael Echter (1812–1879) oder Dietz in München stärker tradiert wurden, während sein Anteil am Münchner Kunstleben der Zeit irgendwie in Vergessenheit geriet.

Da die Wandmalereien im Münchner Maximilianeum vertraglich in Stereochromie ausgeführt werden sollten, sah sich Seibertz zur Beschäftigung mit dieser Technik veranlasst. Seit den großen Wandmalereiprogrammen, mit denen Ludwig I. besonders Peter Cornelius in München betraut hatte, war die Freskotechnik in der Diskussion. Bei dieser seit Jahrhunderten, ja Jahrtausenden praktizierten Malweise stehen den Vorzügen von Farbbrillanz und Dauerhaftigkeit in Innenräumen Probleme von Verwitterung in Außenbereichen gegenüber. Ein weiteres Hindernis ist der komplizierte Arbeitsvorgang mit genau zu planenden Abschnitten für einen einzigen Arbeitstag, für den die Wand als Tagwerk mit nassem Putz versehen wird; nach dem Trocknen der Wand bestehen kaum noch Korrekturmöglichkeiten. Als Erneuerung der Freskomalerei wurde deshalb die Stereochromie gefeiert. „Stereos" steht für „fest", „chroma" für „Farbe". Dieses neuartige Verfahren für Wandmalerei war von dem in München lehrenden Mineralogen Johann Nepomuk Fuchs (1794–1865) in jahrelangen Untersuchungen unter Beteiligung der Maler Joseph Schlotthauer (1789–1869) und Wilhelm Kaulbach entwickelt worden. Die Anwendung von flüssigen Kaliumsilikaten, dem sogenannten „Wasserglas" oder dem seit dem Mittelalter bekannten „Liquor Silicium", hatte für die neue Technik zentrale Bedeutung. Auf weißen Feinputz wurden die in destilliertem Wasser ohne weitere Bindemittel angerührten Farbpigmente aufgetragen. Auf der abschnittsweise befeuchteten Wand konnte die Malerei jederzeit unterbrochen werden, auch Retuschen waren ohne Schwierigkeiten möglich. Das abschließende Besprühen der fertigen Malerei mit dem Wasserglas führte durch den hohen Quarzanteil im Putz zu einer chemischen Reaktion, die die Farben dauerhaft fixierte. Dennoch bescherten auch die silikatisch gebundenen Malereien mitunter Probleme. Wenn beispielsweise der Putz zu fest und glatt war oder der Maler eine zu dicke und damit spannungsreiche Farb-Wasserglas-Schicht aufgetragen hatte, konnte es zu Abblätterungen kommen. Insgesamt aber galt die neue Technik gerade bei großen Flächen und in

Außenbereichen als große Verbesserung. Das besondere Interesse Wilhelm Kaulbachs an dieser Methode war darin begründet, dass er viele der Münchner Projekte von Peter Cornelius fortsetzte. So kam auch Seibertz damit in Berührung. Auch Kaulbachs großflächig angelegte Bilder im Berliner Neuen Museum sollten in der Stereochromie-Methode ausgeführt werden, weil sie eine große Arbeitserleichterung versprach.

Seibertz veränderte die Anwendung der Stereochromie. Er malte mit gleichermaßen in destilliertem Wasser gelösten Pigmenten direkt auf den trockenen Putz und sorgte erst mit dem flüssigen Wasserglas für die endgültige, chemisch herbeigeführte Fixierung. Dadurch vereinfachte sich der Arbeitsprozess um einen weiteren Schritt, weil man nun gar nicht mehr für eine feuchte Wand sorgen musste, ein Nebeneffekt war außerdem eine größere Farbintensität. Die auf Zementplatten ausgeführten Porträts des Chemikers Max von Pettenkofer und seiner Frau galten als beweiskräftige Experimente, mit denen die Methode stereochromischer Malweise im verbesserten Verfahren getestet und einer Kommission unter Leitung des Chemikers Justus von Liebig zur Überprüfung zugesandt wurde. Das Ergebnis seines Experimentes war ein ausführlicher Bericht über die wissenschaftliche Neuerung in der Süddeutschen Zeitung vom 14. November 1860. Bereits am 9. November 1860 konnte Seibertz seiner Frau Franziska nach Arnsberg von einem Schreiben des bayerischen Königs Maximilian II. Mitteilung machen, dass ihm „in wohlgefälliger Anerkennung seines verdienstlichen Wirkens zur Förderung und Vervollkommnung der stereochromischen Maltechnik der Titel eines kgl. Professors allergnädigst“ verliehen wurde. Das war der Höhepunkt seiner Karriere!

Nach den Maximilianeumsbildern fanden Seibertz' Experimente im Oktober 1861 eine erste Anwendung im Freien in den Arkaden des neuen Südfriedhofs in München bei der Ausgestaltung der Leinfelder-Gruft, das Wandbild stellte die Madonna mit dem Kind dar. Für Seibertz ergaben sich danach weitere Gelegenheiten, die ausgezeichnete neue Technik einzusetzen. So sollten die Malereien an den Fassaden der drei Hirschbergschen Häuser an der Ecke Arco- und Barer Straße in München in stereochromischer Malerei ausgeführt werden. Bei Vertragsabschluss Ende 1865 war festgelegt worden, dass „Professor Seibertz“ die Skizzen zu liefern habe, deren Ausführung zwischen 1. Mai und 1. Oktober 1866 – unter Oberaufsicht von Seibertz – schließlich der junge Dekorationsmaler Johann Christian Krauter aus Mainz übernehmen sollte. In Seibertz' Werkverzeichnis wird sehr genau das Programm aus figürlichen Darstellungen der Jahres- und Tageszeiten, Tugenden, Lebensfreuden und Lebensalter aufgeführt. Von diesen Jahreszeitenzyklen könnte auch die letzte stereochromische Malerei von Seibertz angeregt sein, die er für das Duelbergsche Gartenhaus in Arnsberg ausführte. Es stellt eine schwebende Flora dar, die Verkörperung des Frühlings. Leider hat sich die Dauerhaftigkeit dieser Technik in Außenbereichen nicht bestätigt. Bei den beiden überlieferten Stereochromie-Bildern, der Madonna auf dem Münchner Südfriedhof und der Flora in Arnsberg, beeinträchtigen heute starke Ausbleichungen durch Witterungseinflüsse die Lesbarkeit der Darstellungen beträchtlich.

Ebenfalls ins Jahr 1860 ist der Beginn einer anderen Tätigkeit zu setzen, an die Seibertz mehr durch Zufall geriet. Sie betraf eine Serie von Glasfenstern für die mittelalterliche Kathedrale von Glasgow, die seit den 1850er-Jahren stilgerecht restauriert wurde. In Schottland fand der auftraggebende Architekt nicht die erwünschten Möglichkeiten vor, neugotische Glasmalerei in mittelalterlicher Handwerkskunst ausführen zu lassen. Deshalb hatte er sich nach München gewandt, wo diese Handwerkskunst besonders gepflegt wurde. Der Auftrag war an den Maler Moritz von Schwind und die Münchner Königliche Glasmalerei-Anstalt unter dem Inspektor Maximilian Emanuel Ainmiller (1807–1870) gegangen. Aber Schwind war mit dem umfangreichen Auftrag überfordert und hatte unter anderem Johann von Schraudolph (1808–1879), Georg Fortner (1814–1879), Alexander Strähuber (1814–1882) und Ainmillers Sohn Heinrich (1837–1892) herangezogen. Als Seibertz für einen Freund aus Mainz, der woanders eine Glasmalerei in Auftrag gegeben hatte, beim Inspektor der Glasmalerei-Anstalt in München nur eine Kostenauskunft einholen wollte, musste er sich die Klagen über den Mangel an Kartonzeichnern anhören. Schließlich bekam Seibertz selbst den Auftrag, nach eigenen Entwürfen Kartons für fünf Fenster in Glasgow zu zeichnen, den er bis 1862 erledigte. Es waren ein vierteiliges und vier dreiteilige Fenster mit biblischen Themen: „Bittet, so wird Euch gegeben", das Gleichnis vom Sämann, die Geschichte Jakobs (drei Szenen), die Geschichte Elisas (drei Szenen) sowie die Geschichte Josephs (ebenfalls drei Szenen). Alle fünf Fenster sind nach Auskunft der Denkmalbehörde noch erhalten, wurden aber im Zweiten Weltkrieg ausgebaut und sind seitdem deponiert.

Seit etwa 1857 hatte Seibertz ein Atelier in der Münchner Sophienstraße 4 genutzt, wo er die Wandmalereien für das Maximilianeum vorbereitete. Wegen seiner Lage gleich neben dem Glaspalast kamen häufig Kollegen und Kunden vorbei, gelegentlich sogar der König. Aus verschiedenen Gründen wurde es ihm aber zu klein, so dass er sehr froh war, als ihm Inspektor Ainmiller ein freistehendes Atelier in der königlichen Glasmalerei-Anstalt an der Luisenstraße in Höhe der Alten Pinakothek zur kostenfreien Nutzung anbot. Es blieb von 1862 bis kurz vor Auflösung der Anstalt 1870 in seinem Gebrauch.

Die Lebensfreude der Familie wurde durch den schlechten Gesundheitszustand von Franziska Seibertz sehr getrübt. Sie litt seit Jahren unter starken Kopfschmerzen, die offenbar durch Tuberkel ausgelöst worden waren, die sich während mehrerer Jahre als Folge einer fiebrigen Erkrankung im ganzen Gehirn gebildet hatten. Nach Rücksprache mit dem befreundeten Arzt Dr. Nußbaum schickte Seibertz seine Frau zu seinen Eltern nach Arnsberg. Im waldreichen Sauerland besserte sich ihr Gesundheitszustand zusehends, nicht zuletzt durch die liebevolle Pflege ihrer Schwiegermutter; Ende April 1861 konnte Franziska in Arnsberg sogar als Sängerin im Rahmen eines Wohltätigkeitskonzerts auftreten. Als sie Anfang Juni 1861 zu ihrem Mann nach München zurückkehrte, stellten sich die Kopfschmerzen bald wieder ein, wurden sogar noch beschwerlicher. Nach achtzehntägigem Krankenlager starb Franziska Seibertz am 12. Juli 1861 im Alter von nur 36 Jahren im Beisein ihres Mannes und ihrer inzwischen 15-jährigen Tochter Anna.

Nach dem Tod von Franziska traf Engelbert auf der Goldenen Hochzeit seiner Eltern 1862 seine Schulfreundin Franziska Greve, verwitwete Hundt (1819–1890), wieder, mit der er ein neues persönliches Glück fand und die er am 21. April 1863 heiratete. Bald nach der Hochzeit ging die ganze Familie mit Tochter Anna und drei Stiefkindern zur Beendigung des Maximilianeumsauftrages am 8. Juli 1863 zurück nach München.

In der Münchner Künstlerszene hatten sich schon seit den 1850er-Jahren gravierende Veränderungen angekündigt, die nun immer deutlicher zutage traten. Junge Künstler wie Carl Piloty und Franz Lenbach (1836–1904) feierten erste Erfolge in der Öffentlichkeit. Später spielte auch Wilhelm Kaulbachs Verwandter Friedrich August Kaulbach (1850–1920), Sohn seines Cousins, eine zunehmende Rolle. Besonders Piloty kam eine beherrschende Funktion zu. Obwohl Wilhelm von Kaulbach an der Akademie sein Talent befördert hatte, kritisierte er dessen zeichnerischen Stil, dessen mangelnde malerische Qualitäten und setzte dem ein neues, kraftvolles Kolorit entgegen, das er mit einem psychologisierenden Realismus kombinierte. Die Wende hatte sich angebahnt, als König Ludwig I. 1855 Pilotys ohne Auftrag entstandenes Gemälde „Seni an der Leiche Wallensteins" für die Neue Pinakothek ankaufte und für das noch unfertige Bild die beachtliche Summe von 3000 Gulden zahlte. Der nicht mehr amtierende König hatte mit diesem Kauf ein deutliches Statement gegen die Kunstpolitik seines Sohnes, König Maximilian II., formuliert und einer jungen Künstlergeneration die offizielle Anerkennung durch die Öffnung der Museumstore erwiesen. In einem Brief vom 6. April 1856 berichtete Seibertz seiner Frau nach Arnsberg:

> „Der junge Piloty ist Professor der Akademie geworden und gestern fand ein großes Festessen ihm zu Ehren in der Künstlerkneipe statt. Ich hatte ihm den Toast zu bringen. Die einfachen Worte, welche ich sprach, fanden viel Anklang und auch er selbst dankte herzlich. Sein Wallensteinbild, das ich erst heute in der Neuen Pinakothek gesehen, macht eine vortreffliche Wirkung. Die Berufung an die Akademie, womit man im allgemeinen sehr zufrieden scheint, ist seinen Kollegen, denen sie ganz unerwartet war, wie ich glaube, am wenigsten recht. Kaulbach behauptet ihnen gegenüber: ‚habe auch nicht davon gewusst', aber das ist ganz gewiss nicht der Fall. Die Anstellung ist auch nicht bloß durch das große malerische Talent P.s, welches an der Akademie eigentlich gar nicht vertreten ist, vollkommen gerechtfertigt, sondern zugleich politisch, indem durch dieselbe eine gewichtige oppositionelle Kraft mit dem Interesse der Akademie vereinigt wird."

Dann am 7. April schrieb er, nachdem er Kaulbach auf die „Pilotysche Angelegenheit" angesprochen hatte:

> „Nachdem er gehört, was ich geschrieben [Seibertz zeigte ihm den Brief vom Vortag], gestand er lachend, dass ich ihm in die Karten gesehen und recht habe und ließ mir zur Bestätigung durch seine Frau einen Brief des Ministers Zwehl holen, woraus hervorging, dass nur er mit vieler Mühe durchgesetzt, was jenem nicht

möglich gewesen war. ‚Wenn ich den anderen die Sache auf die Nase gebunden hätte', sagte er, ‚so wäre nie etwas daraus geworden. Ideen hat der Piloty nicht, aber er kann malen, und das brauchen wir'. Mir machte es vielen Spaß, mich nicht getäuscht zu haben."

Kaulbach hatte mit dieser Berufung maßgeblichen Anteil am Aufstieg Pilotys, verständlicherweise versuchte er mit dem Verweis auf fehlende Ideen bei Piloty auf die noch gültigen Kunsttheorien seiner Zeit zu pochen.

Bald nach dem Tod von König Maximilian II. 1864 wandelte sich die Situation für die Künstler in München deutlich, es kam zu einem erheblichen Bruch in der Künstlerschaft. Peter Cornelius und seine Kunstdoktrin einer idealen, durchgeistigten Malerei hatten ausgedient, die jungen, maßgeblich von belgischen Malern wie Paul Delaroche (1797–1856) und dem Koloristen Louis Gallait (1810–1887) beeinflussten Künstler arrivierten und gewannen mit ihrer farbkräftigen, effektvollen Malerei das Publikum. Nach dem Krieg von 1870/71 läuteten sie auch in der Kunst eine neue Zeit ein. Als Malerfürsten ließen sie sich feiern und hatten bedeutenden Anteil am gesellschaftlichen Leben, das darin einen Kulminationspunkt erfuhr, indem nicht Lenbach zu Bismarck reiste, sondern Bismarck zu Lenbach!

Diese veränderte Situation machte es für Engelbert Seibertz wenig wahrscheinlich, nach den langfristigen Verpflichtungen für das Maximilianeum in München mit weiteren lukrativen Aufträgen versorgt zu werden. Er war zu sehr mit der alten Generation um Wilhelm von Kaulbach verbunden. Dazu kamen ewige Geldsorgen, die ihn endgültig nach Arnsberg zurückkehren ließen. Sein Wegzug aus seiner letzten Münchner Wohnung in der Gartenstraße 3 ist in den Meldeakten mit dem 30. Dezember 1873 datiert.

In Arnsberg war Seibertz' Mutter am 13. September 1867 an den Folge eines Leberleidens gestorben. Am 21. Mai 1870 vermählte sich seine einzige Tochter Anna mit dem Kaufmann Carl Arens (1838–1914), der aus einer alten Arnsberger Familie stammte. Sie bezog mit ihrem Ehemann das Haus Arens in der Königstraße, das nur durch ein Gebäude vom Hause Seibertz getrennt war. Nach dem Tod seines Vaters, der sehr unter dem Tod seiner Ehefrau gelitten hatte und am 17. November 1871 kurz vor Vollendung des 83. Lebensjahres starb, erbte Engelbert das elterliche Haus. Sein Bruder Adelbert erhielt das Gut Wildenberg in Brunskappel als Erbteil, er starb jedoch bereits einen Monat nach dem Vater am 17. Dezember 1871. Engelbert lebte mit seiner dritten Frau und seiner Stieftochter Agnes Hundt nun allein im elterlichen Haus. Mit dem nach der Prager Zeit entstandenen Atelier war es ein gemachtes Nest, was aber nicht unbedingt aus der finanziellen Misere half. Seibertz malte bis ins hohe Alter weiter und gab zudem Unterricht. Er hatte schon in der Prager Anfangszeit Gabriele von Windischgraetz in Ölmalerei unterrichtet, damals weniger aus finanziellen Gründen denn zur Kontaktpflege mit dem böhmischen Adel. Nun folgte er der Notwendigkeit. Dies führte aber nicht zu einer Schülerschar, die für Nachruhm hätte sorgen können.

Nach dem Tod seiner Tochter Anna am 28. März 1890, die wie die Mutter jahrelang an schweren Kopfschmerzen gelitten hatte, verstarb im selben Jahr am 20. Dezember 1890 auch Seibertz' dritte Frau, mit der er immerhin 28 Jahre verheiratet gewesen war. Am 10. November 1898 verfasste Seibertz sein Testament. Seinen sieben Enkeln vermachte er gemeinsam sein Haus mit Grundstück und Atelier, allerdings ohne irgendein Inventar oder Mobiliar, das er seiner Stieftochter Agnes Hundt (1847–1914) zusprach. Sie erhielt auch alle zum Zeitpunkt seines Todes in seinem Besitz befindlichen Bilder und sonstigen Kunstwerke. Bereits seit acht Jahren saß er wegen eines rheumatischen Leidens im Rollstuhl, als sich im September 1905 sein Gesundheitszustand zusehends verschlechterte. Engelbert Seibertz starb am 2. Oktober des Jahres im hohen Alter von 92 Jahren. Bis zu seinem Tod hatte ihn „seine Agnes" – wie er seine Stieftochter oft nannte – gepflegt und versorgt. Die Beerdigung fand am 4. Oktober um fünf Uhr nachmittags im Kreise von Verwandten, Freunden und Verehrern statt. Engelbert Seibertz wurde auf dem Arnsberger Eichholzfriedhof in der obersten östlichen Gräberreihe beigesetzt. Hier ruht er in der Familiengruft neben seinen Eltern, seinem Bruder Adelbert und dessen Ehefrau Amalie.

Engelbert Seibertz war weder Hofmaler noch Akademieprofessor. Er verlegte seinen Arbeitsort zu häufig, um zu einer lokalen Künstlerkapazität zu werden. Sein Schwager, der Architekt Bernhard Grueber, ist bis zum heutigen Tage durch seine noch erhaltenen Gebäude in Tschechien und besonders Prag präsent. Als Porträtmaler, der Engelbert Seibertz hauptsächlich war, ist eine lang nachwirkende Bekanntheit nur wenigen Großen beschieden. Bildnisse sind vor allem für Angehörige oder Auftraggeber interessant, man gibt sie nicht weg; so haben auch nur vereinzelt Porträts von Seibertz den Weg ins Museum gefunden.

Ungedruckte Quellen

Landesarchiv NRW, Abteilung Westfalen, Testament von Engelbert Seibertz.

Sauerland-Museum Arnsberg, Nachlass Engelbert Seibertz *[Hierin: Originalvertrag zwischen Seibertz und dem Cotta-Verlag]*; Nachlass Johann Suibert Seibertz *[Hierin: Testament von Johann Suibert Seibertz]*.

Seibertz, Engelbert: Verzeichnis meiner Arbeiten seit dem Jahre 1830, Manuskript, Privatbesitz. *[Die vom Künstler selbst aufgestellte Nummerierung der Werke ist chronologisch und geht bis Nr. 799. Sie wurde hier übernommen: WV und Nr., siehe Teuscher 2005, wie unten angegeben.]*

Ders.: Erinnerungen aus meinem Leben, Bd. I–VII, aufgezeichnet in den Jahren 1856–1886, Privatbesitz. *[Exzerpte daraus: 1. Typoskript, abgefaßt in den 1950er-Jahren, Privatbesitz; 2. die Prager Jahre betreffend, Manuskript von Prof. Wilhelm Wegener, Göttingen 1950er-Jahre, Fotokopie.]*

Stadtarchiv München, Akte 1841/743.

Gedruckte Quellen

Goethe, Johann Wolfgang von: Faust, 1. und 2. Teil. Eine Tragödie. Mit Zeichnungen von Engelbert Seibertz, Stuttgart/Tübingen 1854–1858.

Keller, Gottfried: Der Grüne Heinrich, 3. Teil, 13. Kap.: Wiederum Fastnacht, 9. Aufl., München 1987.

Kruttge, Erika/Seibertz, Norbert: Engelbert Seibertz – aus den Lebenserinnerungen des sauerländischen Künstlers, in: Unser Sauerland. Beilagen in der Westfalenpost, Dezember 1955 bis August 1956.

Marggraff, Rudolf: Kaiser Maximilian I. und Albrecht Dürer in Nürnberg. Ein Gedenkbuch für die Theilnehmer und Freunde des Maskenzugs der Künstler in München am 17. Februar und 2. März 1840, Nürnberg 1840. *[Online verfügbar auf der Internet Plattform „Bavarica" unter: http://bavarica.digitale-sammlungen.de/de/fs1/object/display/bsb10376351_00001.html?prox=true&ngram=true&context=duerer+albrecht&hl=scan&mode=simple&fulltext=duerer+albrecht.]*

Seibertz, Engelbert jr.: Bedeutende Sauerländer, 8. Prof. Engelbert Seibertz. Ein Porträt- und Historienmaler des Sauerlandes (1813–1905), in: Trutznachtigall. Heimatblätter für das kurkölnische Sauerland. Zeitschrift des Sauerländer Heimatbundes e. V. für Heimatpflege im kurkölnischen Sauerland 4 (1922), Heft 2, S. 57–68.

Springer, Anton Heinrich: Die geschichtliche Malerei in der Gegenwart – Eine Kunstbetrachtung bei Gelegenheit der Ausstellung des Columbus von Ch. Ruben, Prag 1846.

Literatur

Brakensiek, Stephen/Buberl, Brigitte (Hg.): Altpapier meisterhaft. Die Graphiksammlung des Engelbert Seibertz (1813–1905). Bestandskatalog des Museums für Kunst und Kulturgeschichte der Stadt Dortmund, Bielefeld/Berlin 2013.

Hojda, Zdeněk/Prahl, Roman: Kunstverein nebo/oder Künstlerverein? Hnutí umělců v Praze 1830–1856. Die Künstlerbewegung in Prag 1830–1856, Prag 2004 (Fontes Historiae Artium, Bd. XII). *[Mit Aufbereitung der bisherigen Literatur.]*

Lempertz, Heinrich G.: Katalog der Kupferstich-Sammlung des Städt. Kunst- und Gewerbe-Museums zu Dortmund, Dortmund 1911.

Raupp, Karl/Wolter, Franz (Hg.): Die Künstlerchronik von Frauenchiemsee, 2. verm. Aufl., München 1924. *[Diese Edition der Künstlerchronik geht leider nicht auf Seibertz ein, erwähnt nur die Beteiligung von Engelbert Seitz [sic!] an der Gründung 1841.]*

Schulte-Hobein, Jürgen: Engelbert Seibertz – Ein Lebensbild, in: Andrea Teuscher: Engelbert Seibertz 1813–1905. Leben und Werk eines westfälischen Porträt- und Historienmalers. Mit Beiträgen von Monika Meine-Schawe, Jürgen

Schulte-Hobein und Johannes Stemmer, Paderborn 2005, S. 13–38 (Studien und Quellen zur westfälischen Geschichte, Bd. 53).

Sedlářová, Jitka (Hg.): Romantik des 19. Jahrhunderts in der europäischen Kunst. Führer für Kunst- und Geschichtsfreunde. Ständige Ausstellung mit Bildern und Statuen des 19. Jahrhunderts aus den Depositorien der mährischen Burgen, Schlösser und Museen, Staatliches Schloss Lednice, Brünn 2007. *[Hierin besonders die Katalognummern 14–17, S. 32–35.]*

Teuscher, Andrea: Engelbert Seibertz 1813–1905. Leben und Werk eines westfälischen Porträt- und Historienmalers. Mit Beiträgen von Monika Meine-Schawe, Jürgen Schulte-Hobein und Johannes Stemmer, Paderborn 2005 (Studien und Quellen zur westfälischen Geschichte, Bd. 53).

Dies.: Engelbert Seibertz und das Maximilianeum. Textheft zur Ausstellung im Ausstellungsfoyer des Bayerischen Landtags, München 2007.

Wolf, Georg Jacob (Hg.): Münchner Künstlerfeste, München 1925.

Otto Plassmann
(1861–1932)

Friedrich Gerhard Hohmann

Aus einer für Westfalen bedeutenden Familie stammte der Paderborner Oberbürgermeister und spätere Vorstand des Rheinisch-Westfälischen-Elektrizitätswerks (RWE) Otto Plassmann. Die Familie kam vom Allehof in der heute zu Neuenrade gehörenden Ortschaft Küntrop im kurkölnischen Sauerland. Als der Ort 1821 an das Bistum Paderborn gelangte, wurden zwei Brüder Plassmann in das Paderborner Domkapitel berufen: Franz Adam (1773–1829) im Jahre 1823, Franz Wilhelm (1782–1844) im Jahre 1829. Ihr Bruder Lambert Plassmann (1788–1837) war Pfarrer im benachbarten Affeln. Großvater des hier zu beschreibenden Politikers und Unternehmers war der königliche Landbaumeister Ernst Vincenz Plassmann (1784–1835). Sein älterer Sohn Johann Wilhelm Plassmann (1818–1898) war Gutsbesitzer auf Allehof, von 1849 bis 1862 Mitglied des Preußischen Abgeordnetenhauses, seit 1852 Angehöriger der Katholischen Fraktion, die sich seit 1858 „Fraktion des Zentrums“ nannte und im Verfassungsstreit unterging. Später wurde er Direktor des Landarmenwesens der Provinz Westfalen, als Landesrat der erste leitende Beamte der Provinzialverwaltung. Sein jüngerer Bruder war der in Arnsberg geborene Ernst Plassmann (1820–1876), der in seiner Heimatstadt als Staatsanwalt tätig war. Er heiratete Ottilie Sommer (1829–1900) die Tochter des Justizrates Dr. Joseph Sommer (1793–1856), der als „Westphalus Eremita“ publizistisch tätig gewesen war. Ernst Plassmann gehörte der Fraktion des Zentrums 1862 und 1863 an. Die beiden Brüder nahmen an den Soester Konferenzen teil, auf denen konservative Katholiken 1864 bis 1866 über eine neue katholische Partei berieten. Ernst Plassmann zog 1865 mit seiner Familie nach Hamm, schied im Kulturkampf aus dem Staatsdienst aus und wurde als Rechtsanwalt mit dem Titel Justizrat geehrt.

Otto Plassmann wurde am 25. April 1861 noch in Arnsberg als viertes von acht Kindern von Ernst und Ottilie Plassmann geboren. Mit vier Jahren kam er nach Hamm, besuchte dort die Rektoratsschule, dann das bischöfliche Gymnasium in Meppen. Nach dem Abitur 1877 studierte er zuerst Mathematik und Geschichte, danach Jura in Leipzig, München und Bonn. Ottos älterer Bruder Joseph Plassmann (1859–1940) wurde Gymnasiallehrer in Warendorf und am Paulinum in Münster, später Universitätsprofessor für Astronomie.

Als Einjährig-Freiwilliger diente Otto Plassmann beim Infanterie-Regiment König Nr. 1 in München. Reserveoffizier wurde er beim Infanterie-Regiment Nr. 130

in Metz; 1900 wurde er als Leutnant der Reserve verabschiedet und der Landwehr zugewiesen. Bereits 1883 hatte Plassmann das Referendariat begonnen, 1887 bestand er die zweite juristische Staatsprüfung. Katholiken wurden damals kaum in den preußischen staatlichen Verwaltungsdienst übernommen, hatten in der Justiz aber weniger Schwierigkeiten. Ein halbes Jahr verbrachte er als Gerichtsassessor in Balve in der Nähe der Heimat, dann trat er in den Dienst der Stadt Münster, zunächst als besoldeter Beigeordneter, danach als zweiter Bürgermeister.

Als Ende 1894 der Paderborner Bürgermeister Franz-Georg Frankenberg starb, ließ die Stadt die Stelle ausschreiben. Otto Plassmann war einer von 24 Bewerbern und wurde mit elf von 18 abgegebenen Stimmen der Stadtverordneten gewählt, die Wahl vom preußischen Minister des Inneren bestätigt. Am 11. Juni 1895 wurde Plassmann in sein neues Amt eingeführt, für das er ein Jahresgehalt von 7500 Mark erhielt. Er kam in eine ganz überwiegend katholische Bischofsstadt mit damals 19980 Einwohnern, davon 344 Militärpersonen. Die Bevölkerung war zu 90 Prozent katholisch, zu zehn Prozent evangelisch und zu 0,2 Prozent jüdisch, bei den Reichstagswahlen nach allgemeinem gleichen Männerwahlrecht erreichte das Zentrum stets über 95 Prozent. Für die Stadt galt die Städteordnung der Provinz Westfalen von 1856. Das Stadtverordnetenkollegium wurde – wie das preußische Abgeordnetenhaus – nach dem Dreiklassenwahlrecht gewählt, das heißt nach der selbst veranlagten Steuerleistung der Bürger. Etwa acht Prozent gehörten zur ersten Klasse, 20 Prozent zur zweiten Klasse. Vorsteher der zunächst 18, später 27 Stadtverordneten war der Bergwerksdirektor a. D. Andreas Vüllers, dann der Kaufmann Carl Lippe. Geleitet wurde die Verwaltung vom Magistrat, dem der Bürgermeister, der besoldete Beigeordnete Mathias Müller (1857–1930), ein weiterer Beigeordneter sowie fünf unbesoldete Ratsherren angehörten, die nicht Stadtverordnete sein durften. Die Stadtverwaltung befand sich in einem Flügel des Gaukirchklosters in der „Grube" – so die Straßenbezeichnung. Plassmann wurde als stellvertretendes, später als ordentliches Mitglied in den Bezirksausschuss des Regierungsbezirks Minden gewählt, damals die unterste Instanz der Verwaltungsgerichtsbarkeit. 1897 wurde ihm die Polizeiverwaltung von Paderborn übertragen, wo es keine königliche Dienststelle gab. Für die Dauer seiner Amtszeit war er zudem geborenes Mitglied des Kreistages.

1896 heiratete Plassmann Luise (Lilly) Hesse (1876–1946), aus der Ehe gingen sechs Kinder hervor. Luise Hesse war die Tochter des Gutsbesitzers Hermann Joseph Hesse (1839–1910), der wiederum verheiratet war mit einer Tochter des protestantischen Ingenieurs Roderich Dullo (1822–1882), der die Paderborner Gasanstalt gegründet hatte. Dullo hatte ein Haus an der Bahnhofstraße errichtet, in dem Hermann Joseph Hesse mit seiner Familie wohnte – das Haus wurde im Zweiten Weltkrieg zerstört, heute befindet sich hier die Agentur für Arbeit. Der Urgroßvater von Plassmanns Frau war Heinrich Anton Hesse (1754–1827), der 1798 das Haus an der Westernstraße erbaut hatte, dessen Fassade nach seinem Abriss für den Kaufhof 1956 am Domplatz wieder aufgebaut wurde. Luise Hesses Onkel Heinrich Hesse (1827–1902), wohnhaft in der Westernstraße, gehörte 1884 bis 1900 den

Otto Plassmann (Foto: Stadtarchiv Paderborn)

Zentrumsfraktionen im Reichstag, im Abgeordnetenhaus (1889 bis 1898) und im Provinziallandtag an.

Als 1904 der Landrat von Schleiden, Hermann von Schlechtendal (1859–1920), vom Kreistag als Landrat von Paderborn vorgeschlagen wurde, lehnte das Staatsministerium unter Reichskanzler Bülow ab. Vor allem der Kultusminister Studt intervenierte, da man in Paderborn einen evangelischen Informanten brauche und Schlechtendal wegen seiner verwandtschaftlichen Beziehungen zu anderen wichtigen Personen des Kreises nicht passe. Gemeint war damit Otto Plassmann, da Schlechtendal mit Antonia Hesse (1866–1949) verheiratet war, der Tochter von Heinrich Hesse und somit eine Cousine von Plassmanns Frau.

Den Kommunen oblag eine breit angelegte Daseinsvorsorge. Als eines der ersten großen Projekte kümmerte sich Plassmann um die Wasserversorgung der Stadt. Oberflächenwasser führte fast jährlich zu Typhusfällen, daher betrieb der Bürgermeister die Beschaffung einer von Siemens entwickelten Ozonanlage an der Wasserkunst im Paderquellgebiet, wie sie in der Stadt Wiesbaden bereits im Einsatz war. In vier hohen Türmen rieselte das Wasser der aufsteigenden Ozonluft entgegen und wurde so gereinigt. Die Paderborner Anlage, 1902 in Betrieb gesetzt, wurde 1908 um zwei weitere Türme erweitert. Während die Wiesbadener Anlage wegen des eisenhaltigen Wassers nicht zufriedenstellend funktionierte, wurde die Paderborner von vielen Interessenten aufgesucht. Sie war bis 1922 in Betrieb, dann wurde das Wasser gechlort, ab 1929 dann aus unbedenklichen Tiefbrunnen in der Senne gewonnen.

Bleibende Verdienste erwarb sich Plassmann durch die Förderung des Baus der staatlichen Nebenbahnen von Paderborn nach Bielefeld, nach Brilon und nach (Bad) Lippspringe, zudem engagierte er sich für den Bau der von der Westfälischen Landes-Eisenbahn betriebenen „Sennebahn“ von Sennelager nach Wiedenbrück. Für die Strecke von Paderborn nach Bielefeld wurden der Nordbahnhof und die Haltestelle Kasseler Tor eingerichtet. Im Norden der Stadt entstand mit dem Eisenbahnanschluss die Grundlage für ein ganz neues Industriegebiet. Wichtigste Ansiedlung war das Ausbesserungswerk für die preußische Staatsbahn, das für Ostwestfalen vorgesehen war. In Konkurrenz mit Soest bot die Stadt, in der es schon eine Lokomotivwerkstatt am Hauptbahnhof gab, 1907 ein Grundstück sowie eine Anleihe der Landesbank von Westfalen in Höhe von 230 000 Mark an. In der Wagenwerkstatt sollten 1000 bis 1500 Menschen beschäftigt werden. Da der aus Paderborn stammende Wirkliche Geheime Rat Exzellenz Hermann Kirchhoff (1845–1928) sich im Eisenbahnministerium für seine Heimatstadt einsetzte, konnte die Anlage 1910 genehmigt und 1913 eröffnet werden. Kirchhoff wurde für seinen Einsatz 1908 zum Ehrenbürger ernannt.

Neben dem für Paderborn gewonnenen Ausbesserungswerk muss der Bau des Flughafens in Mönkeloh als ein weiteres großes Ansiedlungsprojekt der Ära Plassmann erwähnt werden. 1913 entschied sich das Kriegsministerium in Berlin gegen die zunächst geplante Errichtung eines Flugplatzes auf dem Truppenübungsplatz Senne. Nun sollte eine ganz neue Anlage an geeigneter Stelle entstehen, neben Paderborn waren dafür auch Krefeld und Düsseldorf im Gespräch. Mit allen Mitteln versuchte die Stadt Paderborn, das Rennen für sich zu entscheiden. Im Februar 1914 besichtigte ein Vertreter der General-Inspektion des Militär-Verkehrswesens das in Frage kommende Gelände südlich der Stadt an der Chaussee nach Kirchborchen. Die Stadt bot ein sehr weitgehendes Entgegenkommen an, darunter die Beschaffung von Grundstücken, ferner Zuleitungen für Gas, Wasser und Elektrizität. Im April 1914 konnte der Reichstagsabgeordnete Carl Friedrich von Savigny dem Bürgermeister Plassmann melden, dass die Sache sehr günstig aussehe. Sofort begann die Stadt – noch vor dem offiziellen Zuschlag im Mai 1914 – unter der Hand mit dem Ankauf von Grundstücken. Ein Zeitungsbericht brachte das Vorhaben frühzeitig ans Licht, was den weiteren Ankauf sehr erschwerte und zahlreiche Enteignungsverfahren erforderte. Im Oktober 1915 kam schließlich der Vertrag über den Bau des Flugplatzes zustande, 1917 nahm die „Fliegerschule Paderborn der Flieger-Ersatz-Abteilung 7" auf dem großzügigen und modern eingerichteten Flugplatz den Betrieb auf. Nach dem Ende des Ersten Weltkriegs sollte der Flugplatz der Stadt indes noch viele Probleme bereiten, denn der bis 1946 laufende Pachtvertrag sah eine Nutzungsänderung nicht vor, während der Betrieb von Militärflugplätzen von den Siegermächten stark eingeschränkt war.

Für den Nahverkehr war die Gründung der „Paderborner Elektrizitätswerk und Straßenbahn Aktiengesellschaft" (PESAG) im Jahre 1909 von Bedeutung. Der Bedarf für ein neues Nahverkehrssystem hing auch mit der zunehmenden Militärpräsenz in Paderborn zusammen. Das neue Infanterieregiment Nr. 158 (Lothringisches Nr. 7) zog 1898 an die Elsener Straße, das Husarenregiment Nr. 8 (Westfälisches Nr. 1) erhielt einen Neubau an der Moltkestraße, der heutigen Rathenaustraße. Hinzu kamen eine Maschinengewehrabteilung, die Offiziersreitschule im Abdinghofkloster sowie der Flugplatz Mönkeloh mit einer Geschwaderschule. So stieg die Anzahl der Militärpersonen von 344 im Jahr 1895 bis auf 1861 im Jahr 1913, die Gesamtbevölkerung stieg im gleichen Zeitraum auf 31 195 Personen. Um die Kasernen und den Truppenübungsplatz Sennelager erreichbar zu machen, gab es ab 1900 auf Grundlage einer Konzession der Stadt von 1899 eine Straßenbahnstrecke von Paderborn nach Neuhaus, die von der Westfälischen Kleinbahnen AG mit Sitz in Bochum betrieben wurde. 1901 wurde die Strecke, die ihre Kraftzentrale und Wagenhalle in Neuhaus hatte, bis Sennelager verlängert.

1906 ging die Straßenbahn in das Eigentum der Rheinisch-Westfälischen-Elektrizitätswerke (RWE) in Essen über. Dieses Unternehmen war 1898 vom Kaufmann Hugo Stinnes (1870–1924) gegründet worden. Es war das erste gemischtwirtschaftliche, also von Privatbesitzern und Kommunen gemeinsam gegründete Unternehmen. Mit Wilhelm von Tippelskirch (1855–1921), der anfangs eine Pferdebahn in Koblenz geleitet hatte, besaß Stinnes einen tüchtigen Mitstreiter. Plassmann wollte nun eine Paderborner Gesellschaft gründen, doch dabei gab es Schwierigkeiten, nicht zuletzt weil die Stadt um den Absatz ihrer 1866 von Privatinvestoren aufgekauften Gasanstalt fürchtete, die 1889 einen Neubau am Bischofsteich erhalten hatte. Auch die von vielen, so dem jüdischen Bankier Emil Paderstein, der von 1902 bis 1910 Stadtverordneter war, angestrebte Kanalisation war überfällig und drohte sich durch das neue Engagement weiter zu verzögern. Erschwerend wirkte auch die isolierte Lage des RWE-Unternehmens, denn durch die Gründung der Vereinigten Elektrizitätswerke von Westfalen (VEW) war das östliche Ruhrgebiet dem RWE versperrt geblieben; Paderborn war das einzige Tätigkeitsgebiet des RWE östlich davon.

In den Auseinandersetzungen sagte Plassmann 1908 einem Stadtverordneten: „Wenn wir klein bleiben wollen, dann bleiben wir klein. Und wenn wir größer werden wollen, dann müssen wir etwas dafür tun." Zunächst ging es tatsächlich immer wieder um Kleinigkeiten. Ein Jahr später wurde über die Bäume an der Bahnhofstraße gestritten, die dem Straßenbahnbau im Weg waren. Der Technische Direktor des RWE Bernhard Goldenberg (1873–1912) machte sich darüber lustig, er schickte Plassmann eine selbstgezeichnete Postkarte, auf der Plassmann und Tippelskirch den Stadtverordneten auf der Bahnhofstraße gegenüber stehen. Zehn Jahre später mussten die Bäume dann doch weichen.

Am 9. Januar 1909 kam es zur formellen Gründung der PESAG. Das RWE und die Stadt übernahmen jeweils 589 Aktien zu je 1000 Mark, der Provinzialverband Westfalen übernahm 20 Aktien, Hugo Stinnes und der Verleger Ferdinand Schöningh erwarben je eine Aktie. Kredite gaben die Landesbank, die 1903 gegründete Stadtsparkasse und die seit 1848 bestehende Kreissparkasse. Neben dem städtischen Gaswerk entstand ein Dampfkraftwerk zur Stromerzeugung, am Nordbahnhof eine Wagenhalle, die heute noch steht und als Supermarkt genutzt wird. 1911 wurde der Betrieb der Straßenbahn über Marienloh und Bad Lippspringe nach Schlangen verlängert. Die weitere Strecke führte dann durch die Externsteine bis Horn, 1920 bis Detmold, was zwischenstaatliche Regelungen mit dem Fürstentum bzw. Freistaat Lippe notwendig machte. 1913 kam eine Linie nach Elsen hinzu. Die PESAG verstand sich lange Zeit mehr als Verkehrsbetrieb denn als Stromversorgungsunternehmen. Aufsichtsratvorsitzender der PESAG war zunächst Hugo Stinnes, Otto Plassmann wurde stellvertretender Vorsitzender, erst 1921 rückte er auf an die Spitze des Aufsichtsrates. Als der Karlsruher Bürgermeister Siegrist im März 1913 von seinem Paderborner Amtskollegen eine umfassende Stellungnahme zum Verhältnis von Stadt und PESAG erbat, lieferte Plassmann eine regelrechte Lobeshymne auf die PESAG. Sie habe sowohl der Stadt als auch dem Umland eine rasche Entwicklung beschert, zudem betonte er die wertvolle Rolle des RWE. Nur in einem einzigen Falle habe es seines schlichtenden Eingreifens bedurft, als es zu Streitigkeiten um die Entschädigung von Obstbäumen gekommen war, die für den Straßenbau gefällt werden mussten.

Im Schulwesen war die Stadt in Plassmanns Dienstzeit vergleichsweise wenig aktiv, lediglich vier neue Volksschulen und die Berufsschulen wurden gebaut. Plassmann war Vorsitzender der Schuldeputation und des Kuratoriums der gewerblichen und kaufmännischen Fortbildungsschule. Die städtische Zuständigkeit hatte jedoch Grenzen: Das Königliche Gymnasium Theodorianum und die private Realschule des Heinrich Reismann unterstanden nicht der Stadt. Zwei Lyzeen, also

Gymnasien für junge Frauen, wurden am Michaelskloster der Chorfrauen vom Heiligen Augustinus sowie an der privaten Pelizaeusschule im Westfalenhof eingerichtet, zudem gab es eine evangelische Töchterschule an der Reumondstraße. Als 1911 auf Initiative des Katholischen Frauenbundes auf dem Mallinckrodthof in Borchen eine Schule für Hauswirtschafterinnen und Landwirtschaftslehrerinnen eingerichtet wurde, ging Plassmann für die beteiligte Stadt in den Aufsichtsrat; eine Filiale entstand im Inselbad. Plassmann wurde Vorstand der Gesellschaft für Landwirtschaftliche Frauenschulen und Ehrenmitglied des „Reiffensteiner Verbandes", einem überregionalen Schulträger von Mädchen- und Frauenbildungsstätten, der sich vor allem für die ländliche Hauswirtschaft engagierte. Der Staat erweiterte das Lehrerinnenseminar, in dem sich heute das Pelizaeusgymnasium befindet und erbaute ein Lehrerseminar, das heutige Altgebäude des Ludwig-Erhard-Kollegs.

Im Krankenhauswesen wurde die Stadt nicht tätig, dieser Bereich blieb den Kirchen und dem Provinzialverband überlassen. Das Vincenzhospital der Barmherzigen Schwestern vom Heiligen Vincenz von Paul, das Josefskrankenhaus der Barmherzigen Brüder aus Trier und das evangelische Johannisstift an der Reumondstraße schafften den Sprung von der Unterbringung armer Kranker zum modernen Klinikbetrieb. Der Provinzialverband errichtete eine neue Provinzialhebammenlehranstalt. Das Landeshospital im früheren Kapuzinessenkloster gehörte den vier Kreisen des Hochstifts, dessen Stände es einst gegründet hatten.

Plassmanns Amtszeit als Bürgermeister wurde 1906 um zwölf Jahre verlängert, sein Gehalt auf 10 000 Mark angehoben. Plassmann verglich sein Einkommen allerdings nicht mit dem anderer Beamter, sondern mit dem von Wirtschaftsführern. 1913 erhielt er ein lukratives Angebot der Süddeutschen Eisenbahngesellschaft in Darmstadt, das er erst ausschlug, nachdem sein Gehalt auf 14 000 Mark angehoben worden war. Bereits 1911 war er mit seiner Familie in das von Dullo erbaute Hessesche Haus in der Bahnhofstraße gezogen.

Bei der 300-Jahr-Feier des Gebäudes des Königlichen Gymnasium Theodorianum wurde Plassmann am 6. August 1912 vom preußischen König zum Oberbürgermeister ernannt, was als persönliche Auszeichnung galt. Die Urkunde überreichte der Oberpräsident Prinz von Ratibor und Corvey Hohenlohe-Schillingsfürst. 1913 wurde Plassmann in den Vorstand des Preußischen Städtetages gewählt, was ihm hohes Ansehen verschaffte. 1917 gelangte er in den Provinziallandtag.

Am Anfang des Ersten Weltkrieges kam es zu Differenzen zwischen Stinnes und Plassmann. Während Plassmann für eine Unterstützung der Frauen von eingezogenen PESAG-Angestellten gesorgt hatte, bestand Stinnes darauf, dass die PESAG ein industrielles Unternehmen sei, das für Sozialleistungen nicht zuständig sei. Plassmann verwies dagegen auf die besonderen regionalen Bedingungen des Paderborner Landes. Für Verstimmungen sorgte Plassmanns straffe Amtsführung auch bei der Versorgung mit Brennmaterial, die im Ersten Weltkrieg ebenso wie die Ernährung der Bevölkerung den Kommunen oblag. Behördlicherseits fand sein Einsatz während des Krieges jedoch volle Anerkennung. Plassmann erhielt den Roten Adler-Orden IV. Klasse mit der Krone, das Eiserne Kreuz II am weiß-schwarzen

Bande, das Preußische Verdienstkreuz für Kriegshilfe, die Landwehr-Dienstauszeichnung II. Klasse, den Lippischen Hausorden IV. Klasse und das Lippische Verdienstkreuz.

Im November 1918 konstituierte sich in Paderborn nach Gefangenenbefreiungen ein Soldatenrat, anschließend ein 78-köpfiger Volksrat, der berufsständisch organisiert war und in dem die Theologieprofessoren Rosenberg und Linneborn das Sagen hatten. Plassmann wurde Vorsitzender eines Beamtenrates. Man warf Plassmann vor, er habe bei der Organisation der Kohlenversorgung versagt, weil er die Heranschaffung auf dem Wasserwege abgelehnt habe, aber Lippe und Pader waren nun einmal nicht schiffbar. Als Plassmann äußerte, im Volksrat werde „doch nur Unsinn gequatscht", verlangte eine radikale Gruppe seine Absetzung. Rosenberg und Linneborn besänftigten, um Zeit zu gewinnen.

Am 2. März 1919 wurde eine neue Stadtverordnetenversammlung gewählt, für die erstmals das allgemeine, gleiche, auch Frauen einschließende Wahlrecht galt. Das Zentrum erreichte 66 Prozent der Wählerstimmen und damit 26 von 36 Sitzen im Rat. Die Führung des Zentrums teilte dem Oberbürgermeister kurz darauf mit, dass er bei der noch 1919 anstehenden Wiederwahl nicht auf eine Mehrheit hoffen könne; die Stelle solle ausgeschrieben werden. Daraufhin bat der zu dieser Zeit 58-jährige Plassmann am 29. März 1919 um seine Versetzung in den Ruhestand. Am 15. Juni schied er aus den Diensten der Stadt aus, deren Einwohnerzahl sich in den 24 Jahren seiner Dienstzeit von 19 980 auf 34 108 Einwohner fast verdoppelt hatte. Die Stadtverwaltung bedauerte den Abgang und bedachte Plassmann mit einem aufwändigen Abschiedsgeschenk. Er erhielt einen Intarsientisch mit Rathaus und Dankinschrift, den der Tischlermeister Anton Wippermann in einjähriger Arbeit für nicht weniger als 11 000 Mark angefertigt hatte – das war fast das Jahresgehalt eines Oberbürgermeisters. 1926 ließ Plassmann vier zum Tisch passende Stühle anfertigen, deren Intarsien Dom, Dreihasenfenster und die Häuser Westernstraße und Bahnhofstraße zeigen. Ein Urenkel Plassmanns hat das Ensemble 2010 der Stadt als Dauerleihgabe zur Verfügung gestellt, es ist im Schauraum des Stadtarchivs ausgestellt.

Plassmann ging 1919 zu Stinnes nach Berlin, nach dem Tode Tippelskirchs wurde er 1921 als Leiter der Bahnabteilung in den Vorstand des RWE in Düsseldorf, ab 1926 in Essen berufen. In der beginnenden Inflation wurde sein Gehalt 1922 von 15 000 auf 20 700 Mark erhöht. Seit 1922 war das RWE mehrheitlich in öffentlicher Hand, in den folgenden Jahren wurde es immer mehr zu einer kommunalen Institution. Im Geschäftsjahr 1928/29 waren von den 106 gewählten Aufsichtsräten 78 Vertreter öffentlicher Körperschaften: 46 Landräte, 19 Oberbürgermeister, Bürgermeister und Beigeordnete, 13 Vertreter von Staaten, Provinzen und öffentlichen Gesellschaften, zusammen 73,5 Prozent, denen nur 28 Private gegenüber standen: 16 von Industrie und Handel, fünf von deutschen Banken, sieben von den RWE nahestehenden Kreisen.

Plassmann übernahm zahlreiche Aufgaben in den vom RWE kontrollierten Gesellschaften. Er wurde Vorstandsmitglied der Süddeutschen Eisenbahn-Gesellschaft in Darmstadt, Geschäftsführer der Kreis Mettmanner Straßenbahnen GmbH, der Clever Straßenbahngesellschaften mbH, der Bochum-Gelsenkirchener Bahngesellschaft mbH mit Sitz in Essen und der (als Holding im Verkehrsbereich agierenden) Rheinisch-Westfälischen Bahngesellschaft mbH, ebenfalls in Essen. Weiterhin war Plassmann stellvertretender Vorsitzender des Aufsichtsrates der Kreis Ruhrorter Straßenbahnen AG in Duisburg-Meiderich; als Aufsichtsratsvorsitzender der Lippischen Elektrizitätswerk AG in Detmold und der westfälischen Kleinbahnen AG in Letmathe machte er sich ebenfalls verdient. Als der Autobuslinienverkehr die Straßenbahnen in den 1920er-Jahren zu ergänzen und teilweise zu verdrängen begann, wirkte Plassmann in vorausschauendem Interesse an der Gründung der Kraftverkehrs AG Wittekind Paderborn mit, ebenso als Aufsichtsratsmitglied der Kraftverkehrs AG Westfalen in Dortmund und der Kraftverkehrsgesellschaft Rhein-Ruhr in Essen. Plassmann war Mitglied der Reichsverkehrsgruppe Schienenbahnen, in der er sich um die Novellierung der Straßenverkehrsordnung im Hinblick auf die Belange der Straßen- und Kleinbahnen, um die Nutzung der Trassen durch den aufkommenden Linienbusverkehr wie etwa dem erwähnten Kraftverkehr Wittekind, an dem die PESAG beteiligt war und der den weiteren Ausbau des Straßenbahnnetzes unnötig machte. Schließlich war er als Aufsichtsratsmitglied der Essener Hotelgesellschaft Kaiserhof und der Hotel Maywald AG in Kleve tätig.

Ehrenamtlich betätigte Plassmann sich als Präsident des Rheinischen Provinzialverbandes des Volksbunds Deutsche Kriegsgräberfürsorge, der entstanden war, weil die Siegermächte Deutschland die staatliche Betreuung der Kriegsgräberstätten verwehrt hatten. Zudem war er Präsident der Verkehrswacht Essen, Vorsitzender des Handels- und Industriebeirats der Zentrumspartei in Essen sowie Mitglied des Essener Katholiken-Komitees, außerdem Mitglied des erweiterten Vorstandes des Reiffensteiner-Verbandes. Dem Paderborner Bereich blieb er verbunden als Aufsichtsratsvorsitzender der PESAG, als Aufsichtsratsmitglied der Arminiusbad GmbH und der Kurbad und Kurbrunnen-GmbH in Bad Lippspringe.

Als 1926 die Vereinigung ehemaliger Theodorianer gegründet wurde und in der Aula eine Tafel zum Andenken an die gefallenen vier Lehrer und 86 Schüler des Gymnasiums geweiht wurde, hielt Plassmann im Namen der Eltern die Gedenkrede. Sein ältester Sohn Wilhelm, auch er ein Ehemaliger des Theodorianums, war 1917 als Leutnant und Kompanieführer im 145. Infanterieregiment im Alter von 20 Jahren bei Amiens gefallen. Plassmann nannte den Einsatz des Paderborner Regiments Nr. 158 in der Champagne im September 1915 vorbildlich. Er wünschte „dass das Gymnasium Theodorianum seinen Charakter als humanistisches Gymnasium behalten möge“, da „die staatenbildenden und kulturtragenden Schichten des griechischen und römischen Volkes von unserem Stamme und Blute waren, uns näher verwandt als die heutigen Griechen und Römer.“ Am Ende seiner Rede warb er für den Volksbund Deutsche Kriegsgräberfürsorge.

Als Plassmann 1931 siebzig Jahre alt wurde, verlieh ihm die Stadt Paderborn mit einem Festakt im Historischen Rathaus die Ehrenbürgerschaft. Der Text der Ehrenbürgerurkunde lautet:

„Wir Magistrat und Stadtverordneten der Stadt Paderborn, ernennen hiermit Kraft des § 6 der Westfälischen Städteverordnung vom 19. März 1856 den früheren Oberbürgermeister der Stadt Paderborn Herrn Otto Plaßmann in Essen aus Anlaß der Vollendung seines 70. Lebensjahres in dankbarer Würdigung der großen Verdienste, die er sich während seiner 24-jährigen Amtstätigkeit um die Stadt und ihre Entwicklung erworben hat, ferner in besonderer Anerkennung seiner unermüdlichen, erfolgreichen Arbeit zur Förderung und Ausgestaltung des Paderborner Verkehrswesens, vor allem durch die Gründung der PESAG, deren kenntnisreicher, weitschauender Aufsichtsratvorsitzender er heute noch ist, endlich eingedenk seiner auch nach dem Ausscheiden aus der Stadtverwaltung andauernd durch Rat und Tat bekundeten Teilnahme an dem weiteren Aufstieg der Stadt zum Ehrenbürger der Stadt Paderborn und erteilen hierüber unter Brief und Siegel diese Urkunde.“

Erschienen waren der amtierende Oberbürgermeister Philipp Haerten (1869–1942), Erzbischof Dr. Caspar Klein (1868–1941), Landrat Friedrich von Laer (1868–1951), der Landeshauptmann der Provinz Westfalen Franz Dieckmann (1875–1944), der Staatspräsident von Lippe Heinrich Drake (1881–1970) und der Generaldirektor der Vereinigten Stahlwerke Dr. Albert Vögler (1877–1945), Aufsichtsratmitglied des RWE. Bei einem Festessen, das die PESAG im Hotel Löffelmann gab, führte Oberbürgermeister Haerten aus:

„Ihm war es vergönnt, mit starker Kraft und großem Geschick die Stadt aus dem Rahmen, der sich aus ihrem Charakter als Bischofsstadt, Landstadt und Beamtenstadt ergab, hinüberzuleiten zur Mittelstadt, deren Einrichtungen den Vergleich mit anderen alten deutschen Mittelstädten nicht zu scheuen brauchten.“

Und Vögler äußerte, mit etwas Schadenfreude habe er daran gedacht, dass Paderborn und die Provinz Westfalen Plassmann hatten gehen lassen. Die Rheinprovinz hätte ihn ihnen aber gern abgenommen in einer Zeit, in der Menschen wie er doppelt wertvoll seien. Prälat Johannes Schäfers (1867–1941) dankte für die Gesellschaft für Landwirtschaftliche Frauenbildung. Im Namen der Familie gratulierte Ottos Bruder Prof. Joseph Plassmann, inzwischen Professor für Astronomie in Münster.

Nur wenige Monate später erlitt Plassmann im Herbst 1931 auf einer Dienstreise zu einem Kongress in Hamburg einen Unfall; er flog mit dem Kopf durch die Windschutzscheibe eines Automobils. Davon erholte er sich nicht mehr richtig. Am 12. Juni 1932 starb Plassmann in Emden auf der Rückfahrt von einem Urlaub auf Juist an einem Herzschlag. Die Trauerfeier auf dem Allehof und die Beisetzung auf dem Küntroper Friedhof durch den Paderborner Generalvikar Gierse (1872–1953) zeigte noch einmal die Wertschätzung, die Plassmann in der Stadt Paderborn, in der Provinz Westfalen, im RWE und bei dessen kommunalen Teilhabern genossen hatte. Straßenbahner aus dem Bereich des RWE prägten den Leichenzug vom Allehof zu dem etwa 800 Meter vom Gutshof liegenden Friedhof. Eine aus Straßenbahnern gebildete Musikkapelle stellte die Trauermusik, Straßenbahner verschiedener Werke trugen den Sarg zu Grabe und betteten ihn in heimatlicher Erde zur Ruhe. Oberbürgermeister Haerten sprach im Namen der Stadt Paderborn, der PESAG und der Gesellschaft für landwirtschaftliche Frauenbildung am offenen Grabe Worte ehrenden Gedenkens. An der Beerdigung nahmen auch Prälat Johannes Schäfers und der Pfarrer von Affeln teil, zu dessen Pfarrei der Allehof gehörte. Anwesend waren außer der Familie acht Herren von RWE, das gesamte Personal der Direktion der Bahnabteilung und die Vertreter von elf Bahnen, der Oberbürgermeister der Stadt Paderborn, ferner der Bürgermeister, zwei Ratsherren, ein Beigeordneter, der Stadtverordnetenvorsteher und sein Vertreter, zehn Beamte, der Aufsichtsrat und die Verwaltung der PESAG sowie Vertreter der Zentrumspartei, der Lippspringer Einrichtungen, der Kriegsgräberfürsorge und des Siedlungsverbandes, die Verkehrswacht Essen, acht Straßenbahnvertretungen aus Rheinland und Westfalen, ein Landtagsabgeordneter, zwei Landräte und drei weitere Bürgermeister. Auch Vertreter aller anderen bereits genannten Einrichtungen, für die Plassmann in den letzten Jahren seines Lebens tätig war, reihten sich in den Trauerzug ein. Plassmanns Witwe starb 1946 auf dem Allehof, der immer Mittelpunkt dieser bedeutenden Familie geblieben war.

Ungedruckte Quellen

Historisches Konzernarchiv RWE Essen, Personalakte Plassmann.
Nachlass Otto Plassmann *[Privatbesitz Prof. Dr. Ernst Adams, Waldbronn].*
Stadtarchiv Paderborn, Personalakte Plassmann, J 973.

Gedruckte Quellen

Das Abschiedsgeschenk an Oberbürgermeister Plaßmann, in: Westfälisches Volksblatt, 7. Juli 1920.

Kaufmann, Josef: Oberbürgermeister Plaßmann. Ehrenbürger der Stadt Paderborn im Andenken seiner Beamtenschaft, in: Heimatbote 5 (1932), Heft 7.

Plassmann, Otto: Toten-Gedenkrede des Gymnasium Theodorianum Paderborn am Ersten Theodorianer-Tag am 26. Juli 1926, in: Staatliches Gymnasium Theodorianum zu Paderborn. Bericht über das Schuljahr 1926, erstattet von dem Leiter der Anstalt Dr. Stephan Heibges, Paderborn 1927, S. 43–46.

Ders.: Kraftwirtschaft des niederrheinischen-westfälischen Industriegebiets, in: Wirtschafts-Jahrbuch für das niederrheinisch-westfälische Industriegebiet, Essen 1928, S. 184–189 [auch als Sonderdruck].

Ders.: Stromwirtschaft und Stromabnehmer unter besonderer Berücksichtigung des RWE, in: Wirtschafts-Jahrbuch für das niederrheinisch-westfälische Industriegebiet, Essen 1929 [auch als Sonderdruck].

Ders.: Die Tarifsenkungen der Elektrizitätswerke im Lichte kultureller Entwicklung, in: Wirtschafts-Jahrbuch für das niederrheinisch-westfälische Industriegebiet, Essen 1930 [auch als Sonderdruck].

Ders.: Der Kleinabnehmer im Rahmen der Großstromversorgung, in: Wirtschafts-Jahrbuch für das niederrheinisch-westfälische Industriegebiet, Essen 1931 [auch als Sonderdruck].

W. L.: Paderborn ehrt seinen neuen Ehrenbürger, in: Westfälisches Volksblatt 28. April 1931.

[Wagner, Martin]: Otto Plaßmann (†). Zum Gedenken an den langjährigen Oberbürgermeister und Ehrenbürger der Stadt Paderborn, in: Heimatbote 5 (1932), Heft 7.

Literatur

Aleweld, Norbert: Der Beginn der Neugotik im Sakralbau Westfalens, Paderborn 2014 (Studien und Quellen zur westfälischen Geschichte, Bd. 73). *[Darin S. 267f. über Ernst Vincenz Plassmann.]*

Buderath, Josef: Strom im Markt. Die Geschichte des Rheinisch-Westfälischen-Elektrizitätswerks AG Essen 1898–1978. Eine Dokumentation, [Essen 1984].

Christians, Hermann (Red.): 75 Jahre Bundesbahn-Ausbesserungswerk Paderborn, Paderborn 1988.

Feldman, Gerald Donald: Hugo Stinnes. Biographie eines Industriellen 1870–1924, München 1998.

Flüter, Karl-Martin: Das Werk 1913–2013. Von der Wagenwerkstätte Nord bis zur DB Fahrzeuginstandhaltung, Werk Paderborn. Eine Veröffentlichung zum 100-jährigen Bestehen des Werks Paderborn, Paderborn 2013.

Grabe, Wilhelm: Geschwaderschule – Hilfslandeplatz – Fliegerhorst. Flugplatz Paderborn-Mönkeloh 1916–1946, in: Dieter Klose/Hansjörg Riechert: IkarusMaschinen. Luftfahrt in Ostwestfalen-Lippe, Begleitband zur gleichnamigen Ausstellung, Detmold 2006, S. 206–228 (Sonderveröffentlichungen des Naturwissenschaftlichen und Historischen Vereins für das Land Lippe, Bd. 77).

Haunfelder, Bernd: Biographisches Handbuch für das Preußische Abgeordnetenhaus, 1849–1867, Düsseldorf 1994 (Handbücher zur Geschichte des Parlamentarismus und der politischen Parteien, Bd. 5).

Heming, Josef/Bruns Alfred: Die Abgeordneten des Westfalenparlaments 1826–1978, Münster 1978 (Westfälische Quellen und Archivverzeichnisse, Bd. 2).

Heusinkveld, Evert/Kenning, Ludger: Die PESAG. Straßenbahnen zwischen Paderborn, Detmold und Blomberg, Nordhorn 2012.

Hohmann, Friedrich Gerhard: Die Soester Konferenzen 1864–1866. Zur Vorgeschichte der Zentrumspartei in Westfalen, in: Westfälische Zeitschrift 114 (1964), S. 293–342.

Ders.: Geschichte der Verwaltung des Kreises Paderborn, in: Landkreis Paderborn (Hg.): Landkreis Paderborn. Zur Einweihung des Kreishauses 1968, Paderborn 1968, S. 9–86.
Ders.: Domkapitel und Bischofswahlen in Paderborn 1821–1856, in: Westfälische Zeitschrift 121 (1971), S. 365–450.
Ders.: Paderborn um 1900, in: Von der Elektrischen zum Allelektrischen, hg. von der PESAG-Aktiengesellschaft anlässlich ihres 75jährigen Bestehens, Paderborn 1984, S. 29–37.
Hohmann, Klaus: Bauten des Historismus in Paderborn 1800–1920, Paderborn 1990 (Studien und Quellen zur Westfälischen Geschichte, Bd. 28).
Hüser, Karl (Hg.): Paderborn. Geschichte der Stadt in ihrer Region, Bd. 3: Das 19. und 20. Jahrhundert. Traditionsbindung und Modernisierung, Paderborn 1999.
Liese, Wilhelm: Justizrat Dr. Josef Sommer, in: Sauerländisches Familienarchiv 10 (1919), S. 296–300.
Ders.: Necrologium Paderbornense. Totenbuch Paderborner Priester (1822–1930), Paderborn 1934.
Mann, Bernhard: Biographisches Handbuch für das preussische Abgeordnetenhaus 1867–1918, Düsseldorf 1988 (Handbücher zur Geschichte des Parlamentarismus und der politischen Parteien, Bd. 3).
Mauel, Kurt: Otto Plassmann 1868–1931, in: Westfälische Zeitschrift 128 (1978), S. 417–432.
Müller, Wolf-Dietrich/Rohde, Hans Hubert: Ein Tisch und vier Stühle für Oberbürgermeister Plassmann. Zeugnisse Paderborner Stadt- und Familiengeschichte, in: Die Warte 71 (2010), Heft 147, S. 5–9.
Osterhus, Anton: PESAG – 75 Jahre im Strom der Zeit, in: Von der Elektrischen zum Allelektrischen, hg. von der PESAG-Aktiengesellschaft anlässlich ihres 75jährigen Bestehens, Paderborn 1984, S. 11–28.
Plassmann, Clemens: Ahnen und Enkel des Astronomen Josef Plassmann. Ein Gedenkblatt zum hundertsten Jahrestage seiner Geburt. Mit einem Geleitwort von Friedrich Becker, o. O. 1959.
Reimann, Wolfgang R./Frenz, Eckehard: Die Bahnen des RWE. Eine wirtschafts- und technisch-historische Darstellung, Gräfelfing 1975.
Schweer, Dieter/Thieme, Wolf (Hg.): „Der Gläserne Riese“. RWE: Ein Konzern wird transparent, Wiesbaden 1998.
Von der Elektrischen zum Allelektrischen, hg. von der PESAG-Aktiengesellschaft anlässlich ihres 75jährigen Bestehens, Paderborn 1984.
Werb, Volker: Otto Plassmann, in: Von der Elektrischen zum Allelektrischen, hg. von der PESAG-Aktiengesellschaft anlässlich ihres 75jährigen Bestehens, Paderborn 1984, S. 38–41.
Wilmann, Heinz: Wilhelm von Tippelskirch, in: Von der Elektrischen zum Allelektrischen, hg. von der PESAG-Aktiengesellschaft anlässlich ihres 75jährigen Bestehens, Paderborn 1984, S. 42–46.

125 Jahre Trinkwasser in Paderborn. Lebensqualität für Paderborn. Geschichte und Entwicklung der öffentlichen Trinkwasserversorgung, hg. von E.ON Westfalen Weser AG/Wasserwerke Paderborn GmbH, Paderborn 2013.

Zu danken habe ich den Herren Hans Georg Thoma, Leiter des Historischen Archivs RWE Essen, Andreas Gaidt M. A., Stadtarchiv Paderborn, Prof. Dr. Ernst Adams, Waldbronn, und Dr. Rainer Schulte, München.

Adolf Donders
(1877–1944)

Hergard Schwarte

„Horcht man in das offizielle Münster, so scheint Donders fast schon vergessen. Begreiflicherweise! Seine Art gehört der Vergangenheit an. Seine Größe liegt in der repräsentativen Darstellung einer von tiefer Tragik überschatteten Übergangszeit [...]. Wir haben andere Aufgaben anzugehen und zu lösen."

So fasst im Jahre 1950 der Zeitgenosse und Kollege Theoderich Kampmann die Erinnerung an Adolf Donders zusammen, als er die im Jahr zuvor erschienene erste und einzige Biographie des münsterischen Dompropstes rezensierte. Auffälligerweise fügte er noch einen anderen Eindruck hinzu:

> „Sitzt man nämlich in irgendeinem der lieben, mühsam sich wieder zurechtfindenden Münsteraner Bürgerhäuser und kommt ins Gespräch mit seinen [...] Menschen, so ist die Rede schnell bei Donders: was er gesagt, wie er sich gehalten, auf welche Art er mit seinen Leuten gelebt und geduldet, gekämpft und gelitten habe. Und gar nicht so selten weist das Gespräch auch auf das eigentliche Geheimnis des ‚guten Dompropstes': wie er das Buch der Bücher über alles geliebt, wie er immerzu aus ihm geschöpft und gelehrt und gelebt habe [...]. Bibel und Eucharistie, sagen seine Leute, seien die einzigen Kraftquellen ihres Dompropstes gewesen. Und damit werden sie recht haben. Nein, vergessen dürfen wir Adolf Donders nicht."

Und doch scheint es so, als sei er schnell vergessen worden. Nur einige kleinere Studien und Zeitungsaufsätze wurden zwischen 1950 und 1985 über ihn verfasst, wie es das Biographisch-Bibliographische Kirchenlexikon nachweist. Der Rat der Stadt Münster ehrte ihn 1952 mit dem Straßennamen „Donders-Ring", die Straße verbindet die Weseler Straße mit der Geiststraße. Unter maßgeblicher Beteiligung der studentischen Verbindung *Burgundia* entstand ab 1970 ein nach Donders benanntes Wohnheim für Studenten an der Gasselstiege in Münster; 1972 weihte Bischof Heinrich Tenhumberg das Haus, das heute von der *Unitas Winfridia* betrieben wird. Das sind die äußerlichen Spuren von Adolf Donders in der Stadt Münster – eine umfassende wissenschaftliche Würdigung hat er bis heute nicht erfahren.

Dabei treten in den vorhandenen schriftlichen Quellen sein Leben und seine Lebensleistung in eindrucksvoller Weise hervor. Sie zeigen das Bild eines großen Predigers und Theologen, einer der führenden Persönlichkeiten des deutschen Katholizismus der ersten Hälfte des 20. Jahrhunderts und eines wichtigen Weggenossen von Bischof Clemens August von Galen. Bemerkenswert ist auch seine nur wenig bekannte Kurzcharakterisierung Edith Steins aus dem Jahre 1933.

Als ältestes von sechs Kindern wurde Adolf Donders am 15. März 1877 in Anholt geboren. Seine Eltern waren Wilhelm und Elisabeth Donders, geborene Dithmer. Sein Vater stand als Rentmeister im Dienst des Fürsten zu Salm-Salm. Nach den in Anholt verbrachten, offenbar glücklichen Kinderjahren besuchte Donders ab Ostern 1883 die örtliche Volksschule, ab 1887 die Rektoratsschule und wechselte 1891 nach Emmerich, um das Gymnasium zu besuchen; dort bestand er 1896 das Abitur. Donders entschied sich für den Priesterberuf und absolvierte sein Studium in Münster. Schon früh galt sein Interesse der Predigtkunde (Homiletik), in der er sich über das Lehr- und Ausbildungsangebot der theologischen Akademie hinaus auch selbst fortbildete.

In einem Aufsatz „Die Predigt für die Menschen der Gegenwart“ schreibt er über die innere Einstellung des Predigers:

> „Mit heiliger Freude und beglücktem Stolz muss der Prediger der Frohbotschaft Christi sich als Bote und Herold seines Herrn fühlen und das hohe heilige Predigeramt als eine Gnade und Verantwortung tragen, nicht aber als eine Last empfinden, darum auch jeweils rechtzeitig an die Arbeit und Vorbereitung herangehen. Denn nur dann, wenn man ruhig, langsam, ungestört meditieren, notieren, sich selbst vorbereiten kann, reifen die Gedanken unter Gottes Sonne und Regen langsam heran. Die alten Gotteswahrheiten bleiben und wirken ewig neu, wenn sie, aus der Tiefe geschöpft, stets auf neues Lebensverhältnis, neue Zeiten, neue Menschen, neue Fragen, in neuer Sprache angewandt werden.“

Schon während des Studiums errang er im Januar 1900 für einen Predigtzyklus über den *dies irae* den Preis der Fakultät. Am 9. Juni 1900 wurde er im Dom zu Münster zum Priester geweiht.

Seine erste Stelle als Kaplan trat er in der Ruhrgebietspfarre St. Peter in Duisburg-Hochfeld an. Nach der Erweiterung der Münsterischen Akademie zur Westfälischen Wilhelms-Universität erhielt Donders die Möglichkeit, wieder nach Münster zu wechseln und seine Studien fortzusetzen. An der Innenstadtkirche St. Aegidii bekam er eine Stelle als Kaplan. Neben der dortigen seelsorgerischen Arbeit verfasste er eine theologische Dissertation zum Thema „Der hl. Kirchenlehrer Gregor von Nazianz als Homilet“, mit der er am 27. Juli 1909 zum Doktor der Theologie promoviert wurde. 1911 wurde er Domvikar und bekleidete von nun an das Amt des Dompredigers, das er 33 Jahre lang ausfüllte. Im Ersten Weltkrieg wurde er als Militärpfarrer herangezogen, als Feldprediger war er zeitweise an der russischen Front eingesetzt.

1919 erhielt Donders einen Lehrauftrag an der katholisch-theologischen Fakultät in Münster als außerordentlicher Professor für die Fächer theologische Propädeutik und Homiletik. Per Handschlag übertrug ihm der Rektor am 3. Juni des gleichen

Adolf Donders als junger Geistlicher.
(Foto: Bistumsarchiv Münster, Bildersammlung)

Jahres das Amt des Universitätspredigers. 1921 wurde seine Professur in ein persönliches Ordinariat umgewandelt, zweimal übernahm er in den 1920er-Jahren das Amt des Dekans der katholisch-theologischen Fakultät.

Im Jahre 1931 wählte ihn das münsterische Domkapitel zum Dompropst. Drei Jahre zuvor hatte er die ehrenvolle Kandidatur für das Amt des Bischofs von Hildesheim ausgeschlagen, er wollte ausschließlich Professor und Prediger bleiben. Dennoch setzten ihn bei der spektakulären Bischofswahl 1933 in Münster die Bistümer Aachen, Berlin, Breslau, Ermland, Hildesheim, Köln, Osnabrück und Paderborn erneut auf ihre Vorschlagsliste. Sie brachten damit zum Ausdruck, welch hohe Wertschätzung Donders genoss und wie gern die deutschen Bischöfe angesichts der schwierigen Zeiten, die auf sie zukamen, ihn in ihren Reihen gesehen hätten. In einem Schreiben an den damaligen Nuntius Cesare Orsenigo bat Donders jedoch, aus Gesundheitsgründen von einer Kandidatur befreit zu werden. Dem wurde stattgegeben, Donders blieb Dompropst und Domprediger am Hohen Dom zu Münster.

Bei dem großen Bombenangriff auf Münster am 10. Oktober 1943 erhielt die Dompropstei einen Volltreffer. Donders verlor seine gesamte persönliche Habe und alle seine Arbeitsgrundlagen: Manuskripte, Akten, Notizen und seine stattliche Bibliothek. Den Schock und den Schmerz über den unwiederbringlichen Verlust verwand er nicht. Im Februar 1944 erlitt er einen Schlaganfall, von dem er sich nicht wieder erholte. Nach einem längeren Krankenlager starb Adolf Donders am 9. August 1944 im Hause seiner Schwester in Langenhorst (heute Stadt Ochtrup). Er ruht auf dem Domherrenfriedhof in Münster.

Zu den akademischen Lehrern, die für Donders während und nach seinem Studium wegweisend waren, gehörte insbesondere Franz Hitze (1851–1921), Professor für Christliche Gesellschaftslehre in Münster. Dieser führte die Studenten nicht nur in seine Sichtweise der gesellschaftlichen Verhältnisse zu Beginn des neuen Jahrhunderts ein, sondern forderte von ihnen auch gesellschaftliches Tun, öffentliches Engagement in den brennendsten Problemen ihrer Zeit, etwa in der Arbeiterfrage. Hitze hoffte auf eine gelingende soziale Integration der Arbeiterschaft und lehnte deren revolutionäre Konfrontation mit den Mächtigen der Wirtschaft ab. Donders ließ sich von Hitzes Ideen anregen und trat schon als Student auf dessen Empfehlung dem „Volksverein für das katholische Deutschland“ bei. Außerdem wurde er Mitglied in der studentischen Verbindung *Burgundia*, in der er einem anderen Förderer, dem Prälaten und Domkapitular Dr. Franz Hülskamp (1833–1911), begegnete. Hitze und Hülskamp waren engagierte Förderer der „Generalversammlung der Katholiken Deutschlands“, heute kurz Katholikentage genannt; beide waren Mitglieder des Zentralkomitees zur Vorbereitung der Generalversammlungen. Gleichzeitig mit den Katholikentagen fand traditionsgemäß die Generalversammlung des „Volksvereins für das katholische Deutschland“ statt, in dem Hitze ebenfalls eine Führungsrolle einnahm. Namentlich durch Hitze beeinflusst gingen von diesen

Adolf Donders in seinem letzten Lebensjahr.
(Foto: Bistumsarchiv Münster, Bildersammlung)

beiden Großveranstaltungen des deutschen Katholizismus am Anfang des 20. Jahrhunderts bedeutende gesellschaftspolitische Impulse und Initiativen aus.

Es steht zu vermuten, dass Donders, der sich als Prediger in sozialen Fragen an St. Aegidii in Münster eines guten Rufes erfreute, durch einen seiner Förderer den Auftrag erhielt, auf der Generalversammlung der Katholiken in Straßburg 1905 einen kurzen Vortrag zu halten. Sein Thema lautete: „Die Leistungen der katholischen Führer für das katholische Volk seit mehr als fünfzig Jahren, eine Rückbesinnung auf die Geschichte des Volksvereins." Mit diesem erfolgreichen Auftritt war Donders der katholischen Öffentlichkeit vorgestellt. Seine rednerische Begabung, seine Einsatzfreude, seine geistige und geistliche Ausrichtung und seine Führungskraft waren für die Offiziellen erkennbar geworden. Über die Qualifikation des Predigers Donders, des Chrysostomos („Goldmund") von Münster, wie junge Theologen ihn bald nannten, urteilt sein Freund und Mitbruder, der Universitätsprofessor Dr. theol. Max Meinertz (1880–1965):

> „Nicht, dass Donders ein Theologe von hervorragender spekulativer Begabung war oder sich in historisch-kritischer Einzelforschung mit den modernen Methoden der Geschichte und Philologie um die Probleme bemühte. Wohl hatte er viel Verständnis für die Forschung, aber er übernahm doch mehr die Resultate und verarbeitete sie für seine praktischen Zwecke. Eben wegen dieser Aufgeschlossenheit für die Wissenschaft las er viel und ordnete das Gelesene zur praktischen Verwertung."

Ein Jahr später, 1906, wurde er durch den Präsidenten des Zentralkomitees zur Vorbereitung der Generalversammlung der Katholiken Deutschlands, Graf Droste zu Vischering, folgendermaßen eingeführt:

> „Da die laufenden Geschäfte im Zentralkomitee das Jahr hindurch sich mehr und mehr häufen, ist der Beschluss gefasst worden, einen Generalsekretär für das Zentralkomitee zu berufen, dem die Aufgabe zufallen soll, die Geschäftsleitung zu unterstützen. Die Wahl ist auf den hochw. Herrn Kaplan Donders in Münster i. W. gefallen, wie ich der Generalversammlung mitzuteilen mich beehre. (Bravo)."

Damit begann Donders' überregionale Arbeit im Bereich des deutschen Katholizismus – ein Engagement, das ihn zum Architekten der deutschen Katholikentage bis zu deren Verbot durch die Nationalsozialisten werden ließ. Seine Aufgaben und sein Arbeitsfeld schrieb die Satzung für die Generalversammlung der Katholiken Deutschlands vor, die 1906 in Essen endgültig beschlossen wurde. Sie war 1904 in Regensburg und 1905 in Straßburg diskutiert und vorberaten worden. In § 24 heißt es:

> „Das Zentralkomitee ist Mandatar der Generalversammlung und hat alle ihre Interessen bis zur Eröffnung der nächsten Generalversammlung zu vertreten und wahrzunehmen. Insbesondere fällt diesem die Aufgabe zu: für die Ausführung der Beschlüsse der Generalversammlung nach Kräften zu sorgen; für die nächste

Generalversammlung, sofern dies nicht schon auf der Generalversammlung selbst geschehen ist, einen passenden Ort auszuwählen und in Verbindung mit dem dort zu bildenden Lokalkomitee die Vorbereitungen für diese Generalversammlung zu treffen. Das Zentralkomitee ist berechtigt, aus wichtigen, unvorhergesehenen Gründen Ort und Zeit der Generalversammlung zu verlegen."

Zwar hatte Franz Hülskamp in den vorangegangenen Jahren das Amt des Generalsekretärs schon aushilfsweise ausgeübt, aber erst mit Adolf Donders wurde es 1906 endgültig satzungsgemäß eingeführt. Der Münsterische Anzeiger vom 24. August 1906 kommentiert die Ernennung wie folgt:

„Nun ist es unser aller Pflicht, im Sinne des Katholikentags tätig zu sein und für die Durchführung der Beschlüsse desselben zu sorgen. Wer aber sorgt für die Durchführung derselben? Freilich ist man heuer um ein tüchtiges Stück vorwärts gekommen; man hat einen eigenen Generalsekretär – zu unserer lebhaften Freude einen Mann aus unserer Mitte, einen münsterischen Kaplan, der trotz seiner Jugend durch Gediegenheit und Vielseitigkeit des Wissens, Arbeitstüchtigkeit und Arbeitsfreudigkeit, durch eine glänzende rednerische Begabung sich einen Namen gemacht hat – eingestellt, der ein tüchtiges Stück Arbeit leisten kann. Aber ein Mann kann und soll nicht alles leisten! Alle deutschen Katholiken müssen mitarbeiten, in erster Linie die katholischen Vereine."

Nun konnte der damals erst 29 Jahre alte Donders seine reichen Begabungen, sein Organisationstalent und seine Fähigkeit, Menschen anzusprechen und für eine Aufgabe zu gewinnen, auf vielfältige Weise einsetzen. Er tat es mit großem Erfolg. Bei der Gestaltung der Rednerliste für die Generalversammlungen stand ihm ein Rednerausschuss des Zentralkomitees zur Seite. Nachdem er 1920 das Amt des Generalsekretärs abgegeben hatte, gehörte er selbst diesem Ausschuss an und blieb darin ein führendes Mitglied. Von dieser Funktion aus wirkte er durch die Einladung geeigneter Vortragsredner gestaltend auf die Themen aller folgenden Katholikentage ein und beeinflusste deren programmatische Ausrichtung. Nach der Einschätzung von Georg Schreiber (1882–1963), bis 1935 Professor für Kirchenrecht in Münster und 1945 erster Nachkriegsrektor der Universität, blieb Donders „für den Wissenden die Seele des Ganzen, bis das Zentralkomitee vom Nationalsozialismus beseitigt wurde".

Donders' zweiter rednerischer Auftritt auf einem Katholikentag erfolgte vor der studentischen Vereinigung *Unio Piana* 1906, kurz nach seiner Ernennung zum Generalsekretär des Zentralkomitees. In einem kurzen, beeindruckenden Redebeitrag warb er nachdrücklich für ein verstärktes Apostolat der Laien in der geistigen und materiellen Not der Zeit, um den Dienst der Priester der Kirche zu unterstützen.

In den folgenden Jahren sollte Donders mit zumeist großen, für die Teilnehmer oft unvergesslichen Reden in der Öffentlichkeit des Katholizismus präsent sein. Zu seinen bedeutenden Reden gehörte sein Beitrag auf dem 27. Eucharistischen Kongress in Amsterdam 1924, der den Titel „Erlösungssehnsucht in alter und neuer

Zeit" trug. Seine Druckfassung – verbunden mit einem Erlebnisbericht über den Verlauf des Kongresses – musste mehrfach wieder aufgelegt werden. Donders' rednerische Wirksamkeit ging von nun an über die Grenzen Deutschlands hinaus. Einen Eindruck von seinem Predigtstil vermittelt der Schluss der Rede in Amsterdam:

> „Möchten diese heiligen gesegneten Tage Brücken schlagen von Volk zu Volk, im Pfingstgeist der einen heiligen Liebe, Brücken zu einem wahren, dauernden Völkerfrieden, auf dass sich die Losung unseres Hl. Vaters erfülle: Pax Christi in regno Christi – Der Friede Christi im Reiche Christi. O Gott und Vater aller Völker der Erde, du Vater des Friedens und Vater der Liebe, lass die Sonne deiner heiligen Liebe hier wieder über uns allen aufgehen, lass sie bald wieder über der ganzen Gottesfamilie der Menschheit erstrahlen! O du Lamm Gottes, das du hinwegnimmst die Sünden der Welt, gib uns den Frieden!"

„Met donderend applaus wird deze magistrale rede van den grooten Duitschen orator beloond," so berichtet das *Gedenkboek Amsterdam* 1924. Seine Mischung von appellativem und gehobenem, feierlichem Redeton, einer gefühlsgeladenen Metaphorik, Bibelzitaten, dazu Gebet und Gotteslob, sprach die Zuhörer überaus emotional an und schuf eine Gemeinschaft, die sich in großem Beifall und begeisterter Zustimmung äußerte. Georg Schreiber erinnerte sich:

> „Wie selten einen anderen Redner hatte die Natur Donders mit großen Vorzügen ausgestattet. Seine Stimme hatte die köstliche Verbindung von Kraft und Weichheit. Sie füllte die weitesten Räume und war doch in der Lage, feinste Modulationen auszulösen. Damit verband sich ein hinreißendes Temperament, der Sturm und Ansturm großer Affekte."

Donders angenehme und wandlungsfähige Sprechstimme schuf für die Zuhörer ein schon akustisch bedingtes Wohl- und Wirgefühl. Auf dieser emotionalen Grundlage aufbauend steigerte er die Aufnahmebereitschaft seiner Hörer, um dann ihre Augen für Probleme in Gesellschaft und Kirche zu öffnen und Glaubenswissen zu vermitteln.

Ein eindrucksvolles Beispiel seiner Fähigkeiten gab er auf dem Eucharistischen Kongress in Wien 1912, als er die Wirkung der nationalpatriotischen Predigt seines Vorredners, der sich zu einer Glorifizierung der Frömmigkeit des Habsburger Kaiserhauses verstiegen hatte, mit einer klar sozialkritisch gemeinten Rede über „das irdische und das himmlische Brot des Arbeiters" abkühlte. Er begann mitten hinein in die nicht enden wollenden Hochrufe auf den Kaiser mit den Worten:

> „Nach dieser majestätischen Kundgebung und der Wanderung durch die Jahrhunderte der Geschichte müssen wir wieder zurück ins wogende Leben von heute, in die Welt der sozialen Probleme, die uns von allen Seiten umfluten, wir sehen in so vielen bleichen Gesichtern auch die Runenzeichen der harten Not des Lebens und des heißen Ringens ums tägliche Brot."

Es folgte eine Darstellung der Arbeitswelt und der sozialen Folgen der Industrialisierung, die es an Deutlichkeit nicht fehlen ließ, zugleich aber durchdrungen war von dem Bemühen, die neuen wirtschaftlichen und technischen Entwicklungen zu bejahen und den in ihrer Arbeit damit befassten Menschen mit Achtung und Wohlwollen zu begegnen. Donders warb nachdrücklich und mit guten Gründen für ein angemessenes Sozialprestige der Arbeiterschaft, ganz im Sinne seines Lehrers Franz Hitze. Ähnlich zeitnah und ähnlich deutlich sollte er zwanzig Jahre später in der NS-Zeit Stellung beziehen.

Als Generalsekretär des Zentralkomitees zur Vorbereitung der Generalversammlungen der Katholiken Deutschlands war es für ihn eine besondere Herausforderung, die 61. Generalversammlung 1914 in Münster vorzubereiten. Es war verständlich, dass Donders für Münster seine gesamte Arbeitskraft einsetzte. „Die Katholikentage jener Jahre," schrieb der Schriftsteller und Verleger Gottfried Hasenkamp (1902–1990), „sind in ihrer universalen Planung und weiten Wirkung nicht zuletzt ihm zu verdanken" gewesen. Die Veranstaltung sollte vom 9. bis 13. August 1914 stattfinden. Umfangreiche Vorbereitungen wurden getroffen, Redner verpflichtet, Ausschüsse von Freiwilligen übernahmen die vielfältigen Aufgaben der Festgestaltung, des kulturellen Rahmenprogramms, der Bewirtung und der Unterbringung der Gäste. Vorsitzender des Lokalkomitees war Kommerzienrat Friedrich Hüffer. Bis in die letzten Julitage 1914 hinein liefen die Vorbereitungen auf vollen Touren, auch noch nach den Schüssen von Sarajewo, die den Ersten Weltkrieg mit all seinen schrecklichen Folgen am 1. August auslösten. Eine formelle Absage oder Vertagung des Katholikentags 1914 ist in den Quellen schwer auszumachen. Immerhin findet sich in der Chronik des Pfarr-Cäcilienvereins Chorgemeinschaft St. Martini Münster der Hinweis, dass am 1. August

> „der Präsident des Zentralkomitees sowie der Präsident des Münsterischen Lokalkomitees […] einen Aufruf im Münsterischen Anzeiger [veröffentlichten], die diesjährige Generalversammlung der Katholiken Deutschlands ausfallen zu lassen oder, falls eine friedliche Gestaltung der Dinge bald wiederkehrt, sie zum Spätherbst zu vertagen".

Ein kurzer Zeitungsbericht vom 5. August 1914 gibt Kenntnis von einer Sitzung, auf der der Vorsitzende des Zentralkomitees, Erbdroste Graf Droste-Vischering den Mitgliedern des Lokalkomitees für die Mühen der Vorbereitung dankte und Generalsekretär Dr. Donders in seinen Dank ausdrücklich mit einschloss.

Die geplante 61. Generalversammlung der Katholiken Deutschlands in Münster fand nicht statt. Erst im Jahre 1930 sollte Münster wieder zu einem Katholikentag, der 69. Generalversammlung, einladen. Rückblickend schrieb Donders im „Katholischen Kirchenblatt für die Stadt Münster" am 14. September 1930 über die große Enttäuschung von 1914:

> „Nun sind wir entschädigt, hundertmal entschädigt für das, was uns 1914 entgangen ist und worauf wir schweren Herzens damals haben verzichten müssen.

Wer weiß, ob der Katholikentag von 1914, wenn er zustande gekommen wäre, so glänzend geworden wäre, wie der von 1930 nun geworden ist."

Nach Gründung der Weimarer Republik widmete sich Donders zunächst intensiv seinen Pflichten als Universitätsprofessor für Homiletik. Und was er über die Predigt lehrte, das realisierte er auch in der Praxis. Nicht nur in seinen beiden offiziellen Predigerämtern, sondern überall da, wo er um eine Predigt, eine Rede oder einen geistlichen Vortrag gebeten wurde. Nicht nur in London, Wien, Temesvar (Rumänien), sondern an vielen größeren und kleineren Orten, innerhalb und außerhalb des Bistums Münster, sprach er zu den Menschen. Vorbehaltlos stellte er sich den katholischen Vereinen zur Verfügung, besonders dem „Volksverein für das Katholische Deutschland", dann aber auch den katholischen Frauenverbänden wie dem „Verein katholischer deutscher Lehrerinnen" (VkdL) oder dem „Katholischen deutschen Frauenbund" (KdF). Auf einer Veranstaltung des Volksvereins für das Katholische Deutschland zum 70. Geburtstag von Papst Pius XI. sprach Donders 1927 vor fünftausend Zuhörern zum Thema „Papst und Papsttum in der Gegenwart" in den Kölner Messehallen. Dabei lobte er den Papst mit den Worten:

„Welch eine Wohltat, ein fester Punkt in einer so fluktuierenden Zeit! Wie viel Irrungen und Wirrungen, wie viel ängstliches Suchen und schmerzhaftes Nichtfinden werden uns dadurch erspart! Wir sind durch den Anschluss an diese gottgegebene Autorität wahrhaft frei geworden in jener heiligen Freiheit Gottes, über die Paulus jubelte, während Unzählige, die das Wort Freiheit im Munde führen, doch nichts anderes sind als Sklaven des Unglaubens und Halbglaubens, der Schlagworte und Phrasen, der Tagesmeinungen und Zeitgötzen. Es gibt heutzutage viele edle Konvertiten, die nach allem Fragen und Forschen, Ringen und Suchen gerade dies Bewusstsein der kirchlichen Autorität als festesten Halt schätzen, als frohes Gefühl der sichersten Geborgenheit: wir haben der Fluten übergenug gehabt – wir wollen den rettenden Felsen, der aufragt aus den Fluten. Es gibt kein schöneres Sinnbild des Papsttums und der katholischen Kirche: sie ist eine Lampe, eine Leuchte, die alle Nacht der Finsternisse erhellt und uns in alle Wahrheit einführt; sie ist ein Schiff, das Schifflein Petri, immer umstürmt, immer im Schoße eines Weltmeeres, immer das Schiff, in dem Christus steht und lehrt wie einst auf dem See zu Genezareth. Er ist und bleibt bei ihr bis ans Ende der Welt. Das ist der Grund unseres Vertrauens, unserer Festigkeit, unserer Sicherheit."

Ohne größere Unterbrechungen schrieb Donders jahrelang wöchentlich kleine pastorale Betrachtungen für das „Katholische Kirchenblatt für die Stadt Münster", das 1925 ins Leben gerufen wurde. Sie sind lediglich durch sein Kürzel A. D. oder D. gekennzeichnet. Er verfasste eine Unzahl größerer und kleinerer Artikel zu Glaubensinhalten und christlicher Lebensgestaltung in weiteren ihm zugänglichen Publikationsorganen. Er schrieb auch Texte für den Rundfunk, die er dann selbst vortrug. Hinzu kamen Bücher, wissenschaftliche Aufsätze zur Predigtkunde, ferner Predigtentwürfe, Rezensionen und Kommentare. Die bei Maria Römer-Krusemeyer (1949) dokumentierten Veröffentlichungen und die Übersicht über sein Gesamtwerk im Biographisch-Bibliographischen Kirchenlexikon (2006) stellen eine kaum überschaubare Summe seiner Schriften dar, die längst noch nicht alle erfasst sind.

Mitte des Jahres 1930 – nachdem Donders vom Krummen Timpen zur Burse an der Neubrückenstraße umgezogen war – begannen die organisatorischen Vorbereitungen für den 69. Katholikentag in Münster. Einführungsvorträge, Zeitungsartikel, Verhandlungen – am Ende wurde die Arbeit zu viel. Auf einer Vortragsreise musste sich Donders in Heidelberg unerwartet in ärztliche Behandlung begeben. Drei Wochen blieb er im Krankenhaus, danach trat er eine Kur auf Norderney an. Aber er schaffte es zur Freude der Münsteraner und ihrer Gäste, bei der Eröffnung des Katholikentags in Münster dabei zu sein. Rednerisch und organisatorisch ist er jedoch ausgerechnet bei diesem Katholikentag nicht hervorgetreten. Aber er hatte einen fähigen Mitarbeiter gefunden: Pater Friedrich Muckermann SJ (1883–1946), mit dem ihn bald eine herzliche Freundschaft und Weggenossenschaft verband. Dieser berichtete in seinen 1973 erschienenen Lebenserinnerungen:

> „Zuerst wurde ich häufig eingeladen zu den Beratungen, die den Katholikentagen vorangingen. Es mussten Redner ausgewählt werden, die Themen bestimmt, die Tagesordnung erörtert und viele andere Dinge erledigt werden. In diesen Sitzungen kam es darauf an, dass man Ideen hatte, dass man Anregungen geben konnte, dass man die eigene Zeit verstand, dass man eine umfassende Kenntnis des deutschen Katholizismus überhaupt besaß."

Und über Donders schrieb er in diesem Zusammenhang:

> „Es ist dies einer der ausgezeichnetsten Prälaten, die im Dienste des deutschen Katholizismus gewirkt haben. Mit großer Selbstlosigkeit hat dieser edle und fromme Priester einen Großteil der Arbeit auf sich genommen, der bei der Vorbereitung der Katholikentage zu leisten war."

Die Katholikentage der späten Weimarer Zeit hatten ihr Gesicht verändert. Der Zulauf an Teilnehmern war so groß geworden, dass die zentralen Veranstaltungen aus den Kirchen, Sälen und Hallen ins Freie verlegt werden mussten – in Münster fanden sie auf dem Schlossplatz statt. Diese räumlichen Veränderungen brachten auch eine Wandlung im Selbstverständnis der Veranstaltungen mit sich. Sie wurden zu Kundgebungen gemeinsamer Auffassungen der Teilnehmer, zur Darstellung ihres gemeinsamen Wollens, zu Demonstrationen. Auch den Veranstaltern ging es nun vor allem um die Demonstration der Gemeinsamkeit und des Zusammenhalts der Gläubigen angesichts der instabilen gesellschaftlichen und politischen Verhältnisse in Deutschland sowie der wachsenden kommunistischen und nationalsozialistischen Propaganda gegen Glauben und Kirche. Solche Veranstaltungen waren 1931 in Nürnberg und 1932 in Essen noch möglich, danach konnte durch das Einwirken der Nationalsozialisten kein Katholikentag mehr durchgeführt werden. Der 71. Katholikentag fand erst nach dem Zweiten Weltkrieg 1948 in Mainz statt – Adolf Donders hat ihn nicht mehr erlebt.

Um Donders hatte sich im Laufe der Jahre, in denen er sein Amt als Domprediger versah, eine Gemeinde begeisterter Hörer gebildet, die seiner Predigten wegen regelmäßig sonntags um elf Uhr den Dom aufsuchten. Durch sein Amt als Dompropst war Donders der Mutterkirche des Bistums besonders verbunden. Jahrelang habe sie unter seiner Kanzel gestanden, bekannte die Schriftstellerin Nanda Herbermann (1903–1979), die 1941 ins KZ verschleppt wurde. Aber nicht nur münsterische Gottesdienstbesucher kamen – mehr oder weniger regelmäßig füllten Christen und Nichtchristen aus der ganzen Region den Dom. Die Predigtgedanken, mit denen Donders seine Zuhörer aufbaute, inspirierte, ja beglückte, wurden auf diese Weise auch ins Umland mitgenommen. Charakteristisch für ihn war der kommunikative Ton, der latente Dialog mit den Zuhörern, den Donders – Schreiber zufolge – besonders in der Zeit des Nationalsozialismus einsetzte, um auch politisch heikle Dinge ungefährdet ansprechen zu können. Er wurde trotzdem verstanden. Dazu eine Erinnerung von Schreiber:

> „Mehr als einmal kam er in der Nazizeit zu mir in Hinsicht auf erneute Zwischenfälle in Westfalen, die ernste Verwahrungen gegen die Tyrannis nahe legten. Er wollte diese Ausführungen in der nächsten Predigt bringen. Er schwankte mehr als einmal, ob er schärfer oder milder zum erregenden Zeitgeschehen sich äußern sollte. Ich habe ihm damals wieder und wieder den Rat gegeben, bei aller grundsätzlichen Entschiedenheit die Tonart etwas abzumildern. Er müsse sich die Domkanzel erhalten. Sie war Ausspracheforum ersten Ranges und Münster damals ein Großkampfraum. Die Hörer in der Domkirche wären, wie ich weiter bemerkte, feinfühlig genug, mehr als eine Wendung gegen den angreiferischen und zugleich volksfremden Nationalsozialismus von vornherein zu verstehen. Über der Stadt lagen ja gewaltige Spannungen.“

Die Texte seiner „Elf-Uhr-Predigten“ sind leider nicht überliefert. Einen Eindruck davon erhält man jedoch, wenn man einen Blick in die religiöse Zeitschrift *Sanctificatio Nostra* wirft, in der Donders seine Predigtskizzen für den Klerus unter dem Thema *Contemplata aliis tradere* veröffentlichte, zum Beispiel zur Jahreswende 1932/33:

> „Diese Welt ist nicht vollkommen. Welche Katastrophen hat unsere Generation durchlebt: Krieg, Revolution, Inflation, Leiden und Sterben von Millionen aus uns. Der Atem stockt, und dann geht das Leben doch seinen Gang weiter. Millionen Arbeitsloser stehen am Wege und tragen unendlich schwer an ihrem Los. Nur Hoffnung auf ein ewiges Leben erklärt uns den Sinn des diesseitigen Lebens. Sonst gibt es für uns kein wahres Glück. Wenn man, wie den Massen in der Gottlosenbewegung, die Hoffnung auf die Unendlichkeit und die Ewigkeit geraubt hat, dem hat man den Sinn des Lebens zerschlagen, dem ist das Glück nicht mehr zu bringen.“

Für die Zuhörer war die „Gottlosenbewegung“ unschwer zu identifizieren, und so wurde Donders’ Botschaft verstanden.

Vom öffentlichen Leben rückte Donders um so mehr ab, je mehr sich gegen Ende der Weimarer Republik die politischen Auseinandersetzungen zwischen den Parteien verschärften. Die von den Nationalsozialisten provozierten Saalschlachten widerten ihn an: „O, wie mich diese ruchlose Politik abstößt! Sie verdirbt alles. Sie bringt ihre Vertreter in einen Mächterausch ohnegleichen hinein und zerstört alle Innerlichkeit.“ Als die Nationalsozialisten mit zwanzig Abgeordneten in den Rat der Stadt Münster einzogen, erklärte Donders:

> „Nun zieht der Antichrist ein, mag er sich vorläufig auch einen christlichen Mantel umhängen. Nun werden wir die Zerstörung des Glaubens Schritt für Schritt erleben. Ist denn all mein Predigen vergeblich gewesen? Nun geht es um das ganze Christentum.“

Für den Sonntag *Quadragesima* 1933 schlug er das Thema „Unsere Blindheit“ vor und führte aus:

> „Unsere Zeit und Welt leidet heute an geistiger Blindheit, an Verblendung. Ist sie nicht geblendet vom Schein aller Irrlichter, ist sie nicht dadurch irregeleitet? Sie hat Gott verloren, Christus verloren, den Weg, die Wahrheit und das Leben, sie folgt der Gottlosenbewegung, macht die Gottlosenpropaganda mit. Wie einst seinem Jerusalem, ruft der Herr ihr zu: O dass du es doch erkannt hättest!“

Donders reihte sich mit diesen Predigtgedanken ein in die Reihe seiner münsterischen Mitbrüder und seines Bischofs, die die Auseinandersetzung mit der nationalsozialistischen Bewegung auf geistiger, weltanschaulicher Ebene suchten und sie damit an ihrer verwundbarsten Stelle trafen.

Als Alfred Rosenberg, Verfasser der ideologischen NS-Kampfschrift „Der Mythus des 20. Jahrhunderts“, im Juni 1933 zum Reichsleiter und im Januar 1934 zum „Beauftragten des Führers für die Überwachung der gesamten geistigen und weltanschaulichen Schulung und Erziehung der NSDAP“ ernannte wurde, traf Donders diese Nachricht – Maria Römer-Krusemeyer zufolge – „wie ein Faustschlag ins Gesicht“. Und als in der nationalsozialistischen Zeitschrift „Nordland“ die Kampfparole zu lesen stand, jetzt heiße es „nicht rasten, bis Deutschland vom Christuskreuz erlöst ist“, verstand Donders dies als Herausforderung und nahm sie an. Nachdem Rosenberg im Juli 1935 in Münster auf dem Hindenburgplatz (dem heutigen Schlossplatz) eine große Propagandarede gehalten hatte, entwarf Donders für die 15 Kirchen der Stadt Predigten, die sich vier Monate lang mit der Weltanschauung Rosenbergs auseinandersetzten und sie widerlegten. Die Themen waren: „Was ist positives Christentum?“, „Was ist deutscher Glaube?“, „Nationalkirche“, „Die Macht und Gewalt der Sünde“, „Die katholische Kirche und der Zölibat“, „Brauchen wir eine Erlösung?“ sowie „Gibt es eine Selbsterlösung?“

Die Predigtreihe führte zur Überwachung von Donders durch die Gestapo. Gottesdienstbesucher wurden auf dem Domplatz angehalten und befragt. Schreiber berichtete jedoch: „Die Stellung von Donders in den breiten Massen und nicht minder in akademischen Kreisen war so stark, dass man sich nicht getraute, sich an ihm zu vergreifen." Ihn schützte wie Bischof von Galen seine große Popularität vor Repressalien der Nationalsozialisten.

„Die beiden Türme" – so wurden Adolf Donders und Bischof Clemens August im Volksmund genannt, wie der Bischofskaplan und spätere Biograph des Bischofs, Heinrich Portmann (1905–1961), zu berichten wusste. Weiter schrieb er: „Als der Nationalsozialismus sein Haupt erhob, wurde Donders noch größer." Und Georg Schreiber berichtete rückblickend:

> „Schon die Figur des Predigers beeindruckte. Das war ein Längenmaß von 1,98 m. Ein gleiches besaß Clemens August, Bischof von Münster. Wenn beide Riesen zusammen in der Öffentlichkeit auftraten, waren sie von einer repräsentativen Art, wie sie kaum einem anderen deutschen Bistum beschieden war. Sie wirkten wie Dioskuren, denen Bedeutung und Macht innewohnte."

Portmann schrieb weiter über Donders:

> „Er wußte um die Sendung und Verantwortung einer Domkanzel in solchen Kampfzeiten und scheute sich nicht, dem neuen Heidentum die Wahrheit ins Gesicht zu sagen [...]. Das wußten auch die Feinde der Kirche. Sie wußten – einer ihrer Führer hat es offen eingestanden –, dass der Dompropst durch seinen stetig sich wiederholenden Kampf von der Kanzel ebenso verhängnisvoll ihre Front ins Wanken brachte wie der Bischof Clemens August. Denn um seine Beliebtheit und Verehrung im Volke wußten sie ebenso wie um die Gefährlichkeit seiner weltanschaulichen Gegnerschaft."

Das Bild der Türme ist sprechend genug, um auf die herausragende Bedeutung der beiden für die Diözese Münster und darüber hinaus hinzuweisen. Zugleich steckt darin eine unverkennbare Bewunderung für das Wegweisende, die Festigkeit, die Grundsatztreue, die Wahrheitsliebe und die menschliche Verlässlichkeit, die beide Kirchenmänner ausstrahlten. So heißt es bei Schreiber:

> „Beide Männer konnten sich in der Ablehnung des Nazismus einmütig verbinden. Namentlich Donders hat den kämpferischen Bischof in seiner heroischen und beispielhaft unerschrockenen Haltung, in seinem geradezu monumentalen Stil der Ablehnung und Abwehr ermutigt und gestützt, nicht nur auf der Domkanzel, sondern in zahlreichen stillen Besprechungen, die er mit Freunden draußen im Lande hielt."

Wie weitgehend diese Unterstützung war, zeigt eine Quelle, die sich im Pfarrarchiv der Pfarrgemeinde St. Clemens in Telgte befindet. Es handelt sich um die Pfarrchronik, die der dortige Propst Clemens Bringemeier (1889–1970) nach dem Zweiten Weltkrieg angelegt hat. Aus der Erinnerung schrieb er, der Bischof Clemens August von Galen

> „machte hier in Telgte den Anfang mit den großen Predigten zum Zeitgeschehen, die ihn in der ganzen Welt bekannt und berühmt gemacht haben. Er war sonst

kein bedeutender Prediger. Deshalb drängt sich die Frage auf: Ist er ganz allein der Verfasser dieser Predigten?“

Über die Entstehung der Predigten gab Donders dem Propst von Telgte den folgenden, von diesem später aus dem Gedächtnis niedergeschriebenen Bericht:

> „Der Bischof von Münster war entschlossen, gegen die Gewaltmaßnahmen der Nazis in Predigten Stellung zu nehmen. Diese Predigten wurden ausgearbeitet und ich [der Dompropst] habe mit dem Bischof diese Predigten Satz für Satz durchgesprochen. Wenn sie nun im Volke ein entsprechendes Echo finden sollten, musste ein Zeitpunkt abgewartet werden, an dem eine Gewaltmaßnahme der Naziregierung eine entsprechende Antwort von Seiten der Kirche notwendig machte. Zwischen dem H. H. Bischof und mir wurde folgendes vereinbart: Wenn der Bischof den rechten Augenblick für die vorbereitete Predigt gekommen hielt, würde er bei mir am Samstagvormittag anrufen und sagen: Morgen übernehme ich die Predigt um 11 Uhr im Dom bzw. in Lamberti.“

Da auch Schreiber von den „zahlreichen stillen Besprechungen mit Freunden draußen im Lande“ Kenntnis hatte, ist die Quelle durchaus ernst zu nehmen. Clemens August von Galen hatte die Worte seiner berühmten Predigten mit Bedacht gewählt und mit Vertrauten vorher durchgesprochen, Donders war einer von ihnen. Er hat den Bischof – so weiß Propst Bringemeier zu berichten – bei seinen Formulierungen beraten und ihn damit in seinem Vorhaben unterstützt. Galens Predigten waren demnach keine Spontanreaktion. Der Bischof konnte sich der Zuneigung und Zustimmung der Gottesdienstbesucher sicher sein, wie er sich auch auf die qualifizierten Mitarbeiter, die Diskretion und den Zuspruch seiner Vertrauten verlassen konnte. Der Kondolenzbrief eines mit Donders befreundeten Arztes an Bischof Clemens August 1944 bezeugt dessen Nähe zum Bischof:

> „Ich weiß, dass Herr Professor Donders gerade Ihnen, Excellenz, stets so freudig und treu in allem, was Euer Excellenz für unsere hl. Kirche und alle ihre Diözesen haben durchmachen müssen, zur Seite stand. Ich hoffe, dass diese Zeilen Eure Excellenz gesund antreffen. Gott schütze und erhalte Sie, Excellenz, noch lange uns allen, besonders unserer hl. Kirche.“

Dompropst und Bischof nutzten während der Herrschaft der Nationalsozialisten, besonders im Krieg, die Kanzel als Kommunikationsorgan. Sie vertrauten darauf, dass die von der Kanzel ausgehende Festigung im Glauben zur geistigen Immunisierung der Gläubigen gegen die Verführung der verbrecherischen NS-Ideologie beitragen werde. Am Grab des Dompropstes würdigte Bischof von Galen 1944 dessen Lebenswerk:

> „Es war besonders auch die klare Erkenntnis der heutigen Zeit, ihrer Fragestellungen, ihrer Vorzüge und Gefahren, und die meisterhafte Darstellung der tiefsten Quellgründe und Hintergründe des Zeitgeschehens, die klare Wegführung zu einem Leben der Ordnung für den einzelnen und für die Gemeinschaft in Gottes-

furcht und Gottesliebe, die seine Predigten so anziehend machten. So hat Adolf Donders durch Jahrzehnte reichlich gesäet."

Der Abschied von Donders aus den Diensten der Universität verlief nicht ohne Auseinandersetzungen. Mit Vollendung des 65. Lebensjahres wurde Professor Donders emeritiert. Da es wegen des Krieges der Universität an Dozenten mangelte, war man jedoch dazu übergegangen, emeritierte Universitätsprofessoren zu bitten, ihre Lehrtätigkeit über die Altersgrenze hinaus fortzusetzen. Der erhaltene Schriftverkehr zwischen Fakultät, Rektorat und der Gauleitung der NSDAP lässt jedoch erkennen, dass Donders trotz eines politischen Unbedenklichkeitszeugnisses des Dekans von dieser Regelung ausgenommen wurde. Fristgerecht erhielt er die von Hitler und Göring unterzeichnete Entpflichtungsurkunde. Sie lautet:

> „Im Namen des Deutschen Volkes entbinde ich den ordentlichen Professor Adolf Donders von den amtlichen Verpflichtungen und spreche ihm für seine akademische Wirksamkeit und dem Deutschen Volke geleisteten treuen Dienste meinen Dank aus.
> Führerhauptquartier, den 23. Februar 1942
> Der Führer gez. Adolf Hitler ggez. Göring"

Dieser Entpflichtung war ein vertraulicher Briefwechsel zwischen der Gauleitung der NSDAP und dem Kurator der Universität voraus gegangen. Am 31. Januar 1942 hatte der Leiter des Gaupersonalamtes dem Kurator der Universität mitgeteilt,

> „dass es nicht miteinander vereinbar ist, Beamter auf Lebenszeit im nationalsozialistischen Staat und Dompropst und Vorsitzender des Domkapitels des Bischofs von Münster zu sein. Nach Ansicht der Gauleitung ist es unmöglich, dass ein Universitätsprofessor ein hohes kirchliches Amt gleichzeitig bekleidet. Da der Genannte in Kürze die Altersgrenze erreicht, bitte ich Sie, auch von dort aus dafür einzutreten, dass eine Verlängerung der Amtszeit des Angefragten über die Dienstaltersgrenze hinaus aus den angedeuteten schwerwiegenden Bedenken unterbunden wird.
> Heil Hitler! Dr. Graeßner Leiter des Gaupersonalamtes"

Im Juli 1942 erhielt der Dekan der katholisch-theologischen Fakultät die Nachricht, dass „eine Wiederbesetzung der durch die Entpflichtung des Professors Dr. Donders freigewordenen Professur nicht beabsichtigt" sei. Damit setzten die Nationalsozialisten seiner akademischen Lehrtätigkeit ein Ende.

Über die Person und das Wesen von Adolf Donders gibt die Biographie von Maria Römer-Krusemeyer ein lebendiges Beispiel, die dem Dompropst zeitweise geistig sehr nahe stand. Aus ihrer Erinnerung hat sie ein überaus anrührendes Bild von Donders gezeichnet, das auch an anderer Stelle mehrfach bezeugt ist. Zusammenfassend zitiert sie dazu aus der Grabrede des Bischofs von Galen:

„Aber noch etwas anderes, was Herrn Dompropst Donders so beliebt machte und seine Zuhörer immer wieder fesselte und unter seine Kanzel, ja viele einzelne auch in seinen Beichtstuhl und in sein viel besuchtes Sprechzimmer führte, das war die unbedingte Lauterkeit und Überzeugungstreue dieser männlichen Persönlichkeit: ein ganzer Mann, und welch ein Mann, stand hinter jedem Wort, das er sprach. Es war die unverhüllte Herzensgüte und Hilfsbereitschaft, die er jedem bezeugte. In unerschöpflicher Geduld stand er jedem zur Verfügung. In erfinderischer Liebe suchte er allen Gutes zu tun, jedem Freude zu machen. Er war die absolute Selbstlosigkeit und Uneigennützigkeit, die jeder empfand, der ihn hörte und mit ihm sprach. Adolf Donders hat niemals sich selbst gesucht, noch den eigenen Vorteil oder Ruhm. Das Einkommen, das ihm zufloß, diente zum kleinsten Teil der Befriedigung seiner eigenen, stets sehr bescheidenen Bedürfnisse; zum größeren Teil diente es guten Zwecken, der Unterstützung armer Studenten, der Hilfeleistung an Notleidende, besonders an verschämte Arme. Wohl kaum jemals wird ein Bittsteller, der an seine Tür klopfte, ungehört und ungetröstet fortgegangen sein."

Donders starb am 9. August 1944, auf den Tag genau zwei Jahre nach der Ermordung Edith Steins. Er hatte sie während ihrer Zeit in Münster seelsorgerisch betreut, als sie 1932 und 1933 als Dozentin am Deutschen Institut für wissenschaftliche Pädagogik lehrte. Trotz der Zerstörungen des Bombenkrieges hat sich ein bislang wenig beachteter Brief erhalten, in dem ein anderer Donders erkennbar wird: der Seelsorger mit einem ungewöhnlichen Scharfblick und sensiblem Gespür für Persönlichkeit und menschliche Größe. Es handelt sich um einen Brief des Dompropstes an die Priorin des Kölner Karmels vom 9. Juni 1933:

„Ehrwürdige Mater Oberin! Es hat Fräulein Dr. Edith Stein am Karmel-Kloster angeklopft. Die Vorsehung Gottes, die ihren Weg geebnet hat, führt sie nun auch dorthin. Sie ist eine begnadete Seele, reich an Gottes- und Menschenliebe, erfüllt mit dem Geiste der Hl. Schrift und der Liturgie, aus der sie schöpft, betet, betrachtet, lebt. Zwar hat sie durch Wort und Feder, besonders im Katholischen Akademikerverband und Katholischen Frauenbund, Vieles geleistet. Aber auf solches äußere Wirken möchte sie verzichten, um im Karmel (die eine Perle) Jesus Christus nach dem Vorbild der hl. Theresia zu finden. Als Priester und Seelenführer kann ich Ihrem Convent und Ihrem Wohlwollen diese edle treue Seele nur aufs angelegentlichste empfehlen. Sie wird Allen ein Vorbild tiefster Frömmigkeit und Gebetseifers, eine Gemeinschaftsfreude voll Güte und Nächstenliebe sein, und still wie ein Strahl Gottes unter Ihnen wandeln.
Gott zum Gruß Adolf Donders Dompropst"

In diesem Empfehlungsschreiben an den Kölner Karmel charakterisiert Donders Edith Stein aus seiner Erfahrung mit ihr als ihr geistlicher Begleiter, ohne zu ahnen, dass er geradezu visionär das Porträt einer späteren Heiligen der katholischen Kirche entwarf.

„Hüter des Domes“ hat Gottfried Hasenkamp Adolf Donders poetisch genannt. Als solcher ist er seinen Zeitgenossen, den Münsteranern vor allem, im Gedächtnis geblieben. Während bis in die 1970er-Jahre noch Zeitungsartikel an seinen Sterbetag erinnerten, ist er seitdem im öffentlichen Gedächtnis nicht mehr präsent. Zu Unrecht!

Quellen

Bistumsarchiv Münster, Findbuch D 070 zum Nachlass Prof. Dr. Adolf Donders, Münster 2014.
Pfarrarchiv St. Clemens Telgte, Pfarrchronik. Auszugsweise abgedruckt in: Kirche und Leben 9. Oktober 2005, S. 15.
Stadtarchiv Münster-
Universitätsarchiv Münster, Nachlass Adolf Donders: Bestand 5, Nr. 466; Bestand 23, Nr. 5; Bestand 10, Nr. 105.

Berichte der Katholikentage

Verhandlungen der 52. Generalversammlung der Katholiken Deutschlands in Strassburg vom 20. bis 24. August 1905, Strassburg 1905.
Verhandlungen der 53. Generalversammlung der Katholiken in Essen vom 19. bis 23. August 1906, Essen 1906.
Die Reden gehalten in den öffentlichen und geschlossenen Versammlungen der 61. General-Versammlung der Katholiken Deutschlands zu Frankfurt am Main 27. bis 30. August 1921 nebst einer kurzen Einleitung über Vorgeschichte und Verlauf der Tagung, Würzburg 1921.
62. Generalversammlung der Katholiken Deutschlands Deutschlands in München vom 27. bis 30. August 1922, München 1922.
69. Generalversammlung der Katholiken Deutschlands zu Münster in Westfalen vom 4.–8. Sept. 1930, hg. vom Lokalkomitee, Münster o. J.

Literatur

Donders, Adolf: Erlösungssehnsucht in alter und neuer Zeit, 3. Aufl., Münster 1924.
Filthaut, Ephrem: Deutsche Katholikentage 1848–1958 und die soziale Frage, Essen 1960.
Hasenkamp, Gottfried: Adolf Donders (1877–1944). Künder des Wortes – Hüter des Domes, in: Alois Schröer (Hg.): Das Domkapitel zu Münster 1823–1973. Aus Anlaß seines 150jährigen Bestehens seit der Neuordnung durch die Bulle „De salute animarum“, Münster 1976, S. 338–350.

Ders.: In memoriam Clemens August Kardinal von Galen und Adolf Donders, Warendorf 1946.

Herbermann, Nanda: Der gesegnete Abgrund, 4. Aufl., Annweiler 2002 *[hier S. 25f.]*.

Kampmann, Theoderich: Gelebter Glaube. Zwölf Portraits, Warendorf 1957.

Leufkens, Joseph (Hg.): Alfred Donders. Ein Gedenkbuch seiner Freunde, Münster 1949.

Muckermann, Friedrich: Im Kampf zwischen zwei Epochen. Lebenserinnerungen, Mainz 1973 *[hier S. 380]*.

Neyer, Maria Amata: Edith Stein. Ihr Leben in Dokumenten und Bildern, 2. Aufl., Würzburg 1987 *[hier S. 54]*.

Portmann, Heinrich: Der Bischof von Münster. Das Echo eines Kampfes für Gottesrecht und Menschenrecht, Münster 1946.

Ders.: Kardinal von Galen. Ein Gottesmann seiner Zeit. Mit einem Anhang: Die drei weltberühmten Predigten, 16. Aufl., Münster 1961 *[hier S. 225]*.

Römer, Maria: Ein gütiger Mensch – Domprediger Adolf Donders, in: Paulus und Ludger, Ein Jahrbuch aus dem Bistum Münster, Bd. 1, Münster 1947, S. 53–59.

Römer-Krusemeyer, Maria: Adolf Donders 1877–1944, Münster 1949.

Schreiber, Georg: Neuzeitliches Westfalen in kirchengeschichtlicher Sicht. Adolf Donders (1877–1944) und sein Kreis, in: Westfälische Forschungen 10 (1957), S. 75–86.

Schwarte, Hergard: Die „zwei Türme von Münster" – Clemens August von Galen (1878–1946) und Adolf Donders (1877–1944), in: Katholische Bildung 107 (2006), Heft 3, S. 118–128.

Dies.: Adolf Donders, in: Edith Stein Jahrbuch 17 (2011), S. 43–62.

Dies.: Adolf Donders – eine biographische Skizze, in: Bistumsarchiv Münster, Findbuch D 070, bearb. von Heinz Mestrup, Münster 2014, S. I–VIII.

Schwarte, Johannes: 90 Jahre Pfarr-Cäcilienverein Chorgemeinschaft St. Martini. Ein Kirchenchor im Wandel der Zeit 1922–2012, Münster 2012 *[hier S. 41]*.

Schriftenverzeichnisse

Römer-Krusemeyer, Maria: Adolf Donders 1877–1944, Münster 1949, S. 342–345 *[unvollständig]*.

Roth, Heinrich: Adolf-Donders-Bibliographie, in: Joseph Leufkens (Hg.): Adolf Donders. Ein Gedenkbuch seiner Freunde, Münster 1949, S. 88–99 *[unvollständig]*.

Sobiech, Frank: Donders, Adolf, in: Biographisch-Bibliographisches Kirchenlexikon, Bd. XX (2002), Sp. 396–400 *[unvollständig]*.

Franz von Papen
(1879–1969)

Daniel Schmidt

Franz von Papen war der bislang letzte deutsche Kanzler, der aus Westfalen stammte. Dort verlebte er allerdings die wenigsten seiner fast neunzig Lebensjahre: eine kurze Kindheit in Werl, die 1920er-Jahre auf einem Landgut bei Dülmen sowie einige Wochen am Ende des Zweiten Weltkriegs im Haus seiner Tochter bei Meschede. Sein Lebensweg führte ihn nach Berlin, Düsseldorf und Potsdam, nach Washington und Mexico-City, an die Fronten des Ersten Weltkriegs in Frankreich und Palästina, später in den Vatikan, nach Wien, Ankara und schließlich nach Nürnberg. Aber nicht nur im geographischen, auch im politischen Sinne überschreitet Papens Biographie die Grenzen Westfalens: Sein Wirkungskreis als Militär, Politiker und Diplomat beschränkte sich nicht nur auf Preußen und das Deutsche Reich, sondern hatte weltpolitische Dimensionen. Dennoch verweisen die Wurzeln seiner Persönlichkeit ebenso nach Westfalen wie die Grundlagen seiner politischen Netzwerke, mit deren Hilfe er seinen Einfluss auf die deutsche Politik seit Beginn der 1920er-Jahre zielstrebig ausbaute. Seine Ambitionen brachten ihn schließlich in das Amt des Reichskanzlers und prädestinierten ihn wenig später zum Architekten des Kabinetts Hitlers. In seiner Person verband sich der konservative Katholizismus eines westfälischen Adeligen mit dem arroganten Selbstbewusstsein eines preußischen Offiziers, das forsche Temperament des Kavalleristen mit der berechnenden Kühle des Generalstäblers, die charmanten Umgangsformen des Höflings mit dem bornierten Standesdünkel des aristokratischen Agrariers. Seine Mentalität und sein Habitus erwiesen sich als ebenso stabil wie seine unbedingte monarchische Gesinnung und sein elitär-patriarchalisches Gesellschaftsbild. Papens politischer Stil und seine Ziele leiteten sich aus diesen Konstanten ab.

Franz Joseph Hermann Michael Maria von Papen, Erbsälzer zu Werl und Neuwerk, wurde am 29. Oktober 1879 als jüngster Sohn des Gutsbesitzers und vormaligen Kavallerieoffiziers Friedrich von Papen-Koeningen in Werl geboren. Er entstammte einer Familie von Erbsälzern, die seit dem Mittelalter einen exklusiven Anteil an der Salzgewinnung in Werl hatte. Ursprünglich dem städtischen Patriziat zugehörig, betrieb die Familie Papen über Jahrhunderte systematisch ihren Aufstieg in den Adel. Zum Zeitpunkt der Geburt Franz von Papens gehörte es schon lange zu ihrem Selbstverständnis, dem ältesten westfälischen Adel anzugehören. Er wuchs in dem Bewusstsein auf, Inhaber uralter Privilegien zu sein, die seine Familie gegen alle Anfechtungen behauptet hatte. Wie bei den anderen Werler Erbsälzern bestand eine enge Bindung an die katholische Kirche, für die zu kämpfen die männlichen Mitglieder der Familie – gemäß ihres Eides auf die Statuten des Geschlechterverbands – verpflichtet waren. Dementsprechend orientierte sich die Familie von Papen im 19. Jahrhundert zunächst am katholischen Kaisertum der Habsburger. Erst der Kriegsdienst Friedrich von Papens in den Einigungskriegen führte die Familie emotional an das protestantisch und preußisch dominierte Deutsche Reich heran.

Als nachgeborener Sohn vom Erbe des familiären Besitzes ausgeschlossen, wurde der junge Franz von Papen auserkoren, diese Bindung an das neue Reich zu vertiefen: Er sollte preußischer Offizier werden. Keineswegs widerstrebend akzeptierte Papen den väterlichen Wunsch und trat im Alter von elf Jahren in das Vorkorps im Kadettenhaus Bensberg bei Bonn ein. Dieser Schritt bedeutete für ihn das vorzeitige Ende der Kindheit. Mit aller Härte und mit drastischen erzieherischen Praktiken wurden die kindlichen Kadetten auf ihre spätere Offizierslaufbahn vorbereitet. Ziel war es, einen totalen Zugriff auf die noch unreife Persönlichkeit zu erlangen, die das militärische Normensystem vollkommen internalisieren sollte. 1895 wechselte Papen an die Hauptkadettenanstalt in Berlin-Lichterfelde. Auch dort hielt er den physischen und psychischen Belastungen stand und zeigte überdurchschnittliche Leistungen, die ihn 1897 für die „Selekta“ qualifizierten. Mithin gehörte Papen zu den besten Kadetten seines Jahrgangs, die nicht nur vorzeitig ihr Leutnantspatent und somit lebenslange Vorteile bei Beförderungen erhalten sollten, sondern auch das Pagenkorps am Hof Wilhelms II. stellten. Für die königlichen Pagen ergaben sich Möglichkeiten, einflussreiche Persönlichkeiten auf sich aufmerksam zu machen und erste Verbindungen zu knüpfen, die für die spätere Karriere dienlich sein konnten. Im letzten Jahr seiner Kadettenzeit regelmäßig am höfischen Leben und am höfischen Zeremoniell teilhaben zu können, hinterließ bei Franz von Papen einen tiefen und prägenden Eindruck.

Im März 1898 trat Papen als Leutnant in das Westfälische Ulanenregiment Nr. 5 ein. Hier hatte bereits sein Vater gedient und sich den Nimbus des Helden verdient, als er im Sommer 1870 das erste erfolgreiche Reitergefecht des Regiments auf französischem Boden führte und eine feindliche Husarenpatrouille nach einem Handgemenge zerstreute. Von dieser Tat zeugte ein Ölgemälde, das auch Jahrzehnte später noch im Offizierskasino zu bewundern war. Bei den 5. Ulanen handelte es sich um einen angesehenen Truppenteil: Es war ein schweres Kavallerieregiment mit „niedriger Hausnummer“, dessen Offizierskorps nahezu vollständig aus Adeligen bestand. Hinzu kam, dass es mit Düsseldorf einen attraktiven Standort hatte, der im Gegensatz zur eintönigen Gleichförmigkeit des Kavalleriedienstes im Nirgendwo der niedersächsischen oder ostpreußischen Einöde zahlreiche, auch gesellschaftliche Abwechslungen bot. Dazu gehörten unter anderem die sonntäglichen „Herren“-Reitturniere, bei denen sich Papen schnell als begabter Reiter hervortat und mit einigen Siegen auf seinem Pferd „Peeping Tom“ den Ruhm seines Regiments mehrte. Das Klischee des leichtsinnigen und leichtlebigen „Herrenreiters“

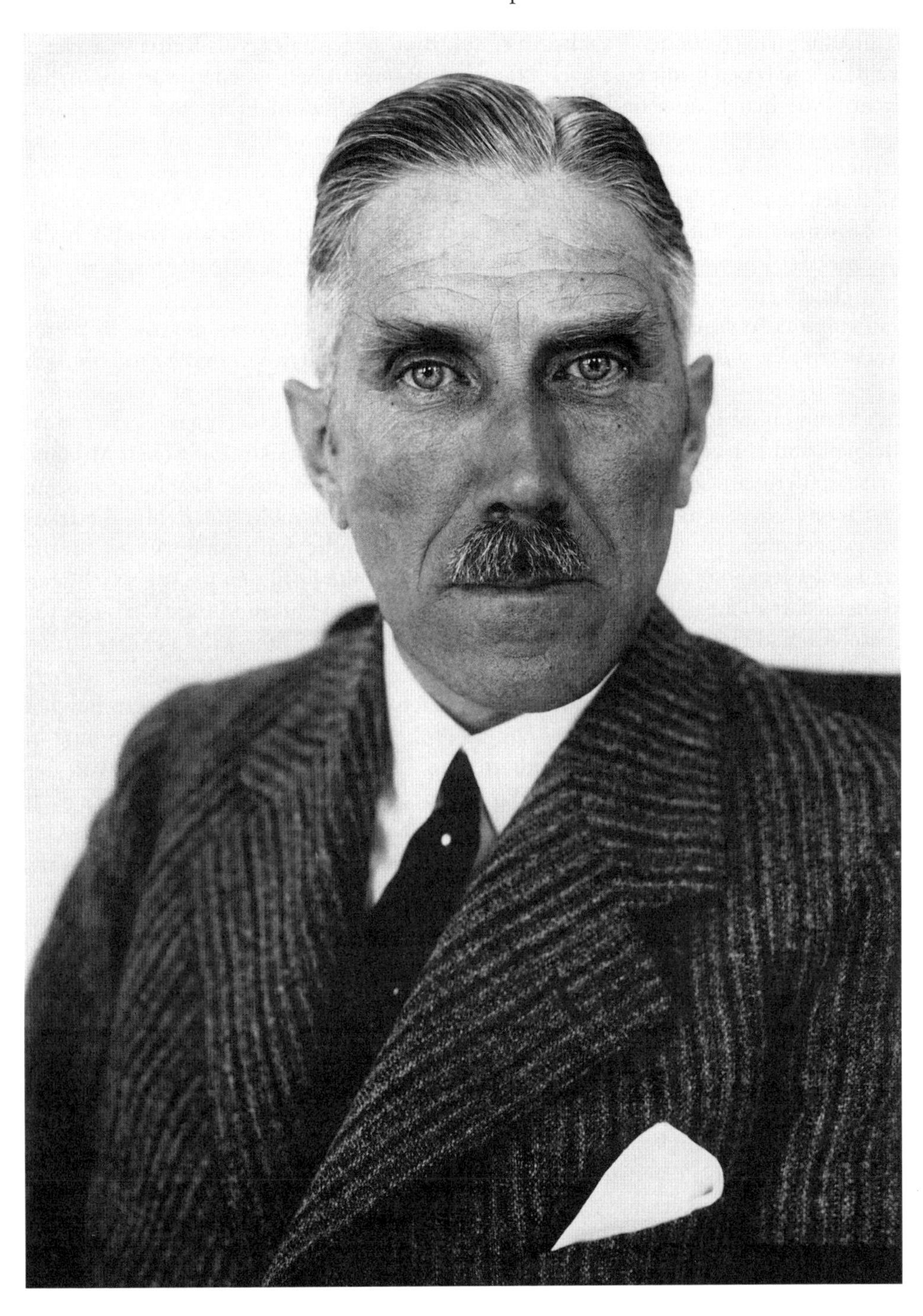

Franz von Papen (Foto: dpa Picture-Alliance)

sollte ihn fortan begleiten. Nachdem er aufgrund seines Talents als Reiter zwischenzeitlich zur Kavallerieschule nach Hannover kommandiert worden war, übernahm er ab 1904 den Posten des Regimentsadjutanten. Obwohl Franz von Papen wegen seiner Reitsportaktivitäten auf sein Gewicht achten und somit zahlreiche Ausschweifungen auslassen musste, erwies sich das Leben als Leutnant als kostspielig. Wie viele seiner Offizierskameraden versuchte er, sich mittels einer Geldheirat seiner finanziellen Nöte zu entledigen. Im Mai 1905 ehelichte er Martha von Boch, die Tochter des Porzellanfabrikanten René von Boch aus Mettlach an der Saar. Aus der Ehe gingen ein Sohn und vier Töchter hervor.

Papens Schwiegervater hatte vertraglich dafür gesorgt, dass der Mann seiner Tochter nicht ohne weiteres auf deren Vermögen zugreifen konnte. Er musste sich das Vertrauen des Saarindustriellen erst erarbeiten. Boch war nicht nur ein weltoffener Mann mit besten geschäftlichen und familiären Verbindungen nach Frankreich, Belgien und Luxemburg, sondern auch ein Bewunderer des preußischen Militärs, insbesondere der Offiziere des Großen Generalstabs. Mit dieser Mischung spornte er Papens Ehrgeiz an. Der junge Ulanenleutnant lernte nicht nur fleißig die französische Sprache, er bereitete sich auch akribisch auf die Aufnahmeprüfung für die Kriegsakademie vor, die es zu absolvieren galt, wollte er in den prestigeträchtigen Generalstab aufsteigen. Jedes Jahr bewarben sich rund tausend junge Offiziere für diese Ausbildung, aber nur 150 wurden genommen. Im Jahr 1907 gehörte Franz von Papen zu den Auserwählten. Er durchlief eine dreijährige Ausbildung in Berlin, die er so erfolgreich abschloss, dass er nach einem kurzen Intermezzo bei den feudalen 1. Garde-Ulanen in Potsdam ab April 1911 zur weiteren Verwendung in den Großen Generalstab kommandiert wurde. Nach zwei weiteren Jahren in der Herzkammer des preußisch-deutschen Militärs hatte Papen es geschafft: Kurz nach seiner Beförderung zum Rittmeister wurde er endgültig zu den Offizieren des Generalstabs versetzt, er gehörte nun zur Elite der deutschen Armee. Den überaus erfolgreichen Verlauf seiner Karriere verdankte Papen nicht nur seinem zweifellos vorhandenen militärischen Talent. Er brachte darüber hinaus auch die notwendigen Voraussetzungen für einen raschen Aufstieg mit: adelige Herkunft, Sozialisation in der Kadettenanstalt, angesehener Truppenteil sowie beste gesellschaftliche Verbindungen, die er immer weiter auszubauen verstand.

Möglicherweise waren es seine gesellschaftlichen Ambitionen, die Ende 1913 dazu beitrugen, Papens Bedenken gegen einen diplomatischen Posten auszuräumen. Zwar zögerte er zunächst, erklärte sich jedoch schließlich bereit, als Militârattaché mit Zuständigkeit für die USA und Mexiko nach Washington zu gehen. Dass er für diesen Posten trotz seines verhältnismäßig niedrigen Ranges als Rittmeister infrage kam, erklärt sich durch die geringe strategische Bedeutung, die den USA von der deutschen Militärführung zu diesem Zeitpunkt beigemessen wurde. Papens anfängliche Eindrücke schienen dies zu bestätigen. Er empfand die ersten Wochen in der US-Hauptstadt als weitgehend uninteressant, so dass er Ende Februar 1914 nach Mexiko reiste, um sich ein Bild von der dortigen Lage zu machen; die Wirren der mexikanischen Revolution versprachen Aufregung und Abwechslung. Dort erreichte ihn einige Monate später die Nachricht vom Ausbruch des Ersten Weltkriegs, Anfang August kehrte Papen in die USA zurück. Die als Folge des Krieges dort auf ihn wartenden Aufgaben waren allerdings so umfangreich, dass sie kaum zu bewältigen waren. Zum einen oblag es der deutschen Botschaft, die öffentliche Meinung in den vorerst neutralen Vereinigten Staaten im Sinne des Kaiserreichs zu beeinflussen. Zum anderen galt es, einen umfangreichen Zugriff der Entente auf die industriellen Kapazitäten der USA nach Möglichkeit zu behindern – letzteres war insbesondere die Aufgabe Papens, des Marineattachés Karl Boy-Ed und des Handelsattachés Heinrich Albert.

In der Propagandaschlacht um die amerikanische Öffentlichkeit stellte sich die Ausgangslage für das Deutsche Reich denkbar schlecht dar. Nach der offenkundigen Verletzung der belgischen Neutralität und Berichten über Gräueltaten in „poor little Belgium" hatte sich das Ansehen Deutschlands in den USA einem Tiefpunkt genähert. Obwohl sich die deutschen Diplomaten intensiv bemühten, die Gemeinschaft der Deutsch-Amerikaner zu mobilisieren, um mehr Verständnis für die deutschen Positionen und Ziele zu erreichen, gelang kein grundlegender Stimmungsumschwung. Als am 7. Mai 1915 ein deutsches U-Boot den Passagierdampfer „Lusitania" vor Irland torpedierte und dabei 1198 Menschen, darunter 124 US-Bürger tötete, verfestigte sich die entente-freundliche Haltung weiter Teile der amerikanischen Bevölkerung. Am Abend dieses Tages bekam Papen die Wut und die Empörung der Amerikaner hautnah zu spüren: Als er gemeinsam mit Boy-Ed den deutschen Botschafter bei einer Wohltätigkeitsveranstaltung in der New Yorker Oper vertrat, wurden die beiden Offiziere Ziel heftiger Unmutsbekundungen. In den folgenden Wochen war es vor allem Papen, der sich auf deutscher Seite in der propagandistischen Auseinandersetzung um die Versenkung der „Lusitania" exponierte und sich damit weiter unbeliebt machte. So bedauerte er zwar den Verlust menschlichen, insbesondere amerikanischen Lebens, betonte aber die Rechtmäßigkeit des Angriffs, da das Passagierschiff trotz deutscher Warnungen tatsächlich Munition mit dem Ziel Großbritannien transportiert hatte.

Schon bevor er als Apologet des Angriffs auf die „Lusitania" hervortrat, hatte Papen die Aufmerksamkeit amerikanischer Polizeibehörden und des britischen Geheimdienstes auf sich gezogen. Grund waren seine umfangreichen konspirativen Aktivitäten, die er gemeinsam mit Boy-Ed von New York aus organisierte und die darauf abzielten, die amerikanischen Rüstungslieferungen an die Entente zu beeinträchtigen. Obwohl diese Aufgabe so kriegswichtig war, waren dafür nur wenige Vorbereitungen von deutscher Seite getroffen worden – ein funktionsfähiger Geheimdienst musste erst noch aufgebaut werden. Da Papen zwar ein hochqualifizierter Offizier war, ihm auf dem Felde der Subversion aber die notwendigen Erfahrungen fehlten, kam es immer wieder zu Rück- und Fehlschlägen. So scheiterten etwa zwei Versuche, kriegswichtige Eisenbahnbrücken in Kanada zu sprengen, am Dilettantismus seiner Agenten. Papen hatte aber durchaus auch Erfolge vorzuweisen. Beispielsweise gelang es ihm, zahlreiche deutsche Reservisten und deutsch-amerikanische Kriegsfreiwillige mit gefälschten Pässen zu versorgen, damit sie nach Europa gelangen und in die deutsche Armee eintreten konnten. Im März 1915 gründete er die „Bridgeport Projectile Company", die zum einen in großem Stil die für die Munitionsherstellung notwendigen Rohstoffe aufkaufte und zum anderen mit ihren Aufträgen die Kapazitäten amerikanischer Munitionsfabriken band. Die Produkte wurden ins neutrale Ausland verkauft, nach Mexiko, Schweden oder Spanien. Zudem bemühte sich Papen darum, deutschstämmige Fachkräfte aus der Rüstungsindustrie abzuziehen, indem er ihnen Tätigkeiten in anderen Industriesektoren vermittelte. Nachdem bereits durch die Nachlässigkeit des Handelsattachés Albert – er hatte sich in der New Yorker Straßenbahn geheime Unterlagen über das Bridgeport-Projekt entwenden lassen – Details der deutschen Geheimdienstaktivitäten publik geworden waren, gelang den Briten Ende 1915 der entscheidende Schlag gegen Papen. Sie fingen ein Schreiben des österreichischen Botschafters in Washington ab, aus dem hervorging, dass der deutsche Militärattaché Streiks in US-Rüstungsfirmen inszeniert hatte. Nachdem die Briten diese Information veröffentlicht hatten, wurde Papen zur unerwünschten Person erklärt und im Dezember 1915 ausgewiesen. Als er die USA verließ, war er kein Unbekannter mehr, denn die britische und die amerikanische Presse hatten ihn zum Prototypen des anmaßenden, tölpelhaften Deutschen aufgebaut. Auf der Rückfahrt nach Deutschland lieferte Papen der britischen Propaganda eine weitere Möglichkeit, seinen zweifelhaften Ruf zu untermauern. Im leichtfertigen Vertrauen auf seine diplomatische Immunität führte er wichtige Unterlagen mit sich, die bei einem Zwischenstopp im britischen Falmouth beschlagnahmt und später zum Schaden des deutschen Agentennetzes in den USA publiziert wurden.

Nachdem Franz von Papen im Januar 1916 in Berlin eingetroffen war, erstattete er zunächst dem Generalstabschef Erich von Falkenhayn Bericht, wenig später der Marineleitung, dem Reichskanzler Theobald von Bethmann Hollweg und schließlich auch dem Kaiser persönlich. Papen plädierte mit Nachdruck gegen eine Ausweitung des U-Boot-Kriegs, hatte er doch das enorme militärisch-industrielle Potential der USA richtig einzuschätzen gelernt. Dementsprechend offen vertrat er die Ansicht, dass ein Kriegseintritt der Amerikaner zwangsläufig eine deutsche Niederlage nach sich ziehen müsse. Papens Lageeinschätzung stand jedoch im Gegensatz zu den Ansichten derjenigen Kreise, die die Kriegspolitik des Reiches maßgeblich bestimmten. Sie hielten die USA geringschätzig für eine zu vernachlässigende Größe.

Noch im Februar 1916 wurde Papen an die französische Front versetzt. Möglicherweise hatte er sich – Anlässe gab es genug – den Unmut seiner Vorgesetzten zugezogen. Vielleicht sollte er aber auch Erfahrungen in moderner Kriegsführung sammeln, bevor er erneut für eine Verwendung im Generalstab in Betracht kam. Er übernahm das Kommando über das II. Bataillon des Reserve-Infanterieregiments 93, das zum Verband der 4. Gardedivision gehörte, eine Eliteformation, die stets an den Brennpunken des Kriegsgeschehens eingesetzt wurde. Auf den schwer umkämpften Höhen von Vimy wurde Papen im Frühjahr 1916 erstmals mit der Realität des Stellungskriegs konfrontiert, die von der des simulierten Kriegs der

Kaisermanöver und Generalstabsszenarien erheblich abwich. Hier lernte er unaufhörliches Artilleriefeuer, Minensprengungen und erbitterte Nahkämpfe im Trichtergelände kennen. Sein militärisches Talent erwies sich dennoch als praxistauglich, durch Mut und Umsicht erwarb er sich die Anerkennung von Vorgesetzten und Untergebenen. Auch nachdem er Ende Juli 1916 zum 1. Generalstabsoffizier seiner Division ernannt worden war, wurde Papen keineswegs zum entrückten und dem Frontgeschehen zunehmend entfremdeten Etappenoffizier. Er hielt weiter engen Kontakt zur kämpfenden Truppe und zeigte sich auch kritischen Situationen gewachsen, so insbesondere im August und im November 1916 während der verlustreichen Materialschlacht an der Somme. Als im Frühjahr 1917 die Kämpfe an der Westfront mit neuer Heftigkeit aufflammten, gelang es der 4. Gardedivision, einen britischen Durchbruch bei Arras zu vereiteln. Wesentlich für den deutschen Erfolg war ein neues Konzept der flexiblen Verteidigung, über dessen praktische Umsetzung Papen wenig später im Großen Hauptquartier Bericht erstattete. Bei dieser Gelegenheit zog er erstmals die Aufmerksamkeit des Generalfeldmarschalls Paul von Hindenburg auf sich – ihr Bündnis, dessen Fundament vor allem ein gemeinsamer sozialer und professioneller Hintergrund war, sollte später den Lauf der Geschichte beeinflussen.

Inzwischen hatte sich Papen erfolgreich um einen verantwortungsvolleren Posten im Generalstab bemüht. Im Juni 1917 wurde er als 1. Generalstabsoffizier zur Heeresgruppe „Yildirim“ in den Nahen Osten versetzt und nahm kurz darauf mit seiner Beförderung zum Major die nächste Stufe der Karriereleiter. Während der eineinhalb Jahre, die er bis zum Kriegsende in engem Kontakt mit der osmanischen Militärelite verbrachte, knüpfte Papen wichtige Verbindungen, die ihm vor allem in seiner Zeit als Hitlers Botschafter in Ankara zwischen 1939 und 1944 von großem Nutzen sein sollten. Die Heeresgruppe Yildirim, bestehend aus türkischen Truppenteilen und dem neu aufgestellten deutschen Asienkorps, sollte ursprünglich Bagdad von den Briten zurückerobern. Da die Briten allerdings bereits Ende Oktober 1917 in Palästina zur Offensive übergingen und die türkische Frontlinie zu zerschlagen drohten, wurde dieser Plan zunächst verschoben und schließlich aufgegeben. Stattdessen wurden die deutschen Stäbe und Truppen an die gefährdete Front im Heiligen Land verlegt. Papen übernahm im März 1918 den Posten des Stabschefs der 4. osmanischen Armee, der im Ostjordangebirge von britischen Truppen und arabischen Aufständischen schwer zugesetzt wurde.

Im Gegensatz zu seinen türkischen Bündnis- und Gesprächspartnern kam Papen schnell zu der Überzeugung, dass dem arabischen Aufstand nur durch weitgehende Zugeständnisse beizukommen war; er plädierte für eine Autonomielösung, die dem britisch-arabischen Bündnis die Grundlage entziehen sollte. Um seinen Plänen die notwendige Unterstützung zu verschaffen, reiste er nach Berlin, wo er sie im August 1918 der Obersten Heeresleitung vortrug. Inzwischen brach die Front in Palästina endgültig zusammen. Während des hastigen Rückzugs fielen den Briten erneut geheime Unterlagen aus Papens Besitz in die Hände. Sie zögerten nicht, dies öffentlich auszuschlachten und so das tölpelhafte Image ihres alten Bekannten weiter zu zementieren. Papen selbst wurde mit den Resten des deutschen Asienkorps in Moda bei Konstantinopel interniert. Dort überwarf er sich mit seinem Vorgesetzten General Otto Liman von Sanders, der die Gründung eines Soldatenrats zulassen wollte. Der Befehlsverweigerung angeklagt, entzog Papen sich der drohenden Verhaftung durch die Flucht nach Deutschland. Nachdem er im Januar 1919 bei kurzen Aufenthalten in München und Berlin die Revolution als Schock erlebt hatte, erreichte er schließlich das Hauptquartier der Obersten Heeresleitung in Kolberg. Dort berichtete er Hindenburg über die Entwicklungen im Nahen Osten und konnte mit dem ihm eigenen Charme seine Begnadigung erreichen. Dennoch nahm Papen seinen Abschied. Er sah in der Armee einer Republik keinen Platz „für einen Soldaten, der auf die Fahne des Königs von Preußen geschworen hatte".

Im Gegensatz zu vielen anderen Offizieren schloss sich Papen nicht den Freikorps an, obwohl er ihnen durchaus Sympathie entgegenbrachte. Stattdessen kehrte er an die Wurzeln seines adeligen Selbstverständnisses zurück. Wie sein Vater und sein Bruder wurde er Gutsherr in Westfalen, indem er 1919 das in der Nähe von Dülmen gelegene Haus Merfeld pachtete. Er etablierte sich rasch im agrarischen Milieu Westfalens, vor allem knüpfte er Verbindungen innerhalb des bäuerlichen Verbandswesens. Bald erklärte Papen sich mit einer Landtagskandidatur für die Zentrumspartei einverstanden. Angetragen worden war sie ihm von Engelbert Freiherr von Kerckerinck zur Borg, der als Vorsitzender des Westfälischen Bauernvereins und der katholischen Bauernvereine Deutschlands einer der einflussreichsten Agrarlobbyisten der 1920er-Jahre war. Papen verfügte nicht nur über gute Kontakte, er war auch begütert, verantwortungsfreudig, eloquent, erzkatholisch und zutiefst konservativ – er brachte also alle Voraussetzungen mit, um die Interessen der westfälischen Großagrarier parlamentarisch vertreten zu können. Kerckerincks Angebot kam Papens Überzeugung entgegen, über die nötigen Anlagen und Fähigkeiten für eine politische Karriere zu verfügen. Obwohl er durchaus Sympathien für die Deutschnationalen verspürte, schloss er sich nun dem Zentrum an, das im ländlichen Westfalen vor allem durch seinen konservativen Flügel dominiert wurde.

In seiner Bereitschaft, auch im neuen Staat Verantwortung zu übernehmen, war Papen schon im Juli 1919 durch ein Schreiben des neuen Generalstabschefs, seines ehemaligen Vorgesetzten Hans von Seeckt, bestärkt worden. Der General hatte darin alle Offiziere des Generalstabs aufgefordert, sich der Republik im Rahmen ihrer Möglichkeiten zur Verfügung zu stellen. Indem er politische Ämter übernahm, erfüllte Papen – seiner Auffassung zufolge – also nur seine Pflicht als Offizier. Seinem Selbstverständnis nach blieb er dabei „unpolitisch", das heißt ausschließlich am Interesse des Staates ausgerichtet. Hinter dieser Fassade verbarg sich allerdings eine grundsätzliche Absage an die Republik, hinzu kam die Identifikation von Staatsinteressen und Einzelinteressen der traditionellen sozialen und ökonomischen Eliten, als deren „Treuhänder" er sich verstand. Dies schlug sich auch in Papens politischer Konzeption nieder, die er nach eigenen Angaben unter dem Eindruck der unmittelbaren Nachkriegszeit entwickelte und an deren Umsetzung er fortan konsequent arbeitete. Durch die Zusammenfassung aller christlichen, nationalen und konservativen Kräfte glaubte er, die gottlosen und gefährlichen Marxisten – dazu gehörten für ihn auch die Vertreter der SPD – erfolgreich bekämpfen und besiegen zu können. Und ein Sieg bestand, so hatte Papen es als Generalstabsoffizier gelernt, in der Vernichtung des Feindes.

Franz von Papen wurde 1921 tatsächlich in den preußischen Landtag gewählt, wo er sich rasch einen Namen als konservativer Finanz- und Landwirtschaftsexperte machte. Nachdem zu Beginn der Legislaturperiode ein erstes Experiment des Zentrums gescheitert war, Preußen gemeinsam mit den Rechtsparteien DVP und DNVP zu regieren, war es zu einer Neuauflage der Weimarer Koalition unter Einbeziehung der DVP gekommen. Zwar ließ Papen keinen Zweifel an seiner tiefen Abneigung gegen die SPD aufkommen, er trug aber die Politik der Regierung Braun loyal mit. Das Krisenjahr 1923 allerdings führte zu einem Umdenken, fortan verband er großagrarische Interessenpolitik immer stärker mit einem offenen Eintreten für die Bildung einer Rechtskoalition unter Ausschluss der SPD. Obwohl seine Positionen im Zentrum alles andere als mehrheitsfähig waren, war Papen keineswegs ein isolierter Renegat, hatte er doch im Mai 1924 die Mehrheitsanteile an der Zeitung „Germania" erworben, dem Zentralorgan der Partei. So brach er die publizistische Vorherrschaft des linken Flügels – ein Ziel, das die konservative Adelsfraktion innerhalb der Partei bereits über Jahre beharrlich verfolgt hatte – und sicherte damit seinen politischen Auffassungen ein prominentes Forum. Je weiter sich der Abgeordnete Papen vom Zentrum entfernte, desto bekannter wurde sein Name in den Reihen der republikfeindlichen Rechten.

Als der Reichstag im August 1924 den Reparationsvereinbarungen des Dawes-Plans zustimmte und dies auf Druck der Industrie auch von Teilen der DNVP-Fraktion mitgetragen wurde, die damit den für eine Regierungsbeteiligung notwendigen Pragmatismus signalisierte, meinte Papen, eine günstige Konstellation für seine Pläne in Preußen zu erkennen. Nachdem die DNVP bei den vorgezogenen Neuwahlen im Dezember 1924 zur zweitstärksten Kraft im Landtag aufgestiegen war und eine Rechtsregierung nicht nur rechnerisch möglich erschien, wagte Papen den Sprung. Am 23. Januar 1925 verwehrte er gemeinsam mit zwei anderen Zentrumsabgeordneten der Neuauflage einer Großen Koalition die Unterstützung, indem er sich weigerte, gegen einen Misstrauensantrag der Deutschnationalen zu stimmen – Ministerpräsident Otto Braun trat zurück. Während der anschließenden mehrmonatigen Regierungskrise in Preußen sorgte Papen durch sein wechselhaftes Abstimmungsverhalten – zunächst stimmte er doch noch für Braun, dann wählte er dessen Nachfolger, den Zentrumspolitiker Wilhelm Marx, verweigerte ihm aber schließlich auch das Vertrauen – und sein Beharren auf einer Rechtskoalition für Aufsehen in der Öffentlichkeit und für Missfallen in seiner Partei. Nicht nur im Landtag und in der „Germania" trat er konsequent für einen Rechtsschwenk des Zentrums ein, auch bei den Reichspräsidentenwahlen unterstützte er nicht den Kandidaten des Zentrums, sondern mobilisierte die Wählerschaft seines westfälischen Wahlkreises erfolgreich für den von den Rechten nominierten Paul von Hindenburg. Seiner Partei hielt Papen öffentlich vor, sich in dauerhafte Abhängigkeit von der SPD zu begeben. Zwar hatten der Wahlsieg Hindenburgs und seine scharfe Kritik am Kurs des Zentrums Papens Isolation in Fraktion und Partei verschärft, ausschließen konnte man ihn jedoch nicht. Er blieb einer der wichtigsten Exponenten des rechten Flügels mit starkem Rückhalt im ländlichen Westfalen und bester Vernetzung innerhalb des einflussreichen katholischen Adels – zu seinen Freunden zählte mit Hans Graf Praschma beispielsweise der starke Mann des schlesischen Zentrums, der später allerdings zu den Deutschnationalen wechselte.

In der zweiten Hälfte der 1920er-Jahre wurde es ruhiger um Papen: War er bis 1924 einer der aktivsten Redner seiner Fraktion gewesen, meldete er sich in seiner zweiten Legislaturperiode kaum noch zu Wort. Auch seine publizistische Aktivität ging merklich zurück. Nachdem er 1926 in einer Artikelserie in der „Germania" nochmals vehement für ein Zusammengehen des Zentrums mit der DNVP eingetreten war und in diesem Kontext seine Ablehnung der Weimarer Reichsverfassung offen bekundet sowie die Errichtung eines autoritären Staates gefordert hatte, nahm er 1927 nicht mehr öffentlich Stellung. Dies hing auch damit zusammen, dass sich inzwischen tatsächlich eine zentrumsgeführte Reichsregierung unter Beteiligung deutschnationaler Minister konstituiert hatte – Papen rechnete sich diese Entwicklung als Verdienst an. Das Jahr 1927 brachte allerdings nicht nur Erfolge. So zerschlugen sich Papens Pläne für die „Germania" weitgehend, als sich herausstellte, dass er die vom konservativen katholischen Adel gewünschte politische Richtungsänderung in der Redaktion nicht durchsetzen konnte. Die Zeitung entpuppte sich schließlich auch noch als ein finanzielles Verlustgeschäft. Zu Hilfe kamen Papen seine Freunde aus der rheinisch-westfälischen Schwerindustrie, die ihm bereits bei den Auseinandersetzungen um die Aktienmehrheit der „Germania" zur Seite gestanden hatten und ihm nun großzügig Darlehen und Zuwendungen gewährten. Führende Mitglieder des „Vereins zur Wahrung der gemeinsamen wirtschaftlichen Interessen in Rheinland und Westfalen", in der Öffentlichkeit auch als „Langnam-Verein" bekannt, hatten in Papen frühzeitig einen Politiker erkannt, der innerhalb des Zentrums ihre Interessen vertreten konnte. Die Kontakte Papens zu den Spitzenvertretern der westdeutschen Industrie verfestigten sich, so zum Generaldirektor der Hoesch AG, Fritz Springorum, zum Vorstandsvorsitzenden der Oberhausener Gutehoffnungshütte, Paul Reusch, sowie zu Albert Vögler und Fritz Thyssen, den Vorstands- bzw. Aufsichtsratsvorsitzenden der Vereinigte Stahlwerke AG. Der Agrarlobbyist wurde mehr und mehr auch zum Treuhänder industrieller Interessen.

Obwohl Papen 1928 sein Landtagsmandat verlor und öffentliche Auftritte mied, bedeutete dies nicht, dass er untätig blieb – ganz im Gegenteil arbeitete er innerhalb des elitären konservativen Klubwesens intensiv am Ausbau und an der Festigung seiner Beziehungen. Vor allem der „Deutsche Herrenklub", zu dessen Direktoriumsmitglied er bald aufstieg, bot ihm hierzu exzellente Möglichkeiten. Im Ruf eines angenehmen Gesellschafters und charmanten Plauderers stehend, war Papen gern gesehener Gast bei exklusiven Abendessen, Empfängen oder Vortragsveranstaltungen, wo sich mannigfaltige Gelegenheiten zu vertraulichen Hintergrundgesprächen mit einflussreichen Persönlichkeiten ergaben. Im Umfeld des Herrenklubs kam Papen auch mit rechtskonservativen Theoriezirkeln in Berührung, die darüber diskutierten, wie der Faschismus für die deutschen Verhältnisse zu adaptieren sei. Vor allem das Denken der „Jungkonservativen" um Edgar Julius Jung erwies sich mit seiner ständestaatlichen Orientierung, seinem expliziten Bezug auf das Christentum und seinem Ziel eines übernationalen *sacrum imperium* als anschlussfähig an Papens Weltbild. In seinen öffentlichen Wortmeldungen, die sich ab 1929 wieder häuften und die er vor allem im Vereinsorgan des Herrenklubs „Der Ring" publizierte, klangen immer deutlicher die Vorstellungswelten des Faschismus an.

Papen engagierte sich zudem im sogenannten Zivil-Kasino, einem – selbstverständlich ebenfalls – elitären Klub, der sich der Kontaktpflege zwischen konservativen Politikern, Wirtschaftsführern und der Reichswehrführung verschrieben hatte. Die Offiziere, die Ende der 1920er-Jahre die Spitzenposten der Reichswehr besetzten, gehörten häufig zu Papens Ausbildungsjahrgang in der Kriegsschule und im Generalstab, so etwa Joachim von Stülpnagel oder Kurt von Hammerstein-Equord. Auch dem kommenden starken Mann der Reichswehr, Kurt von Schleicher, kam er auf den Jahrgangstreffen des Generalstabs näher. Ihre bislang eher flüchtige Bekanntschaft intensivierte sich, der „politische General" von Schleicher plante mit Papen.

Im Jahr 1930 verließ Papen Westfalen. Nachdem seine Frau ein Gut in Wallerfangen geerbt hatte, zog die Familie ins französische Mandatsgebiet an der Saar. Für einen folgenreichen Auftritt kehrte Papen allerdings nochmals ins Münsterland zurück: Vor der Generalversammlung des Landwirtschaftlichen Ortsvereins in Dülmen hielt Papen Anfang Oktober 1931 eine vielbeachtete Rede, in der er nicht nur sein weithin bekanntes Konzept einer Kooperation zwischen Zentrum und Deutschnationalen wiederholte, sondern Reichskanzler Brüning auch explizit dazu aufrief, eine „Diktatur auf nationaler Grundlage" zu errichten; zu diesem Zwecke sollte sich Brüning die Unterstützung der seit 1930 erstarkten Nationalsozialisten sichern. Ein halbes Jahr später bekräftigte Papen seine Auffassung: In einer Zuschrift an die Zeitschrift „Der Ring" vom 15. April 1932 forderte er erneut die „Heranziehung der wertvollen Elemente an den Staat, die sich im Sammelbecken der Rechten befinden". Gemeint war damit, die NSDAP innerhalb eines Rechtsblocks in die Regierungsverantwortung einzubinden.

Kaum zwei Monate später wurde Franz von Papen, für weite Teile der Öffentlichkeit vollkommen überraschend, zum Reichskanzler ernannt. Zwar war Papen zwischen 1930 und 1932 erneut Abgeordneter im Preußischen Landtag gewesen, im Parlament aber kaum in Erscheinung getreten. Erfahrungen in der Exekutive hatte er bis dahin nur in seiner Amtszeit als Ehrenbürgermeister von Dülmen zwischen 1928 und 1930 gesammelt. Aus der Perspektive des Generals von Schleicher, der hinter den Kulissen inzwischen maßgeblichen Einfluss auf die deutsche Politik gewonnen hatte, schien Papen dennoch der geeignete Kandidat zu sein. Zum einen war Papen dem Reichspräsidenten problemlos vermittelbar. Hindenburg hatte die Karriere des ehemaligen Generalstabsoffiziers wohlwollend verfolgt und sich eine hohe Meinung von seinem adeligen Standesgenossen gebildet; bereits 1928 wollte er ihn mit dem Amt des Reichswehrministers betrauen. Zum anderen hatte Papen als Exponent des äußersten rechten Zentrumsflügels aus seiner Bereitschaft zur Zusammenarbeit mit den Nationalsozialisten in den vorausgehenden Monaten kein Geheimnis gemacht. Dementsprechend ging Schleicher davon aus, mit ihm seinen Plan realisieren zu können, durch einen Brückenschlag vom Zentrum bis zur NSDAP die parlamentarische Basis der Reichsregierung nach rechts zu verschieben und auf diese Weise die Tolerierung durch die Sozialdemokraten überflüssig zu machen. Reichskanzler Brüning, zermürbt von den innenpolitischen Auseinandersetzungen, wollte dieses Konzept nicht mittragen und musste am 30. Mai 1932 gehen. Während der beiden vorangegangenen Tage hatte Papen in Gesprächen mit Schleicher seine Bereitschaft erkennen lassen, das Amt des Regierungschefs zu übernehmen und das Zentrum noch weiter nach rechts zu führen. Während Schleicher sich über Mittelsmänner eine vage Zusage Adolf Hitlers für die Tolerierung eines Kabinetts Papen durch die NSDAP sichern konnte, scheiterte Papen jedoch mit seinen Bemühungen, den Vorsitzenden des Zentrums, Prälat Ludwig Kaas, von einer Kooperation mit den Nationalsozialisten zu überzeugen. Obwohl damit noch vor seinem Amtsantritt das wesentliche Ziel seiner Kanzlerschaft unerreichbar geworden war, stimmte Papen dennoch nach kurzem Zögern seiner Ernennung zu. Am 1. Juni 1932 wurde er Reichskanzler. Die von ihm brüskierte Zentrumspartei verließ er zwei Tage später. In der Öffentlichkeit begründete er dies mit seinem Anspruch der Überparteilichkeit, tatsächlich allerdings ging er, um einem Ausschluss zuvorzukommen. Reichswehrminister von Schleicher sah sich selbst als den „Kopf" des von ihm selbst maßgeblich zusammengestellten „Kabinetts der Barone", Papen hingegen sollte in erster Linie als „Hut" fungieren, also als ein nützliches, aber weitgehend einflussloses politisches Aushängeschild. Der agile Papen emanzipierte sich jedoch rasch. Vor allem indem er selbst ein Vertrauensverhältnis zum Reichspräsidenten von Hindenburg aufbaute, erweiterte er seinen politischen Handlungsspielraum gegenüber Schleicher, der innerhalb weniger Monate vom Förderer zum Konkurrenten und Gegenspieler wurde.

Selten dürfte ein deutscher Kanzler bei seinem Amtsantritt vor größeren Problemen gestanden haben. Die Weltwirtschaftskrise befand sich auf dem Höhepunkt, über sechs Millionen Menschen in Deutschland waren arbeitslos. Das innenpolitische Klima war in höchstem Maße vergiftet. Politische Gewalt bestimmte den Alltag, obwohl mit der nationalsozialistischen SA einer der Protagonisten der gewalttätigen Straßenpolitik seit mehreren Wochen verboten war. Die Machtverhältnisse im größten Teilstaat des deutschen Reiches, in Preußen, waren ungeklärt, die Reichsregierung verfügte über keine parlamentarische Mehrheit. Zusätzliche Herausforderungen ergaben sich in der Außenpolitik: Das Deutsche Reich hatte immer noch jährlich Kriegsreparationen in Milliardenhöhe zu leisten, der Kriegsschuldparagraph und die Rüstungsbeschränkungen des Versailler Vertrages waren immer noch gültig. Mit diesen ungelösten Fragen hatte sich Papen quasi aus dem Stand zu befassen: Zwischen dem 16. Juni und dem 9. Juli führte er auf der Konferenz von Lausanne an der Spitze der deutschen Delegation die Verhandlungen über ein Ende der Reparationszahlungen. Seine bisherigen außenpolitischen Erfahrungen hielten sich in Grenzen, zuletzt hatte sich Papen allerdings auf informellen Wegen bemüht, einen deutsch-französischen Ausgleich herbeizuführen. Seit den späten 1920er-Jahren hatte er nicht nur mehrere Artikel veröffentlicht, in denen er für eine Annäherung an Frankreich plädierte, er hatte auch an mehreren Treffen deutscher und französischer Katholiken sowie zwischen Frontkämpfern beider Seiten teilgenommen. In Lausanne ging Papen tatsächlich auf die französische Seite zu und bot eine Vertiefung der Zusammenarbeit an – nicht zuletzt im Hinblick auf ein von ihm favorisiertes antisowjetisches Bündnis. Zwar konnte er keine definitiven Zusagen erreichen, faktisch aber das Ende der Reparationen; die vereinbarte Abschlusszahlung in Höhe von drei Milliarden Reichsmark wurde nie geleistet. Der in Deutschland als Schmach empfundene Kriegsschuldartikel blieb jedoch ebenso bestehen wie die Rüstungsbeschränkung. Dementsprechend verheerend war das Presseecho.

Wie es seine Art war, ging Papen auch die innenpolitischen Probleme forsch an und versuchte, Lösungen im Sinne seiner konservativen Bündnispartner in Industrie, Landwirtschaft und Militär herbeizuführen. Die Politik des Kabinetts Papen trug damit wesentlich dazu bei, die soziale und politische Verfassung des Weimarer Systems sukzessive auszuhöhlen und letztlich zu beseitigen. In einer Serie spektakulärer Maßnahmen verdeutlichte die neue Reichsregierung noch vor Papens Abreise nach Lausanne die zukünftigen innenpolitischen Leitlinien. Zunächst wurde der Reichstag aufgelöst und Neuwahlen für Ende Juli festgesetzt. Auf diese Weise sollte die Exekutive auf eine neue parlamentarische Grundlage gestellt werden; eine Kooperation mit den Nationalsozialisten, die sich hohe Zugewinne ausrechneten, war vorgesehen. Am 14. Juni 1932 kürzte eine Notverordnung die staatlichen Sozialleistungen rigoros – die Industrie hatte einen solchen Schritt bereits lange gefordert. Zwei Tage später hob das Reichsinnenministerium das SA-Verbot auf, um der NS-Bewegung zu weitgehender Handlungsfreiheit im Wahlkampf zu verhelfen. Zugleich sollte damit eine Eskalation der innenpolitischen Lage herbeigeführt werden, die weitere drastische Exekutivmaßnahmen der Regierung rechtfertigen konnte. Ziel war es, wie von Papen und anderen Exponenten des republikfeindlichen rechten Lagers schon lange gefordert, das als demokratische Bastion geltende Preußen unter die Verwaltung des Reiches zu stellen. Tatsächlich ließ die sprunghaft ansteigende politische Gewalt schnell den Eindruck entstehen, die preußische Polizei – und damit mittelbar die Regierung – sei nicht mehr Herrin des Geschehens. Folgerichtig lieferte mit dem „Blutsonntag von Altona“ eine missglückte Polizeiaktion den Vorwand für die Reichsexekution gegen Preußen am 20. Juli 1932. Papen setzte in einer von langer Hand geplanten Blitzaktion die SPD-geführte preußische Regierung ab und sich selbst als Reichskommissar ein. In den Tagen und Wochen nach diesem „Preußenschlag“ wurden republiktreue Beamte an den Schaltstellen in Regierung, Verwaltung und der im Kampf um die Macht entscheidenden Polizei entfernt und durch Parteigänger der Deutschnationalen ersetzt. Dieser „kalte Staatsstreich“ Papens brach der Weimarer Republik das Rückgrat, ihre Agonie allerdings dauerte an.

Bei den Reichstagswahlen vom 31. Juli verdoppelte sich der Stimmenanteil der Nationalsozialisten auf über 37 Prozent. Im Auftrag des Reichspräsidenten verhandelte Papen nun mit der neuen stärksten Kraft im Parlament über eine Regierungsbeteiligung. Hitler sollte Vizekanzler werden, lehnte dies allerdings ab und beanspruchte die Kanzlerschaft. Während eine neue Welle des SA-Terrors dieser Forderung Nachdruck zu verleihen versuchte, scheiterten die Gespräche zwischen Reichsregierung und NSDAP. Papen suchte nun nach einem Weg, dauerhaft ohne den Reichstag zu regieren und optierte für einen „Neuen Staat", den sein jungkonservativer Adlatus Walther Schotte wie folgt charakterisierte: „ein starker Staat [...] frei von Interessen, gerecht in sich, unabhängig von den Parteien". Es handelte sich also um eine mehr oder weniger offene Diktatur, die mit ihrem ständischen Aufbau die soziale und politische Ungleichheit zementieren sollte. Der Reichswehrminister trug diese Lösung jedoch nicht mit. Schleicher favorisierte stattdessen die Bildung einer vom Reichstag gestützten Regierung in Zusammenarbeit mit dem linken Flügel der NSDAP, deren Spaltung er so zu erreichen hoffte. Der Gegensatz zwischen Papen und Schleicher spitzte sich zu.

Am 12. September 1932 sprach der Reichstag dem Kanzler mit überwältigender Mehrheit das Misstrauen aus. Papen blieb jedoch zunächst im Amt, da das Parlament in einem fragwürdigen Verfahren zuvor per Notverordnung aufgelöst und Neuwahlen angesetzt worden waren. Die verbleibende Zeit bis zur erneuten Reichstagswahl nutzte die Regierung Papen für einschneidende Maßnahmen auf allen Politikfeldern. Bereits am 28. August hatte Papen in einer Rede vor dem Westfälischen Bauernverein in Münster sein neues Wirtschaftsprogramm vorgestellt, das im September mit einer Serie von Notverordnungen in die Tat umgesetzt wurde. Ein Steuernachlass in Milliardenhöhe sollte die deutschen Großunternehmen entlasten und die Konjunktur beleben, zudem wurden die bisher geltenden Tarifvereinbarungen außer Kraft gesetzt und die Stellung der Gewerkschaften damit massiv beeinträchtigt. Umfangreiche Arbeitsbeschaffungsmaßnahmen komplettierten den sogenannten Papen-Plan. Dass der bereits im Juli eingerichtete „Freiwillige Arbeitsdienst" nicht nur arbeitsmarkt-, sondern auch militärpolitische Implikationen hatte, verweist auf die umfangreichen Aktivitäten des „Kabinetts der nationalen Konzentration" auf dem Felde der Rüstungspolitik. Im September 1932 verließ die deutsche Delegation die Genfer Abrüstungskonferenz. Zwar erkannten die Alliierten daraufhin die militärische Gleichberechtigung des Reiches grundsätzlich an und brachten die Deutschen damit zurück an den Verhandlungstisch, aber inzwischen hatte die Reichswehr mit der Umsetzung von Plänen zur Heereserweiterung begonnen – die Politik der Wiederaufrüstung war in eine neue Phase eingetreten. Dennoch war es die Reichswehr, die Papen schließlich die Gefolgschaft versagen sollte.

Nachdem sich bei der Reichstagswahl am 6. November 1932 die Mehrheitsverhältnisse nicht wesentlich zugunsten Papens verändert hatten und erneute Verhandlungen mit der NSDAP gescheitert waren, stand er vor der Alternative, entweder aufzugeben oder aber ein offen autoritäres Regime zu errichten. Papen entschied sich für die diktatorische Lösung und somit für den erneuten Staatsstreich. Nach dem Rücktritt seines Kabinetts am 17. November nur noch geschäftsführend agierend, versuchte er, die Unterstützung maßgeblicher Stellen für seine Pläne zu gewinnen. Während er sich bereits Hindenburgs Zustimmung für eine Suspendierung des Reichstags gesichert hatte, waren die Bedenken der Reichswehrführung zu groß. Nach den Ergebnissen eines Planspiels sah sie sich nicht in der Lage, den nach dem offenen Übergang zur Diktatur zu erwartenden bürgerkriegsähnlichen Unruhen militärisch Herr zu werden. Vor dem Hintergrund dieses Votums konnte Papens ehemaliger Mentor Schleicher beim Reichspräsidenten seine eigene Ernennung zum Regierungschef durchsetzen: Seine Querfront-Konzeption schien den Ausbruch eines Bürgerkriegs verhindern zu können. Papens Kanzlerschaft war somit am 2. Dezember 1932 nach einem halben Jahr beendet.

Bereits zwei Wochen später kehrte Papen allerdings in spektakulärer Weise auf die politische Bühne zurück. Der Herrenklub hatte ihn als Ehrengast und Hauptredner zu seinem politischen Jahresabschlussessen am 16. Dezember eingeladen. Mit dem ihm eigenen Zynismus behauptete er später, er habe diese Gelegenheit nur nutzen wollen, „um der Regierung Schleicher einen guten Start zu wünschen“. Tatsächlich aber begann an diesem Abend Papens finale Intrige gegen Schleicher und gegen die Republik. Indem er öffentlich die Zerrissenheit des nationalen Lagers bedauerte, signalisierte Papen seine Bereitschaft, an der Bildung einer breiten Rechtsfront aus Konservativen, Deutschnationalen und Nationalsozialisten mitzuwirken und dem Reichspräsidenten so eine Alternative zu Schleicher anzubieten. Ihre besondere Brisanz bezogen Papens Äußerungen aus seinem bekanntermaßen guten Verhältnis zu Hindenburg. Daraufhin vermittelte der Bankier Kurt von Schröder, der sich hinter den Kulissen für die NSDAP engagierte, einen erneuten Kontakt zu deren Führer. Papen traf sich am 4. Januar 1933 in Schröders Kölner Villa zu einem konspirativen Gespräch mit Hitler, bei dem die Möglichkeiten einer zukünftigen Zusammenarbeit in der Regierung ausgelotet wurden. Da Hitler erneut seine Ansprüche auf die Kanzlerschaft anmeldete, erörtete man, auf welche Weise gegebenenfalls die diesbezüglichen Vorbehalte des Reichspräsidenten überwunden werden könnten. Papen bot zu diesem Zweck an, als Vertrauensmann Hindenburgs in ein Kabinett Hitler einzutreten. Eine definitive Vorentscheidung für einen Kanzler Hitler fiel bei diesem Treffen nicht, Papen wollte sich diese Option aber offenhalten. Sein primäres Ziel war es, an die Macht zurückzukehren und sei es auch als Hitlers Vizekanzler. Den Führer der nationalsozialistischen Bewegung meinte er kontrollieren zu können. Papen hatte seinen Kurs mit einflussreichen Kreisen in Industrie, Finanzwesen und Landwirtschaft abgestimmt. Während die Mehrheit der großagrarischen Interessensvertreter eine Regierungsbeteiligung der NSDAP ohnehin befürwortete, zeigten sich inzwischen auch die Spitzen der Industrie dieser Idee gegenüber aufgeschlossen. Beunruhigt durch Schleichers gewerkschaftsnahe Politik, revidierten zahlreiche führende Industrielle ihre Vorbehalte gegen die Nationalsozialisten. Davon konnte sich Papen am 7. Januar überzeugen, als er in Dortmund mit Krupp, Vögler, Reusch und Springorum, also den führenden Männern von Langnam-Verein und Ruhrlade, zusammentraf. Sie ermutigten ihn, sich weiter für eine Umbildung der Regierung unter Einschluss der Nationalsozialisten einzusetzen, dachten dabei allerdings wohl eher an einen Diktator Papen als an einen Kanzler Hitler.

Trotz aller Bemühungen zur Geheimhaltung hatte unterdessen die Presse über das Kölner Treffen berichtet. Sowohl Hindenburg als auch Schleicher zeigten sich alarmiert und baten Papen zum Gespräch, der jedoch beide beruhigen konnte. Nachdem Papen am 9. Januar dem Reichspräsidenten berichtet hatte, ermächtigte ihn dieser sogar, die Sondierungsgespräche hinter dem Rücken seines amtierenden Kanzlers fortzusetzen. Es folgten weitere Besprechungen Papens mit Hitler, in die später auch die engsten Berater des Reichspräsidenten, sein Sohn Oskar von Hindenburg und sein Staatssekretär Otto Meißner, ferner DNVP-Chef Alfred Hugenberg und die Führer des deutschnationalen Frontkämpferbundes „Stahlhelm" einbezogen wurden. Als Reichskanzler Schleicher am 28. Januar 1933 das Scheitern seiner Querfront-Strategie eingestehen musste, entzog ihm Hindenburg das Vertrauen. Anschließend ließ der Reichspräsident Papen zu sich kommen, der ihm empfahl, einen von starken deutschnationalen Männern eingerahmten Kanzler Hitler zu ernennen. Er selbst sollte in der von der Verfassung nicht vorgesehenen Rolle des Vizekanzlers und Reichskommissars in Preußen der eigentlich entscheidende Mann sein. Mit dieser Konstellation konnten Hindenburgs Vorbehalte gegen eine Kanzlerschaft Hitlers überwunden werden, der den designierten Vizekanzler schließlich mit der Regierungsbildung betraute. Im Bewusstsein über das Vertrauen Hindenburgs zu verfügen und mit der Zusicherung versehen, bei allen Gesprächen zwischen Reichspräsident und Reichskanzler anwesend zu sein, war Papen davon überzeugt, die Leitlinien der Politik selbst bestimmen zu können. Skeptiker in den eigenen Reihen beruhigte er: Man habe sich Hitler bloß engagiert.

Papen irrte. Die Nationalsozialisten ergriffen nach dem 30. Januar entschlossen die Initiative und sicherten sich binnen weniger Monate die uneingeschränkte Macht. Zwar waren sich die Bündnispartner über ihre Ziele weitgehend einig, ihre Methoden jedoch unterschieden sich deutlich. Während die alten Eliten auf den Umbau des Staates durch ein geregeltes administratives Verfahren setzten, verlieh der von der nationalsozialistischen Bewegungsbasis ausgehende terroristische Druck dem Prozess eine Eigendynamik, die für Papen und seine Minister schnell nicht mehr zu kontrollieren war. Entscheidend dafür war, dass sie den Nationalsozialisten zwei fatale Zugeständnisse gemacht hatten. Zum einen übertrugen Papens Barone die Kontrolle über die preußische Polizei dem Nationalsozialisten Hermann Göring und räumten so ohne Not eine entscheidende Machtposition. Der neue preußische Innenminister erwies sich als weitaus durchsetzungsfähiger als Papen, der ihm als Reichskommissar nominell vorgesetzt war. Zum anderen stimmte Papen Neuwahlen zu und verschaffte den Nationalsozialisten so die Möglichkeit, durch die Stärkung ihrer Position im Reichstag die Abhängigkeit des Reichkanzlers Hitler von präsidialen Notverordnungen zu durchbrechen. Trotz eines enormen terroristischen und propagandistischen Aufwandes verfehlte die NSDAP bei den Reichstagswahlen am 5. März 1933 jedoch die absolute Mehrheit. Auch Papen schnitt an der Spitze der hauptsächlich von DNVP und Stahlhelm gestützten

„Kampffront Schwarz-Weiß-Rot“ nicht sonderlich überzeugend ab. Somit reichte es selbst nach Einziehung der kommunistischen Mandate – die KPD war inzwischen durch eine für den Machtergreifungsprozess typische Kombination aus Gewalt- und Verwaltungsmaßnahmen als politische Kraft liquidiert worden – nicht für eine verfassungsändernde Zweidrittelmehrheit. Dennoch wurde das Wahlergebnis zum epochalen Triumph, als Manifestation der „Nationalen Erhebung“ umgedeutet. Anlässlich der Eröffnung des Reichstages am 21. März inszenierten die neuen Machthaber vor der Potsdamer Garnisonskirche die Verbindung von Preußentum und Nationalsozialismus. Die pathetischen Bilder des „Tages von Potsdam“ nährten die Illusion, die konservativen Kräfte könnten die nationalsozialistische Bewegung tatsächlich zähmen. Zwei Tage später verabschiedete der Reichstag das Ermächtigungsgesetz und stellte die Diktatur Hitlers auf eine neue, dem Einfluss Papens und Hindenburgs weitgehend entzogene Grundlage. Am 7. April 1933 verlor Papen durch das zweite Gesetz über die Gleichschaltung der Länder, an dem er selbst wesentlich mitgewirkt hatte, seine Stellung als Reichskommissar in Preußen. Kaum zwei Monate nach seiner Ernennung zum Vizekanzler hatte er damit seine wesentlichen Machtpositionen räumen müssen.

Dennoch bewahrte er sich Gestaltungsmöglichkeiten. Von seiner Vizekanzlei aus kämpften Papen und sein Mitarbeiterstab, der vorwiegend aus jungkonservativ gesonnenen Adeligen wie Herbert von Bose, Wilhelm von Ketteler, Hans Graf Kageneck und Fritz-Günther von Tschirschky bestand, um Einfluss auf die Politik des Dritten Reiches. So inszenierte er sich als gradueller Gegenpart zu Hitler, beispielsweise indem er sich als Fürsprecher konservativer und katholischer Opfer der NS-Terrorpolitik zu profilieren versuchte. Zu den Gewaltakten gegen Kommunisten, Sozialdemokraten oder Juden schwieg Papen. Um sich eine neue Machtbasis zu verschaffen, rief er am 3. April 1933 den „Bund Kreuz und Adler“ ins Leben, der eine Brücke zwischen Katholizismus und Nationalsozialismus schlagen sollte. Mit dem gleichen Ziel reiste er wenige Tage später nach Rom, wo er mit Vertretern des Vatikans über ein Konkordat verhandelte, das die Beziehungen zwischen der katholischen Kirche und dem Deutschen Reich endgültig regeln sollte. In vertrauensvollen Gesprächen mit Kardinalstaatssekretär Eugenio Pacelli, den er seit dessen Amtszeit als Apostolischer Nuntius in Berlin kannte, konnte Papen einen Konsens herbeiführen, von dem alle Beteiligten profitierten. Die katholische Kirche erhielt weitgehende Garantien für ihre Rechte und für den Schutz ihrer Organisationen, verzichtete im Gegenzug aber auf einen politischen Vertretungsanspruch. Somit stand einer Integration der deutschen Katholiken in das Dritte Reich, Papens erklärtem Ziel, nichts mehr im Wege. Das Reichskonkordat wurde am 20. Juli 1933 feierlich unterzeichnet und bescherte dem bis dato isolierten NS-Regime einen ersten außenpolitischen Erfolg – was die neuen Machthaber jedoch nicht hinderte, die vertraglichen Vereinbarungen mit der katholischen Kirche später sukzessive zu brechen. Die Verhandlungen in Rom blieben nicht der einzige außenpolitische Sonderauftrag, für den Papen sich vor allem durch seine persönlichen Netzwerke qualifizierte. Da er nicht nur im Saargebiet lebte und die dortigen Verhältnisse daher kannte, sondern auch gute Beziehungen zu einflussreichen Kreisen in Frankreich unterhielt, wurde er am 14. November 1933 zum Saar-Bevollmächtigten ernannt. In dieser Funktion bereitete er die Rückkehr des unter französischer Verwaltung stehenden Völkerbund-Mandatsgebiets an der Saar in den Reichsverband vor.

Papen war also weiterhin nützlich, seine Macht und sein Einfluss allerdings schwanden mehr und mehr. Gleichwohl blieb er der zentrale Ansprechpartner konservativer Kreise in der Regierung und bündelte ab Ende 1933 deren nun vermehrt auftretende Kritik an der nationalsozialistischen Politik. Insbesondere die aus den Reihen der SA zu vernehmende Forderung nach einer zweiten Revolution, die sich vor allem gegen die „Reaktion" richten müsse, sorgte für Unruhe – die aufstrebende neue Parteiarmee bedrohte die Machtpositionen der alten Eliten. Unter der Leitung seines Mitarbeiters Edgar Julius Jung verlieh Papens „Denkfabrik" in der Vizekanzlei der diffusen konservativen Kritik nicht nur intellektuelle Schärfe – dort schmiedete man auch konkrete Pläne, die NSDAP mit Hilfe des Militärs zu entmachten. Vor allem der absehbare Tod Hindenburgs, dessen Befehlsgewalt über die Reichswehr *conditio sine qua non* für ein erfolgreiches Vorgehen war, setzte die von Papen protegierten Jungkonservativen unter Zugzwang. Ob Papen von diesen Überlegungen im vollen Umfang Kenntnis hatte, ist fraglich. Allerdings übernahm er die Aufgabe, die hauptsächlich von Jung ersonnenen Pläne zur Eindämmung der NS-Bewegung und zum Aufbau eines alternativen faschistischen Staates zu kommunizieren. In diesem Zusammenhang erkundete er beispielsweise im Frühjahr 1934 Hitlers Haltung zu einer möglichen Wiedereinführung der Monarchie nach dem Ableben des Reichspräsidenten. Durch die Einsetzung eines Reichsverwesers hoffte man, Hitler den Oberbefehl über die bewaffnete Macht verwehren zu können. Hitler jedoch machte keine konkreten Zusagen.

Vor diesem Hintergrund gingen Papen und sein Umfeld in die Offensive und suchten die Öffentlichkeit. Anlässlich einer Festveranstaltung des Marburger Universitätsbundes am 17. Juni 1934 formulierte Papen offen seinen eigenen Gestaltungsanspruch im Rahmen der „Nationalen Erhebung" und erteilte dem „Gerede von der zweiten Welle, welche die Revolution vollenden werde", eine klare Absage. Papens Marburger Rede, die Jung in mehrwöchiger Arbeit verfasst hatte, war darauf ausgelegt, eine möglichst große öffentliche Wirkung zu erreichen. Tags zuvor waren zentrale Auszüge unter dem Titel „Die Ziele der deutschen Revolution" an die Presse gegeben worden. Goebbels jedoch, der über die brisanten Inhalte der Rede informiert wurde, während Papen sich bereits auf dem Weg nach Marburg befand, verhinderte die Verbreitung der Rede ebenso wie eine geplante Radioübertragung. Zur Überraschung seiner Zuhörer – anwesende Vertreter der SA verließen während der Rede aufgebracht den Saal – sparte der Vizekanzler nicht mit unverhohlener Kritik an den Nationalsozialisten. Er prangerte die Intellektfeindlichkeit und den „Byzantinismus" der NSDAP ebenso an wie den Terror der SA und deren sozialrevolutionäre Forderungen. Demgegenüber betonte Papen den Anteil der „Kreise der konservativen Erneuerung" an den bisherigen Erfolgen des Dritten Reichs, dessen Zukunft er als „religiös fundierter Staat der deutschen Gegenrevolution" mit einer

„sozialen Ordnung, die auf gemeingültigen organischen Formen beruht", sah. Er plädierte also unverkennbar für eine faschistische Alternative in Gestalt eines Ständestaats.

Aber Papens Bemühungen waren vergeblich. Zwar berichteten einige ausländische Zeitungen ausführlich über seine Rede und auch in Deutschland kursierte der Text unter der Hand, aber die erhoffte Breitenwirkung blieb aus. Als Papen der Sabotage von Goebbels gewahr wurde, drohte er empört mit seinem Rücktritt, den Hitler jedoch zunächst ablehnte. Zur gleichen Zeit liefen bereits die Vorbereitungen zum Gegenschlag: Schon am 25. Juni wurde Edgar Julius Jung, der Urheber der Rede, verhaftet; Papen intervenierte erfolglos. Schließlich zerschlugen SS und Gestapo mit brutaler Gewalt Papens renitentes Umfeld. Als am 30. Juni 1934 unter dem Vorwand eines angeblichen Putschversuchs die SA-Führung liquidiert wurde, erfolgte auch die Besetzung der Vizekanzlei. Papens Referent von Bose wurde in seinem Büro erschossen, Jung im Gefängnis. Andere Mitarbeiter wurden verhaftet, Papen selbst für vier Tage unter Hausarrest gestellt. Hitler hatte sich mit der Reichswehr verbündet und auf diese Weise nicht nur den bedrohlichen Machtfaktor SA beseitigt, sondern auch ein potentielles Bündnis konservativer Kräfte gegen ihn im Keim erstickt. Der Vizekanzler demissionierte aus Protest gegen die Ermordung Herbert von Boses, zum Tod seines Redenschreibers Jung schwieg er jedoch. Auch distanzierte sich Papen keineswegs vom NS-Staat, sondern diente sich Hitler umgehend wieder an.

Nachdem österreichische Nationalsozialisten am 25. Juli 1934 einen vergeblichen Putschversuch unternommen, dabei allerdings Bundeskanzler Engelbert Dollfuss umgebracht hatten, bedurfte es eines deutschen Vertreters in Wien, der in der Lage war, das zerrüttete Verhältnis zu den in Österreich diktatorisch herrschenden Christsozialen zu stabilisieren. Für diese Aufgabe schien der mit den Konzepten des Austrofaschismus offen sympathisierende Rechtskatholik Papen der richtige Mann zu sein. Mit weitreichenden Kompetenzen versehen, trat der ehemalige Reichskanzler Mitte August seinen neuen Posten als „Außerordentlicher Gesandter und bevollmächtigter Minister in besonderer Mission" an. Seine Mission beinhaltete es vor allem, eine großdeutsche Lösung der „Österreichischen Frage" vorzubereiten, mittelfristig also einen Zusammenschluss der beiden Staaten herbeizuführen. Papen, unterstützt von den Überlebenden seines bewährten Mitarbeiterstabes, entfaltete rasch rege gesellschaftliche, diplomatische, finanzielle und geheimdienstliche Aktivitäten. Über seine zielstrebig aufgebauten Netzwerke und seine informellen Kanäle wuchs sein Einfluss auf die österreichische Politik stetig an. So gelang es ihm, die beiden Trägergruppen des Ständestaats, Christsoziale und Heimwehren, gegeneinander in Stellung zu bringen. Dabei half ihm beispielsweise der „politische Bischof" Alois Hudal, dem es wie Papen darum ging, Katholizismus und Nationalsozialismus zu integrieren. Während Hudal zwischen Papen und dem österreichischen Klerus vermittelte, protegierte Papen im Gegenzug Hudals Buch über die „Grundlagen des Nationalsozialismus", in dem er dem rassemystisch fundierten Nationalsozialismus einen christlichen Faschismus entgegensetzte. Begünstigt von der durch Mussolinis abessinisches Abenteuer veränderten außenpolitischen Konstellation konnte Papen schließlich das Juliabkommen von 1936 aushandeln, das nicht nur eine Normalisierung der deutsch-österreichischen Beziehungen bedeutete, sondern auch die Handlungsspielräume der Nationalsozialisten in Österreich erweiterte. Papens „evolutionäre“ Strategie führte schließlich zum Berchtesgadener Treffen Hitlers mit Bundeskanzler Kurt Schuschnigg am 12. Februar 1938, bei dem der „Anschluss“ durchgesetzt wurde. Wenige Tage zuvor war Papen eigentlich im Zuge der Blomberg-Fritsch-Affäre, einem Schlag gegen potentiell widerspenstige Angehörige des konservativen Establishments, von seinem Posten abberufen worden, doch konnte er Hitler in einem persönlichen Gespräch von seiner Zuverlässigkeit überzeugen. Um weiteren Angriffen auf seine Person vorzubeugen, ließ er wichtige Geheimdokumente von seinen Referenten Ketteler und Kageneck nach Zürich schaffen. Wilhelm von Ketteler bezahlte diese Aktion am 13. März 1938 mit dem Leben: Während Papen an der Seite Hitlers in Wien den Anschluss feierte und aus dessen Hand das Goldene Parteiabzeichen und damit verbunden die Vollmitgliedschaft in der NSDAP erhielt, wurde Ketteler von Angehörigen des Sicherheitsdienstes der SS im Auftrage Reinhard Heydrichs in der Donau ertränkt. Die erneute Ermordung eines engen Mitarbeiters – noch dazu des Verlobten seiner Tochter – veranlasste Papen zwar, den Schweizer Banksafe zu räumen und die entwendeten Unterlagen zurückzugeben. Aber der Mord beeinträchtigte nicht seine Bereitschaft, sich weiterhin in exponierter und verantwortlicher Stellung für den NS-Staat einzusetzen.

Zunächst jedoch zog sich Papen für gut ein Jahr auf sein Landgut an der Saar zurück, bevor das nationalsozialistische Deutschland ihn erneut brauchte. Mit seiner Ernennung zum Botschafter in der Türkei im April 1939 erhielt er wiederum einen ebenso brisanten wie komplizierten Auftrag, für den er aber wie im Falle Österreichs bestens gerüstet war. Neben seinem erwiesenen diplomatischen Geschick verfügte der ehemalige osmanische Oberstleutnant und Generalstabsoffizier über vorzügliche Kontakte zu führenden türkischen Militärs und Politikern, mit denen er bereits während des Ersten Weltkriegs zusammengearbeitet hatte. Papen sollte die drohende Annäherung der Türkei an Frankreich und Großbritannien aufhalten, das strategisch wichtige Land wieder näher an das Deutsche Reich heranführen und für stabile Wirtschaftsbeziehungen sorgen. Wie bereits in Wien wurde Papen großzügig mit Sondermitteln und Sonderrechten ausgestattet – vor allem war er nicht dem Außenminister Ribbentrop, sondern Hitler persönlich verantwortlich.

Seit Beginn des Zweiten Weltkriegs stieg Papen zur Schlüsselfigur der deutschen Außenpolitik im Nahen und Mittleren Osten auf, wobei seine Ziele schließlich weit über eine Neutralisierung der Türkei hinausreichten. Es ging um die Eingliederung des Vorderen Orients in den deutschen Machtbereich und damit verbunden um den direkten Zugriff auf die Erdölgebiete am Persischen Golf und die Kontrolle des Suezkanals. Zu diesem Zweck versuchte er beispielsweise die arabische Nationalbewegung, der er bereits während des Ersten Weltkriegs Verständnis entgegengebracht hatte, für die deutschen Interessen zu mobilisieren. Um Einfluss auf die türkische Politik und die öffentliche Meinung zu gewinnen, setzte Papen die prall gefüllten Geheimfonds der deutschen Botschaft in Ankara virtuos ein. Von seinen umfangreichen Geld- und Goldgeschäften, für die ihm auch geraubtes jüdisches Vermögen zur Verfügung stand, profitierte nicht nur das Deutsche Reich, sondern auch Papen selbst. Seine Rolle als Finanzier und Koordinator der deutschen Geheimdienstaktivitäten in Nahost und seine diplomatischen Erfolge ließen ihn im Februar 1942 zum Ziel eines Bombenanschlags werden, den Papen und seine Frau allerdings nahezu unverletzt überlebten. Im Windschatten der deutschen Expansion gelang es Papen beinahe, die Türkei mittels geschickter Verhandlungsführung und attraktiven Angeboten über eventuelle territoriale Zugewinne zur Aufgabe ihrer Neutralität zu bewegen. Als sich aber ab Ende 1942 ein Sieg der Alliierten abzeichnete, bemühten sich die Türken zunehmend um Distanz zu den Deutschen. Die Allierten erhöhten ihren diplomatischen Druck und brachten 1944 die Türkei unter Androhung eines Embargos letztlich dazu, die diplomatischen Beziehungen mit dem Deutschen Reich abzubrechen. Franz von Papen musste das Land verlassen. Nach seiner Rückkehr nach Deutschland wurde er zwar von Hitler persönlich mit dem Ritterkreuz des Kriegsverdienstkreuzes ausgezeichnet, er bekam aber keine neue Aufgabe zugewiesen. Er hielt sich zunächst in Wallerfangen auf, floh dann vor den vorrückenden alliierten Truppen zu einem befreundeten Adeligen in den Hunsrück und schließlich im März 1945 zu seiner Tochter nach Stockhausen bei Meschede im Sauerland. Dort wurde Papen am 10. April 1945 von US-Soldaten verhaftet.

Noch am gleichen Tag wurde er in das amerikanische Hauptquartier nach Haltern gebracht. Bei dieser Fahrt durch das vom Krieg verwüstete Westfalen passierte Papen auch Werl und Dülmen, also die westfälischen Ausgangspunkte seines Lebens und seiner Karriere. Die Reise führte ihn über Zwischenstationen in Wiesbaden, Reims und Luxemburg schließlich nach Nürnberg, wo er vor dem Internationalen Militärgerichtshof im Rahmen des Prozesses gegen die Hauptkriegsverbrecher angeklagt wurde. Dort musste sich Papen zum einen für seine Rolle in den Jahren 1932 und 1933 verantworten, als er wesentlichen Anteil daran hatte, den Nationalsozialisten den Weg zur Macht zu ebnen. Zum anderen wurde seine Zeit als Sondergesandter und Botschafter in Wien verhandelt und geprüft, ob er sich in dieser Funktion im Sinne des Anklagepunktes Eins, der Verschwörung gegen den Frieden, schuldig gemacht habe. In seinen Aussagen stellte sich Papen als rechtschaffenen, konservativen Staatsmann dar, dessen ausschließlich am Wohle der deutschen Nation orientierten Pläne allerdings von einem dämonischen Hitler torpediert worden waren. Obwohl er dem nationalsozialistischen Regime bis zuletzt treu gedient hatte, schreckte Papen nicht davor zurück, sich zum Widerstandskämpfer zu stilisieren. Als er am 1. Oktober 1946 freigesprochen wurde, war die Empörung der Weltöffentlichkeit groß, Beobachter des Prozesses waren allerdings weitaus weniger überrascht. Papen profitierte nicht nur von der Fürsprache einiger kirchlicher Würdenträger, sondern vor allem davon, dass ihm seine Marburger Rede als Akt des Widerstands ausgelegt wurde. Trotz seines Freispruchs blieb Papen aber weiter in Haft, weil er in seinem Entnazifizierungsverfahren von einer bayerischen Spruchkammer wegen seiner Rolle als „Steigbügelhalter“ Hitlers zu acht Jahren Arbeitslager, Entzug der bürgerlichen Ehrenrechte und Konfiskation eines wesentlichen Teils seines Vermögens verurteilt worden war. Anfang 1949 erreichten Papens Anwälte in einem Revisionsverfahren seine Rückstufung in die Belastungskategorie II. Somit galt seine Haft, die er hauptsächlich im Krankenhaus verbracht hatte, als abgegolten. Papen wurde entlassen und erhielt weite Teile seines Vermögens zurück.

Sowohl im Saarland als auch in Westfalen unerwünscht – seine Geburtsstadt Werl entzog ihm die 1933 verliehene Ehrenbürgerwürde – ließ sich Papen in der Nähe von Baden-Baden nieder. Von dort aus führte er den Kampf um seine persönliche und politische Rehabilitation, dem er die letzten beiden Jahrzehnte seines langen Lebens widmete. Dabei konnte er durchaus Erfolge erzielen: So ernannte ihn Johannes XXIII. im Jahr 1959 zum Päpstlichen Kammerherrn und erneuerte damit eine Würde, die Papen erstmals 1923 verliehen worden war. Bereits drei Jahre zuvor hatte Papen vor dem Obersten Gerichtshof Bayerns seine Einstufung als Minderbelasteter erreicht und sich damit auch die Zuerkennung der bürgerlichen Ehrenrechte erstritten. Bis zu seinem Tod lieferte er sich einen Rechtsstreit mit dem Land Baden-Württemberg um die Rechtmäßigkeit seiner Versorgungsansprüche. Dabei ging es ihm weniger um materielle Ansprüche als um sein Bild in der Geschichte, denn ein wesentlicher Streitpunkt des Verfahrens war die Frage, inwiefern Papen im juristischen Sinne Schuld an der Errichtung der NS-Diktatur trug.

Den entsprechenden Vorwürfen trat er nicht nur mit juristischen, sondern auch mit publizistischen Mitteln entgegen. Im Jahr 1952 veröffentlichte Papen seine Memoiren „Der Wahrheit eine Gasse“, die es allerdings mit der Wahrheit, obwohl sie sie im Titel führen, nicht allzu genau nahmen. Er führte im Wesentlichen die Argumente nochmals aus, die er bereits in Nürnberg zur Rechtfertigung vorgebracht hatte. In zwei weiteren Büchern setzte er sich nicht nur erneut mit dem „Scheitern einer Demokratie 1930–1933“ auseinander, sondern versuchte auch, in die Politik der Bonner Nachkriegsrepublik einzugreifen, indem er harsche Kritik an Bundeskanzler Konrad Adenauer äußerte, mit dem ihn seit den 1920er-Jahren eine innige Feindschaft verband. Seine Einlassungen zu politischen Fragen der Gegenwart fanden allerdings weit weniger Beachtung als die Rechtfertigungsversuche für sein politisches Handeln in der Vergangenheit. Papen versuchte zwar, seine historische Verantwortung zu verschleiern, distanzierte sich aber nie von seinen politischen Zielen. Er war keineswegs ein bloßer „Steigbügelhalter“, dessen Unfähigkeit Hitler ausnutzen konnte. Papen hatte vielmehr jahrelang systematisch daran gearbeitet, die Grundlagen der parlamentarischen Demokratie zu zerstören. Er vermittelte den Nationalsozialisten die Unterstützung der traditionellen adeligen und großbürgerlichen Eliten in Landwirtschaft, Industrie und Militär, der sie es ganz wesentlich verdankten, in die Regierungsverantwortung zu gelangen. In den folgenden zwölf Jahren trug er an exponierter Stelle dazu bei, dass das nationalsozialistische Deutschland seine Destruktionsgewalt entfalten konnte.

Franz von Papen starb am 2. Mai 1969 im Alter von 89 Jahren im badischen Obersasbach (Ortenaukreis). Er wurde im saarländischen Wallerfangen bestattet.

Ungedruckte Quellen

Franz von Papen hat keinen eigentlichen Nachlass hinterlassen, sein breites politisches und diplomatisches Wirken fand aber in den Beständen zahlreicher Archive umfangreichen Niederschlag. Einige Hinweise auf die einschlägigen Bestände müssen an dieser Stelle genügen. Im Bundesarchiv finden sich Quellen zu Papen vor allem in den Beständen R 43 I (Alte Reichskanzlei) und R 53 (Stellvertreter des Reichskanzlers [Vizekanzlei von Papen]), ferner in den Beständen NS 9 (Auslandsorganisation der NSDAP), NS 10 (Persönliche Adjutantur des Führers und Reichskanzlers) und R 2 (Reichsfinanzministerium). Zudem verwahrt das Bundesarchiv die Nachlässe zahlreicher Freunde, Förderer, Mitarbeiter und Gegner Papens, so unter anderem von Bredow, von Gayl, Groener, von Schleicher, von Seeckt, von Selasen-Selasinsky, von Stülpnagel und Graf Praschma. Eine umfangreiche Korrespondenz des letzteren mit Papen findet sich auch im Falkenbergischen Schlossarchiv im Archiv der Wojwodschaft Oppeln. Aus einschlägigen Beständen des Politischen Archivs des Auswärtigen Amtes erhellt sich Papens außenpolitisches und diplomatisches Wirken, so unter anderem aus den Akten der Gesandtschaften in Wien und Ankara, aber auch aus denen zahlreicher anderer Abteilungen. Im Stadtarchiv Werl befindet sich das Erbsälzerarchiv Werl mit einer eigenen Abteilung zur Familie von Papen-Koeningen. In einer Reihe von Wirtschaftsarchiven, so im Rheinisch-Westfälischen Wirtschaftsarchiv Köln, im Hoesch-Archiv (heute Teil des ThyssenKrupp Konzernarchivs in Duisburg) und im Historischen Archiv Krupp in Essen, ist die Geschäfts- und Privatkorrespondenz der einschlägigen Industriellen mit Papen zugänglich. Auch Archive im Ausland verfügen über Quellenbestände zu Papen, so beispielsweise das Sonderarchiv Moskau über einen eigenen Aktenfond Papen.

Gedruckte Quellen

Akten zur deutschen auswärtigen Politik 1918–1945. Aus dem Archiv des Auswärtigen Amts, Serien B, C, D und E, Frankfurt a. M./Baden-Baden/Göttingen 1950–1995.

Maurer, Ilse (Bearb.): Staat und NSDAP 1930–1932. Quellen zur Ära Brüning, Düsseldorf 1977 (Quellen zur Geschichte des Parlamentarismus und der politischen Parteien, Bd. 3,3).

Dies./Wengst, Udo (Bearb.): Politik und Wirtschaft in der Krise. Quellen zur Ära Brüning 1930–1932, Düsseldorf 1980.

Minuth, Karl-Heinz (Bearb.): Akten der Reichskanzlei. Regierung Hitler 1933–1945, Bd. I: 1933/34, Boppard 1983.

Ders. (Bearb.): Akten der Reichskanzlei. Weimarer Republik. Das Kabinett von Papen. 1. Juni bis 3. Dezember 1932, 2 Bde., Boppard 1989.

Morsey, Rudolf: Zur Geschichte des „Preußenschlages“ am 20. Juli 1932, in: Vierteljahrshefte für Zeitgeschichte 9 (1961), S. 430–439.
Der Prozeß gegen die Hauptkriegsverbrecher vor dem Internationalen Militärgerichtshof, Nürnberg 14. November 1945–1. Oktober 1946, 42 Bde., Nürnberg 1947.
Stenographische Berichte über die Verhandlungen des Preußischen Landtags, 1920–1932.
Tschirschky, Fritz Günther von: Erinnerungen eines Hochverräters, Stuttgart 1972.
Verhandlungen des Preußischen Landtags. Sitzungsberichte des Preußischen Landtags. Anlagen, Sammlung der Drucksachen des Preußischen Landtags, 1.–5. Wahlperiode, Berlin 1921–1933.
Weiduschat, Gerhard (Red.): Ein Staatsstreich? Die Reichsexekution gegen Preußen. Darstellungen und Dokumente, Berlin 2007.

Eigene Schriften (Auswahl)

Papen, Franz von: Die Parteien, in: Alfred Bozi/Alfred Niemann (Hg.): Die Einheit der Nationalen Politik, Stuttgart 1925, S. 221–232.
Ders.: Appell an das deutsche Gewissen. Reden zur nationalen Revolution, Oldenburg i. O./Berlin 1933.
Ders.: Der Wahrheit eine Gasse, München 1952.
Ders.: Europa was nun? Betrachtungen zur Politik der Westmächte, Göttingen 1954.
Ders.: Vom Scheitern einer Demokratie 1930–1933, Mainz 1968.

Darstellungen aus der Zeit vor 1945 und Memoiren

Blood-Ryant, H. W.: Franz von Papen. His Life and Times, London 1941.
Buchheit, Gert: Franz von Papen. Eine politische Biographie, Breslau 1933.
Burgsdorf-Garath, Alhard von: Das Westfälische Ulanen-Regiment Nr. 5 und seine Kriegsformationen im Weltkriege, Oldenburg 1930 (Erinnerungsblätter deutscher Regimenter, Bd. 300).
Dutch, Oswald: The Errant Diplomat. The Life of Franz von Papen, London 1940.
Koeves, Tibor: Satan in Top Hat. The Biography of Franz von Papen, New York 1941.
Nostitz, Gottfried von: Eindrücke und Erfahrungen während meiner Tätigkeit an der Deutschen Gesandtschaft in Wien, 1934–1938, Icking 1946. [*IfZ MS 340*]
Pünder, Hermann: Politik in der Reichskanzlei. Aufzeichnungen aus den Jahren 1929–1932, Stuttgart 1961.
Schnee, Heinrich: Franz von Papen. Ein Lebensbild, Paderborn 1934.
Schotte, Walther: Der neue Staat, Berlin 1932.
Ders.: Das Kabinett Papen, Schleicher, Gayl, Leipzig 1932.
Severing, Carl: Wegbereiter des Nationalsozialismus. Franz von Papen. Eine Porträtskizze, Bielefeld 1947.

Steuber, Werner: „Jildirim“. Deutsche Streiter auf heiligem Boden. Nach eigenen Tagebuchaufzeichnungen und unter Benutzung amtlicher Quellen des Reichsarchivs, Oldenburg 1928 (Schlachten des Weltkrieges, Bd. 4).

Literatur

Adams, Henry Mason/Adams, Robin K.: Rebel patriot. A biography of Franz von Papen, Santa Barbara 1987.

Aretin, Karl Ottmar Freiherr von: Prälat Kaas, Franz von Papen und das Reichskonkordat von 1933, in: Vierteljahrshefte für Zeitgeschichte 14 (1966), S. 252–279.

Bach, Jürgen Arne: Franz von Papen in der Weimarer Republik. Aktivitäten in Politik und Presse 1918–1932, Düsseldorf 1977.

Braatz, Werner: Franz von Papen und die Frage der Reichsreform, in: Politische Vierteljahresschrift 16 (1975), S. 319–340.

Bracher, Karl-Dietrich: Die Auflösung der Weimarer Republik. Eine Studie zum Problem des Machtverfalls in der Demokratie, 5. Aufl., Villingen 1971.

Braun, Bernd: Die Weimarer Reichskanzler, Zwölf Lebensläufe in Bildern, Düsseldorf 2011.

Buchholz, Stephan: Papen in Marburg. Die „Festrede“ des Vizekanzlers vom 17. Juni 1934, in: Hessisches Jahrbuch für Landesgeschichte 53 (2003), S. 187–202.

Denzler, Georg: Franz von Papen (1879–1969). Katholik, Zentrumspolitiker, Konkordatspromotor und Nationalsozialist, in: Thomas Brechenmacher (Hg.): Das Reichskonkordat 1933, Paderborn 2007, S. 55–70.

Deuerlein, Ernst: Franz von Papen, in: ders.: Deutsche Kanzler. Von Bismarck bis Hitler, München 1968, S. 425–444.

Eschenburg, Theodor: Franz von Papen, in: Vierteljahrshefte für Zeitgeschichte 1 (1953), S. 153–169.

Fest, Joachim Clemens: Franz von Papen und die konservative Kollaboration, in: Gotthard Jasper (Hg.): Von Weimar zu Hitler 1930–1933, Köln/Berlin 1968, S. 229–245.

Graml, Hermann: Zwischen Stresemann und Hitler. Die Außenpolitik der Präsidialkabinette Brüning, Papen und Schleicher, München 2001 (Schriftenreihe der Vierteljahrshefte für Zeitgeschichte, Bd. 83).

Grass, Karl Martin: Edgar Jung, Papenkreis und Röhmkrise 1933/34, Heidelberg 1966.

Höhne, Heinz: Franz von Papen, in: Wilhelm von Sternburg (Hg.): Die deutschen Kanzler. Von Bismarck bis Schmidt, Frankfurt a. M. 1987, S. 325–335.

Hörster-Philipps, Ulrike: Konservative Politik in der Endphase der Weimarer Republik. Die Regierung Franz von Papen, Köln 1982.

Hummel, Karl-Joseph: Alois Hudal, Franz von Papen, Eugenio Pacelli. Neue Quellen aus dem Anima-Archiv, in: Thomas Brechenmacher (Hg.): Das Reichskonkordat 1933, Paderborn 2007, S. 85–113.

Jasper, Gotthard: Die gescheiterte Zähmung. Wege zur Machtergreifung Hitlers 1930–1934, Frankfurt a. M. 1986.

Jones, Larry Eugene: Franz von Papen, the German Center Party, and the Failure of Catholic Conservatism in der Weimar Republic, in: Central European History 38 (2005), S. 191–217.

Ders.: Franz von Papen, Catholic Conservatives, and the Establishment of the Third Reich, 1933–1934, in: Journal of Modern History 83 (2011), S. 272–318.

Kent, George O.: Problems and Pitfalls of a Papen Biography, in: Central European History 20 (1987), S. 191–197.

Kolb, Eberhard/Pyta, Wolfram: Die Staatsnotstandsplanung unter den Regierungen Papen und Schleicher, in: Heinrich August Winkler (Hg.): Die deutsche Staatskrise 1930–1933. Handlungsspielräume und Alternativen, München 1992, S. 155–182.

Kraus, Hans-Christof: Von Hohenlohe zu Papen. Bemerkungen zu den Memoiren deutscher Reichskanzler zwischen der wilhelminischen Ära und dem Ende der Weimarer Republik, in: Franz Bosbach/Magnus Brechtken (Hg.): Politische Memoiren in deutscher und britischer Perspektive, München 2005, S. 87–112.

Küpper, Reiner: Der „Ghostwriter" des „Herrenreiters". Der Diskurs Edgar Julius Jungs und die für den Vizekanzler Papen verfasste „Marburger Rede" vom 17. Juni 1934. Ein Beitrag zur Analyse der Sprache im frühen Nationalsozialismus, Essen 2010.

Kuhn, Axel: Die Unterredung zwischen Hitler und Papen im Hause des Barons von Schröder. Eine methodisch-systematische Quellenanalyse mit dem Ziel, Möglichkeiten und Grenzen der Geschichtswissenschaft anzudeuten, in: Geschichte in Wissenschaft und Unterricht 24 (1973), S. 709–722.

Lilla, Joachim: Der Reichskommissar für das Land Preußen 1932 bis 1933, in: Forschungen zur brandenburgischen und preußischen Geschichte, Neue Folge 19 (2009), S. 91–118.

Mallmann, Luitwin: „In welche Hände auch die Regierung fällt". Franz von Papen 1879–1969, in: Südwestfalen-Archiv 3 (2003), S. 231–247.

Marcon, Helmut: Arbeitsbeschaffungspolitik der Regierungen Papen und Schleicher. Grundsteinlegung für die Beschäftigungspolitik im Dritten Reich, Bern/Frankfurt a. M. 1974.

Möckelmann, Reiner: Wartesaal Ankara. Ernst Reuter – Exil und Rückkehr nach Berlin, Berlin 2013.

Morsey, Rudolf: Franz von Papen (1879–1969), in: Ders. (Hg.): Zeitgeschichte in Lebensbildern, Bd. 2, Mainz 1975, S. 75–87.

Ders.: Papens „Sprung nach Preußen" am 20. Juli 1932, in: Gerhard Weiduschat (Red.): Ein Staatsstreich? Die Reichsexekution gegen Preußen. Darstellungen und Dokumente, Berlin 2007, S. 29–48.

Müller, Franz: Ein „Rechtskatholik“ zwischen Kreuz und Hakenkreuz. Franz von Papen als Sonderbevollmächtigter Hitlers in Wien 1934–1938, Frankfurt a. M. u. a. 1990.

Muth, Heinrich: Das Kölner Gespräch am 4. Januar 1933, in: Geschichte in Wissenschaft und Unterricht 37 (1986), S. 463–480, S. 529–541.

Neumann, Klaus: Franz von Papen, der „Steigbügelhalter“ Hitlers, Münster 1991 (Westfalen im Bild, Reihe: Persönlichkeiten aus Westfalen, Heft 5).

Petzold, Joachim: Franz von Papen. Ein deutsches Verhängnis, München/Berlin 1995.

Pfeiffer, Rudolf: Die deutsch-britischen Beziehungen unter den Reichskanzlern von Papen und von Schleicher, Diss. Würzburg 1971.

Pyta, Wolfgang: Vorbereitungen für den militärischen Ausnahmezustand unter Papen/Schleicher, in: Militärgeschichtliche Mitteilungen 51 (1992), S. 385–428.

Rein, Hans: Franz von Papen im Zwielicht der Geschichte. Sein letzter Prozeß, Baden-Baden 1979.

Rödder, Andreas: Reflexionen über das Ende der Weimarer Republik. Die Präsidialkabinette 1930–1932/33: Restaurationsstrategie oder Krisenmanagement?, in: Vierteljahrshefte für Zeitgeschichte 47 (1999), S. 87–101.

Rolfs, Richard W.: The Sorcerer’s Appertice. The Life of Franz von Papen, Lanham 1996.

Roth, Karl-Heinz: Franz von Papen und der Deutsche Faschismus, in: Zeitschrift für Geschichtswissenschaft 51 (2003), S. 589–625.

Ders.: Vorposten Nahost. Franz von Papen als deutscher Türkeibotschafter 1939–1944, in: Wolfgang Schwanitz (Hg.): Deutschland und der Mittlere Osten, Leipzig 2004, S. 107–125 (Comparativ. Leipziger Beiträge zur Universalgeschichte und vergleichenden Gesellschaftsforschung, Bd. 14).

Ders.: Berlin – Ankara – Baghdad. Franz von Papen and German Near East policy during the Second World War, in: Wolfgang Schwanitz (Hg.): Germany and the Middle East 1871–1945, Princeton 2004.

Ders.: Papen als Sonderbotschafter in Österreich und der Türkei, in: Bulletin für Faschismus- und Weltkriegsforschung 25/26 (2005), S. 121–162.

Sievers, Adolf: R.I.R. 93. Geschichte eines Regiments im Weltkriege, Wilster 1934.

Strenge, Irene: Der 22. Januar 1933 – Eine Beweiswürdigung, in: Journal der Juristischen Zeitgeschichte 5 (2011), S. 57–66.

Trinchese, Stefano: Il cavaliere tedesco. La Germania antimoderna di Franz von Papen, Rom 2000 (La cultura, Bd. 77).

Trumpp, Thomas: Franz von Papen, der preußisch-deutsche Dualismus und die NSDAP in Preußen. Ein Beitrag zur Vorgeschichte des 20. Juli, Diss. Tübingen 1963.

Turner, Henry Ashby: German Big Business and the Rise of Hitler, Oxford 1985.

Ders.: Hitlers Weg zur Macht. Der Januar 1933, München 1996.

Vogelsang, Thilo: Reichswehr, Staat und NSDAP. Beiträge zur deutschen Geschichte 1930–1932, Stuttgart 1962.
Weber, Frank G.: The evasive neutral. Germany, Britain and the quest for the Turkish Alliance in the Second World War, Columbia u. a. 1979.
Wichmann, Manfred: Die Gesellschaft zum Studium des Faschismus. Ein antidemokratisches Netzwerk zwischen Rechtskonservativismus und Nationalsozialismus, in: Bulletin für Faschismus- und Weltkriegsforschung 31/32 (2008), S. 72–104.

Josef Winckler (1881–1966)

Wolfgang Delseit

Der sowohl im Rheinland als auch in Westfalen beheimatete Schriftsteller Alfred Joseph Werner Winckler wurde am 7. Juli 1881 im Aufseherhaus der Saline in Bentlage geboren, die heute zum Gebiet der Stadt Rheine gehört. Er war das zweite Kind des damaligen Salineninspektors Dr. jur. Alfred Winckler und seiner Ehefrau Maria, geb. Nieland. Während des Kulturkampfes wurde der Vater wegen einer Beleidigung Bismarcks verurteilt, als Folge davon verlor er bald nach der Geburt seines vierten Kindes seine Position als Direktor der Saline. Da er zunächst keine andere Anstellung fand, übernahm er einstweilen die ehrenamtliche Aufgabe eines Syndikus beim hessischen Bauernverein in Marburg. Seine Frau Maria zog 1889 mit ihren vier Kindern in das nicht weit entfernte Hopsten, wo die Familie Nieland ein altes Töddenhaus besaß. Abgesehen von den sporadischen Besuchen des Vaters übernahmen in den folgenden Jahren Maria Winckler und die Großeltern Newland (wie sich die Familie Nieland auch schrieb) die Erziehung der Kinder.

Nach der Grundschulzeit an der Rektoratsschule in Hopsten besuchte Josef Winckler – spätestens seit 1912 schrieb er seinen Vornamen in veränderter Form – das Thomasgymnasium im rheinischen Kempen. Hierhin war die Familie 1894 gezogen, nachdem der Vater dort eine Anstellung beim Rheinischen Bauernverein gefunden hatte. Josefs mäßige Schulnoten ließen 1899 eine Versetzung nicht zu, weshalb er auf das Gymnasium in Krefeld wechselte und seine Schulausbildung 1902 mit der Unterprimareife abschloss. Da das fehlende Abitur ein philologisches Studienfach nicht erlaubte, schrieb sich Winckler im Sommersemester 1902 für Zahnmedizin an der Universität Bonn ein, für dieses Studium genügte sein Abgangszeugnis. 1906 schloss er das Studium mit der Approbation zum Zahnarzt ab. Neben den zahnmedizinischen Seminaren hatte er auch Veranstaltungen anderer Fächer besucht, so dass er zumindest einige übergreifende philologische Kenntnisse erwarb. Nach einer Zeit als Assistent in Hildesheim und Berlin ließ sich Winckler 1907 in Moers am Niederrhein als Knappschaftszahnarzt nieder. In Moers und Homberg eröffnete er Zahnarztpraxen, die er zusammen mit verschiedenen Assistenten und Kollegen führte.

Schon während der Studienzeit veröffentlichte Josef Winckler 1904 mit zwei Bonner Studienfreunden, Wilhelm Vershofen (1878–1960) und Jakob Kneip (1881–1958), einen ersten Lyrikband, der unter dem Titel „Wir Drei!“ in Bonn erschien und von der Öffentlichkeit durchaus positiv aufgenommen wurde. Mit Vershofen, der inzwischen mit Wincklers Schwester Gustava verheiratet war, gründete Winckler 1912 den Autorenkreis „Werkleute auf Haus Nyland", der seinen Namen vom Stammhaus der Familie seiner Mutter in Hopsten entlieh und in dem vornehmlich Autoren aus dem Rheinland vertreten waren. Noch in der Gründungsphase schloss sich auch Kneip der Gruppe an.

Die „Werkleute" waren eine lockere Verbindung von Schriftstellern, die sich literarisch mit der Industrie- und Arbeitswelt beschäftigten und von Zeit zu Zeit im Blauen Salon von Haus Nieland (in der Sprache der Werkleute „Nyland") zusammentrafen. Die Intention dieser „Werkleute" entsprach keineswegs dem, was man später unter dem Begriff „Arbeiterliteratur" verstehen sollte. Anders als beispielsweise bei der späteren Dortmunder „Gruppe 61" um Fritz Hüser und Max von der Grün oder beim „Werkkreis Literatur der Arbeitswelt" fehlten den „Werkleuten" alle sozialkritischen oder umweltbewussten Aspekte, die sich beispielsweise mit den Zusammenhängen zwischen Industrie und Umwelt, zwischen Arbeitsrealität und Arbeiterrealität oder auch zwischen Kapital und Herrschaft befassten. Pathos und Verklärung kennzeichneten vielmehr die Sprache der „Werkleute", deren Schriften sich fast ausschließlich an ein bürgerliches Lesepublikum richteten. Schriftsteller wie Gerrit Engelke (1890–1918), Carl Maria Weber (1890–1953), Karl Bröger (1896–1944), Heinrich Lersch (1889–1936), Max Barthel (1893–1975) oder Otto Wohlgemuth (1884–1965) gehörten neben Winckler, Vershofen und Kneip dem Bund an oder waren ihm freundschaftlich verbunden. Zu den Förder- und Ehrenmitgliedern zählten der AEG-Vorsitzende und spätere Außenminister Walter Rathenau (1867–1922) sowie der Lyriker Richard Dehmel (1863–1920).

Mit dem Schriftsteller und Lyriker Richard Dehmel, der den Impressionisten nahestand, verband Winckler ein besonders inniges Verhältnis. Dehmel als älterer, etablierter Künstler nahm Winckler gewissermaßen in seine Obhut und förderte ihn innerhalb der literarischen Welt. Diese Förderung ging so weit, dass Dehmel bei einer Lesung 1914 in Berlin nicht aus seinen eigenen Werken las, sondern Sonette von Winckler rezitierte. Die Protektion Dehmels hinterließ bei Winckler einen so nachhaltigen positiven Eindruck, dass dieser sich zeitlebens selbst für die Förderung junger Künstler einsetzte. Als von Winckler besonders unterstützte Kollegen sind beispielsweise der rheinische Maler Franz M. Jansen (1885–1958, eigentlich Franz Lambert Jansen) oder der Dortmunder Schriftsteller Josef Reding (geb. 1929) zu erwähnen.

In dem nicht nur für Literaturwissenschaftler interessanten, bislang jedoch nur in Auszügen veröffentlichten Briefwechsel zwischen Dehmel und Winckler, der Hunderte von Briefen, Postkarten und Billets umfasst, diskutierten beide sowohl persönliche Probleme als auch literarische Belange. Dehmels direkte, von Winckler durchaus als positiv empfundene Kritik am Werk seines Freundes ist am offenkundigsten in dem Gedicht „Dichtersaga" nachzuweisen, das Winckler 1914 in seiner Zeitschrift *Quadriga* veröffentlichte. Hier berücksichtigte Winckler die handschriftlichen Änderungen Dehmels in der Druckfassung.

Josef Winckler (Foto: Paul Holländer, Archiv Nyland-Stiftung)

Die Zeitschrift *Quadriga* gaben Winckler und Vershofen zwischen 1912 und 1914 heraus. Sie diente dem Bund der Werkleute als Forum für ihre literarischen Auseinandersetzungen, musste mit Beginn des Ersten Weltkriegs aber eingestellt werden. Der Krieg brachte den Autoren neue Aufgaben: Wie viele ihrer intellektuellen Zeitgenossen beteiligten sich auch der Bund und Winckler an der allgemeinen propagandistischen Unterstützung des Krieges. Mit ihren „Kriegsgaben" versuchten die Werkleute den Krieg, von dessen Reinigungskraft sie überzeugt waren, zu legitimieren. 1916 erschien der Band „Das brennende Volk", für das Winckler sein Verswerk „Die mythische Zeit" schrieb und mit dem Text „Schulter an Schulter" einen weiteren Beitrag leistete.

Doch damit nicht genug: Winckler veröffentlichte darüber hinaus Beiträge mit „kriegsbejahender Lyrik" in den Büchern „Mitten im Weltkrieg" (1915) und „Ozean – Des deutschen Volkes Meeresgesang" (1917), einzelne seiner Gedichte erschienen in Tageszeitungen und Anthologien. Besonders zu erwähnen ist seine Teilnahme an einem Wettbewerb der Frankfurter Zeitung zur Zeichnung der neunten Kriegsanleihe im Jahre 1918. Winckler gewann mit dem Gedicht „Der Ruf des Rheins" den zweiten Preis in der Kategorie „Literarische Beiträge" in Höhe von 500 Reichsmark – ein weiterer, allerdings unberücksichtigter Teilnehmer war übrigens Kurt Tucholsky. Wincklers Kriegslyrik war Ausdruck seiner Überzeugung, „daß gigantische Präzisionstechnik das Typische moderner Kriegsführung sei, die Bildlosigkeit der Schlacht, Stichflamme am Horizont, feuerspeiende Punkte", dass „ein sphärisches geisterhaftes Element" mitspiele, und so suchte er „die gnadenlos kalte Objektivierung, das Maschinenhafte" des Krieges zu ergründen.

Gleich im ersten Kriegsjahr 1914 hatte Winckler sich freiwillig zum Militär gemeldet, war wegen seiner geringen Körpergröße aber nur als garnisonsverwendungsfähig gemustert worden. Die Kriegsjahre verbrachte Winckler in verschiedenen Garnisonslazaretten, unter anderem in Köln. Tragisch war für Winckler der Verlust des einzigen Bruders Alfred, der im Dezember 1916 an der Westfront bei Cambrai fiel. Mit ihm verlor Winckler eine wichtige familiäre Bezugsperson.

Nach dem Ende des Krieges, nach der Auflösung des alten Wertesystems und der Erkenntnis des eigenen Versagens, zog sich Winckler zunächst aus der literarischen Produktion zurück, um sich zu besinnen. Bis 1922 veröffentlichte er keine Bücher mehr. Zwar lebte der Bund der Werkleute mit der Herausgabe der neuen Zeitschrift „Nyland" beim renommierten, national-konservativen Verlag Eugen Diederichs erneut auf, wieder war Winckler als Herausgeber tätig. Doch sein Engagement bei den „Werkleuten" war wesentlich schwächer als in der Vorkriegszeit. In der Zeitschrift „Nyland" veröffentlichte er ausschließlich Beiträge, die bereits vor 1918 entstanden waren.

Während die alte Ordnung um Winckler zusammenbrach, fand er selbst einen neuen familiären Rückhalt. Im Jahr 1919 heiratete er Adele Gidion (1895–1951), die aus einer wohlhabenden Kölner Kaufmannsfamilie stammte. Zu dieser Zeit arbeitete er bereits an seinen nihilistischen, stark expressionistisch eingefärbten Büchern „Der Irrgarten Gottes" (Lyrik, erschienen 1922) und „Der chiliastische Pilgerzug"

Haus Nyland in Hopsten, Aufnahme aus dem Jahr 2011. (Foto: Burkhard Beyer)

(erschienen 1923). Viele Kenner seines Werkes bedauerten später, dass Winckler diese Entwicklung nicht beibehielt, denn seine spätexpressionistischen Texte besitzen unbestreitbar eine hohe literarische Qualität. Daneben verfasste er aber auch Geschichten, die menschliche Grunderfahrungen wie Vereinsamung, Misshandlung oder Gleichgültigkeit realistisch wiedergeben. Ein Teil dieser Texte erschien in der Sammlung „Trilogie der Zeit". Diese Komponente im Schaffen des vielseitigen Schriftstellers ist heute so gut wie unbekannt.

Obwohl Winckler seine Zahnarztpraxen in Homberg und Moers nominell bis 1925 aufrechterhielt, ließ er sich zu Anfang der 1920er-Jahre immer häufiger vertreten. Er hatte sich für den Beruf des Schriftstellers entschieden und arbeitete nun systematisch am Aufbau seiner literarischen Karriere. 1923 gelang ihm der Durchbruch mit einem Werk, das sich als großer Wurf erweisen sollte: „Der tolle Bomberg – Ein westfälischer Schelmenroman". Damit beendete er auch die persönliche Krise der Nachkriegszeit, aus der er sich, wie er in späteren Jahren immer wieder betonte, „durch Lachen befreit" habe.

Der Roman bedeutete eine völlige Abwendung von seiner ersten Schaffensperiode. Während Winckler sich bis dahin fast ausschließlich mit Themen der rheinischen Industriewelt beschäftigt hatte, griff er nun Motive seiner westfälischen Heimat auf. Für seinen „Bomberg" betrieb Winckler umfangreiche Recherchen und Quellenstudien. Obwohl der Roman eine historische Vorlage in der Figur des Barons Gisbert von Romberg (1839–1897) besaß, bestand seine literarische Leistung darin, dass er diesem Vorbild Geschichten andichtete, die sich nur zu geringen Teilen mit der historischen Überlieferung deckten. Winckler literarisierte diese im Münsterland „sagenverklärte" Person, indem er zu den schon Vorhandenen neue Mythen hinzufügte. Bis heute bestimmt in erster Linie dieses Werk das literarische Nachleben Wincklers. Mit dem Bomberg, diesem anarchistischen Grobian, schuf Winckler so etwas wie einen westfälischen „Nationalheiligen", der noch heute im Gedächtnis und in der Fantasie der Menschen im Münsterland lebendig ist.

Der „Bomberg" machte Winckler fast über Nacht in Westfalen bekannt, verursachte eine Image-Verschiebung und begründete seinen Ruhm als westfälischer „Heimatdichter". Mit dem Bomberg setzte er sich nicht nur ein literarisches Denkmal, sondern entdeckte auch eine für ihn neue literarische Gattung: die Anekdote. Denn ausgesprochen anekdotenhaft und in zum Teil wenig artifizieller Schreibweise erzählte er nun „Döhnkes" und „Vertellkes", in denen er die als Heimat verklärte Region populär thematisierte. Er konnte dabei auf einen großen Fundus mündlich tradierter Geschichten zurückgreifen, die ihn seit seinen Kindertagen begleiteten und die in seiner Erinnerung haften geblieben waren. Wincklers erfolgreichste Bücher entstanden aus der Auswertung von erinnerten Geschichten, die er weiterentwickelte, nachdem er „seine originäre humoristische Ader selbst erst entdeckt" hatte. Viele seiner Geschichten waren allerdings frei erfunden und schufen – wie etwa beim Bomberg – neue Mythen, von denen Winckler später zu Recht sagen konnte, dass sie sich verselbständigten.

Wer sich mit der realen historischen Existenz des Barons Gisbert von Romberg auseinandersetzt, muss die erhebliche Überzeichnung Wincklers in Rechnung stellen. Jeder Versuch, die Fantasiegestalt Wincklers auf ihren realen Kern zurückzuführen, wird zu einem vergleichsweise bescheidenen Ergebnis kommen – so wie es Harald Müller ergangen ist, der in seinem Buch „Der tolle Bomberg – Ein Herz schlägt für Westfalen“ versucht hat, die Gestalt auf der Grundlage der überlieferten historischen Belege zu ergründen. Dem Mythos des Bomberg können solche Versuche jedoch nichts anhaben. Die bis heute andauernde Popularität der Figur beruht nicht zuletzt auf der zweimaligen Verfilmung des Romans (1932 mit Hans Adalbert von Schlettow und 1957 mit Hans Albers in der Titelrolle), sie zeigt sich auch an den vielen „Bombergiana“ (Winckler), die das Buch zur Folge hatte, unter anderem an der zeitweisen Benennung eines Intercity-Zuges der Deutschen Bundesbahn oder an den Namen zahlreicher Restaurants und Gaststätten.

Als Winckler Westfalen als literarisches Sujet entdeckte, darauf festgelegt wurde und sich selbst darauf festlegen ließ, begann seine zweite literarische Karriere. Sie machte ihn zum anerkannten „Nestor der westfälischen Dichter“, zum „gute[n], getreue[n] Westfälische[n] Eckard“, zum „Senior und Führer des Schrifttums“ Westfalens. Allerdings war er kein Ideologe, er schuf auch kein neues Westfalenbewusstsein. Auch hier darf nicht außer Acht gelassen werden, dass Winckler ein – wie immer auch gearteter – theoretischer Unterbau fehlte. Statt dessen rezipierte und konservierte er in seinen Romanen und Erzählungen populäre Vorstellungen seiner Zeit, überzeichnete derb einen imaginären, angeblich real vorhandenen „westfälischen Volkscharakter“ und vertrat eine volkstümlich-sentimentale, aus Versatzstücken der Wirklichkeit klischeehaft konstruierte Westfalenideologie. Es ist nicht übertrieben, Winckler einen Apologeten des Westfalentums zu nennen, da er in der Nachfolge der sogenannten Heimat- oder Heimatkunstbewegung seit Mitte der 1920er-Jahre an einem retardierenden Westfalenbild arbeitete. Die veröffentlichte Auswahl seiner Briefe gibt zwar nur einen vergleichsweise kleinen, in dieser Hinsicht jedoch markanten Einblick in sein Verständnis von Westfalen. Wie Bertold Auerbach (1812–1882), der das ländliche Milieu in der deutschsprachigen Belletristik noch vor Ludwig Ganghofer (1855–1920) populär gemacht hat, schrieb Winckler allerdings nicht für ein dörfliches Publikum, sondern – wie bereits zu Zeiten seiner Industriedichtungen – in erster Linie für eine interessierte bürgerliche Leserschaft.

Zwei Jahre nach dem „Bomberg“ gelang Winckler 1925 mit dem Band „Pumpernickel – Menschen und Geschichten um Haus Nyland“ ein weiterer Erfolg. Der finanzielle Ertrag seiner Werke ermöglichte es Winckler seit 1923/24, endlich das Leben eines freien Schriftstellers zu führen, so wie er es sich – seinem großen Vorbild Richard Dehmel folgend – immer vorgestellt hatte. Er führte ein luxuriöses Leben mit großer persönlicher Freiheit, besaß zeitweise mehrere Wohnsitze in Köln, Bonn und Honnef. Mehrmonatige Reisen führten ihn quer durch Europa, mindestens einmal im Jahr besuchte er ein Kurbad. Auf seinen Lesereisen lernte er kleinere und größere Städte Deutschlands kennen.

Wohl mehr aus persönlichem Ehrgeiz denn aus beruflicher Notwendigkeit promovierte Josef Winckler 1923 zum Dr. dent. an der Universität Köln, nachdem er ein Praktikum in der Orthopädie der Universität Münster absolviert hatte. Seine mit „sehr gut" bewertete, interdisziplinäre Doktorarbeit „Kunsttheoretische Untersuchungen über die graphische, malerische und plastische Darstellung der Zahnheilkunde" mutet wie die Vorarbeit zu seinem 1928 erschienenen Historien-Roman „Doctor Eisenbart" an, dessen Hauptfigur er bereits in seiner Dissertation viel Platz einräumte.

Neben seinen Prosa-Werken veröffentlichte Winckler nach „Wir Drei!" noch weitere Lyrikbände, mit denen er sich auf seine eigentliche literarische Vorliebe besann, denn schon aus seinen Pennälertagen lassen sich lyrische Versuche in Sonett-Form nachweisen. Mit den „Eisernen Sonetten" (1912 bis 1914) war ihm die Integration des Themas Arbeitswelt in die bürgerliche Literatur und damit sein literaturgeschichtlich sicherlich wichtigster Beitrag gelungen. In seiner lyrischen Lieblingsform, dem Sonett, hatte er die Industrie- und Arbeitswelt emphatisch und pathetisch überhöht. Seine Industrielyrik entsprach, nach den Worten von Heinz Ludwig Arnold, den

> „bildungspolitischen Vorstellungen der (nichtkommunistischen) Arbeiterbewegung und der Gewerkschaften doch weit mehr als der ‚Kulturbolschewismus' jener linken Bohème, die sich […] dem Proletkult verschrieben hatte".

1929 versuchte er, die zeitgebundene Ausdrucksform der „Eisernen Sonette" in überarbeiteter Form als „Eiserne Welt" wiederauferstehen zu lassen. In seinem 1923 erschienenen Gedichtband „Der Ruf des Rheins" betonte er noch einmal seine Verbundenheit mit dem Rheinland, das ihm zur zweiten Heimat geworden war.

Den ersten Teil seines großen Muttermythos „Das Mutterbuch" (1939) – ein Versepos von sage und schreibe mehr als 400 Seiten – hielt er persönlich für seine ausgereifteste und gelungenste Dichtung, unter deren fehlender Anerkennung er bis zu seinem Tode litt und die er immer wieder ins literarische Bewusstsein zu rufen versuchte. Vergeblich reduzierte er die schwer verdauliche literarische Mutterüberhöhung 1949 für eine Neuausgabe im Schwertfeger-Verlag und ließ sie unter dem neuen Titel „Die Schöpfungsfeier" erscheinen. Auch sein Engagement, die Mutterverse durch die Kölner Komponisten Franz Jos Frey und Heinz Pauels 1953/54 vertonen zu lassen, schließlich auch die Aufnahme der „Mutterbuch"-Fassung von 1939 in die vierbändige Westfalenausgabe (1960–1963) zeigen den Stellenwert, den diese Dichtung für ihn hatte.

Das Oeuvre Wincklers umfasst aber nicht nur Prosa-Werke, die sich mit Westfalen oder dem Thema Industriewelt beschäftigen. Zu seinen Werken zählt auch eine Art Umweltroman, der 1933 unter dem Titel „Der Großschieber" erschien – vielleicht sein interessantestes Werk, da sich Winckler hier thematisch, technisch und erzählerisch von seiner besten Seite zeigt, von ihm wird noch die Rede sein. Weiterhin verfasste er eine Musiker-Novelle („Adelaide – Beethovens Abschied vom

Rhein", 1936), ein Chinabuch („Die heiligen Hunde Chinas", 1968 aus dem Nachlass herausgegeben) und einen Medizin-Roman („Die Operation", 1974 ebenfalls aus dem Nachlass).

Darüber hinaus trat Winckler immer wieder als Herausgeber auf. Neben den oben bereits genannten Zeitschriften der Werkleute gab er bereits von 1909 bis 1912 in Thüringen mit Wilhelm Vershofen die „Jenaer Vierteljahreshefte für Kultur und Freiheit" heraus, außerdem betreute er mit Josef Ponten (1883–1940) im Jahre 1925 die Anthologie „Das Rheinbuch – Festgabe rheinischer Dichter", bei dem er für die Auswahl der Texte verantwortlich zeichnete. Das Rheinbuch bildet auch heute noch eine wichtige Fundgrube für die Erforschung der Rheinischen Moderne, denn Wincklers Bemühungen zur Förderung junger Talente schlugen sich auch hier nieder. Neben anerkannten rheinischen Schriftstellern fanden auch unbekannte Autoren Eingang in diese Festgabe. Kein Erfolg war dagegen der Versuch, mit Detmar Heinrich Sarnetzki 1948 ein „Jahrbuch rheinischer Dichtung" unter dem Titel „Athenäum" zu begründen, er musste schon nach einer Ausgabe wieder aufgegeben werden. Der Band sollte an „Das Rheinbuch" anschließen und damit die Tradition der Treffen des Bundes Rheinischer Dichter e. V. aus den 1920er- und 1930er-Jahren wiederbeleben.

Diese keineswegs vollständige Zusammenstellung zeigt bereits, dass Winckler literarisch außerordentlich produktiv war. Hiervon zeugen auch die vielen noch unveröffentlichten Manuskripte, die im Nyland-Archiv (heute im Westfälischen Literaturarchiv, Münster) lagern und erst noch bearbeitet werden. Auf die Veröffentlichung warten beispielsweise noch der Roman „Midas oder die Goldenen Ohren", die Novelle „Jan von Weerth" oder der Text „Das Vakuum", in dem er sich mit den Jahren 1933 bis 1945 auseinandersetzte.

Bensberg, Bonn, Bad Godesberg, Bad Honnef, Homberg, Kempen, Köln und Moers waren Wohnorte Wincklers im Rheinland und Orte seines Schaffens. Obwohl er in Westfalen geboren wurde und sich von seinem Selbstverständnis her als Westfale definierte, lebte er doch seit 1894 durchgehend im Rheinland. All seine Bücher, die sich mit der westfälischen Heimat beschäftigen, wurden am Rhein begonnen und zumeist auch beendet. Ähnlich ausgeprägt wie sein Altersengagement für die westfälische Literatur war sein Eintreten für das literarische Bewusstsein seiner Wahlheimat – Wincklers Einfluss auf die rheinische Kulturlandschaft der Jahre 1910 bis 1930 ist nicht zu unterschätzen. Abgesehen von seinen Verbindungen mit den damals sehr bekannten, teilweise schon genannten rheinischen Autoren Heinrich Lersch, Leo Weismantel, Jakob Kneip, Wilhelm Vershofen, Herbert Eulenberg (1876–1949), Otto Brües (1897–1967) oder Alfons Paquet (1881–1944), förderte er durch die Herausgabe des erwähnten Sammelbandes „Das Rheinbuch" junge rheinische Schriftsteller, die hier ein Forum zur Veröffentlichung ihrer Texte fanden. Wincklers Festhalten an Köln als Sitz des Bundes der „Werkleute" angesichts der französischen Besetzung des Ruhrgebiets zu Anfang der 1920er-Jahre zeugt ebenfalls von seiner Verbundenheit mit dem Rheinland.

Zu seinen besonderen Leistungen für das Kulturleben der Rheinmetropole Köln zählt unter anderem die Mitbegründung der Künstlergruppe „Der Weiße Reiter“ im Jahr 1920, in der sich Schriftsteller und bildende Künstler zusammenfanden, um den kulturellen Ausdruck eines westdeutschen Katholizismus zu formen. Ferner ist zu erwähnen: die Mitbegründung des „Schutzverbandes Deutscher Schriftsteller“ (Gau Rheinland) zusammen mit Otto Brües und anderen im April 1921, die Mitbegründung der „Rheinischen Gesellschaft für Literatur“ im Mai 1922, die Mitorganisation der ersten Rheinischen Literaturwoche im September 1922, zahlreiche Lesungen bei der Literarischen Gesellschaft Köln seit 1919 und sein persönliches Engagement beim „Bund Rheinischer Dichter e. V.“, der Mitte der 1920er-Jahre gegründet wurde und deren Mitglieder sich zwischen 1927 und 1932 jährlich einmal trafen. Dass der Kölner Raum zu einem Dreh- und Angelpunkt in Wincklers Leben wurde, lag nicht zuletzt an seiner aus Köln stammenden Frau Adele – der „liebreizendsten rheinischen Dichterfrau“, wie sie von der „Frankfurter Zeitung“ einmal genannt wurde. Da auch Lina, die mit dem Bauunternehmer Peco Bauwens verheiratete Schwester Adeles, in Köln lebte, müssen Wincklers Besuche in Köln ohnehin häufig gewesen sein. Die Bindung an die Stadt wurde noch verstärkt durch Wincklers 1933 beginnende Mitgliedschaft in der „Bibliophilen Gesellschaft Köln“, die für ihn in den Jahren bis 1945 einen politikfreien Raum bedeutete, in dem er sich angesichts wachsender Ausgrenzungen durch die NS-Machthaber gefahrlos bewegen konnte.

Die Jahre des Nationalsozialismus überstand Winckler vor allem durch eine deutliche Anpassung an die vorgegebenen Kulturnormen. Allerdings fehlen bei ihm die sonst weithin üblichen, lautstarken politischen Bekenntnisse zum System. Unverkennbar war Josef Winckler im Gegensatz zu seinem Vater, der wegen seiner Überzeugungen während des Kulturkampfes inhaftiert wurde, ein eher unpolitischer, wenn nicht gar apolitischer Mensch. Bislang ließen sich in seinen Veröffentlichungen, aber auch in seinem unveröffentlichten Nachlass nur wenige Stellungnahmen zu tagespolitischen Ereignissen finden. So schrieb er vermutlich 1923 einen im Nyland-Archiv erhaltenen Zeitungsartikel zugunsten der Freilassung von „150 Kriegsgefangenen aus der französischen Besatzung“, 1932 unterzeichnete er einen Aufruf zur Wiederwahl Hindenburgs als Reichskanzler. 1933 vollzog Winckler dann einen unverkennbaren Kotau vor den neuen Machthabern: Das Buch „Der Großschieber“ erhielt eine Widmung „Nach 14 Jahren der Verwilderung in der Stunde des Aufbruchs“, außerdem wurde im April 1933 das Schlusskapitel geändert, um der veränderten politischen Lage Rechnung zu tragen. Damit hatte Winckler seine Anpassungsbereitschaft gezeigt und sich zur Mitarbeit an der „Kulturfassade des Dritten Reich“ empfohlen. Allerdings veränderten sich die Motive seiner in der NS-Zeit verfassten Werke gegenüber denen der Weimarer Zeit nicht. Auch ließ Winckler sich nicht zu Elogen auf den Führer oder zur Unterzeichnung von „Deutschen Bekenntnissen“ hinreißen, und er hielt auch – anders als beispielsweise Heinrich Lersch, Maria Kahle oder Josefa Berens-Totenohl (1891–1969) – keine offiziellen Reden für das System. Zumindest einen guten Grund gab es für Wincklers Anpassungsbereitschaft, denn nach den Definitionen der nationalsozialistischen Rassegesetzgebung von 1935 war er mit einer Jüdin verheiratet. So versuchte er durch sein Werk Wohlverhalten zu dokumentieren, um seine Frau vor der Verfolgung zu schützen. Schließlich durfte sie noch 1943 mit einer Sondergenehmigung des Reichsführers der SS, Heinrich Himmler, in die Schweiz ausreisen.

Das bereits erwähnte Buch „Der Großschieber. Ein Roman mit Kommentaren" verdient als das wohl interessanteste Werk Wincklers einige Anmerkungen. Der zwischen 1929 und 1933 verfasste Roman beschäftigte sich mit dem Aufstieg und Fall eines durch „Schiebereien" reich gewordenen Industriellen in einer idyllischen Bäderstadt in der Nähe von Königswinter. Der Band hatte einen realen Hintergrund in der Auseinandersetzung zwischen Josef Winckler und seinem Vermieter. Winckler hatte 1927 das großzügige Gartenhaus des Industriellen Dr. h. c. Hölken in Schloss Hagerhof bei Bad Honnef bezogen. Innerhalb weniger Monate zerstritten sich Mieter und Vermieter aber so, dass jedwede Kommunikation unmöglich wurde. Diese Hintergründe verwendete Winckler dann als Fabel für seinen Roman. Darin versucht der Protagonist „Dr. eh. Max Klönner" aus dem vorgefundenen Schmuckgut ein Ertragsgut zu machen, das mit Hilfe neuer Anbaumethoden und Viehmassenhaltung maximalen Profit bringen soll. Diese Profithaltung geht zu Lasten der gesamten näheren Umwelt – die Weiden werden mit Gülle überdüngert, die Flüsse und Bäche umgeleitet, die örtliche Quelle mit Chemikalien versetzt, um sie als Heilsquelle bekannt zu machen. Widerstände durch Einzelpersonen oder örtliche Honoratioren löst Klönner mit hohen Schmiergeldzahlungen auf. In der Auflösung der Handlung, nach der Flucht der „Dynastie" Klönner, bleibt die ehemalige Rheintalidylle „geschändet" zurück. Die Menschen sind durch Geld und Macht korrumpiert und bleiben genauso zerstört zurück wie die Natur – wahrlich ein früher Ökologie-Roman.

Hölken selbst war es nicht möglich, gegen das Buch vorzugehen, aber Anfang 1937 erhob der Dortmunder Industrielle Dr. h. c. Max Klönne Zivilklage gegen den Verlag und den Autor wegen Namensmissbrauchs und forderte einen Auslieferungsstop für die Restauflage. Obwohl Winckler Gutachten und Stellungnahmen beibrachte, obwohl an der Juristischen Fakultät der Universität zu Köln sogar eine Dissertation über die Problematik erschien, wurde das Buch nach drei Gerichtsverfahren schließlich im Januar 1939 durch das Reichsgericht in Berlin verboten, die Restauflage musste eingestampft werden. Alle Eingaben Wincklers bei der Reichsschrifttumskammer und die „Dringliche Eingabe über die schöpferische Freiheit des Schrifttums", die der Willi-Brunnen-Verlag im Oktober 1938 beim Reichspropagandaminister Joseph Goebbels einreichte, änderten das letztinstanzliche Urteil nicht.

Winckler sah diesen Prozess als Höhepunkt einer Kampagne gegen ihn, weil er sich geweigert hatte, die Ehe mit seiner Frau zu lösen. Um seine Weigerung und seine Verbundenheit mit Adele auch nach außen sichtbar zu dokumentieren, ließen sich die Eheleute im November 1939 von Pfarrer Steppkes, einem ehemaligen Schulfreund Wincklers, in Berrenrath bei Köln kirchlich trauen.

Auch ein anderes Werk Wincklers aus den 1930er-Jahren sorgte für einige Aufregung: das 1934 erschienene Anekdotenbändchen „Die Weinheiligen". Es handelt sich um eine Anekdotensammlung rund um eine in den 1920er-Jahren spielende Rheinreise von vier Heiligen – St. Theonest, St. Wendelin, St. Zyriakus und des „Weinpapstes" St. Urban. Zwölf Illustrationen hatte der flämische Maler und Schriftsteller Felix Timmermans (1886–1947) beigesteuert. Das Erscheinen des Bandes führte 1934/35 zu großer Empörung in katholischen Kreisen. In einem Schreiben des „Reichsausschusses Deutscher Katholiken gegen den Alkoholismus" vom April 1935 hieß es:

> „Die Empfehlung in der Kölnischen Zeitung und der Name Timmermans, der sich hergegeben hat zu diesen blasphemischen Illustrationen, wird den Verstoß nicht abschwächen. [...] Ich rate Ihnen, dafür zu sorgen, daß das Buch schleunigst aus dem Buchhandel gezogen wird."

Die gegen das Buch angekündigten Aktionen führten schließlich zu einer Übereinkunft zwischen dem Kölner Staufen-Verlag und dem Autor, worin dieser sich verpflichtete, das Buch nach dem Ausverkauf der ersten Auflage nicht wieder aufzulegen. Zur Umgehung der Vereinbarung ließ Winckler das Werk 1937 unter dem Titel „Wo der deutsche Wein wächst" – diesmal ohne die Zeichnungen von Timmermans, dafür aber mit 48 Landschaftsfotos von Rhein und Mosel – überarbeitet bei dem Königsberger Verlag Gräfe & Unzer neu herausbringen. Für die dritte Auflage nahmen Winckler und Timmermanns die Zusammenarbeit wieder auf und veröffentlichten 1938 die erweiterte Fassung mit neuen und alten Timmermans-Zeichnungen unter dem Titel „Triumph der Torheit" bei der Stuttgarter Deutschen Verlags-Anstalt. 1937 hatte Winckler Timmermans den Text der Novelle „vom mal-eifrigen Mönchlein Leodegar" zugesandt, der in die neue Ausgabe integriert werden sollte. Dazu äußerte er die Bitte, „neue Zeichnungen in Angriff zu nehmen, bei deren Gestaltung er seiner Fantasie freiesten Spielraum lassen könne, da der Stoff historisch und voll Humor und Gemüt sei". 1942 erschien im Staufen-Verlag eine weitere Auflage der Weinheiligen, überarbeitet unter dem Titel „Die fröhliche Weinreise". Zum geplanten unveränderten Nachdruck der Weinheiligen-Ausgabe von 1934 (insgesamt also einer fünften Auflage) kam es 1943 – trotz anfänglicher Papierbewilligung – nicht, da sich Winckler zu diesem Zeitpunkt intensiv um die Ausreise seiner Ehefrau kümmern musste, deren Verbleiben in Deutschland jetzt nicht mehr möglich war.

Wincklers anpassungsbereites Verhalten blieb in der Nachkriegszeit nicht ohne Kritik. Als sich Thomas Mann mit Frank Thieß und Walter von Molo auf einen „Streit um Deutschland" einließ, wurde auch Winckler zum Thema. Als 1958 Kurt Ziesel sein Buch „Das verlorene Gewissen" vorlegte, in dem er unter anderem auch Winckler mit einer Reihe von Vorwürfen überzog, sah dieser sich zu einer Antwort genötigt, die er 1961 anlässlich einer Veranstaltung der Bibliophilen Gesellschaft

Köln gab. Besonders hart mag ihn Ziesels Behauptung getroffen haben, er habe sich „im Dritten Reich von seiner Frau getrennt [...] und sie ins Ausland ziehen [lassen], wo sie zugrunde ging".

Trotz seiner unverkennbar angepassten Haltung gegenüber dem Nationalsozialismus galt Winckler in den 1950er- und 1960er-Jahren alles in allem jedoch als integer. Walter Gödden schrieb dazu 1991 im Westfalenspiegel, der nach Wincklers Buch von 1952 benannt wurde:

> „Für viele war Winckler so etwas wie ein – freilich gescheiterter – Vermittler zwischen zwei Dichtergenerationen: jener, die im Dritten Reich in der ersten Reihe Platz genommen [...], danach aber vergeblich neuen Anschluss gesucht hatte, und jener, die nach dem Krieg einen neuen Anfangspunkt machte [...]."

Eine abschließende Bewertung von Wincklers Rolle im Nationalsozialismus ist nicht einfach und fällt wiedersprüchlich aus. Als vorläufige Wertung lässt sich wohl konstatieren, dass Winckler im „Dritten Reich" zu jenen unpolitisch-halbangepassten Autoren zählte, „die ihre Anpassung – nach dem Krieg – zum spannungsreichen Durchwurstelabenteuer verklärt haben".

Am Kulturbetrieb der frühen Bundesrepublik nahm Winckler teilweise sehr engagiert teil. Als kommunikativer Mensch liebte er das Gespräch und die Auseinandersetzung, er wurde Mitglied in zahlreichen literarischen und kulturellen Vereinigungen wie dem PEN, der Deutschen Akademie für Sprache und Dichtung oder der Kölner „Gesellschaft der Bibliophilen". Anfang der 1950er-Jahre engagierte er sich zudem für die Wiederbelebung der Autorenvereinigung „Die Kogge" in Minden, in der er sich besonders für den niederdeutschen Sprachraum einsetzte. Sein Engagement führte ihn folgerichtig auch in den Westdeutschen Autorenverband und zu den westfälischen Schriftstellertreffen, an denen er unter anderem in Marl teilnahm.

Die Art und Weise, wie Winckler nicht nur bei den Westfalentagen in der Öffentlichkeit auftrat, zeigte deutlich seine Präferenz für Land und Leute. Winckler empfand sich spätestens seit dem Erfolg seines „Bomberg" als der bedeutendste Repräsentant der westfälischen Literatur seit Annette von Droste-Hülshoff und nutzte jede sich bietende Möglichkeit, um sich als westfälisch-volkstümlich darzustellen. So wird beispielsweise vom Festessen nach der Verleihung des Westfälischen Literaturpreises 1953 in Meschede berichtet, dass Winckler lustlos in seinem Essen „herumgestochert" und geäußert haben soll, deftiger westfälischer Speck mit dicken Bohnen wären ihm lieber gewesen.

Josef Nadler stellte in seiner von 1912 bis 1928 erschienenen „Literaturgeschichte der deutschen Stämme und Landschaften" die These auf, dass das geistig-physische Klima einer Landschaft die Menschen präge. Diese Ansicht passte in die Zeit, denn in den 1920er-Jahren fand eine verstärkte Rückbesinnung auf die Region, die nähere Umgebung, die Heimat statt, die sich in der Gründung von Heimatmuseen, Heimatvereinen und vielen anderen Einrichtungen zeigte. Als übergreifendes Kriterium der Literaturgeschichte ist die These von der Stammesliteratur höchst zweifelhaft und kann allenfalls für einen Teil der Regionen und einen Teil der Autoren gelten. Winckler jedoch kann als ein geradezu beispielhafter Vertreter der Nadler'schen Stammesliteraturdefinition angesehen werden, da er diese Definition ohne Weiteres für sich hätte gelten lassen. Ganz in Nadlers Sinne verstand sich Winckler als ein im Westfalentum verwurzelter Schriftsteller. Er wollte diese Prägung verdeutlichen, ohne dass er deshalb auf Westfalen festgelegt und reduziert, bzw. als Heimatdichter vereinnahmt werden wollte.

Dies ist ihm sicherlich nicht immer gelungen, denn die zum Teil naive, lediglich mit Versatzstücken der Wirklichkeit arbeitende Heimatdarstellung innerhalb seines „Mutter-Mythos" trägt rührend-sentimentale Züge. Die naive Heimatverklärung kommt auch in Gedichten wie „Heimatdorf" sehr deutlich zum Ausdruck:

> „Ach, nur ein Gärtchen
> Unterm Nußbaum
> Und eine Bank vor der Tür
> Am Rasenzaun,
> Wo man den Mond sieht
> Und die Nachtigall
> Im Busch hört,
> Und aus dem Stall
> Tritt der Nachbar
> Mit dem Windlicht,
> Man hört in der Stille,
> Wie er spricht,
> Und eine Ziehharmonika
> Tönt weit [...] so weit [...]
> Ja, war das schön
> In der Kinderzeit!"

In derartigen Texten zeigte sich eine bürgerliche Heimatauffassung, die Heimat sentimentalisierte und klischeehaft umdeutete. Diese Heimatvorstellung hatte bei Winckler ganz eindeutig auch biographische Wurzeln. Nach seinem Tod 1966 zitierte der Westfalenspiegel aus einem Brief Wincklers:

> „Ich bin und blieb immer Westfale – eben aus jenen Instinkten meines so lebensträchtigen Volkstums, das zu den eindeutigsten, eigenwilligsten und rätselvollsten unseres Landes zählt, eines derartig männlichen Stammes, daß es kein Zufall ist, in einer weiblichen, ausgleichenden Seele dem Mütterlichen näher, also in der Droste die größte Dichterin Deutschlands begrüßen zu dürfen! Meine Heimat ist ein kleines Dorf im Emslande – aus diesem kleinen Heidedorf entsproß irgendwie alles, was ich schuf [...]."

Für Winckler war Westfalen die Wiege seines Lebens und Schaffens, das Haus Nieland in Hopsten die „Traumarche seiner Knabenjahre," oder wie er schon 1925 schrieb: „Seit Apollo unter den Ziegenhütern hat niemand eine schönere Jugend gehabt als ich."

Wincklers Bekenntnis zum Westfalentum beinhaltete für ihn jedoch nicht, dass er sich ausschließlich mit dieser Region beschäftigte. Geprägt durch den langen Aufenthalt im Rheinland, hob er die sprichwörtliche „Geselligkeit" und „Offenheit" des Rheinländers hervor. Diese „positiven rheinischen Elemente" wollte er den Westfalen nahebringen, deren „Sturheit" und Streitbarkeit er schätzte – Charakteristika, die ihn selbst kennzeichneten. Für „seine" Westfalen wünschte er sich mehr Offenheit und Spontaneität, für „seine" Rheinländer im Gegenzug weniger unverbindliche Freundlichkeit. Und erst dadurch, dass er im Rheinland gelebt habe, erschien es ihm möglich,

> „in der freieren Urbanität einer Stromlandschaft, in [...] größerer Weltaufgeschlossenheit unter einem beweglichen Menschenschlag, [...] die Konturen der niederdeutschen Tiefebene und ihrer rätselhaften Bewohner wahrzunehmen".

Das Spätwerk Wincklers ist von Hymnen an seine westfälische Heimat geprägt. Es drängt sich der Verdacht auf, dass diese Hymnen Bestandteil jenes unausgesprochenen Vermarktungskonzepts waren, das er offenkundig verfolgte und mit dem er gerade in seiner Heimat Anerkennung und Nachruhm gewinnen wollte. Ganz erfolglos war er damit nicht, denn in Westfalen erfuhr er seine größten Ehrungen und Auszeichnungen. 1953 erhielt er – wie bereits erwähnt – für sein erzählerisches Gesamtwerk den Annette-von-Droste-Hülshoff-Preis, auch „Westfälischer Literaturpreis" genannt. Darüber hinaus wurde Winckler von der Stadt Rheine durch eine Gedenktafel an seinem Geburtshaus in Bentlage, die Benennung einer Straße, einer Schule, die Einrichtung eines Gedenkzimmers und einer Goldenen Medaille geehrt.

Rezeptionsgeschichtlich wurde Winckler seit 1923 sehr stark als ein westfälischer „Heimatdichter" vereinnahmt. Dass fast die Hälfte seines Werkes sich mit rheinischen oder regional nicht gebundenen Themen beschäftigte, wurde in Westfalen kaum zur Kenntnis genommen. Winckler übernahm in der regionalen Presse die – auch von ihm durchaus gewünschte – Stellung eines bedeutenden Vertreters westfälischer Literatur. Die innige Umarmung, die Winckler durch die westfälische Rezeption in seinen letzten Lebensjahren zuteil wurde, lässt aber manches außer acht. So fühlten sich beim Erscheinen des „Bomberg" und des „Pumpernickel" nicht wenige Westfalen verächtlich gemacht und bloßgestellt. Besonders stark war die Kritik am „Bomberg" im Münsterland, nach Erscheinen des „Pumpernickel" konnte er sich nach eigenen Angaben in Hopsten zunächst nicht sehen lassen.

1955 gründete Josef Winckler – in Erfüllung des Testaments seiner bereits 1951 verstorbenen Frau – die Nyland-Stiftung, die 1957 ihre volle Rechtsfähigkeit erhielt und seit Wincklers Tod unter anderem sein literarisches Erbe verwaltet. Die in der Satzung verankerte Förderung der Literatur bezieht sich in der Präambel auf einen rheinisch-westfälischen Autorenkreis, der mit dem Bund der „Werkleute auf Haus Nyland" eng verbunden war. Hierzu zählen neben den schon Genannten im weitesten Sinne auch „wesensverwandte" Autoren wie Hans Dieter Schwarze (1926–1994), Margarethe Windhorst (1884–1958) oder Rolf Bongs (1907–1981), von denen die Nyland-Stiftung in den letzten Jahren Bücher veröffentlichte.

Winckler starb am 29. Januar 1966 im Alter von 84 Jahren in Neufrankenforst bei Bensberg (heute Bergisch Gladbach), wo er auf dem Laurentius-Friedhof neben seiner Frau Adele seine letzte Ruhestätte gefunden hat. Wenn mittlerweile auch weite Teile seines schriftstellerischen Werkes in Vergessenheit geraten sind, so bleibt doch seine literaturgeschichtliche Bedeutung – nicht zuletzt als Begründer der Industrielyrik – bestehen.

Vorläufig letzter Höhepunkt seiner postumen Ehrungen ist die Gründung des Josef-Winckler-Hauses im ehemaligen Inspektorenhaus der Saline Gottesgabe in Rheine-Bentlage Ende 2006. Hiermit wurde ein repräsentatives Literaturmuseum geschaffen, das Leben und Wirken des rheinisch-westfälischen Schriftstellers anschaulich dokumentiert.

Werkverzeichnis (Auswahl)

[Mit Jakob Kneip und Wilhelm Vershofen] Wir Drei! Ein Gedichtbuch, Bonn 1904.
Eiserne Sonette. Der Nyland-Werke erster Band, Leipzig 1914.
Mitten im Weltkrieg. Der Nyland-Werke zweiter Band, Leipzig 1915.
Kriegslegenden, Mönchengladbach 1915.
[Mit Jakob Kneip und Wilhelm Vershofen] Das brennende Volk. Kriegsgabe der Werkleute auf Haus Nyland, Jena 1916.
Ozean, Des deutschen Volkes Meeresgesang, Jena 1917.
Der rheinische Maler F. M. Jansen, Leipzig 1921.
Irrgarten Gottes oder die Komödie des Chaos, Jena 1922.
Der tolle Bomberg. Ein westfälischer Schelmenroman, Stuttgart 1923.
Der chiliastische Pilgerzug. Die Sendung eines Menschenapostels, Stuttgart 1923.
Der Weltmensch, Köln 1923.
Der Ruf des Rheins, Köln 1923.
Trilogie der Zeit, Rudolstadt 1924.
Der tolle Bomberg. Jugendausgabe, Stuttgart 1925.
[Mitarb.] Schwarzer Greif 1925. Ein Almanach, hg. von Karl Dietz, Rudolstadt 1925.
Pumpernickel, Menschen und Geschichten um Haus Nyland, Stuttgart 1925.
De olle Fritz, Verschollene Schwänke und Legenden voll phantastischer Abenteuerlichkeit und schnurriger Mythe. Gesammelt und hg. als niederdeutsches Andachtsbüchlein, Bremen 1926.

Im Teufelssessel. Erzählung, Stuttgart 1928.
Des verwegenen Chirurgus weltberühmbt Johannes Andreas Doctor Eisenbart Zahnbrechers, Bänkelsängers, Okulisten, Steinschneiders Tugenden und Laster auf Reisen und Jahrmärkten, mancherley bewährteste Artztneyen in Not und Tod sambt vielen Orakeln, Mirakeln, Spektakeln, insonderheit auch philosophische, politische, moralische, mythische Tractata und sehr bedeutsame Mitteilungen zahlloser erschröcklicher und lustiger Begebenheiten getreulich dargestellt und vorgestellt, Stuttgart 1928.
Eiserne Welt, Stuttgart 1929.
Das heilige Brot. Ein Kinderbrevier, hg. von Fr. Muckermann, Münster 1930.
Der Großschieber. Roman mit Kommentaren, Berlin 1933.
Ein König in Westfalen. Roman einer Staatsgroteske in Deutschland, Stuttgart 1933.
Der alte Fritz. Ein niederdeutscher Volksmythus, Stuttgart 1934.
Die Weinheiligen. Eine fröhliche Legende. Mit Zeichnungen von Felix Timmermans, Köln 1934.
Adelaide. Beethovens Abschied vom Rhein. Eine Erzählung, Stuttgart/Berlin 1936.
Wo der deutsche Wein wächst, Königsberg 1937.
Triumph der Torheit. Fröhliche Legenden. Mit Zeichnungen von Felix Timmermans, Stuttgart 1938.
Die goldene Kiepe, Berlin 1939.
Das Mutterbuch, Stuttgart 1939.
Im Schoß der Welt, Stuttgart 1940.
Das bunte Brevier. Ein ernst-fröhliches Buch von den letzten Dingen, Wuppertal 1947.
Fest der Feste. Weihnachtsfeiern auf Haus Nyland, Stuttgart 1948.
Der Westfalenspiegel, Dortmund 1952.
So lacht Westfalen. Auch eine Philosophie, Honnef a. Rhein 1955.
Das Lügenjöbken. Anekdoten um Josef Winckler, den Autor erfolgreichster deutscher Schelmenbücher, teilweise von ihm selbst erzählt, hg. von Ruth Walther im Auftrag der Nyland-Stiftung, mit Zeichnungen von Jörg Vontra, Rudolstadt 1956.
Die Wandlung. Ausgewählte Gedichte. Erste Folge, Stuttgart 1957.
Ausgewählte Werke. Westfälische Dichtungen in vier Bänden, Bd. I: Pumpernickel, Fest der Feste, Emsdetten 1960; Bd. II: Der Alte Fritz spukt in Westfalen, König Lustik von Westfalen, Emsdetten 1960; Bd. III: Im Schoß der Welt, Das Mutterbuch, Emsdetten 1961; Bd. IV: Die Luther Bibel, So lacht Westfalen und Westfalenspiegel, Emsdetten 1963.
Warum schwieg ich zehn Jahre? Rede zu meinem 80. Geburtstag in der Bibliophilen Gesellschaft Köln, Köln 1961.
Die Heiligen Hunde Chinas. Erzählungen, hg. und mit einem Nachwort versehen von Hanns Martin Elster im Auftrag der Nyland-Stiftung, Stuttgart 1968.

Die Operation. Aus den Papieren eines Ungenannten, hg. und mit einem Nachwort versehen von Hanns Martin Elster im Auftrag der Nyland-Stiftung, Emsdetten 1974.

Schneider Börnebrink, Döhnkes und Vertellkes, hg. und mit einem Nachwort versehen von Hanns Martin Elster im Auftrag der Nyland-Stiftung, Emsdetten 1976.

Literatur

Breuer, Ulrich: Weimar in Hopsten? Die Werkleute auf Haus Nyland als literarische Vereinigung, in: Westfälische Forschungen 47 (1997), S. 117–136.

Delseit, Wolfgang: Die Nyland-Stiftung. Eine rheinisch-westfälische Literaturstiftung von Josef Winckler, in: Der Literat 2 (1990), S. 53–54.

Ders.: Der „tolle" Romberg – Sturz eines Mythos?, in: Jahrbuch Westfalen 93 (1992), S. 7–22.

Ders.: Josef Winckler (1881–1966), in: Franz-Josef Heyen (Hg.), Rheinische Lebensbilder, Bd. 13, Köln 1993, S. 297–312.

Ders.: Josef Winckler und das Nyland-Archiv. Ein Forschungsbericht, in: Literatur in Westfalen 2 (1994), S. 135–153.

Ders.: Josef Winckler. Briefwechsel 1912–1966. Eine Auswahl, hg. im Auftrag der Nyland-Stiftung von Walter Gödden, Diss. Köln 1995.

Ders.: Avantgarde der Industriedichtung. Die Werkleute auf Haus Nyland, in: Konrad Ehrlich u. a. (Hg.): Sprache und Literatur im Ruhrgebiet, Essen 1995, S. 145–161.

Ders.: Wild, ungestüm und ausladend. Josef Winckler (1881–1966), in: Neues Rheinland 12 (1995), S. 36.

Ders.: „Jetzt kann ich in der Literatur Westfalens nicht mehr untergehen". Heimat als literarisches Konzept Josef Wincklers, in: Literatur in Westfalen 3 (1995), S. 119–151.

Ders.: Josef Winckler (1881–1966), in: Bernd Kortländer (Hg.): Literatur von nebenan 1900–1945. 60 Porträts von Autoren aus dem Gebiet des heutigen Nordrhein-Westfalen, Bielefeld 1995, S. 397–404.

Ders.: Orientierungslosigkeit der Moderne? Hinwendung zur „neuen Sachlichkeit". Rheinische Schriftsteller und der Nationalsozialismus, in: Dieter Breuer/Gertrude Cepl-Kaufmann (Hg.): Moderne und Nationalsozialismus im Rheinland. Vorträge des Interdisziplinären Arbeitskreises zur Erforschung der Moderne im Rheinland, Paderborn 1997, S. 149–161.

Ders.: Haus Nieland in Hopsten. Töddenstube und Literatenwinkel, in: Literatur in Westfalen 4 (1998), S. 313–323.

Ders./Menne, Franz Rudolf (Hg.): Josef Winckler – Leben und Werk. Begleitbuch zur Ausstellung, Köln 1991.

Ders./Menne, Franz Rudolf (Hg.): Josef Winckler und Felix Timmermans. Zwei Weinheilige, in: Jahrbuch der Felix-Timmermans-Gesellschaft 2 (1991), S. 58–63.

Ders./Kerrutt, Christiane: „Ein Haus voller Geschichten". Das Josef-Winckler-Haus im Salinenpark Rheine, in: Literatur in Westfalen 8 (2006), S. 393–402.

Ders./Gödden, Walter: „Ich habe mich durch Lachen befreit ...". Josef Winckler (1881–1966), Münster 2007 (Westfälische Tondukumente: Tonzeugnisse zur Westfälischen Literatur, Bd. 8).

Drost, Ralf: Nachwort, in: Josef Winckler Lesebuch, Köln 2003, S. 139–149 (Nylands Kleine Westfälische Bibliothek, Bd. 4).

Elster, Hanns Martin: In memoriam Josef Winckler, 7. Juli 1881 bis 29. Januar 1966, in: Kleiner Almanach mit Spielplan-Kalendarium. Für das Theater- und Konzertjahr 1966/67, Bergisch Gladbach 1966, S. 86–93.

Heydebrand, Renate von: Literatur in der Provinz Westfalen 1815–1945. Ein literarhistorischer Modell-Entwurf, Münster 1983.

Hoyer, Franz Alfons: Die „Werkleute auf Haus Nyland", Diss. Freiburg 1939.

Siegl, Hans: Josef Winckler, ein rheinisch-westfälischer Dichter. Beiträge zu Leben und Werk, Diss. Wien 1941.

Stollenwerk, Anneliese: Dr. Josef Winckler, ein Dichter geb. in Rheine in Westfalen. Versuch einer Biographie, in: Rheine. Gestern – Heute – Morgen 1 (1981), S. 6–23.

Paulus van Husen
(1891–1971)

Karl-Joseph Hummel

Paul Maria Hermann Johann van Husen wurde am 25. Februar 1891 in Horst im Kreis Recklinghausen (heute Stadt Gelsenkirchen) als ältestes von vier Kindern einer wohlhabenden westfälischen Medizinerfamilie geboren. 1893 zogen seine Eltern, der Sanitätsrat Dr. Johann Theodor van Husen (1848–1928) und seine Ehefrau Luise Friederike (1861–1942), nach Münster, wo sie sich fest in das katholische Milieu der Bischofsstadt einfügten. 1909 beendete Paul seine Schulzeit mit dem Abitur am altehrwürdigen humanistischen Gymnasium Paulinum, um anschließend an den Universitäten Oxford, München, Genf und Münster Rechts- und Staatswissenschaften zu studieren. 1912 legte er mit der Prädikatsnote „Gut" das erste juristische Staatsexamen ab und begann eine Ausbildung zum Gerichtsassessor am Amtsgericht in Warendorf. Nach dem Militärdienst als Einjährig-Freiwilliger beim Husarenregiment Nr. 8 in Schloß Neuhaus (heute Stadt Paderborn) bewarb er sich im Frühjahr 1914 als Referendar bei der Regierungsbehörde in Münster. Bis zum wenige Monate später ausbrechenden Ersten Weltkrieg war das Landratsamt in Lüdinghausen sein Wirkungsfeld.

Die Kriegsjahre erlebte Paul van Husen – der für seinen Vornamen die latinisierte Form seines Diözesanpatrons Paulus bevorzugte – mit seinem Paderborner Regiment und anderen Divisionen weitgehend an der Westfront. Einzig in der ersten Jahreshälfte 1918 wurde er, mittlerweile mit dem Eisernen Kreuz I. Klasse ausgezeichnet, auf eigenen Wunsch vorübergehend in Russland eingesetzt. Wieder im Westen, nahm er als Angehöriger der Gardekavallerieschützendivision im Juli 1918 am letzten Großangriff der deutschen Armeen teil. Im Dezember 1918 zog er mit seiner Elitedivision in Berlin ein, die dort nach den revolutionären Ereignissen für Ordnung sorgen sollte. Über die Ermordung Karl Liebknechts und Rosa Luxemburgs durch Angehörige seines Husarenregiments Nr. 8 schreibt van Husen in seinen Lebenserinnerungen nur wenige Sätze. Da er den Eindruck hatte, in Berlin seien auch ohne ihn schon genügend Offiziere vorhanden, war er bereits am 23. Dezember 1918 nach Münster zurückgekehrt, die Kämpfe um Schloss und Marstall hat er deshalb persönlich nicht miterlebt.

Zurück in Westfalen setzte er seine Referendarausbildung im Lüdinghauser Landratsamt fort. Im Frühjahr 1920 vertrat er dort nach bestandenem Assessorexamen für sechs Wochen den Landrat. Unversehens wurde sein erster selbstständiger beruflicher Einsatz zu einer wirklichen Bewährungsprobe, da er in die Wirren des Kapp-Lüttwitz-Putsches fiel, dessen Folgen bis in die Provinz zu spüren waren. Ende 1920 wurde van Husen mit einer staatsrechtlichen Dissertation an der Universität Münster zum Dr. iur. promoviert.

Im Herbst 1920 erhielt Paulus van Husen zunächst eine Anstellung als Regierungsassessor im oberschlesischen Oppeln, bis ihm zu Beginn des folgenden Jahres die kommissarische Leitung des Landratsamts in Rybnik übertragen wurde. Hier war er massiv in den erbittert ausgetragenen Abstimmungskampf und in die Konflikte um die Teilung Oberschlesiens einbezogen. In seinem Amtsvorgänger Hans Lukaschek (1885–1960) fand er in dieser Phase einen lebenslangen Freund. Im Juni 1922 versetzte man van Husen als politischen Dezernenten des Regierungspräsidenten nach Oppeln.

Anfang 1923 schied van Husen auf eigenen Wunsch aus dem Staatsdienst aus, bald darauf wurde er von Karl Gottfried Prinz zu Hohenlohe-Ingelfingen zum Generalbevollmächtigten für dessen oberschlesische Güter ernannt, von denen nach der neuen Grenzziehung zwei Drittel auf polnischem Gebiet lagen. An seinem neuen Dienstort konnte er auch seine als Folge der Inflation verarmten Eltern und seine damals 17-jährige Schwester Luise aufnehmen und versorgen.

Im Frühjahr 1927 übernahm van Husen dann erneut eine Aufgabe in einer staatlichen Einrichtung. Als Mitglied der 1922 vom Völkerbund errichteten „Gemischten Kommission" für Oberschlesien mit Sitz in Kattowitz bemühte er sich um die Wahrung der deutschen Minderheitenrechte und um einen Ausgleich zwischen Deutschen und Polen. Damit war auch die Teilnahme an Tagungen und Konferenzen verschiedener Gremien des Völkerbundes in Genf, Madrid oder Paris verbunden. Wegen seiner Zentrumsmitgliedschaft und seiner augenscheinlichen Ablehnung des Nationalsozialismus erfolgte Anfang 1934 seine Abberufung aus der Gemischten Kommission, ohne dass die ihm in Aussicht gestellte Übernahme in den Reichs- oder preußischen Staatsdienst wenigstens im Range eines Ministerialrats stattgefunden hätte.

Nach einigen Monaten wirtschaftlicher und perspektivischer Unsicherheit wurde van Husen im Juni 1934 zum Oberverwaltungsgerichtsrat am Preußischen Oberverwaltungsgericht in Berlin ernannt. Das neue Amt bedeutete gegenüber der vorherigen Position einen klaren Abstieg und war mit einer spürbaren Reduzierung seines Einkommens verbunden. Dennoch konnte er schon bald in Berlin-Grunewald ein Grundstück erwerben und ein Haus errichten, in das er im Sommer 1935 mit seiner seit 1928 verwitweten Mutter, seiner ledigen Schwester Luise sowie seiner ebenfalls seit 1931 verwitweten Schwester Maria und deren sechs Kindern zog.

Zum 10. Mai 1940 wurde van Husen zur Wehrmacht einberufen und als Rittmeister der Reserve der Standortstaffel des Führungsstabs des Oberkommandos der Wehrmacht (OKW) in Berlin zugewiesen. Hier bearbeitete er vor allem die Entwürfe von „Führererlassen" und von Gesetzen, die der Zustimmung des OKW bedurften wie etwa das Reichsleistungs- und das Kriegsschädengesetz. Mit seiner Stellung waren vielfältige Kontakte zu anderen militärischen Dienststellen verbun-

Paulus van Husen
(Foto: Pan Walther, Archiv Kommission für Zeitgeschichte, Bonn)

den. Auf diesem Weg entstanden Verbindungen zu Regimegegnern wie Helmuth James Graf von Moltke, der van Husen einlud, sich an den Treffen des Kreisauer Kreises zu beteiligen. Später trafen sich Kreisauer Verschwörer wiederholt auch in van Husens Haus im Grunewald. 1942/43 informierte Paulus van Husen bei drei Besuchen in Münster Bischof Clemens August Graf von Galen über die Aktivitäten des Kreisauer Kreises. Während der programmatischen Beratungen über die strukturelle Neuordnung Deutschlands nach dem Ende der NS-Herrschaft befasste er sich besonders mit Fragen des Minderheitenschutzes, der Wiederherstellung der Rechtsstaatlichkeit sowie des Neuaufbaus der Justiz. In der vorgesehenen Übergangsregierung war van Husen als Staatssekretär im Reichsinnenministerium eingeplant.

Den genauen Termin des von Claus Graf Schenk von Stauffenberg geplanten Attentats auf Hitler kannte Paulus van Husen nicht, er wusste aber von einer unmittelbar bevorstehenden Tat. Wenige Tage vor dem 20. Juli 1944 traf er gemeinsam mit Hans Lukaschek und Peter Graf Yorck von Wartenburg in seinem Haus noch mit Stauffenberg zusammen, wobei über die Rechtfertigung der geplanten Tat gesprochen wurde. Stauffenberg verabschiedete sich am 14. Juli mit den Worten: „Es bleibt also nichts anderes übrig." Nach dem gescheiterten Attentat erwartete van Husen täglich seine Verhaftung, die zu seiner Überraschung jedoch nicht unmittelbar erfolgte – allerdings entließ man ihn Mitte August aus seiner Tätigkeit beim OKW. Nach einem sechswöchigen Urlaub nahm er seinen Dienst bei einem wegen der „Luftgefahr" nach Torgau ausgelagerten Senat des nunmehrigen Reichsverwaltungsgerichts wieder auf. Dort verhaftete ihn die Gestapo am 12. Oktober 1944 und brachte ihn in das Gefängnis an der Lehrter Straße in Berlin-Moabit. Zehn Tage später kam er von dort in das KZ Ravensbrück.

In dem vor dem Volksgerichtshof gegen ihn angestrengten Verfahren gelang es van Husen mit Hilfe seines Pflichtverteidigers, des Rechtsanwalts Hellmuth Boden, eines Schwagers von Heinrich Himmler, die Untersuchung zu verzögern und Zeit zu gewinnen. In Erwartung des bevorstehenden Kriegsendes bedeutete jeder Zeitgewinn eine erhöhte Überlebenschance, die sich am 3. Februar 1945 weiter verbesserte, als der Präsident des Volksgerichtshofs, Roland Freisler, bei einem Bombenangriff ums Leben kam. Nach Freislers Tod fanden zunächst sechs Wochen lang überhaupt keine Verhandlungen vor dem Volksgerichtshof statt. Van Husen konnte zudem erreichen, dass sein Verfahren von der Verhandlung gegen Graf Moltke und weitere Mitverschwörer abgetrennt wurde. Anfang 1945 verlegte man ihn erneut in das Gefängnis an der Lehrter Straße. So kam es erst am 19. April zur Verhandlung gegen ihn und Lukaschek wegen „Mitwissens von Hochverrat ohne Anzeige", die für seinen Freund mit einem Freispruch und für ihn mit der Verurteilung zu einer dreijährigen Zuchthausstrafe endete.

Einigen wenigen Verwandten und Freunden – Magdalena Lukaschek, Luise van Husen, P. Odilo Braun OP, Marianne Hapig und Marianne Pünder – war es möglich, bis in den Korridor vor dem Verhandlungssaal in der Elßholzstrasse vorzudringen und die Gefangenen kurz zu begrüßen. Marianne Hapig berichtet in ihrem

2007 publizierten Tagebuch über einen verzweifelten Einsatz Lukascheks für van Husen vor Gericht. Lukaschek sah das Leben seines Freundes in Gefahr und verlor die Kontrolle über sich, als er Wilhelm Crohne, den neuen Präsidenten des Volksgerichts, anschrie, um ihn zur Vernunft zu bringen. Crohne sollte sich nur wenige Tage später, am 26. April 1945, das Leben nehmen.

Am 23. April 1945 wurde van Husen in das Zuchthaus Berlin-Plötzensee eingeliefert, aus dem er zwei Tage später von der Roten Armee befreit wurde. Auf dem Weg durch das immer noch umkämpfte Berlin zu seinem Haus in Berlin-Grunewald geriet er kurzzeitig in sowjetische Gefangenschaft, während einer Vernehmung wurde ihm ein Arm gebrochen. Schließlich traf er am 2. Mai 1945, entkräftet und an einer Lungenentzündung leidend, bei seiner Schwester ein.

Obwohl ihm der alltägliche Überlebenskampf im zerstörten Berlin in den ersten Nachkriegswochen bereits alles abverlangte, beteiligte sich van Husen im Sommer 1945 an der Gründung der Berliner Christlich-Demokratischen Union Deutschlands (CDUD), zog sich aus der Tagespolitik aber schon bald wieder zurück. Seit dem Herbst 1945 betätigte er sich als Berater der Zivilverwaltung der amerikanischen Militäradministration in Berlin (OMGUS). Großen Einfluss nahm er auf den Aufbau der Verwaltungsgerichtsbarkeit in den Ländern der amerikanischen Zone, die für die britische Zone weitgehend übernommen wurde. Nach dem Beginn der Berlin-Blockade wechselte van Husen im Juli 1948 als Obergerichtsrat an das neu errichtete Deutsche Obergericht für die Bizone in Köln. Ein Jahr später erfolgte seine Ernennung zum Präsidenten des neuen Oberverwaltungsgerichts für das Land Nordrhein-Westfalen in Münster. Zusätzlich zur institutionellen Aufbauarbeit für das neu errichtete Oberverwaltungsgericht arbeitete er 1949/50 Entwürfe für die NRW-Landesverfassung aus, wobei ihm vor allem Schul- und Kirchenfragen am Herzen lagen. Außerdem rief er die Vereinigung der Präsidenten der Verwaltungsgerichte in der Bundesrepublik Deutschland ins Leben, die sich besonders um die Schaffung einer Bundesverwaltungsgerichtsordnung bemühte.

Zwischen November 1949 und Juni 1950 versuchte Bundeskanzler Konrad Adenauer zweimal, van Husen als „Staatssekretär in der Bundeskanzlei" an den Rhein zu holen. Van Husen schwankte lange zwischen der Gelegenheit, auf einer hohen Position politischen Einfluss auszuüben, und dem Gespür, dass seine Stärken doch mehr in der konzeptionellen verfassungs- und verwaltungsjuristischen Tätigkeit lagen. Dabei machte er sich erstaunlicherweise sehr von Ratschlägen Dritter wie etwa von Heinrich Brüning abhängig. Er taktierte wenig professionell, so dass seine Ernennung schließlich an Nebengesichtspunkten wie der zögerlichen Zusage einer finanziellen Unterstützung beim Bau eines Hauses in Bonn sowie der von der Landesregierung abgelehnten Beurlaubung für sechs Monate auf seiner Stelle in Münster scheiterte.

1951 lehnte er auch das Angebot von Bundesjustizminister Thomas Dehler ab, Richter am Bundesverfassungsgericht zu werden. Trotz seiner zusätzlichen Ernennung zum Präsidenten des neu geschaffenen Verfassungsgerichtshofs für Nordrhein-Westfalen in Münster im März 1952 schien ihm 1952/53 vorübergehend die

Aussicht verlockend, als deutscher Vatikan-Botschafter nach Rom zu gehen. Da damit allerdings seine baldige Pensionierung verbunden gewesen wäre, verfolgte er diese Ambitionen nicht weiter. Im Sommer 1956 bewarb er sich erfolglos um das neu eingerichtete Amt des Wehrbeauftragten des Deutschen Bundestages, das er über die Pensionsgrenze eines Beamten hinaus hätte ausüben können. Schließlich blieb ihm 1959 auch eine Richterstelle beim Europäischen Gerichtshof verwehrt.

Das Wirken van Husens als oberster Richter des Landes Nordrhein-Westfalen war geprägt durch das Bestreben, der Gerichtsbarkeit als „Dritter Gewalt" die seiner Meinung nach erforderliche unabhängige Stellung zu verschaffen. Davon zeugen auch die Artikel, die er seit 1950 als Mitherausgeber und Autor des „Deutschen Verwaltungsblatts" verfasste. Den Alltag seines Präsidentenamts bestimmten oftmals Auseinandersetzungen mit der Düsseldorfer Staatskanzlei und mit dem Justizministerium über die Zuweisung von Personal und Sachmitteln, um Fragen der Besoldung wie auch um seinen Status. Seine letzten Dienstjahre waren außerdem durch die in seinen Augen völlig verfehlte architektonische Gestaltung des Neubaus für das Oberverwaltungsgericht in Münster getrübt. Als er am 1. März 1959 in den Ruhestand verabschiedet wurde, konnte man seiner Abschiedsrede durchaus Bitternis entnehmen. Er empfand das Ende seines Berufslebens als „Zwangspensionierung" und sprach vom Anstoß zum sogenannten „Pensionierungstod", zumal er sich körperlich und geistig als „noch voll leistungsfähig" einschätzte. Außerdem sah er die finanzielle Absicherung für den gemeinsamen Lebensabend mit seiner Schwester als nicht ausreichend gewährleistet an.

Van Husen hatte bereits in seiner Jugend und dann ab Anfang der 1950er-Jahre ausgedehnte Reisen unternommen, als der Tourismus sich noch nicht zu einem Massenphänomen entwickelt hatte. In den ihm verbleibenden zwölf Jahren als Pensionär räumte er diesem Hobby noch breiteren Raum ein und bereiste mit seiner Schwester vorzugsweise die Mittelmeerregion. Häufig erwiesen sich diese Reisen als Kombination von Wallfahrt, Bildungsreise und Badeurlaub. Van Husen verbrachte jetzt viel Zeit im Garten seines 1951 in bevorzugter Wohnlage am Aasee errichteten Hauses in Münster, las ausgiebig und schrieb seine Memoiren. Am gesellschaftlichen Leben nahm er fast nicht mehr teil. Dabei spielte auch der Umstand eine Rolle, dass sein Augenlicht in den letzten Lebensjahren immer schwächer wurde. Am 1. September 1971 starb Paulus van Husen im Alter von 80 Jahren in Münster, wo er auch seine letzte Ruhestätte fand.

Nach diesem Überblick über den Lebensweg van Husens verdienen einige Aspekte seines Lebens eine nähere Betrachtung. Zunächst ist dabei auf seine religiöse Prägung und seine Glaubenswelt einzugehen. Das katholische Bekenntnis, daran besteht kein Zweifel, war der entscheidende Faktor für die Persönlichkeit Paulus van Husens. Die in seiner Kindheit und Jugend eingeübten Regeln und Verhaltensweisen blieben ihm ein Leben lang Maßstab und Orientierung. Dabei erwies sich das Vorbild der Eltern als wesentlicher Bezugspunkt. Geprägt durch die für sie traumatischen Erfahrungen des Kulturkampfes, waren diese fest im katholischen

Milieu verankert, das die traditionellen Glaubenswahrheiten auch unter den noch zunehmenden Tendenzen der gesellschaftlichen Modernisierung lebbar machen und „dadurch in ihrer Plausibilität“ erhalten wollte.

Van Husen wuchs in einem katholischen Umfeld auf, in dem die Gläubigen aktiv am kirchlichen Leben teilnahmen, in dem großer Wert auf den täglichen Besuch des Gottesdienstes, die regelmäßige Teilnahme an überlieferten Frömmigkeitsformen wie dem Rosenkranzgebet oder Prozessionen sowie auf karitatives Handeln gelegt wurde. Der Elementarschulunterricht, den er an der Domschule erhielt, formte durch auswendig gelernte Glaubenswahrheiten und Lebensregeln eine Sicht der Wirklichkeit, die für seinen weiteren Lebensweg maßgeblich wurde. Eine stillschweigende, aber wirksame Unterstützung erfuhr diese an der katholischen Glaubenstradition orientierte Erziehung durch die fraglose Selbstverständlichkeit, die den Katholizismus in der Bischofsstadt Münster damals noch auszeichnete. Van Husen erwähnt in seinen Lebenserinnerungen seinen Ministrantendienst im Dom oder den Gang zum Beichtstuhl des Diözesanpönitentiars. Im Zusammenspiel von erlerntem Glaubenswissen und erlebter Frömmigkeit erhielt van Husen ein hohes Maß an Verhaltenssicherheit, die seine Biographie bestimmte und sich in verschiedenen, unübersichtlichen Situationen als große Hilfe erwies.

Paulus van Husen blieb den ihm in der Kindheit und Jugend vermittelten Glaubensgrundsätzen zeitlebens konsequent treu, was von befreundeten Zeitgenossen als ein wesentliches, ihn kennzeichnendes Charaktermerkmal ausdrücklich hervorgehoben wurde. Sein tief gegründeter Glauben gewährte ihm insbesondere während seiner Gefangenschaft nach dem 20. Juli 1944 Halt und Hoffnung. Die Beichte bei einem jungen Kaplan und der Kommunionempfang kurz nach dem Attentat beruhigten sein Gewissen hinsichtlich seiner Mittäterschaft. Mehrfach suchte und erlangte er durch das Rosenkranzgebet in schwierigen Belastungssituationen Ruhe und Zuversicht.

Vor diesem Hintergrund kann es kaum verwundern, dass van Husen auch in seiner Funktion als Präsident des Oberverwaltungsgerichts in Münster seinen religiösen Überzeugungen öffentlich Ausdruck verlieh. Seine Rede zur Eröffnung des Gerichts am 31. August 1949 begann er „im Namen der allerheiligsten Dreifaltigkeit, des Vaters, des Sohnes und des Hl. Geistes“, um das neue Amt im Namen Christi zu übernehmen und „es in großen und kleinen Dingen so zu führen“. Dazu zählte beispielsweise, das Gerichtsgebäude anlässlich der Fronleichnamsprozession oder der Großen Prozession in Münster mit Fahnen und mit Altären zu schmücken, wobei er, wie seit seiner Kindheit gewohnt, morgens zusammen mit den Boten und einigen weiblichen Hilfskräften selbst Hand anlegte, „um so zu versuchen, schönen alten Brauch aufrechtzuerhalten und nach den Jahren der nationalsozialistischen Herrschaft wieder zu beleben“.

In seinem Selbstverständnis sah er sich auch als Behördenleiter dazu verpflichtet, als Christ zu handeln und die christliche Werteordnung wieder zu stärken, um das Gemeinschaftsleben entsprechend auszurichten. Zur Erlangung dieses Zieles setzte er auf kleine Schritte. An katholischen Festtagen wie dem Namenstag Peter und

Paul (29. Juni), an Mariä Empfängnis (8. Dezember), am Dreikönigstag (6. Januar) sowie am Tag der Großen Prozession in Münster (Sonntag bzw. Montag vor St. Margareta, 13. Juli), die staatlicherseits keine Feiertage waren, hielt er das Gericht geschlossen. Bei Betriebsausflügen bat er beim gemeinsamen Essen um Ruhe für ein stilles Tischgebet, auf Nikolaus- und Weihnachtsfeiern versuchte er, durch ihre Gestaltung und durch Ansprachen auf den christlichen Charakter der Feste zu verweisen. Katholische Exerzitien und evangelische Einkehrtage rechnete er zu den staatlich förderungsfähigen Fortbildungsveranstaltungen. Bei allen diesen Maßnahmen war immer das Bemühen zu spüren, die konfessionelle Parität nicht zu verletzen. Van Husen war kein Parteigänger eines strengen Katholizismus im Sinne einer Abschottung und Distanzierung gegenüber Andersgläubigen.

Van Husen nahm in Kauf, dass manche seiner katholischen Aktivitäten belächelt wurden. Frühzeitig erkannte er die sich abzeichnenden Auflösungstendenzen des katholischen Milieus, die Mitte der 1950er-Jahre bereits unübersehbar wurden und den Frühling des religiösen Lebens, den man in den ersten Nachkriegsjahren erwartet hatte, schon bald wieder beendeten. Die „Stunde des Christentums" hatte nur Minuten gedauert, Deutschland war wieder zu einem „Missionsland" geworden. Der wachsende Wohlstand als Folge des deutschen Wirtschaftswunders, die stabilen politischen Verhältnisse sowie die neuen, durch die Zunahme der Kommunikationsmöglichkeiten und der Mobilität rasch bekannt werdenden Lebensformen, die mehr Individualisierung und Pluralisierung forderten, wirkten immer deutlicher auf die religiöse Praxis zurück. Die Anzahl der sonntäglichen Gottesdienstbesucher und der Kommunionempfang gingen spürbar zurück, traditionelle Frömmigkeitsformen wie das Rosenkranzgebet oder die Herz-Jesu-Verehrung verloren an Bedeutung.

Van Husen war bereits kurz nach dem Ende des Zweiten Vatikanischen Konzils (1962 bis 1965) klar, dass die beschlossene Öffnung der Kirche zur Welt weitreichende Folgen haben musste, die bei ihm schlimme Befürchtungen erweckten. An seinem Lebensabend sah er über der katholischen Kirche, die ihm stets ein Hort war und Sicherheit geboten hatte, dunkle Wolken aufziehen. Für ihn war die Öffnung der Kirche zur Welt ein Bruch mit deren eigentlicher Aufgabe – schließlich sei sie doch dazu berufen, im Widerspruch und Widerstreit mit der säkularen Welt zu stehen. Die kollegialen Strukturen und das eigenverantwortliche Handeln der Laien in der Kirche, wie sie das Konzil betonten, ließen sich mit seinem hierarchischen Glaubensverständnis nur schwer vereinbaren. Er hatte bereits den Anfängen der Liturgischen Bewegung, die er in der Berliner Studentengemeinde der 1920/30er-Jahre miterlebt hatte, ablehnend gegenübergestanden. Die vom Zweiten Vatikanischen Konzil beschlossene Liturgiereform überzog er mit beißender Kritik. Vor allem die neue Liturgie des Messopfers lehnte er ab, da sie die Ehrfurcht vor dem Mysterium missachte. Schließlich beklagte er auch die Abschaffung des Lateinischen als Gottesdienstsprache und die neue Gestaltung der Kirchenräume.

Als weiterer wichtiger Aspekt in van Husens Leben bedarf sein Selbstverständnis als Bildungsbürger der näheren Betrachtung. Sein Vater entstammte einer alten Bauernfamilie aus dem holländischen Grenzland. Ob ihm aufgrund der Erbfolge kein Bauernhof zukam oder ob er das bäuerliche Umfeld für den von ihm angestrebten Arztberuf aufgab, muss einstweilen offen bleiben. Er besaß jedoch anscheinend einige Ländereien, die er verpachtete. Zu den Vorfahren der Mutter, die in der Ruhrgebietsstadt Essen aufgewachsen war, zählten Bauunternehmer, Korbmacher und Schreinermeister. Das Baugewerbe gehörte damals infolge des enormen Tempos der Industrialisierung zu den führenden Wachstumsbranchen. Von dem raschen Wachstum der Stadt profitierten etwas zeitversetzt aber auch Produzenten und Kaufleute wie ihr Vater, ein Möbelfabrikant. Er konnte seiner Tochter, seinem einzigen Kind, ein erhebliches Erbe mit in die Ehe geben. Paulus van Husens Eltern, Johann Theodor und Luise Friederike, besaßen so von Anfang an eine gesicherte wirtschaftliche Basis, um einen repräsentativen bürgerlichen Lebensstil zu pflegen. Auf die Einkünfte aus der Arzttätigkeit des Vaters waren sie nicht zwingend angewiesen. Das elterliche Vermögen war groß genug – immerhin wurde der Vater im Rahmen des preußischen Dreiklassenwahlrechts der ersten Klasse zugerechnet –, um ein behagliches, bürgerliches Leben mit all seinen Annehmlichkeiten führen zu können.

Paulus van Husen verlebte eine sorglose Kindheit und Jugend. Die Familie hatte eine stabile emotionale Basis, die persönliche Zuwendung der Eltern zu ihren Kindern erlaubte individuelle Beziehungen und eine deutliche Bewegungsfreiheit, ohne die grundsätzliche Ausrichtung an Autorität und Gehorsam zu gefährden. Die liebende Mutter kümmerte sich vor allem um die Organisation des Haushalts und sorgte dafür, dass das Zuhause zum ersten Lernort der Kinder und zu einem harmonischen Ort der Geborgenheit werden konnte. Sie war musikalisch und literarisch sehr interessiert, was sie versuchte an die Kinder weiterzugeben. Zur Kinder- und Jugendzeit van Husens zählen schließlich auch noch die verschiedenen Haus- und Kindermädchen, wie sie in vielen gehobenen bürgerlichen Haushalten zu finden waren und über die sich das Sozialprestige wesentlich definierte.

Als Kind des Bildungsbürgertums besuchte van Husen selbstverständlich das Gymnasium. Mit dem Abitur waren dann das Einjährigenprivileg, der Zugang zu den Reichsdiensten, die Offizierslaufbahn oder die ärztliche Approbation verbunden. Zur Fortsetzung des bürgerlichen männlichen Lebensweges gehörte ein Hochschulstudium. Neben dem allgemeinen Bevölkerungswachstum, dem Anstieg der Abiturientenzahlen und dem hohen Sozialprestige der Akademiker war es vor allem die Aussicht auf eine lukrative berufliche Position, die auch Kinder aus dem unteren Mittelstand trotz der nicht unerheblichen Kosten – Lebensunterhalt und Studiengebühren – zum Studium bewog. Studieren wurde zum Statussymbol. Dies galt anscheinend auch für Paulus van Husen, der am Ende seiner Schulzeit zunächst die Geschichtswissenschaft und die Bildenden Künste in das Zentrum seiner Zukunftsplanungen stellte. Nach der nüchternen Abwägung des Nutzens einer solchen, rein wissenschaftlichen Berufswahl entschloss er sich dann aber, Rechts- und

Staatswissenschaften mit dem Ziel einer Betätigung in der Reichskolonialverwaltung zu studieren.

Die Studienjahre van Husens sollten aber nicht nur der Erlangung eines Berufes dienen, sondern auch seinen Horizont erweitern. Dazu verbrachte er, zum Teil gemeinsam mit zwei Schulfreunden aus Münster, jeweils ein Semester in Oxford, München und Genf, von wo aus auch Reisen etwa durch Frankreich unternommen wurden. Hier erlangte er vielfältige Einblicke in die Kultur anderer Länder sowie eine weitere Förderung seiner Fremdsprachenkenntnisse und seines Kunstbewusstseins. Ein Auslandsstudium war damals noch kein selbstverständlicher Teil einer bildungsbürgerlichen Karriereplanung; hier übernahmen die Familie van Husen und die seiner Freunde eine gewisse Vorreiterrolle. Da ein Studium in Oxford fünfmal soviel kostete wie an einer deutschen Universität ist es nicht überraschend, dass 1909 in Oxford nur rund ein Dutzend Deutsche studierten. Der Vater van Husens sah in einem Auslandsaufenthalt zusätzlich eine ideale Möglichkeit, die Eigenverantwortlichkeit seines Sohnes zu stärken und ihn durch die absichtsvolle Zuwendung relativ geringer Mittel zur Sparsamkeit zu erziehen.

Der Student van Husen achtete gleichwohl darauf, dass sein Studentenleben nicht nur aus Studium bestand und die Vergnügungen nicht zu kurz kamen. So beteiligte er sich im Wintersemester 1909/1910 gemeinsam mit einigen Freunden am Faschingstreiben in München und unternahm eine Kurzreise zum Karneval nach Venedig. Damals lernte er auch die verschiedenen Arten des Wintersports kennen. Durch gute Auffassungsgabe und Disziplin verstand es van Husen, sein Jurastudium an der Universität in Münster im angestrebten zeitlichen Rahmen mit einem guten Abschluss zu beenden, ohne innerhalb eines kleinen Freundeskreises auf Tanzveranstaltungen, Ausflüge, Reitstunden, Ferienreisen und „manchen Trunk“ zu verzichten.

Van Husen erfüllte die für eine Laufbahn im höheren Regierungsdienst gewünschten Voraussetzungen: Militärdienst in der Kavallerie und Offiziersqualifikation. Die zahlenmäßig sehr begrenzte Aufnahme in das traditionsreiche westfälische Husarenregiment Nr. 8 in Schloß Neuhaus konnte durch die Fürsprache eines dort aktiven Freundes ohne Schwierigkeiten vollzogen werden. Mit seiner Körpergröße von 1,90 Meter gab van Husen in der Husarenuniform ein stattliches Erscheinungsbild ab. Die kameradschaftliche Geselligkeit, eine auch aus sportlicher Sicht interessante militärische Ausbildung und noble Führungspersönlichkeiten hinterließen bei ihm tiefe Wirkung. Da sich das Paderborner Offizierskorps aus dem regionalen Landadel rekrutierte, konnte van Husen vielfältige, später immer wieder nützliche Kontakte knüpfen.

Den Ersten Weltkrieg hat Paulus van Husen in all seinen Schrecken von Anfang an durchlebt. Die Beiträge, die er für die 1939 erschienene Kriegsgeschichte seines Regiments verfasste, lassen erkennen, dass er den Krieg zunächst mit nationaler Begeisterung und ungebremstem Pathos betrachtete – die Gerechtigkeit des Krieges stand für ihn außer Frage. Seine anfängliche Abenteuerlust wurde durch die Realität aber bereits Anfang September 1914 eingeholt. Verwundungen blieben van

Husen erspart, aber eine schwere Typhus-Erkrankung scheint bedrohlich gewesen zu sein. Bis zum Sommer 1918 vertraute er noch der militärischen Führung, danach rechnete er aufgrund der schweren strategischen Fehler der Obersten Heeresleitung mit einer Niederlage. Als er dann im Dezember des letzten Kriegsjahres mit seiner Division als Ordnungsmacht ins revolutionäre Berlin geschickt wurde, hat er in seinem „konservativ bäuerliche[n] Paternalismus“ das Ende der Monarchie fast wehmütig zur Kenntnis nehmen müssen. Das Bedauern bezog sich vor allem auf das monarchische Prinzip, mit dem van Husen zeitlebens sympathisierte. Die neuen politischen Verhältnisse bestärkten ihn in seiner Auffassung, dass in der Praxis unter bestimmten Gesichtspunkten nicht die Demokratie, sondern die Monarchie die beste Regierungsform sei.

Anfang der 1920er-Jahre erfassten die wirtschaftlichen Folgen des Ersten Weltkriegs auch seine Familie. Das Vermögen der Eltern wurde durch die galoppierende Inflation mit zunehmender Geschwindigkeit aufgezehrt, der gewohnte bürgerliche Lebensstandard war schon bald nicht mehr möglich. Das Ausscheiden van Husens aus dem Staatsdienst und die Übernahme der Stelle als Generalbevollmächtigter des Prinzen Hohenlohe dürften nicht zuletzt darin ihr Motiv gehabt haben, denn die damit verbundenen Lebensumstände kamen seinen im Kaiserreich verhafteten Vorstellungen entgegen. So holte er seine Eltern und seine jüngste Schwester Luise nach Oberschlesien, wo er ihnen in einem Schloss mit zahlreichen Räumen und Bediensteten die Fortsetzung ihrer bisherigen „großzügigen Haushaltsführung“ bieten konnte. Er verkehrte mit Adeligen, mit Industriellen und kümmerte sich fürsorglich um die einfache Bevölkerung. Mit dem Umzug in die städtischen, bürgerlichen Verhältnisse von Kattowitz konnten dann Bedingungen geschaffen werden, die denen seiner Kindheit und Jugend glichen. Die gesellschaftlichen Verpflichtungen auf Empfängen und Diners, die mit seinen Aufgaben bei der Gemischten Kommission für Oberschlesien verbunden waren, unterstützten seine Vorstellung, er lebe jetzt wieder in angemessenen Verhältnissen. Umso schmerzlicher empfand van Husen seine Abberufung aus der Gemischten Kommission und den damit einhergehenden Verlust vielfältiger Privilegien, zu denen auch das in Kattowitz bewohnte Haus zählte.

Nach Antritt seiner neuen Stelle in Berlin wohnte er erstmals in seinem Leben – von den Studenten- und Militärzeiten einmal abgesehen – in einer Etagenwohnung. Van Husen konnte sich damit aber nicht anfreunden, da er gewohnt war, „Herr auf dem Hof“ und unbeobachtet zu sein, und er wollte auch die Kinder seiner Schwester Maria „nicht als ‚Etagenkinder‘“ ohne örtliche Bindung aufwachsen lassen. Durch die Errichtung eines geräumigen Hauses im Grunewald und die Anstellung zweier Hausmädchen für seine gewachsene „Familie“ konnte er sich dann erneut ein privates Umfeld schaffen, das seinen gehobenen bürgerlichen Vorstellungen entsprach.

Mit seiner Rückkehr nach Münster am 25. Mai 1949 schloss sich für van Husen vermutlich nicht nur räumlich sein Lebenskreis. Mehrfach musste er jedoch feststellen, dass das damalige Münster mit der Stadt seiner Kindheits- und Jugenderinnerungen nur noch wenige Gemeinsamkeiten aufwies, zumal sein Elternhaus wie viele andere Gebäude im Krieg weitgehend zerstört worden war. Von der wilhelminischen Zeit ließen sich nur noch wenige Spuren finden. Van Husen begegnete dieser für ihn betrüblichen Erkenntnis mit dem Rezept, das sich bereits in Berlin bewährt hatte: Er kaufte ein Grundstück und baute ein Haus, diesmal in der besten Lage von Münster, in der Droste-Hülshoff-Allee 23 (heute: Annette-Allee), das er mit den von seinen Eltern übernommenen und aus Berlin geretteten Einrichtungsgegenständen ausstattete. Gemeinsam mit seiner Schwester Luise schuf er sich damit einen Hort, der ihm in seinen letzten Lebensjahren immer mehr auch zum Rückzug aus der bundesrepublikanischen Gesellschaft diente. Indirekt ließ er dort die bäuerlich-handwerkliche Familientradition wieder aufleben, indem er sich selbst um die Pflege seines Gartens kümmerte. Schließlich knüpfte er schon Jahre vor seinem Eintritt in den Ruhestand auch mit seinen ausgedehnten Urlaubsreisen wieder an die längst vergangenen, zum Teil verklärten Jahre seiner Jugend an.

Kann man Paulus van Husen als einen *pater familias* bezeichnen? Die Familie war im wilhelminischen Kaiserreich partei- und schichtenübergreifend unbestritten als Keimzelle von Staat und Gesellschaft anerkannt. Dem patriarchalischen Familienmodell dieses Zeitalters entsprechend lag die wesentliche und letzte Entscheidungskompetenz in privaten Angelegenheiten fraglos beim Mann bzw. Vater. Für die Kinder stellte die Reihenfolge der Geburt eine lebensbestimmende Vorgabe dar; die daraus erwachsenden Vorrechte und Pflichten wie auch die damit verbundenen Benachteiligungen bestimmten bis zum Tod das familiäre Handeln. Dem ältesten Sohn kam die Aufgabe zu, in Krisensituationen und besonders nach dem Tod des Vaters Verantwortung für diejenigen Familienmitglieder zu übernehmen, die aus den unterschiedlichsten Gründen der Unterstützung bedurften. In diesem Sinn war van Husen ein ausgeprägter Familienmensch – obwohl er zeitlebens unverheiratet blieb.

Neben seinem juristischen Sachverstand besaß van Husen auch außergewöhnliches Interesse an ökonomischen Zusammenhängen. Die Kombination von juristischer und wirtschaftlicher Kompetenz ist ihm sowohl im privaten als auch im beruflichen Bereich verschiedentlich sehr nützlich gewesen. Van Husen zeigte dabei – abhängig von der Dramatik der Situation, aber unabhängig davon, ob es sich um dienstliche oder private Investitionen handelte – durchaus Risikobereitschaft, hatte aber meistens ein sicheres Gespür, wie weit er gehen konnte. Als nach dem Ersten Weltkrieg das elterliche Vermögen immer mehr zusammenschmolz, suchte van Husen durch Wertpapiergeschäfte den vollständigen Ruin zu verhindern. Durch die Übersiedlung seiner Eltern, die mit den schwierigen wirtschaftlichen Verhältnissen überfordert waren – sein Vater war bereits fast 75 Jahre alt –, und seiner noch in der Ausbildung befindlichen Schwester Luise nach Oberschlesien übernahm er dann die alltägliche Rolle des Hausvaters. Die faktische Leitung des Haushalts behielt – im Rahmen ihrer körperlichen Möglichkeiten – weiter die Mutter bis zu ihrem Tod am 16. Februar 1942 in Berlin.

Zwischen Paulus van Husen und seinen drei Geschwistern lagen vier, zwölf und fünfzehn Jahre Altersunterschied. Paulus wurde 1891, seine Schwester Maria 1895,

Das letzte Wohnhaus von Paulus van Husen an der Annette-Allee in Münster. (Foto: Archiv Kommission für Zeitgeschichte, Bonn)

sein Bruder Leo 1903, seine jüngste Schwester Luise 1906 geboren. Allein schon wegen dieser großen Altersabstände zu seinen Geschwistern entwickelte Paulus sehr unterschiedliche Beziehungen zu ihnen. Mit Maria teilte er seine Kindheits- und Jugendjahre, soweit dies in der Gesellschaft des Kaiserreiches für Knaben und Mädchen möglich war. Als junger Erwachsener begleitete er sie in den letzten Jahren vor dem Ersten Weltkrieg als eine Art Anstandsperson zu Tanzveranstaltungen. Mit ihrem späteren Ehemann Benno von Quernheim verband ihn eine enge Freundschaft. Aus mehreren Feldpostbriefen wissen wir, dass er auch im Krieg intensiv an ihrem Leben Anteil nahm. Als Ende der 1920er-Jahre die Quernheims in große wirtschaftliche Schwierigkeiten gerieten, die 1931 nach dem plötzlichen Tod seines Schwagers existenzbedrohende Ausmaße annahmen, unterstützte er seine Schwester massiv, konnte den Konkurs letztlich aber nicht verhindern. Daher gewährte er ihr und ihren sechs Kindern zwischen 1934 und 1945 in Berlin Unterhalt und Wohnung.

Über das Verhältnis zu seinem zwölf Jahre jüngeren Bruder Leo gibt es nur wenige Hinweise. In seinen Lebenserinnerungen erwähnt Paulus ihn im Zusammenhang mit der Aufbringung des Unterhalts während dessen Studiums. Obwohl Leo nach dem Zweiten Weltkrieg ebenfalls in Münster lebte, scheint Paulus keinen näheren Kontakt zu ihm gepflegt zu haben. In seinem Testament setzte van Husen auch nicht Leo, sondern dessen Sohn Norbert als ersten Ersatzerben ein, falls die zur Alleinerbin bestimmte Schwester Luise den Erbfall nicht erleben würde.

Die Bindungen zu seiner ledig gebliebenen Schwester Luise waren trotz des großen Altersunterschieds von 15 Jahren allein schon durch das jahrzehntelange Leben im gleichen Haus am engsten. Vertieft wurde ihre Beziehung durch die souveräne Haltung, die Luise hinsichtlich seiner Widerstandstätigkeit gegen das NS-Regime und vor allem nach dem 20. Juli 1944 einnahm. Sie habe ihm, wie van Husen später festhielt,

> „durch ihre jahrzehntelange Betreuung meine Arbeit nicht nur erleichtert und gestützt. Sie hat vielmehr bei meiner Verhaftung durch die Geheime Staatspolizei ein so ungewöhnliches Maß an Mut, Klugheit und Opferwillen bezeigt, dass ich ohne sie und ihr Gebet bestimmt den größten Henker aller Zeiten nicht überlebt haben würde.“

Luise trug auch in der unmittelbaren Nachkriegszeit, als van Husen noch stark an den gesundheitlichen Folgen seiner Inhaftierung litt, die Hauptlast des Alltags, um die materielle Notlage und die Gefahren durch plündernde russische Soldaten zu überstehen. Spätestens jetzt wurde „Ite“ zur unentbehrlichen Bezugsperson von Paulus, die bis zu seinem Tod mit ihm zusammenwohnte. Die beiden Geschwister stimmten in allen wesentlichen Fragen der Lebensgestaltung in hohem Maß überein. Luise lebte ebenfalls noch in den Vorstellungen der Zeit vor 1914, ihr religiöses Verständnis entsprach dem ihres Bruders, in den Berichten über die zahlreichen gemeinsamen Reisen scheint nicht zufällig so etwas wie Wesensverwandtschaft auf.

Der für Paulus van Husen einstmals so wichtige Freundeskreis verlor im Alter an Bedeutung, in den letzten Jahren vor seinem Tod pflegte er kaum noch gesellschaftliche Kontakte. In den vorausgehenden, abwechslungsreichen Jahrzehnten sah dies ganz anders aus. Bereits in der Schulzeit schloss er mit einigen seiner Mitschüler Freundschaften, die teilweise Jahrzehnte überdauerten. Gleiches gilt für die Zeit des Ersten Weltkriegs, in der Beziehungen entstanden, die über die allgemein empfundene Kameradschaft hinausgingen. Hier wurde etwa der Grundstein für sein offenes Verhältnis zu Franz von Galen, dem Bruder des späteren Bischofs von Münster, gelegt, mit dem er sich über politische oder die Bischofsstadt betreffende Fragen austauschte.

Für seinen weiteren Lebensweg erwies sich die Freundschaft zu Hans Lukaschek von großer Bedeutung, den er während des Abstimmungskampfes in Oberschlesien kennengelernt hatte. Der sechs Jahre ältere Lukaschek, spätere Oberpräsident von Oberschlesien und von 1949 bis 1953 Bundesminister für Angelegenheiten der Vertriebenen im Kabinett Adenauer, förderte die berufliche Laufbahn van Husens an verschiedenen wichtigen Stellen – erstmals, als er sich erfolgreich dafür einsetzte, dass dieser sein Nachfolger bei der Gemischten Kommission wurde. Ulrich Biel, der nach dem Zweiten Weltkrieg mit beiden befreundet war, bezeichnete Lukaschek als „Patron“ van Husens. Im Laufe der Jahre wurde auch die private Verbindung der Familien so eng, dass Lukaschek nach der Verschärfung des alliierten Bombenkriegs auf Berlin van Husens Schwester Maria mit ihren Kindern bei sich in Breslau aufnahm. Lukaschek und van Husen verband auch ihre gemeinsame Ablehnung des Nationalsozialismus, die sie 1933/34 ihre Ämter kostete und in den Kreisauer Kreis führte. Von Moltke ist auf das Freundschaftsverhältnis der beiden in verschiedenen Briefen an seine Frau Freya zu sprechen gekommen. Die Tatsache, dass die beiden Freunde in der letzten Sitzung des Volksgerichtshofs auch noch gemeinsam vor Gericht standen, passt gut in dieses Bild. Ihre beruflichen und politischen Wege kreuzten sich auch nach 1945 immer wieder, wobei sie sich häufig auf ähnliche Weise enttäuscht sahen.

Vergleichsweise kurz, aber dafür sehr intensiv gestalteten sich die Beziehungen zu den „Kreisauer Freunden“. Außer Hans Lukaschek waren es vor allem Helmuth James Graf von Moltke und Peter Graf Yorck von Wartenburg, denen sich van Husen besonders verbunden wusste. Dass dies auf gegenseitigen Empfindungen beruhte, wird in den Briefen Moltkes an seine Ehefrau deutlich. Während der letzten Monate vor dem 20. Juli – Moltke war bereits verhaftet – stand van Husen in einem engen und vertrauensvollen Gesprächskontakt zu Claus Schenk Graf von Stauffenberg.

Viele der Männer, die van Husen in der Widerstandstätigkeit zu Freunden geworden waren, haben ihren Einsatz mit dem Leben bezahlt. Dass der Zusammenhalt des Kreises über den Tod hinaus weiterwirkte, zeigte van Husen in der unmittelbaren Nachkriegszeit durch seine Verbundenheit mit den noch in Berlin befindlichen Angehörigen und im Gedenken an die Verstorbenen. Wie schwer der persönliche Verlust der Freunde wog, wurde noch in van Husens 15 Jahre später gehaltenen Abschiedsrede als Präsident des Oberverwaltungsgerichts deutlich. Ausdrücklich gedachte er hier „in dankbarer Wehmut meiner durch Henkers Hand umgekommenen Kreisauer Freunde: Moltke, York, Trott, Leber, Reichwein, Haubach und Stauffenberg."

Die Karriere van Husens als Staatsdiener war lang und facettenreich. Als er 1920 als Regierungsassessor nach Oppeln kam, war er wegen der Unterbrechung seiner Ausbildung durch den Ersten Weltkrieg bereits fast 30 Jahre alt. Durch die Erfahrungen der Kriegszeit und der ersten Nachkriegsjahre kam ihm eine große persönliche Reife zu. Mit seiner religiös-weltanschaulichen und politischen Haltung als Katholik besaß er gute Voraussetzungen für den preußischen Verwaltungsdienst in Oberschlesien, obwohl die bisherige Stellenbesetzung auch dort weitgehend auf protestantische Kandidaten beschränkt gewesen war. Seine Qualitäten als qualifizierter und loyaler Staatsdiener dürften schon bald erkannt worden sein – wohl kaum wäre er sonst so kurz nach seiner Ankunft in Oberschlesien mit der kommissarischen Leitung des Landratsamts in Rybnik betraut worden, zumal man wusste, dass dieses Amt großen Belastungen ausgesetzt war und weiter sein würde.

Nachdem der erste Entwurf des Versailler Friedensvertrags noch die Abtretung ganz Oberschlesiens an Polen vorgesehen hatte, bestimmte der schließlich vereinbarte Artikel 88 des Vertrages, dass im östlichen Teil Oberschlesiens eine Volksabstimmung über die Zugehörigkeit des Gebietes zum Deutschen Reich oder zu Polen stattfinden sollte. Bis zur Entscheidung der Frage wurde die Verwaltung des Gebiets unter der Leitung Frankreichs einer interalliierten Kommission unterstellt, die zur Beaufsichtigung der einzelnen Kreisverwaltungen sogenannte Kreiskontrolleure einsetzte. Zur Gewährleistung der Ruhe waren in Oberschlesien französische, britische und italienische Truppen stationiert.

Im Vorfeld der Abstimmung betrieben beide Seiten einen großen propagandistischen Aufwand, auch auf die Anwendung von Gewalt wurde nicht verzichtet. Im Plebiszit vom 21. März 1921 sprachen sich fast 60 Prozent der Abstimmungsberechtigten für den Verbleib bei Deutschland aus. Von Polen wurde daraufhin mit französischer Unterstützung die Teilung Oberschlesiens gefordert, die deutsche Regierung wollte mit Hilfe Großbritanniens und Italiens den Verbleib durchsetzen. Im Oktober beschloss der Rat des Völkerbundes, das Abstimmungsgebiet zu teilen und damit der lokalen Stimmverteilung Rechnung zu tragen. Andauernde und schwere Auseinandersetzungen einschließlich dreier polnischer Aufstände prägten die Entscheidungsfindung und das politische Klima. Letztlich wurde am 15. Mai 1922 der östliche Teil Oberschlesiens mit dem größten Teil der schlesischen Industriezentren dem polnischen Staat eingegliedert.

Die Tätigkeit in der Verwaltung des Landratsamts in Rybnik war für van Husen eine turbulente und prägende Zeit, während der er hauptsächlich die Lebensmittelversorgung gewährleisten und für die Abwehr polnischer Übergriffe sorgen musste. In einem Beitrag für den Sammelband „Zehn Jahre Versailles" gab er eine Einschätzung der politischen und völkerrechtlichen Lage der Ereignisse, die in den wesentlichen Zügen der heutigen Forschungslage entspricht.

Nach seiner Bewährungsprobe in Rybnik konnte van Husen die Tätigkeit als politischer Dezernent anscheinend nicht mehr befriedigen. Außerdem war er offenbar darüber verärgert, dass die nicht aus Oberschlesien stammenden preußischen Beamten Angriffen in der Presse ausgesetzt waren. Sein Wunsch war die Leitung eines Landratsamts eines im Westen gelegenen Kreises. Als ihm dies – aus seiner Sicht in ungerechtfertigter Weise – nicht gewährt wurde und ihm gleichzeitig eine wirtschaftlich wesentlich lukrativere Stelle angeboten wurde, traf er seine Entscheidung gegen eine Fortführung des Staatsdienstes schnell und ohne große Reibungsverluste.

Gut vier Jahre später übernahm van Husen im Frühjahr 1927 in der Gemischten Kommission für Oberschlesien dann eine Aufgabe, in der er auf völkerrechtlicher Ebene für deutsche und preußische Interessen eintrat, ohne in einem Beamtenverhältnis zu stehen. Erneut folgte er dabei Hans Lukaschek im Amt, der ihn auch dafür vorgeschlagen hatte. Durch den regelmäßigen und intensiven Austausch mit seinem Freund war van Husen über das Profil der neuen Stelle gut informiert, die nicht nur wegen der lukrativen Vergütung eine interessante Alternative zu seiner Arbeit beim Prinzen Hohenlohe darstellte. Dabei nahm er in Kauf, dass er die Besetzung der Position – gegen den Willen maßgeblicher staatlicher Verwaltungsstellen – in erster Linie seiner Bindung zur Zentrumspartei verdankte. Er akzeptierte auch, dass er als deutsches Mitglied der Kommission letztlich nur wenig Entscheidungskompetenz besaß.

Die Gemischte Kommission war auf der Grundlage des deutsch-polnischen Abkommens über Oberschlesien vom 15. Mai 1922 (Genfer Abkommen) eingerichtet worden, um die wirtschaftlichen Beziehungen in der fortan geteilten Region einvernehmlich zu regeln und den Schutz der jeweiligen Minderheiten zu gewährleisten. Im Zentrum der Zuständigkeiten der Gemischten Kommission stand die Überwachung der Einhaltung der Rechte der deutschen bzw. polnischen Minderheiten im Abstimmungsgebiet. Entscheidende Instanz war dabei der Präsident der Kommission, der bei Beschwerden von Minderheiten, die nicht von den neu geschaffenen deutschen und polnischen Minderheitenämtern geschlichtet werden konnten, Stellungnahmen abgab. Während die jeweils zwei von ihren Regierungen ernannten deutschen und polnischen Mitglieder dabei nur ihren Standpunkt vertreten konnten, besaßen sie in allen anderen Fragen gleiches Stimmrecht.

Während seiner Zeit beim Prinzen Hohenlohe vertrat van Husen eindeutig deutsche Interessen. Gleichwohl gelang ihm die Herstellung normaler Beziehungen zu den polnischen Behörden, indem er im direkten Umgang mit ihnen Vertrauen aufbaute und ihnen auch in den Umgangsformen entgegenkam, wenngleich seine polnischen Sprachkenntnisse auch nach 14-jährigem Aufenthalt in Ost-Oberschlesien immer noch mäßig waren.

Van Husen bemühte sich als deutsches Mitglied der Gemischten Kommission bei weitgehend objektiver Beurteilung der Verhältnisse im geteilten Oberschlesien – klar benannte er die Unterdrückungsmaßnahmen der polnischen Behörden gegenüber der deutschen Minderheit – um einen Ausgleich zwischen Deutschen und Polen. Weil der Genfer Vertrag erstmals örtliche Organe zur Überwachung der festgeschriebenen Rechte vorsah, war seine Aufgabe zugleich eine Pionierarbeit „mit großer Bedeutung für die Befriedung Europas", wie er im Vorwort der von ihm 1930 unter dem Pseudonym J. P. Warderholt herausgegebenen und kommentierten Stellungnahmen des Präsidenten der Gemischten Kommission zu Minderheitenbeschwerden bis Juni 1929 feststellte.

Nach der „Machtergreifung" Hitlers rechnete van Husen mit der Entfernung aus seiner Stellung, zu deutlich hatte er seine Ablehnung des Nationalsozialismus gezeigt. Und obwohl das neue Regime während der ersten Monate seiner Herrschaft die Gleichschaltung in Oberschlesien behutsamer anging, machte er sich spätestens seit der Absetzung Lukascheks als Oberpräsident der preußischen Provinz Oberschlesien am 19. Mai 1933 keine Illusionen. Dennoch sah er sich aufgrund seiner Ablehnung jeglicher Rassenideologie – die er 1930 auch in einem Buch über das Minderheitenrecht formuliert hatte – verpflichtet, sich in seinem Amtsbereich gegen die beginnende Judenverfolgung einzusetzen. Dabei vertraute er auf völkerrechtliche Argumente. Nachdem die ersten antijüdischen Maßnahmen in Deutsch-Oberschlesien zu Minderheitenbeschwerden durch Juden geführt hatten, legte er dem Auswärtigen Amt im April 1933 in zwei Briefen nahe, auf weitere Eingriffe dringend zu verzichten, da es sich um Verstöße gegen das Genfer Abkommen handele. Im Bemühen um sein internationales Ansehen wollte das NS-Regime die Verhandlung jüdischer Minderheitenbeschwerden im Völkerbundrat vermeiden, so dass Reichsinnenminister Frick im Juli 1933 die Reichsminister und das preußische Staatsministerium anwies, Gesetze, die im Widerspruch zum Genfer Vertrag stünden, nicht mehr anzuwenden. Die Judenverfolgung in Deutsch-Oberschlesien wurde daraufhin zumindest zeitweilig weitgehend eingestellt. Die Nationalsozialisten bemühten sich allerdings sogleich, einen Zuzug von Juden aus dem übrigen Reich nach Oberschlesien zu verhindern.

Es kann nicht verwundern, dass das Verhalten van Husens verschiedene nationalsozialistische Stellen und Organisationen gegen ihn aufbrachte. So wandte sich der neue Oberpräsident für Nieder- und Oberschlesien Anfang November 1933 an das Auswärtige Amt, um dessen Entlassung zu erreichen. Am 19. Januar 1934 entband ihn das Auswärtige Amt schließlich von seinen Aufgaben bei der Gemischten Kommission. Nach seiner Einschätzung wurde er nur deshalb im Staatsdienst belassen, weil ein wegen seiner diplomatischen Stellung zu erwartender Skandal vermieden werden sollte. Seine weitere Verwendung als Oberverwaltungsgerichtsrat in Berlin empfand er jedoch als Herabsetzung.

Van Husen gehörte während seiner nun folgenden Tätigkeit beim Preußischen Oberverwaltungsgericht mehreren Senaten an, darunter auch dem Dienststrafsenat. Da in diesem nicht selten Fälle verhandelt wurden, in denen Urteile im Sinne des NS-Staates erwartet wurden, musste diese Zuteilung van Husens aufgrund seiner Vergangenheit zunächst überraschen. Allerdings stand er damit vor dem Problem, ob und wie er sich gegen die nationalsozialistische Rechtsprechung stellen konnte, ohne damit seine Existenz zu gefährden. Letztlich hatte sein dienstliches Verhalten zur Folge, dass er vom Innenministerium als unzuverlässig eingestuft und von der Liste der Richter für Disziplinarsachen gestrichen wurde. Darüber hinaus wirkten sich seine offen gezeigte enge kirchliche Bindung und die Weigerung, trotz manchen Drängens in die NSDAP einzutreten, negativ auf die Berufslaufbahn van Husens aus. Als in dem 1941 gegründeten Reichsverwaltungsgericht, in dem das Preußische Oberverwaltungsgericht mit anderen Gerichten aufging, die Ämter besetzt wurden, wurde ihm 1942 nur die Stelle eines Oberverwaltungsrichters und nicht die eines Reichsrichters zugewiesen. Anscheinend stand er auf der Vorschlagsliste des Reichsgerichts, wurde dann jedoch nicht berücksichtigt.

Konkrete Folgen hatte die Nichtberücksichtigung zum damaligen Zeitpunkt aber nicht, denn seit Mai 1940 war van Husen wieder zum Militär eingezogen. Seine freiwillige Meldung dürfte auch dadurch motiviert gewesen sein, auf diesem Weg weiteren Konflikten mit Parteistellen oder NS-Organisationen zu entgehen. Er leistete seinen Dienst in der Quartiermeisterabteilung der Standortstaffel des Wehrmachtsführungsstabs beim Oberkommando der Wehrmacht (OKW). Als stellvertretender Leiter der Abteilung befasste er sich mit Fragen der personellen und materiellen Leistungsgesetze wie der Inanspruchnahme von Gebäuden durch die Wehrmacht. Zu seinen Aufgaben zählte daher auch die Bearbeitung von Ausnahmegenehmigungen, die über das im zuständigen Reichsleistungsgesetz festgelegte Maß hinausgingen. Dabei konnte er besonders dafür Sorge tragen, dass die Schutzbestimmungen des Gesetzes hinsichtlich kirchlicher Einrichtungen beachtet wurden. In Kooperation mit Weihbischof Wienken, der als Leiter des Commissariats der Fuldaer Bischofskonferenz in Berlin die Interessen der katholischen Kirche vertrat, konnte er die Erteilung von Genehmigungen zur Beschlagnahme durch das OKW verhindern. Nach Meinung des Bischofs hat van Husen in seinem neuen Amt bei der Wehrmacht sehr zugunsten der katholischen Kirche gewirkt. Neuere Forschungen kommen an diesem Punkt allerdings zu einer vorsichtigeren Einschätzung. Wie Annette Mertens feststellte, blieben in der Gesamtschau

> „die Auswirkungen ihrer Kooperation […] allerdings begrenzt. Van Husen konnte weder auf die Beschlagnahme durch die Gestapo, noch durch die Volksdeutsche Mittelstelle oder andere Partei- und SS-Dienststellen Einfluss nehmen. Seine Einschätzung, er habe das Reichsleistungsgesetz zu einer ‚Oase des Rechts‘ gemacht, beruht auf einer erheblichen Überschätzung seiner eigenen Machtposition.“

Schon lange vor dem Attentat vom 20. Juli hatte van Husen Kontakt zum Widerstand gefunden. Er zählte zu jener kleinen Gruppe von etwa 20 Personen, die sich auf Initiative von Helmuth James Graf von Moltke und Peter Yorck von Wartenburg seit dem Sommer 1940 zusammengefunden hatte, um Pläne für eine Neuordnung Deutschlands nach dem für sicher erachteten Zusammenbruch der NS-Diktatur zu entwerfen. Die Anzahl der Mitwisser und Sympathisanten war etwa ebenso groß. Im Gegensatz zu anderen Widerstandsgruppen stammten die Mitglieder des später nach dem Landgut Moltkes genannten „Kreisauer Kreises“ aus verschiedenen gesellschaftlichen Schichten, so dass Personen aus dem Bürgertum, dem Adel, der Arbeiterbewegung, dem Katholizismus wie auch dem Protestantismus an den Ausarbeitungen mitwirkten. Sie sahen ihr Ziel nicht im Umsturz des Hitler-Regimes oder in einer einfachen Wiederherstellung vergangener Verhältnisse, vielmehr verfolgten sie mit ihrer auf ausdrücklich christlicher Basis stehenden Konzeption einen geistigen, gesellschaftlichen und politischen Aufbruch und einen „Plan für danach“. Dabei bildeten der Mensch als Individuum und seine Möglichkeiten zu einem Leben in Selbstbestimmung das Zentrum aller Überlegungen. Die sozialpolitischen Zukunftspläne der Kreisauer waren deutlich sozialistisch geprägt, die außenpolitischen Vorstellungen an einer gesamteuropäischen Integration orientiert.

Zur programmatischen Arbeit trafen sich Moltke und Yorck mit den einzelnen Mitgliedern des Kreises vor allem in Berlin. Die Ergebnisse der Diskussionen wurden schriftlich festgehalten und im Haus van Husens verwahrt, weil es die meisten Möglichkeiten zu Verstecken bot. Als Moltke von der Gestapo verhaftet worden war, haben York von Wartenburg und van Husen diese Aufzeichnungen am 10. Januar 1944 verbrannt.

Im Mai und Oktober 1942 sowie im Juni 1943 fanden in einem etwas größeren Kreis Tagungen auf Moltkes Landgut im schlesischen Kreisau statt, um die Ergebnisse zusammenzufassen. Im Anschluss an die letzte Tagung konnten dann bis August 1943 die wesentlichen Grundsatzdokumente fertiggestellt werden. Nach der Verhaftung Moltkes im Januar 1944 blieben die übrigen Verschwörer zunächst unbehelligt, eine verkleinerte Gruppe konnte weiterarbeiten. Die katastrophale militärische Lage wie auch die nach der Verhaftung von Julius Leber und Adolf Reichwein im Juni 1944 gewachsene Gefahr im Innern führten zu einer engen Bindung an den militärischen Widerstand um Stauffenberg und zur Unterstützung des geplanten gewaltsamen Umsturzes. Nach dem gescheiterten Attentat vom 20. Juli 1944 wurden noch in der Nacht Yorck, Gerstenmaier und Lukaschek verhaftet, sieben weitere Mitglieder des Kreises folgten bis Anfang 1945. Acht Kreisauer bezahlten ihren Widerstand mit dem Tod.

Frank Schindler kommt in seiner verfassungsrechtlich und verfassungspolitisch ausgerichteten Dissertation über Paulus van Husen im Kreisauer Kreis zu dem Ergebnis, dass van Husen von „seinem Naturell und seiner politischen Grundeinstellung her [...] sicher nicht der geborene Widerstandskämpfer“ war. Als Beleg für seine Einschätzung verweist er auf ehemalige Weggefährten, die van Husen „als zurückhaltend bzw. zuhörend-zurückhaltend“ beschrieben und seine „konservative Grundhaltung“ betonten. Sein beruflicher Werdegang und seine Mitgliedschaft im Zentrum hätten zunächst auch eine eher staatstragende Position erwarten lassen. Tatsächlich hat sich van Husen erst nach einem Treffen mit Moltke, Yorck und Schulenburg im Jahre 1940, bei dem auch bereits über die Frage einer gewaltsamen Befreiung von der NS-Herrschaft diskutiert wurde, zur aktiven Mitarbeit im Kreisauer Kreis entschlossen.

Offenbar durchlief van Husen einen längeren Entscheidungsprozess. Durch seine Verwurzelung im katholischen Glauben und seine Bindung an die katholische Naturrechtslehre, die seine vielfach offen bekundete Gegnerschaft zum Nationalsozialismus begründet hatten, war die wesentliche Basis zum Widerstand gegen das Hitler-Regime aber immer vorhanden. Der sich während des Krieges verschärfende nationalsozialistische Kirchenkampf, den er als neuen Kulturkampf betrachtete, veranlasste ihn zu einem offensiven Einsatz für die katholische Kirche. Außerdem vertrat er die Ansicht, der Staatsbürger dürfe unsittlichen Anordnungen der Staatsgewalt, die göttlichem und natürlichem Recht widersprachen, nicht nur rechtmäßig den Gehorsam verweigern, sondern er habe sogar die Pflicht, dies zu tun, da man Gott mehr gehorchen müsse als den Menschen.

Ein weiterer persönlicher Beweggrund, sich aktiv im Kreisauer Kreis zu engagieren, dürfte die Verhinderung seines beruflichen Weiterkommens durch das NS-Regime gewesen sein. Entscheidend waren aber die aggressive Kriegspolitik Hitlers sowie van Husens Ablehnung der NS-Rassenlehre und der Judenverfolgung. Über seine Kontakte beim OKW wie durch Moltke dürfte er auch über die Massenmorde in den besetzten Gebieten des Ostens informiert gewesen sein.

Dem endgültigen Entschluss stand jedoch offenbar zunächst die Befürchtung entgegen, durch die Beteiligung am Widerstand seine Existenz und die seiner Familie massiv zu gefährden. Eine Art Schlüsselerlebnis, das diese Sorge in den Hintergrund treten ließ und zu einem aktiven Handeln gegen das Regime führte, ist nicht erkennbar; vermutlich wird die Eskalation des Krieges und der Unterdrückung im Innern die Notwendigkeit eines solchen Schrittes in seinen Augen kontinuierlich erhöht haben. Nach dem Tod seiner Mutter 1942 sowie der Evakuierung seiner Schwester Maria und deren Kinder nach Breslau musste er familiär zudem weniger Rücksichten nehmen.

Nach seinem grundsätzlichen Entschluss zur Beteiligung, der im Herbst 1942 gefallen sein dürfte, intensivierte van Husen sein aktives Engagement zunächst vor allem in seiner Verbindung zu Moltke und Yorck. Im November 1942 schrieb Moltke nach einem Gespräch mit van Husen an seine Frau, dieser habe „ganz erfreuliche Fortschritte in seiner Einsatzbereitschaft gemacht“; er wolle versuchen, „ihn zu integrieren. Jedenfalls war er viel weniger apathisch als vor zwei Monaten“ bei ihrem letzten Zusammentreffen.

Die Besprechungen des Kreises in Berlin fanden nicht selten mehrmals in der Woche meist in den Wohnungen Moltkes und Yorcks statt. Aber auch van Husens Haus wurde zunehmend als Treffpunkt genutzt, wobei dieser dies nach den Erinnerungen Marion Yorcks anfangs aus „Angst vor Entdeckung“ nicht so gerne gesehen hat. Im Vorfeld der dritten Kreisauer Tagung, an der van Husen auch selbst teilnahm, und während der programmatischen Endredaktion in der zweiten Hälfte des Jahres 1943 standen van Husen und seine Freunde in fast ununterbrochenem Kontakt. Aus den Briefen Moltkes an seine Frau geht hervor, dass er sich allein in diesem Jahr 26 Mal mit ihm getroffen hat.

Eine weitere wichtige Funktion van Husens bestand darin, die Kontakte zu den münchener Jesuiten unter den Kreisauern zu pflegen, indem er auf Dienst- oder Urlaubsreisen in der bayerischen Hauptstadt Station machte oder mit Pater Lothar König SJ bei dessen Besuchen in Berlin in Verbindung trat.

Den Kreisauern war es allein schon wegen der Rückbindung ihres Handelns an christliche Grundsätze wichtig, die Leitungen der Kirchen beider Konfessionen in ihre Pläne einzubeziehen. So unterhielt der Protestant Moltke seit 1941 regelmäßige Kontakte zum Berliner Bischof von Preysing, der den deutschen Episkopat zu einem offensiveren Protest gegen das NS-Regime zu drängen versuchte. In der ersten Hälfte des Jahres 1943 kam es mindestens einmal auch zu einer Unterredung van Husens mit dem Berliner Bischof, bei der vermutlich über die gegensätzlichen Ansichten bei der „Bestrafung von Rechtsschändern" gesprochen worden ist. Van Husen bewertete es noch aus der Sicht des Jahres 1957 als „tragisch", wie anders – im Vergleich zu den Kreisauer Vorschlägen – „die Pläne für die Bestrafung der nationalsozialistischen Verbrecher verlaufen" sind. Dafür waren im Wesentlichen unter seiner Federführung zwei Festlegungen getroffen worden, zum einen über die innerstaatliche Verfolgung von „Rechtsschändern" und zum anderen über die Verfolgung von Kriegsverbrechern durch die Völkergemeinschaft. „Ich glaube, dass Recht und Frieden besser gedient worden wäre, hätte man diese weisen Regeln angewendet, um die wir uns so gemüht haben, an Stelle der Nürnberger Prozesse und Denazifizierung."

Daneben tauschte sich Paulus van Husen kontinuierlich mit Bischof Heinrich Wienken aus. Zwischen Februar 1942 und Oktober 1943 besuchte er außerdem Bischof von Galen in Münster, der wegen seiner aufsehenerregenden Predigten vom Sommer 1941 eine besondere Stellung einnahm. Er informierte ihn über die Kreisauer Aktivitäten und holte dessen Ansicht etwa zu Schulfragen, zum Widerstandsrecht und zum Eid sowie zu Personalfragen ein. Inwieweit Kreisauer Vorstellungen auch auf die Entstehung des Dekalog-Hirtenbriefs der deutschen Bischöfe vom Herbst 1943 eingewirkt haben, lässt sich im einzelnen nicht mehr feststellen.

Der Erfolg der Kreisauer Pläne für eine Neuordnung musste auch von der personellen Besetzung der Regierungs- und Verwaltungsstellen nach einem Zusammenbruch des NS-Regimes abhängen. Da davon auszugehen war, dass diese auf Reichsebene auf jeden Fall durch die Siegermächte vorgenommen würde, galt die Konzentration der Kreisauer den neu zu schaffenden Ländern, in denen die sogenannten Landesverweser umgehend die Regierungen übernehmen sollten. Van Husen kam dabei wegen seiner Beziehungen nach Münster die Aufgabe zu, einen Landesverweser für Westfalen zu suchen. Nach der Absage des zunächst von ihm vorgesehenen Freiherrn von Oer konnte er wenige Wochen vor dem Attentat Rudolf Freiherr von Twickel (1893–1974) dafür gewinnen. Obwohl die Mitglieder des Kreisauer Kreises selbst zunächst keine Ämter einnehmen wollten, erkannten die direkt an den Attentatsvorbereitungen Beteiligten dann doch die Notwendigkeit, auch in dieser Hinsicht Verantwortung zu übernehmen. Nach der Verhaftung von

Leber und Reichwein zählte schließlich auch van Husen als potentieller Staatssekretär im Innenministerium zu dieser Personengruppe.

Die Beteiligung van Husens an den Attentatsvorbereitungen Stauffenbergs macht deutlich, dass auch in der Frage des Tyrannenmords ein Umdenken bei ihm stattgefunden hatte. Beim erwähnten Treffen mit Moltke, Yorck und Schulenburg im Sommer 1940 hatte allein Schulenburg entschieden die gewaltsame Beseitigung des Hitler-Regimes gefordert, während die anderen schwerwiegende sittliche und religiöse Bedenken äußerten. Ihrer Ansicht nach sprachen die damaligen deutschen Siege gegen eine Hilfe des Militärs bei einem Umsturz, das deutsche Volk sei innerlich noch nicht bereit für einen Systemwechsel und außerdem bestehe die Gefahr einer neuen Dolchstoßlegende. Die kontinuierliche Zuspitzung der Kriegslage wie auch der Gewalttaten des NS-Regimes führten dann aber dazu, dass auch van Husen ein Attentat auf Hitler „als absolute Notwendigkeit“ zur Beendigung des sinnlosen Mordens, zur Abwendung des vollständigen Untergangs Deutschlands und zur Bewahrung wenigstens eines Teils der Ehre des Landes betrachtete. In Anbetracht der bekannt gewordenen Gräuel verloren auch seine religiösen und sittlichen Bedenken ihre Bedeutung. Er kam zu dem Ergebnis, dass hinsichtlich des aktiven Widerstandsrechts eine ausdrückliche katholische Lehrmeinung und somit eine Direktive für die Gewissensentscheidung des Einzelnen fehle. Ein Attentat rechtfertigte er mit dem im katholischen Volkskatechismus beschriebenen Notwehrrecht.

Von Paulus van Husen sind keine theoretisch-grundsätzlichen Ausführungen zu den Kreisauer Planungen überliefert. Gleichwohl lässt sich feststellen, dass er „hauptsächlich aufgrund seiner praktischen Erfahrungen in seinen vielfältigen juristischen Berufen wichtige Beiträge zur Kreisauer Programmatik liefern und durchaus eigene Akzente setzen konnte“. Gerade in den Bereichen der Minderheitenrechte, der strafrechtlichen Verfolgung von Kriegs- und NS-Verbrechen sowie der unabhängigen Verwaltungsgerichtsbarkeit war in den Schlussdokumenten seine Handschrift zu lesen.

Nach dem gescheiterten Attentat vom 20. Juli 1944 wurde van Husen erst vergleichsweise spät Mitte Oktober 1944 verhaftet, da die Gestapo vorher vermutlich noch nicht über ausreichende Anhaltspunkte verfügte. Seine Verbindung zum Kreisauer Kreis war erst seit der Vernehmung Eugen Gerstenmaiers Ende August aktenkundig. Wegen der Gefährdung seiner Familie durch die nach dem 20. Juli häufig angewandte Sippenhaft zog er auch nach der Suspendierung beim OKW eine Flucht nicht ernsthaft in Erwägung. Die schwere Zeit der KZ- und Gefängnishaft empfand er auch als ein besonderes Zeichen der Solidarität mit seinen Freunden. Trotz des Misslingens des Umsturzversuches bezeichnete er die Beteiligung am Attentat und die Überlegungen im Kreisauer Kreis als

> „die hohe Zeit meines Lebens: Es ist das die leidvollste und erregendste Zeit meines langen Lebens gewesen, aber es waren die einzigen großen und bestimmenden Jahre, weil ich aus ihnen gelernt habe, dass es für die Barmherzigkeit Gottes der Welt gegenüber genügt, wenn einige wenige Menschen in aller Schwäche

versuchen, Gottes Ebenbild in ihrer Seele zu errichten und ihr Leben froh dafür hingeben."

Van Husens Wirken als Staatsdiener nach 1945 stand ganz im Zeichen der Erinnerung an den Kreisauer Kreis. Er verstand es als Verpflichtung gegenüber den Freunden, die ihr Leben geopfert hatten, den Staatsaufbau gemäß der Kreisauer Programmatik voranzutreiben. Während der ersten Nachkriegsjahre sah er sich dabei wegen seines Hauses noch an Berlin gebunden. Der Gedanke, „dass Berlin vielleicht doch noch eine Zukunft habe und man es nicht vorzeitig und ohne Not verlassen solle, wie die vielen anderen es getan hatten, die jetzt wohlassortiert im Westen saßen, war für ihn immer bestimmend gewesen." Da sich in Berlin für ihn aber keine akzeptable Tätigkeit im Staatsdienst ergab, bekleidete er das Amt eines Rechtsberaters bei der amerikanischen Besatzungsadministration (OMGUS). Im Mittelpunkt seiner Bemühungen stand dabei der Aufbau der Verfassungsgerichtsbarkeit in den neu entstandenen Ländern der amerikanischen Besatzungszone, für den er die Arbeiten am Entwurf einer Verfassungsgerichtsordnung durch ein bereits im Sommer 1945 eingesetztes Komitee unterstützte und entsprechende Stellungnahmen für die Amerikaner abgab. Als am 6. August 1946 der Länderrat in Stuttgart das Gesetz über die Verwaltungsgerichtsbarkeit beschloss, das nach der Genehmigung durch die US-Militärregierung wenig später in Bayern, Württemberg-Baden und Hessen in Kraft trat, war dies nicht zuletzt auch ein Verdienst van Husens. Der bayerische Innenminister Josef Seifried (SPD) würdigte in seiner Rede anlässlich der Eröffnung der Verwaltungsgerichte in Bayern Mitte Oktober 1946 ausdrücklich den großen Anteil van Husens am Zustandekommen des Gesetzes.

Gerade nach den im „Dritten Reich" gemachten Erfahrungen setzte sich van Husen mit Nachdruck für einen wirksamen formellen Schutz der persönlichen Freiheit und der Würde des Menschen bei gleichzeitiger Begrenzung staatlicher Willkür ein. Die von ihm vertretene katholische Naturrechtslehre hatte in den Planungen des deutschen Widerstands als Gegensatz zur nationalsozialistischen Rechtsordnung stets eine wesentliche Rolle gespielt, nach dem Zusammenbruch der Nazi-Herrschaft erlangte sie auf überkonfessioneller Ebene neue Bedeutung. Gegenläufig zum schwindenden Einfluss der neuscholastischen, thomistischen Naturrechtslehre in der katholischen Moraltheologie gewannen die katholischen Naturrechtsvorstellungen in den Staatswissenschaften vermehrt Anhänger und Einfluss auf die Rechtsprechung der Gerichte.

Mit seinem Wechsel an das neu errichtete Deutsche Obergericht in Köln trat van Husen im Juli 1948 wieder in den deutschen Staatsdienst ein. Er übernahm das von ihm als wenig einflussreich betrachtete Amt vermutlich vor allem, weil es ihm die Übersiedlung aus dem durch die sowjetische Blockade bedrohten Berlin in den Westen ermöglichte; in seinen Augen entsprach es nicht seinen beruflichen Fähigkeiten. Dagegen betrachtete er die im Sommer 1949 auch auf Empfehlung von Bundeskanzler Adenauer erfolgte Ernennung zum Präsidenten des Oberverwaltungsgerichts für das Land Nordrhein-Westfalen als ihm gemäße Aufgabe. Der Aufbau der neuen Behörde stellte eine große Herausforderung dar, wenn er dem Gericht die in seinen Augen erforderliche Geltung verschaffen wollte. Dabei sollte „die Arbeit des Gerichts nicht etwa Kampf gegen die Verwaltung werden, sondern eine echte, förderliche Kontrolle, d. h. eine Hilfe für die Verwaltung in der Findung des Rechts." Die intensive Beteiligung an der Ausarbeitung der Landesverfassung dürfte sein Ansehen zusätzlich gesteigert haben.

Dennoch war van Husen schon im November 1949 bereit, das höchste Richteramt des Landes Nordrhein-Westfalen unter gewissen Umständen wieder aufzugeben, um das Amt eines „Staatssekretärs des Äußeren" zu übernehmen. Adenauer hatte unmittelbar nach der Konstituierung der Bundesregierung im September 1949 begonnen, die oberste Bundesverwaltung aufzubauen. Bei seiner Suche nach einem beamteten Staatssekretär für das Bundeskanzleramt, durch den er die Funktionen eines bislang wegen des Besatzungsstatuts noch nicht zugestandenen Auswärtigen Amts aus dem Kanzleramt ausüben wollte, bemühte sich der Bundeskanzler intensiv darum, van Husen für diese Aufgabe zu gewinnen. Dieser lehnte – wie erwähnt – letztendlich jedoch ab.

Das Hin und Her dieser Stellenbesetzung gibt indirekt auch Hinweise auf van Husens eigentliche Ambitionen, die schließliche Absage blieb nicht ganz folgenlos für seine Selbsteinschätzung und seine weiteren beruflichen Pläne. Was er „als Jüngling erstrebt" hatte und worauf er „fünfzehn Jahre früher" gesprungen wäre, sah er konkret in der ihm angebotenen „höchste[n] Beamtenstellung in Deutschland" vor Augen. Gleichzeitig vertraute er seinem Tagebuch an: „Wenn Bonn nichts wird, so bleibt mir sicher der Stachel der verpassten Gelegenheit und meine Arbeit hier [in Münster] wird mir keine Freude mehr machen." Obwohl er sich nach der Absage eingestand, dass das Amt des Staatssekretärs „wohl über meine Kräfte gegangen" wäre, befürchtete er nun das Verbleiben „bei der provinziellen Langeweile". Die hier erkennbare Diskrepanz von Anspruch und Wirklichkeit, die vermutlich auch bei geglückter Übernahme weiterer angestrebter Aufgaben nicht in Vergessenheit geraten wäre, blieb fortan zumindest im Unterbewusstsein prägend.

In seiner Funktion als Präsident des Oberverwaltungsgerichts stand die Unabhängigkeit der Verwaltungsrichter und der Verwaltungsgerichte im Zentrum seiner Tätigkeit, was auch in seinen Beiträgen etwa im Deutschen Verwaltungsblatt, dessen Mitherausgeber er bis zu seinem Tod blieb, zum Ausdruck kam. 1951 löste er mit einem Referat auf der Tagung der Verwaltungsgerichtspräsidenten mit dem Titel „Die Entfesselung der dritten Gewalt" heftige Diskussionen aus, an denen sich sogar der NRW-Ministerpräsident Karl Arnold (CDU) und sein Justizminister Rudolf Amelunxen (Zentrum) mit kritischen Beiträgen beteiligten. Van Husen hatte nichts weniger als die organisatorische Selbständigkeit der „Dritten Gewalt" gefordert und sich gegen die Richterernennungen durch die Exekutive sowie die dienstaufsichtliche und haushaltsmäßige Abhängigkeit der Gerichte ausgesprochen. Gleichzeitig kennzeichnete er nochmals sein Verständnis von der Prägung eines Staatsdieners:

„Nur freiwilliger Herrendienst gegenüber freiwillig dienenden Herren ist dem Staate, wie jedem Werk, förderlich. Jede Verbiegung dieses Grundsatzes schafft unfruchtbare Servilität auf der einen oder beziehungslosen, abstrakten Machtgebrauch auf der anderen Seite."

Ungeachtet seines Beharrens auf der Unabhängigkeit der Justiz hat sich Paulus van Husen gleichwohl als Christ auch in politische Fragen eingemischt. Aus seiner politischen Heimat machte er dabei keinen Hehl. „Von jeher bis zur Zwangsauflösung Mitglied des Zentrums und seit Gründung Mitglied der CDU. Kein Mitglied der NSDAP oder Gliederungen." Mit diesen beiden kurzen Sätzen beendete van Husen seinen 1946 verfassten Lebenslauf, ohne dass sich dort genauere Informationen über politische Aktivitäten finden ließen. Zu seinem politischen Wirken gibt es für die Jahrzehnte bis 1945 auch an anderen Stellen nur wenige Hinweise. Trotzdem stellten politisches Interesse und parteipolitisches Engagement wichtige Komponenten seines Lebens dar. Dabei sah er seinen Platz offensichtlich eher im Hintergrund. Da sich sein politisches Engagement und seine beruflichen Ambitionen immer wieder berührten, ergab sich für ihn ein nicht zu unterschätzender informeller Einfluss.

Als Theodor Steltzer van Husen 1961 rückblickend als „eher unpolitische[n] Typ" charakterisierte, hat er sich vor allem auf ihre gemeinsame Kreisauer Tätigkeit bezogen. Nach Kriegsende dachte van Husen durchaus in politischen Kategorien. Aber spätestens mit der Festschreibung des staatsorganischen Aufbaus der Bundesrepublik Deutschland durch das Grundgesetz war ihm klar, dass viele der grundlegenden verfassungsrechtlichen und verfassungspolitischen Planungen der Kreisauer, die eine starke und autoritäre Führung des Reiches unter Mitarbeit und Mitverantwortung des Volkes (Subsidiarität) wollten, keine Berücksichtigung gefunden hatten. Vor allem hinsichtlich ihres Demokratieverständnisses ging die Entwicklung in eine ganz andere Richtung. So war in den Kreisauer „Grundsätzen für die Neuordnung" nur auf der Ebene der Gemeinden und der Kreise eine aktive politische Mitwirkung der Bürger im Rahmen allgemeiner, geheimer und direkter Wahlen vorgesehen, ansonsten die Bestimmung der Mitglieder der Landtage durch die Kreisvertreter und der Reichstagsabgeordneten durch die Landtage. Der Einfluss der Parteien, die in der Weimarer Republik so deutlich versagt hatten, sollte deutlich beschränkt werden. Auch aus solchen Überlegungen heraus dürfte van Husen für sich selbst eine künftige parteipolitische Tätigkeit ausgeschlossen haben.

Mit seinem Rückzug stand er unter den ehemaligen Kreisauern nicht alleine. Eugen Gerstenmaier, Otto Heinrich von der Gablentz oder Hans Peters waren letztlich ebenfalls enttäuscht, dass die Kreisauer Pläne und Erwartungen beim politischen Aufbau der Bundesrepublik Deutschland nicht ausreichend Berücksichtigung gefunden hatten. Theodor Steltzer schied im April 1947 aus seinem Amt als schleswig-holsteinischer Ministerpräsident aus und kehrte auch später nicht in die aktive Politik zurück,

„da in seinen Augen die CDU ihrem ursprünglichen Auftrag untreu geworden war und Adenauer mit seiner ‚stockkonservativen Lebensauffassung' zu der von Grund auf notwendigen geistigen und gesellschaftlichen Neuorientierung nicht fähig sein werde".

Auch Lukaschek, der als erster Vertriebenenminister im Kabinett Adenauer 1953 unfreiwillig aus dem Amt geschieden war, zog sich damals aus der Politik zurück.

Die Chancen für eine unmittelbare Umsetzung der individuellen Lebenserfahrungen van Husens in praktische Politik waren dadurch nicht gerade gestiegen. Van Husen ließ aber nicht locker, immer wieder auf nicht gelöste Grundprobleme wie das Verhältnis von Recht und Macht oder die Probleme des Machtmissbrauchs aufmerksam zu machen. Die Erfahrungen aus der Weimarer Republik und der NS-Diktatur, dass Recht und Macht missbraucht werden konnten, weil vielen Staatsbürgern die „nötige Bildung, Sachkenntnis und Willenskraft für gutes Regieren" fehlten und die Regierung so „in die Hand kleiner Machtgruppen" geraten sei, trieb ihn immer noch um. Van Husen war überzeugt, der Missbrauch der Staatsmacht lasse sich im Einzelfall nur mildern, aber nicht grundsätzlich beseitigen; er hielt ihn letztlich für „Fügung", mit der es aber konstruktiv umzugehen gelte. In der Theorie stelle die parlamentarische Demokratie das freiheitlichste Modell dar; er fürchte aber, auch deren Instrumente könnten bewussten Missbrauch nur schwer abstellen. „Ich halte," so van Husen, „die parlamentarische Demokratie zwar nicht für ein gottgewolltes oder der menschlichen Natur entsprechendes Dogma, wohl jedoch für die derzeit beste Möglichkeit, um einigermaßen erträglich und menschenwürdig unter der Macht zu leben."

Der Beitrag beruht auf der ausführlichen und mit wissenschaftlichen Nachweisen versehenen Einleitung zu den vom Verfasser herausgegebenen Lebenserinnerungen: Paulus van Husen 1891–1971. Erinnerungen eines Juristen vom Kaiserreich bis zur Bundesrepublik Deutschland, bearbeitet und eingeleitet von Karl-Joseph Hummel, Paderborn 2010.

Gedruckte Quellen

Husen, Paul van: Die staatsrechtliche Organisation des Deutschen Reichs von der Revolution November 1918 bis zum Zusammentritt der National-Versammlung, Diss. Lüdinghausen 1920.

Ders.: The 20th of July and the German Catholics, in: Dublin Review 438 (1946), S. 1–9.

Ders.: Der 20. Juli und die deutschen Katholiken, in: Schweizerische Kirchenzeitung 114 (1946), S. 315–317, S. 329–331.

Ders.: Aufbau und Zuständigkeit der neuen Verwaltungsgerichtsbarkeit in der britischen Zone, in: Hermann Wandersleb (Hg.): Recht, Staat, Wirtschaft, Stuttgart/Köln 1950, S. 282–297 (Schriftenreihe für Staatswissenschaftliche Fortbildung, Bd. 2).

Ders.: Die Vorarbeiten für eine bundesrechtliche Verwaltungsgerichtsordnung, in: Deutsches Verwaltungsblatt 65 (1950), S. 546–551 und 66 (1951), S. 558–563.

Ders.: Die Entfesselung der Dritten Gewalt, in: Archiv des öffentlichen Rechts 78 (1952/53), S. 49–62.

Ders.: Gibt es in der Verwaltungsgerichtsbarkeit justizfreie Regierungsakte?, in: Deutsches Verwaltungsblatt 68 (1953), S. 70–73.

Ders.: Die Disziplinierung der Richter nach dem Entwurf einer Landesdisziplinarordnung in Nordrhein-Westfalen, in: ebd. 68 (1953), S. 525–530.

Ders.: Zum Geburtstag des Präsidenten des Bundesverwaltungsgerichts Dr. Ludwig Frege, in: ebd. 69 (1954), S. 529–531.

Ders.: Die Überlastung der Verwaltungsgerichte, in: ebd. 73 (1958), S. 671–676.

Ders.: Hans Lukaschek zum Andenken. Gedenkworte beim Begräbnis von Hans Lukaschek am 29.1.1960, in: Deus Lo Vult. Ordensbrief des Ritterordens vom Heiligen Gral 16 (1960), S. 514–516.

Ders.: Gesetz über die Verwaltungsgerichtsbarkeit in Bayern, Württemberg-Baden und Hessen. Mit Kommentar v. Paulus van Husen, Stuttgart 1947.

Oertzen, Maximilian von (Bearb.): Geschichte des 1. Westfälischen Husaren-Regiments Nr. 8 und des Reserve-Husaren-Regiments Nr. 5 sowie der übrigen Kriegsformationen. Auf Grund von Darstellungen des Generalmajors a. D. von Bodelschwingh, des Obersten a. D. von Manstein und des Oberregierungsrates Stenger, Paderborn 1939 *[hier besonders S. 636–638, 641f., 655–658, 678–680, 718–720]*.

Paulus van Husen 1891–1971. Erinnerungen eines Juristen vom Kaiserreich bis zur Bundesrepublik Deutschland, bearb. v. Karl-Joseph Hummel unter Mitarbeit von Bernhard Frings (Veröffentlichungen der Kommission für Zeitgeschichte, Reihe A: Quellen, Bd. 53), Paderborn u. a. 2010.

Richter, Ernst-Günther: Der Verwaltungsrichter und seine Statistik, in: Deutsches Verwaltungsblatt 74 (1959), S. 202f. *[Schlusswort dazu von Paul van Husen]*.

Szczeponik, Thomas: Die Gewissensnot der deutschen Katholiken in Polen. Zugleich auch eine Erwiderung auf die Denkschrift des hochwürdigen Kattowitzer Domkapitels über die gleiche Frage. Aus seinem Nachlaß als Manuskript zum Druck gegeben von Eugen Franz, Kattowitz 1927 *[Von van Husen verfasst]*.

Warderholt, J. P. [Pseud.]: Das Minderheitenrecht in Oberschlesien. Die Stellungnahmen des Präsidenten der Gemischten Kommission in der Zeit von Juni 1922 bis Juni 1929, Berlin 1930.

Warderholt, J. P. [Pseud.]: „Oberschlesien“, in: Karl Christian von Loesch/Max Hildebert Boehm (Hg.): Zehn Jahre Versailles, Bd. 3: Die grenz- und volkspolitischen Folgen des Friedensschlusses, Berlin 1930, S. 185–213.

Biographisches

Brakelmann, Günter: Bis zum Ende. Der Kreisauer Kreis. Chronologie, Kurzbiographien und Texte aus dem Widerstand, 2. korrigierte Aufl. Münster 2004, (Schriftenreihe der Forschungsgemeinschaft 20. Juli 1944 e. V., Bd. 3) *[bes. S. 88f.]*.

Haunfelder, Bernd: Paulus van Husen, in: Nordrhein-Westfalen – Land und Leute 1946–2006. Ein biographisches Handbuch, Münster 2006, S. 229f.

Morsey, Rudolf: Paulus van Husen (1891–1971), in: Günter Buchstab/Brigitte Kaff/Hans-Otto Kleinmann (Hg.): Christliche Demokraten gegen Hitler. Aus Verfolgung und Widerstand zur Union, Freiburg i. Br. 2004, S. 313–318.

Ders.: Gründung und Gründer der christlichen Demokratie aus dem Widerstand, in: Joachim Scholtyseck/Stephen Schröder (Hg.): Die Überlebenden des Widerstandes und ihre Bedeutung für Nachkriegsdeutschland, Münster 2005, S. 41–54 (Schriftenreihe der Forschungsgemeinschaft 20. Juli 1944 e. V., Bd. 6).

Ders.: Paulus van Husen (1891–1971), in: Jürgen Aretz/Rudolf Morsey/Anton Rauscher (Hg.): Zeitgeschichte in Lebensbildern. Aus dem deutschen Katholizismus des 19. und 20. Jahrhunderts, Bd. 12, Münster 2007, S. 63–75.

Ders.: Adenauers mühsame Suche nach einem „Staatssekretär des Äußeren" 1949/50. Zwei Angebote an und zwei Absagen von Paulus van Husen, in: Werner J. Patzelt/Martin Sebaldt/Uwe Kranenpohl (Hg.): Res publica semper reformanda. Wissenschaft und politische Bildung im Dienste des Gemeinwohls. Festschrift für Heinrich Oberreuter zum 65. Geburtstag, Wiesbaden 2007, S. 347–359.

Roon, Ger van: Neuordnung im Widerstand. Der Kreisauer Kreis innerhalb der deutschen Widerstandsbewegung, München 1967.

Ders.: Der Kreisauer Kreis und das Ausland, in: Aus Politik und Zeitgeschichte. Beilage zur Wochenzeitung Das Parlament, B 50 vom 13. Dezember 1986, S. 31–46.

Schindler, Frank: Paulus van Husen. Minderheitenrecht als friedenssicherndes Element im Nachkriegseuropa, in: Ulrich Karpen (Hg.): Europas Zukunft. Vorstellungen des Kreisauer Kreises um Helmuth James Graf von Moltke, Heidelberg 2005, S. 25–32.

Ders.: Paulus van Husen im Kreisauer Kreis. Verfassungsrechtliche und verfassungspolitische Beiträge zu den Plänen der Kreisauer für einen Neuaufbau Deutschlands, Diss. Paderborn u. a. 1996 (Rechts- und Staatswissenschaftliche Veröffentlichungen der Görres-Gesellschaft, Neue Folge, Bd. 78).

Ders.: Die verfassungsrechtlichen und verfassungspolitischen Vorstellungen von Paulus van Husen im Kreisauer Kreis, in: Ulrich Karpen/Andreas Schott (Hg.): Der Kreisauer Kreis: Zu den verfassungspolitischen Vorstellungen von Männern des Widerstandes um Helmuth James Graf von Moltke, Heidelberg 1996, S. 89–96 (Motive – Texte – Materialien, Bd. 71).

Schorn, Hubert: Der Richter im Dritten Reich. Geschichte und Dokumente, Frankfurt a. M. 1959, S. 291–299.

Steinbach, Peter/Tuchel, Johannes (Hg.): Lexikon des Widerstandes 1933–1945, 2. überarb. und erw. Aufl., München 1998 [*hier besonders S. 98*].
Die Verwaltungsgerichtsbarkeit im Land Nordrhein-Westfalen 1945–1969, hg. von dem Präsidenten des Oberverwaltungsgerichts für das Land Nordrhein-Westfalen, Münster 1970 [*hier besonders S. 54–58; mit Dokumenten van Husens*].
Winterhager, Wilhelm Ernst (Bearb.): Der Kreisauer Kreis. Porträt einer Widerstandsgruppe. Begleitband zu einer Ausstellung der Stiftung Preußischer Kulturbesitz, Mainz 1985 [*hier besonders S. 69–72*].

Literatur (Auswahl)

Adenauer, Konrad: Erinnerungen, 4 Bde., Stuttgart 1965–1968.
Alberigo, Giuseppe/Wassilowsky, Günther/Wittstadt, Klaus (Hg.): Geschichte des Zweiten Vatikanischen Konzils (1959–1965), 5 Bde., Mainz 1997–2008.
Albert, Marcel: Die Benediktinerabtei Maria Laach und der Nationalsozialismus, Paderborn u. a. 2004 (Veröffentlichungen der Kommission für Zeitgeschichte, Reihe B: Forschungen, Bd. 95).
Alemann, Ulrich von (Hg.): Parteien und Wahlen in Nordrhein-Westfalen, Köln u. a. 1985 (Schriften zur politischen Landeskunde Nordrhein-Westfalens, Bd. 2).
Bachmann, Günter: Jahrgang 1915. Ereignisse und Erlebnisse. Politisches und Persönliches, Würzburg 2006.
Bahlcke, Joachim (Hg.): Schlesien und die Schlesier, München 1996 (Vertreibungsgebiete und vertriebene Deutsche, Bd. 7).
Baus, Ralf Thomas: Die Christlich-Demokratische Union Deutschlands in der sowjetisch besetzten Zone 1945 bis 1948. Gründung, Programm, Politik, Düsseldorf 2001 (Forschungen und Quellen zur Zeitgeschichte, Bd. 36).
Benz, Wolfgang/Graml, Hermann/Weiß, Hermann (Hg.): Enzyklopädie des Nationalsozialismus, 4. Aufl., München 2001.
Benz, Wolfgang (Hg.): Deutschland unter alliierter Besatzung. 1945–1949/55, Berlin 1999.
Ders./Pehle, Walter H. (Hg.): Lexikon des deutschen Widerstandes, Frankfurt a. M. 1994.
Besier, Gerhard: Die Kirchen und das Dritte Reich, Bd. 3: Spaltungen und Abwehrkämpfe 1934–1937, Berlin/München 2001.
Bleistein, Roman: Alfred Delp. Geschichte eines Zeugen, Frankfurt a. M. 1989.
Boldt, Hans (Hg.): Nordrhein-Westfalen und der Bund, Köln 1989 (Schriften zur politischen Landeskunde Nordrhein-Westfalens, Bd. 5).
Bonwetsch, Bernd u. a. (Hg.): Sowjetische Politik in der SBZ 1945–1949. Dokumente zur Tätigkeit der Propagandaverwaltung (Informationsverwaltung) der SMAD unter Sergej Tjul'panov, Bonn 1998 (Archiv für Sozialgeschichte, Beiheft 20).
Bossle, Lothar u. a. (Hg.): Nationalsozialismus und Widerstand in Schlesien, Sigmaringen 1989 (Schlesische Forschungen, Bd. 3).

Brakelmann, Günter: Helmuth James von Moltke. 1907–1945. Eine Biographie, München 2007.

Broszat, Martin/Weber, Hermann (Hg.): SBZ-Handbuch. Staatliche Verwaltungen, Parteien, gesellschaftliche Organisationen und ihre Führungskräfte in der Sowjetischen Besatzungszone Deutschlands 1945–1949, München 1990.

Broszat, Martin/Henke, Klaus-Dietmar/Woller, Hans (Hg.): Von Stalingrad zur Währungsreform. Zur Sozialgeschichte des Umbruchs in Deutschland, München 1988 (Quellen und Darstellungen zur Zeitgeschichte, Bd. 26).

Brunn, Gerhard/Reulecke, Jürgen: Kleine Geschichte von Nordrhein-Westfalen 1946–1996, Köln/Stuttgart/Berlin 1996 (Schriften zur politischen Landeskunde Nordrhein-Westfalen, Bd. 10).

Buchstab, Günter (Hg.): Verfolgt und entrechtet. Die Ausschaltung christlicher Demokraten unter sowjetischer Besatzung und SED-Herrschaft 1945–1961. Eine biographische Dokumentation, bearb. von Brigitte Kaff/Franz-Josef Kos, Düsseldorf 1998.

Bugnini, Annibale: Die Liturgiereform 1948–1975. Zeugnis und Testament, Freiburg i. Br./Basel/Wien 1988.

Chronik von Rybnik O/S, hg. von der Bundesheimatgruppe Rybnik, o. O. [ca. 1971].

Conrads, Norbert (Hg.): Deutsche Geschichte im Osten Europas. Schlesien, Berlin 1994.

Damberg, Wilhelm: Abschied vom Milieu? Katholizismus im Bistum Münster und in den Niederlanden 1945–1980, Paderborn u. a. 1997 (Veröffentlichungen der Kommission für Zeitgeschichte, Reihe B: Forschungen, Bd. 79).

Doose, Günther: Die separatistische Bewegung in Oberschlesien nach dem Ersten Weltkrieg (1918–1922), Diss. Wiesbaden 1987 (Studien der Forschungsstelle Ostmitteleuropa an der Universität Dortmund, Bd. 2).

Eichner, Karsten: Briten, Franzosen und Italiener in Oberschlesien 1920–1922. Die interalliierte Regierungs- und Plebiszitkommission im Spiegel der britischen Akten, Diss. St. Katharinen 2002 (Jahrbuch der Schlesischen Friedrich-Wilhelms-Universität zu Breslau, Beihefte, Heft 13).

Ferro, Marc: Der große Krieg 1914–1918, Frankfurt a. M. 1988.

Först, Walter: Kleine Geschichte Nordrhein-Westfalens, Düsseldorf 1986.

Fuchs, Konrad: Beiträge zur Wirtschafts- und Sozialgeschichte Schlesiens, Dortmund 1985 (Veröffentlichungen der Forschungsstelle Ostmitteleuropa, A 44).

Gabriel, Karl: Christentum zwischen Tradition und Postmoderne, Freiburg i. Br./ Basel/Wien 1993 (Quaestiones disputatiae, Bd. 141).

Gatz, Erwin (Hg.): Die Bischöfe der deutschsprachigen Länder. 1785/1803 bis 1945. Ein biographisches Lexikon, Berlin 1983.

Ders. (Hg.): Die Bischöfe der deutschsprachigen Länder. 1945–2001. Ein biographisches Lexikon, Berlin 2002.

Gotto, Klaus (Hg.): Der Staatssekretär Adenauers. Persönlichkeit und politisches Wirken Hans Globkes, Stuttgart 1980.

Ders./Repgen, Konrad (Hg.): Die Katholiken und das Dritte Reich, 3., überarb. und erw. Aufl., Mainz 1990.

Groothuis, Rainer Maria: Im Dienste einer überstaatlichen Macht. Die deutschen Dominikaner unter der NS-Diktatur, Münster 2002.

Gruchmann, Lothar: Justiz im Dritten Reich 1933–1940. Anpassung und Unterwerfung in der Ära Gürtner, München 1988 (Quellen und Darstellungen zur Zeitgeschichte, Bd. 28).

Heideking, Jürgen: Areopag der Diplomaten. Die Pariser Botschafterkonferenz der alliierten Hauptmächte und die Probleme der europäischen Politik 1920–1931, Husum 1979 (Historische Studien, Bd. 436).

Heinrich, Gerd (Hg.): Verwaltungsgeschichte Ostdeutschlands 1815–1945. Organisation – Aufgaben – Leistungen der Verwaltung, Stuttgart/Berlin/Köln 1992.

Heitzer, Horstwalter: Die CDU in der britischen Zone 1945–1949. Gründung, Organisation, Programm und Politik, Habil. Düsseldorf 1988 (Forschungen und Quellen zur Zeitgeschichte, Bd. 12).

Henke, Klaus-Dietmar: Die amerikanische Besetzung Deutschlands, München 1995 (Quellen und Darstellungen zur Zeitgeschichte, Bd. 27).

Hey, Bernd (Hg.): Kirche, Staat und Gesellschaft nach 1945. Konfessionelle Prägung und sozialer Wandel, Bielefeld 2001 (Beiträge zur westfälischen Kirchengeschichte, Bd. 21).

Hildebrand, Klaus: Das Dritte Reich, 6. neubearb. Aufl., München 2003 (Oldenbourg Grundriß der Geschichte, Bd. 17).

Hitze, Guido: Carl Ulitzka (1873–1953) oder Oberschlesien zwischen den Weltkriegen, Düsseldorf 2002 (Forschungen und Quellen zur Zeitgeschichte, Bd. 40).

Hoefer, Karl: Oberschlesien in der Aufstandszeit 1918–1921. Erinnerungen und Dokumente, Berlin 1938.

Höllen, Martin: Heinrich Wienken, der „unpolitische" Kirchenpolitiker. Eine Biographie aus drei Epochen des deutschen Katholizismus, Diss. Mainz 1981 (Veröffentlichungen der Kommission für Zeitgeschichte, Reihe B: Forschungen, Bd. 33).

Hömig, Herbert: Das preußische Zentrum in der Weimarer Republik, Mainz 1979 (Veröffentlichungen der Kommission für Zeitgeschichte, Reihe B: Forschungen, Bd. 28).

Hubatsch, Walther (Hg.): Grundriß zur deutschen Verwaltungsgeschichte. 1815–1945, Reihe A: Preußen, Bd. 4: Schlesien, bearb. von Dieter Stüttgen, Marburg 1976 [*mit einer Reihe detaillierter Karten*].

Hummel, Karl-Joseph (Hg.): Zeitgeschichtliche Katholizismusforschung. Tatsachen, Deutungen, Fragen. Eine Zwischenbilanz, Paderborn u. a. 2004 (Veröffentlichungen der Kommission für Zeitgeschichte, Reihe B: Forschungen, Bd. 100).

Hürten, Heinz: Deutsche Katholiken 1918–1945, Paderborn u. a. 1992.

Irgang, Winfried/Bein, Werner/Neubach, Helmut (Hg.): Schlesien. Geschichte, Kultur und Wirtschaft, Köln 1995 (Historische Landeskunde – deutsche Geschichte im Osten, Bd. 4).

Jakobi, Franz-Josef (Hg.), Geschichte der Stadt Münster, 3 Bde., 3. Aufl., Münster 1994.

Kaeckenbeeck, Georges: The International Experiment of Upper Silesia. A study in the working of the Upper Silesian Settlement, 1922 – 1937, London 1942.

Kaff, Brigitte (Bearb.): Die Unionsparteien 1946–1950. Protokolle der Arbeitsgemeinschaft der CDU/CSU Deutschlands und der Konferenzen der Landesvorsitzenden, Düsseldorf 1991 (Forschungen und Quellen zur Zeitgeschichte, Bd. 17).

Karski, Sigmund: Albert (Wojciech) Korfanty. Eine Biographie, Dülmen 1990 (Schlesische Kulturpflege, Bd. 3).

Keitsch, Frank: Das Schicksal der deutschen Volksgruppe in Oberschlesien in den Jahren 1922–1939, Dülmen 1982.

Kluge, Ulrich: Die deutsche Revolution 1918/19. Staat, Politik und Gesellschaft zwischen Weltkrieg und Kapp-Putsch, Darmstadt 1997 (Moderne Deutsche Geschichte, Bd. 8).

Ders.: Die Weimarer Republik, Paderborn u. a. 2006.

Knauft, Wolfgang: Bistum Berlin, Aschaffenburg 1987.

Ders.: Konrad von Preysing – Anwalt des Rechts. Der erste Berliner Kardinal und seine Zeit, Berlin 1998.

Koch, Hansjoachim W.: Volksgerichtshof. Politische Justiz im 3. Reich, Berlin 1988.

Köster, Markus: Katholizismus und Parteien in Münster 1945–1953. Kontinuität und Wandel eines politischen Milieus, Münster 1993 (Forum Regionalgeschichte, Bd. 1).

Kolb, Eberhard: Die Weimarer Republik, 6., überarb. u. erw. Aufl., München 2002 (Oldenbourg Grundriss der Geschichte, Bd. 16).

Komarek, Ernst: Die Industrialisierung Oberschlesiens. Zur Entwicklung der Montanindustrie im überregionalen Vergleich, Diss. Bonn 1998.

Kostencki, Georg: Der Schutz der nationalen Minderheiten in Oberschlesien nach dem deutsch-polnischen Abkommen über Oberschlesien vom 15.V.1922, Diss. Emsdetten 1933.

Krekeler, Norbert: Revisionsanspruch und geheime Ostpolitik der Weimarer Republik. Die Subventionierung der deutschen Minderheit in Polen, Stuttgart 1973 (Schriftenreihe der Vierteljahrshefte für Zeitgeschichte, Bd. 27).

Kuropka, Joachim (Hg.): Streitfall Galen. Studien und Dokumente, Münster 2007.

Leugers, Antonia: Gegen eine Mauer bischöflichen Schweigens. Der Ausschuß für Ordensangelegenheiten und seine Widerstandskonzeption 1941 bis 1945, Frankfurt a. M. 1996.

Lilla, Joachim: Leitende Verwaltungsbeamte und Funktionsträger in Westfalen und Lippe (1918–1945/46). Biographisches Handbuch, Münster 2004 (Geschicht-

liche Arbeiten zur westfälischen Landesforschung, Wirtschafts- und sozialgeschichtliche Gruppe, Bd. 16).
Loschelder, Wilhelm/Salzwedel, Jürgen (Hg.): Verfassungs- und Verwaltungsrecht des Landes Nordrhein-Westfalen, Köln/Berlin 1964.
Loth, Wilfried (Hg.): Deutscher Katholizismus im Umbruch zur Moderne, Stuttgart/Berlin/Köln 1991 (Konfession und Gesellschaft, Bd. 3).
Mai, Gunther: Der Alliierte Kontrollrat in Deutschland 1945–1948. Alliierte Einheit – deutsche Teilung? München/Wien 1995 (Quellen und Darstellungen zur Zeitgeschichte, Bd. 37).
Markert, Werner (Hg.): Polen, Köln/Graz 1959 (Osteuropa-Handbuch, Bd. 2).
Mertens, Annette: Himmlers Klostersturm. Der Angriff auf katholische Einrichtungen im Zweiten Weltkrieg und die Wiedergutmachung nach 1945, Diss. Paderborn u. a. 2006 (Veröffentlichungen der Kommission für Zeitgeschichte, Reihe B: Forschungen, Bd. 108).
Möller, Horst: Europa zwischen den Weltkriegen, München 1998 (Oldenbourg Grundriss der Geschichte, Bd. 21).
Morsey, Rudolf: Die Deutsche Zentrumspartei 1917–1923, Habil. Düsseldorf 1966 (Beiträge zur Geschichte des Parlamentarismus und der politischen Parteien, Bd. 32).
Ders.: Der Untergang des politischen Katholizismus. Die Zentrumspartei zwischen christlichem Selbstverständnis und „Nationaler Erhebung" 1932/33, Stuttgart/Zürich 1977.
Ders.: Die Bundesrepublik Deutschland. Entstehung und Entwicklung bis 1969, 5., durchges. Aufl., München 2007 (Oldenbourg Grundriss der Geschichte, Bd. 19).
Ders./Repgen, Konrad (Hg.): Adenauer-Studien, 5 Bde., Mainz 1971–1986 (Veröffentlichungen der Kommission für Zeitgeschichte, Reihe B: Forschungen, Bd. 10, 13, 15, 21, 44).
Müller, Ingo: Furchtbare Juristen. Die unbewältigte Vergangenheit unserer Justiz, München 1987.
Neubach, Helmut: Parteien und Politiker in Schlesien, Dortmund 1988 (Veröffentlichungen der Forschungsstelle Ostmitteleuropa an der Universität Dortmund, Reihe B, Bd. 34).
Ders./Zylla, Waldemar (Hg.): Oberschlesien im Überblick, Dülmen 1986 (Oberschlesische Schriftenreihe, Heft 15).
Nipperdey, Thomas: Deutsche Geschichte 1866–1918, 2 Bde., 3., durchges. Aufl., München 1993/95.
Nordblom, Pia: Für Glaube und Volkstum. Die katholische Wochenzeitung „Der Deutsche in Polen" (1934–1939) in der Auseinandersetzung mit dem Nationalsozialismus, Diss. Paderborn u. a. 2000 (Veröffentlichungen der Kommission für Zeitgeschichte, Reihe B: Forschungen, Bd. 87).
Dies.: Dr. Eduard Pant. Biographie eines katholischen Minderheitenpolitikers in der Woiwodschaft Schlesien (bis zum Jahr 1932), in: Oberschlesisches Jahrbuch 3 (1987), S. 112–146.

Oleschinski, Brigitte: Mut zur Menschlichkeit. Der Gefängnisgeistliche Peter Buchholz im Dritten Reich, Königswinter 1991 (Königswinter in Geschichte und Gegenwart, Heft 4).

Otto, Heinrich: Werden und Wesen des Quäkertums und seine Entwicklung in Deutschland, Wien 1972.

Perlick, Alfons: Oberschlesische Berg- und Hüttenleute. Lebensbilder aus dem oberschlesischen Industrierevier, Kitzingen a. M. 1953 (Veröffentlichungen der Oberschlesischen Studienhilfe, Bd. 3).

Pieper, Helmut: Die Minderheitenfrage und das Deutsche Reich 1919–1933/34, Diss. Hamburg 1974 (Darstellungen zur Auswärtigen Politik, Bd. 15).

Pope, Michael: Alfred Delp S.J. im Kreisauer Kreis. Die rechts- und sozialphilosophischen Grundlagen in seinen Konzeptionen für eine Neuordnung Deutschlands, Diss. Mainz 1994 (Veröffentlichungen der Kommission für Zeitgeschichte, Reihe B: Forschungen, Bd. 63).

Pünder, Hermann: Von Preußen nach Europa. Lebenserinnerungen, Stuttgart 1968.

Reichhardt, Hans Joachim: Wiederaufbau und Festigung demokratischer Strukturen im geteilten Berlin 1945–1963, in: Georg Kotowski/Hans-Joachim Reichhardt: Berlin als Hauptstadt im Nachkriegsdeutschland und Land Berlin, Berlin/New York 1987, S. 5–206 (Berliner Demokratie, Bd. 2; Veröffentlichungen der Historischen Kommission zu Berlin, Bd. 70).

Richter, Klemens/Sternberg, Thomas (Hg.): Liturgiereform – eine bleibende Aufgabe. 40 Jahre Konzilskonstitution über die heilige Liturgie, Münster 2004.

Scharf, Claus/Schröder, Hans-Jürgen (Hg.): Die Deutschlandpolitik Großbritanniens und die britische Zone. 1945–1949, Wiesbaden 1979.

Schewick, Burkhard van: Die katholische Kirche und die Entstehung der Verfassungen in Westdeutschland 1945–1950, Diss. Mainz 1980 (Veröffentlichungen der Kommission für Zeitgeschichte, Reihe B: Forschungen, Bd. 30).

Scholder, Klaus: Die Kirchen und das Dritte Reich, Bd. 1: Vorgeschichte und Zeit der Illusionen. 1918–1934, Frankfurt a. M. u. a. 1977; Bd. 2: Das Jahr der Ernüchterung 1934. Barmen und Rom, Berlin u. a. 1985.

Schwabe, Klaus (Hg.): Die preußischen Oberpräsidenten 1815–1945, Boppard 1985 (Deutsche Führungsschichten in der Neuzeit, Bd. 15; Büdinger Forschungen zur Sozialgeschichte, 1981).

Schwarz, Hans-Peter: Adenauer, 2 Bde., Stuttgart 1986/1991.

Scott, Richenda C. (Hg.): Die Quäker, Stuttgart 1974 (Die Kirchen in der Welt, Bd. 14).

Steinbach, Peter/Tuchel, Johannes (Hg.): Widerstand in Deutschland 1933–1945. Ein historisches Lesebuch, München 1994.

Tischner, Wolfgang: Katholische Kirche in der SBZ/DDR 1945–1951. Die Formierung einer Subgesellschaft im entstehenden sozialistischen Staat, Paderborn u. a. 2001 (Veröffentlichungen der Kommission für Zeitgeschichte, Reihe B: Forschungen, Bd. 90).

Tooley, Terry Hunt: National identity and Weimar Germany. Upper Silesia and the eastern border. 1918–1922, Lincoln u. a. 1997.

Trippen, Norbert: Josef Kardinal Frings (1887–1978), 2 Bde., Paderborn u. a. 2003/2005 (Veröffentlichungen der Kommission für Zeitgeschichte, Reihe B: Forschungen, Bd. 94 und 104).

Tuchel, Johannes: „... und ihrer aller wartete der Strick." Das Zellengefängnis Lehrter Straße 3 nach dem 20. Juli 1944, Berlin 2014.

Verfassungsgerichtsbarkeit in Nordrhein-Westfalen. Festschrift zum 50-jährigen Bestehen des Verfassungsgerichtshofs für das Land Nordrhein-Westfalen, hg. vom Präsidenten des Verfassungsgerichtshofs für das Land Nordrhein-Westfalen, Stuttgart u. a. 2002.

Vermehren, Isa: Reise durch den letzten Akt. Ravenbrück, Buchenwald, Dachau: Eine Frau berichtet, Neuausgabe Reinbek bei Hamburg 2005.

Wagner, Oskar: Polnisch-Oberschlesien in der Zwischenkriegszeit 1921/22–1939, in: Jahrbuch der Schlesischen Friedrich-Wilhelms-Universität zu Breslau 28 (1987), S. 291–309.

Wagner, Walter: Der Volksgerichtshof im nationalsozialistischen Staat, Stuttgart 1974 (Die deutsche Justiz und der Nationalsozialismus, Teil 3; Quellen und Darstellungen zur Zeitgeschichte, Bd. 16,3).

Warlimont, Walter: Im Hauptquartier der deutschen Wehrmacht 1939–1945. Grundlagen, Formen, Gestalten, Frankfurt a. M. 1962.

Weber, Hermann: Die DDR 1945–1990, 4., durchges. Aufl., München 2006 (Oldenbourg Grundriss der Geschichte, Bd. 20).

Wegmann, Dietrich: Die leitenden staatlichen Verwaltungsbeamten der Provinz Westfalen. 1815–1918, Münster 1969.

Weisz, Christoph (Hg.): OMGUS-Handbuch. Die amerikanische Militärregierung in Deutschland 1945–1949, München 1994.

Wermuth, Helga: Dr. h. c. Max Winkler. Ein Gehilfe staatlicher Pressepolitik in der Weimarer Republik, Diss. München 1975.

Winkler, Heinrich August: Weimar 1918–1933. Die Geschichte der ersten deutschen Demokratie, 4., durchges. Aufl., München 2005.

Wolf, Hubert: Clemens August Graf von Galen. Gehorsam und Gewissen, Freiburg i. Br. u. a. 2006.

Ders. (Hg.): Clemens August von Galen. Ein Kirchenfürst im Nationalsozialismus, Darmstadt 2007.

Zeitgeschichte in Lebensbildern. Aus dem deutschen Katholizismus des 20. Jahrhunderts (ab Bd. 3: des 19. und 20. Jahrhunderts), 12 Bde., hg. von Rudolf Morsey (ab Bd. 3: von Jürgen Aretz/Rudolf Morsey/Anton Rauscher), Mainz (ab Bd. 9: Münster) 1973–2007.

Friedrich Wilhelm Christians (1922–2004)

Christopher Kopper

Als Friedrich Wilhelm Christians am 1. Mai 1922 in Paderborn geboren wurde, befand sich die deutsche Wirtschaft am Beginn einer immer schwerer werdenden Inflationskrise. Als Sohn eines Oberingenieurs wurde er in eine materiell gesicherte bürgerliche Familie hineingeboren, auch wenn seine Eltern erhebliche Sorgen und Mühe gehabt haben dürften, wenigstens einen Teil ihrer Ersparnisse vor der Hyperinflation zu retten. Obwohl die Eltern sechs Kinder ernähren mussten, war es für das bildungsorientierte Elternhaus an der Paderborner Westernmauer selbstverständlich, Friedrich Wilhelm und seine beiden Brüder nach der Grundschule auf das traditionsreiche Gymnasium Theodorianum zu schicken. Sie ermöglichten ihren Söhnen eine umfassende humanistische Bildung am renommiertesten Gymnasium der Stadt.

Friedrich Wilhelm Christians wuchs in einem fest gefügten katholischen Milieu auf, in dem die Vermittlung religiös geprägter Werte und Normen selbstverständlich war. Im Zentrum der gerade einmal 40 000 Einwohner zählenden Bistumsstadt bildete die katholische Kirche mit ihren eindrucksvollen Kirchenbauten aus dem Mittelalter, mehreren Klöstern und katholischen Schulen nicht nur eine städtebauliche, sondern auch eine kulturelle Dominante. Mit einem Bevölkerungsanteil von 85 Prozent prägte das numerisch dominierende katholische Milieu auch das politische Klima entscheidend. Entgegen dem reichsweiten Trend konnte die katholische Zentrumspartei ihren Stimmenanteil in den letzten Jahren der Weimarer Republik von 60 auf 70 Prozent sogar noch vergrößern. Erst die letzte halbwegs freie Reichstagswahl am 5. März 1933 deutete mit einer Verdoppelung der NSDAP-Ergebnisse von zehn auf 22 Prozent die beginnende Erosion des politischen Katholizismus an.

Das Hineinwachsen in eine religiös geprägte Werteordnung war in Christians katholischem Elternhaus selbstverständlich. Gleich nach seiner Erstkommunion wurde er Messdiener im Konvent der Franziskaner, ganz in der Nähe seines Elternhauses an der Westernmauer. Als er 1932 im Theodorianum eingeschult wurde, trat er mit einigen Mitschülern dem „Bund Neudeutschland“ bei, in dem unter der Leitung von Jesuiten und Franziskanern katholische Jungen an höheren Schulen organisiert waren. Obwohl die Lehrpläne der Gymnasien immer mehr von der nationalsozialistischen Ideologie durchdrungen wurden, erlebten Christians und seine Mitschüler das Theodorianum als eine noch weitgehend geschlossene Bildungs- und Wertegemeinschaft, die traditionelle christlich-katholische Werte vermittelte.

Auch wenn der Bund Neudeutschland offiziell erst 1939 durch die Geheime Staatspolizei als „staatsfeindlich" eingestuft und verboten wurde, löste sich die Paderborner Gruppe bereits 1936 auf. Es lässt sich nicht mehr feststellen, ob diese Selbstauflösung durch die zunehmenden Angriffe aus der nationalsozialistischen Hitlerjugend oder durch das Verbot jeglicher kirchlicher Jugendarbeit außerhalb kirchlicher Räume begründet war. Da das „Gesetz über die Hitler-Jugend" die Jugendlichen zur Mitgliedschaft in der nationalsozialistischen Jugendorganisation verpflichtete, trat Christians mit seinen Freunden in die HJ ein. Nach den Erinnerungen seines Schulfreunds Wilhelm Uhle entschieden sie sich dabei für die Marine-HJ, in der die ideologische Indoktrinierung offenbar eine etwas geringere Rolle als bei der allgemeinen Hitlerjugend spielte. Innerhalb der Paderborner Marine-HJ bildeten Christians und seine Freunde eine kleine verschworene Gemeinschaft, die halblegal auch weiterhin Fahrten unternahm und damit die Traditionen des Bundes Neudeutschland heimlich fortsetzte.

Noch vor dem Abitur wurde Christians zum 1. Dezember 1939 als Offiziersanwärter in das traditionsreiche Bamberger Reiterregiment 17 einberufen. Da sich die Kavallerieregimenter mit der Motorisierung der Kriegsführung allmählich überlebt hatten, wurde er nach Abschluss seiner Ausbildung in eine Panzeraufklärungsabteilung versetzt, die sich als Nachfolger der klassischen Kavallerie verstand. Beim Kriegseinsatz an der Ostfront wurde Christians viermal verwundet. Während des Rückzugs der Wehrmacht nach Ostpreußen geriet der Kompanieführer Christians mit seiner Einheit in den Kessel von Pillau, wo deutsche Truppen den Hafen und zahllose Flüchtlinge gegen die vorrückenden sowjetischen Streitkräfte verteidigten. Mit einem der letzten Evakuierungstransporte der Marine wurde er im April 1945 Richtung Westen gebracht und entging damit nur knapp der sowjetischen Kriegsgefangenschaft.

Die gerade noch rechtzeitige Evakuierung aus dem Kessel von Pillau war einer der wichtigsten Wendepunkte im Leben von Friedrich Wilhelm Christians. Da ihm mehrere Jahre Kriegsgefangenschaft erspart blieben, konnte er seine unterbrochene Ausbildung gleich nach Wiedereröffnung der Universitäten fortsetzen. Im Wintersemester 1945/46 begann er in Göttingen das Studium der Rechts- und Staatswissenschaften, nach zwei Jahren wechselte er an die Universität Bonn. Es ist durchaus wahrscheinlich, dass ihn der berühmte Göttinger Juraprofessor Rudolf Smend für das Staats- und Verfassungsrecht interessieren konnte. Unmittelbar nach dem Ersten Staatsexamen erhielt Christians eine Anstellung als „juristischer Hilfsarbeiter" beim Parlamentarischen Rat in Bonn, der das Grundgesetz für die Bundesrepublik erarbeitete. Er begegnete dabei dem späteren Bundespräsidenten Theodor Heuss und dem sozialdemokratischen Außenpolitiker Carlo Schmid. Sein Interesse an der Politik wurde durch diese Erfahrung nicht unwesentlich gefördert – er entwickelte das Berufsziel des Diplomaten.

Friedrich Wilhelm Christians, Aufnahme um 1985.
(Foto: Josef Heinrich Darchinger/Historisches Institut der Deutschen Bank AG)

Christians gehörte fast idealtypisch zur sogenannten „45er-Generation", die nach dem Krieg studierte und ihr Berufsleben begann. Nach den Erfahrungen der nationalsozialistischen Herrschaft und des Krieges orientierte sich diese Generation am zivilisatorischen Vorbild der westlichen Demokratien und nahm die Einflüsse der amerikanischen, englischen und französischen Kultur interessiert auf. Aus der Konfrontation mit den totalitären Diktaturen des Nationalsozialismus und des Stalinismus entstand eine ideologiekritische Generation, die sich mit der bundesdeutschen Demokratie vorbehaltlos identifizieren konnte.

Nach der Verabschiedung des Grundgesetzes am 23. Mai 1949 war noch nicht abzusehen, wann die neu gegründete Bundesrepublik wieder einen diplomatischen Dienst aufbauen konnte. Erst mit der Revision des alliierten Besatzungsstatuts im März 1951 erhielt die Bundesrepublik das Recht, wieder einen diplomatischen Dienst einzurichten. Doch zu diesem Zeitpunkt hatten sich die beruflichen Weichen für Christians bereits in eine andere Richtung gestellt: Im Rahmen seiner Ausbildung als Rechtsreferendar gewann Christians bei der Rheinisch-Westfälischen Bank, einem Nachfolgeinstitut der Deutschen Bank, einen Einblick ins Bankgewerbe – und änderte sein Berufsziel. 1951 schloss er das Referendariat ab, promovierte an der Universität Bonn über ein strafrechtliches Forschungsproblem („Die Zulässigkeit von Alternativfeststellungen im Strafrecht") und trat in die Rheinisch-Westfälische Bank ein.

1951 war auch in privater Hinsicht ein entscheidendes Jahr. Christians heiratete die Rheinländerin Hildegard Gierlings aus einer Viersener Unternehmerfamilie, der die Plüschweberei Gierlings KG gehörte. Hildegard und Friedrich Wilhelm Christians wurden Eltern dreier Kinder, von denen eines früh starb. Bis zu seinem Tod lebte Christians im Rheinland, doch seine enge Verbindung zu Paderborn riss nie ab: Er besuchte regelmäßig die Jahrgangstreffen des Theodorianums und hielt dort mehrfach Vorträge.

Seine Entscheidung für die Deutsche Bank war sicher nicht zufällig. Im katholischen Bürgertum galt die Deutsche Bank trotz ihres überkonfessionellen Charakters als ein tendenziell katholisches Bankhaus, das sich während des „Dritten Reiches" nicht politisch kompromittiert hatte. Die besondere Bedeutung jüdischer Direktoren und Vorstandsmitglieder in der Zeit vor dem Nationalsozialismus war weitgehend verdrängt. Friedrich Wilhelm Christians machte in mehreren größeren Filialen der Rheinisch-Westfälischen Bank schnell Karriere. Auf seine erste Station in Viersen folgte bereits 1954 die Versetzung auf die Position des Filialleiters in Aachen.

Nach sechs Jahren im Bankberuf erlebte Christians 1957 die Wiedervereinigung der drei westdeutschen Nachfolgeinstitute der Deutschen Bank. Als die drei westlichen Alliierten 1955 das Besatzungsstatut für die Bundesrepublik aufhoben, fielen auch die alliierten Bestimmungen für eine Regionalisierung der ehemaligen Großbanken (Deutsche Bank, Dresdner Bank und Commerzbank). Nach einer kurzen Anstandsfrist vereinigten sich die jeweiligen regionalen Nachfolgeinstitute der drei Großbanken wieder zu bundesweit tätigen Universalbanken. Zwölf Jahre nach dem Ende des Krieges waren damit die Unternehmensstrukturen des deutschen Universalbankensystems wieder hergestellt. Als 1958 die letzten Beschränkungen im Devisenverkehr fielen, ging eine 27 Jahre währende Phase staatlicher Devisenkontrolle zu Ende. Der Beginn der bargeldlosen Lohn- und Gehaltszahlung und die Einführung des persönlichen Anschaffungsdarlehens brachten den Banken Millionen neuer Privatkunden, die Girokonten eröffneten und das Geschäftsvolumen der Banken erheblich vergrößerten.

Friedrich Wilhelm Christians überzeugte in der Deutschen Bank durch Sachkenntnis, Können und Tüchtigkeit. Nach seiner Station in Aachen wurde er zum Direktor der Hauptfiliale Köln ernannt, wo er dem Vorstandsvorsitzenden Hermann Josef Abs wiederholt auffiel. Sein beruflicher Aufstieg wurde durch die Tatsache gefördert, dass die Großbanken stetig wuchsen und immer mehr Personal für Führungsaufgaben im mittleren und im höheren Management benötigten. Als Angehöriger des Jahrgangs 1922 gehörte Christians zu einer Altersgruppe, die einerseits durch den Krieg dezimiert worden war und die andererseits jene Altersgruppe ersetzen musste, die ihre berufliche Ausbildung in der Weimarer Republik oder sogar noch im Kaiserreich absolviert hatte und nun in den Ruhestand trat.

Seine Karriere verlief geradezu idealtypisch für den Führungsnachwuchs der Nachkriegszeit. Wie fast alle Deutsche-Bank-Manager seiner Altersgruppe hatte er seine berufliche Laufbahn in der Deutschen Bank begonnen – und sollte sie dort auch beenden. Überwechsler aus anderen Bankhäusern waren im Top-Management der Deutschen Bank selten, Umsteiger aus dem Nichtbankensektor noch seltener. Nach nur zwölf Jahren als Angestellter und Filialdirektor ernannte ihn der Vorstand 1963 zum Generalbevollmächtigten in der Düsseldorfer Zentrale, im Alter von 41 Jahren hatte er damit bereits die Führungsebene direkt unter dem Vorstand erreicht. Obwohl sich der Hauptsitz der Deutschen Bank seit 1957 in der neuen Bankenmetropole Frankfurt am Main befand, blieb Düsseldorf wegen der großen industriellen Kunden in Nordrhein-Westfalen bis in die 1980er-Jahre der Zweitsitz des Unternehmens. Von Düsseldorf aus betreute Christians die zahlreichen größeren Kunden der Bank in Nordrhein-Westfalen, die oft aus mittelständischen Unternehmen entstanden waren. Bereits nach zwei Jahren (1965) beriefen ihn Vorstand und Aufsichtsrat zum stellvertretenden Mitglied des Vorstands. Nach der üblichen Bewährungszeit von zwei Jahren wurde Christians 1967 ordentliches Mitglied des Vorstands der Deutschen Bank. Sein mit moderner Kunst und Louis-Seize-Möbeln ausgestattetes Büro an der Düsseldorfer Königsallee behielt er ebenso wie seinen privaten Wohnsitz in Meerbusch-Büderich – er saß auch weiterhin am zweiten Unternehmenssitz in Düsseldorf und reiste zu den wöchentlichen Vorstandssitzungen nach Frankfurt.

Christians wurde zu einer Zeit in den Vorstand berufen, als der legendäre Bankier Hermann Josef Abs noch an der Spitze des Vorstands stand und die Vertretung des Bankhauses nach außen weitgehend dominierte. Als Abs 1967 vom Vorsitz des Vorstands in das Amt des Aufsichtsratsvorsitzenden wechselte, übernahm eine Doppelspitze aus Franz Heinrich Ulrich (1910–1987) und Karl Klasen (1909–1991) die Führung der Bank. Der Vorstand der Deutschen Bank war als Kollegialorgan organisiert, in dem wichtige Entscheidungen nur einstimmig gefasst werden konnten. Die beiden Vorstandsvorsitzenden besaßen die offiziellen Titel von „Vorstandssprechern", die darauf hinwiesen, dass sie nur als „Erste unter Gleichen" amtierten. Die Doppelspitze der Deutschen Bank wurde 1970 zeitweise aufgehoben, als Klasen das Amt des Bundesbankpräsidenten annahm und Ulrich das Amt des Vorstandssprechers allein weiterführte.

Christians engagierte sich frühzeitig im deutsch-sowjetischen Geschäft, das sich nach dem Beginn der Entspannungsperiode und dem Abschluss des deutsch-sowjetischen Vertrags von 1970 unter günstigeren politischen Rahmenbedingungen entwickeln konnte. Im Dezember 1969 reiste Christians als Teilnehmer einer deutschen Unternehmerdelegation zum ersten Mal in die Sowjetunion, um die Möglichkeiten intensiverer Handelsbeziehungen zu erkunden. Unter maßgeblicher Beteiligung der Deutschen Bank kam 1970 das sogenannte Röhrenabkommen zwischen dem sowjetischen Außenhandelsministerium und dem Stahlunternehmen Mannesmann zustande. Mannesmann lieferte der Sowjetunion Röhren im Wert von 2,5 Milliarden DM, mit denen Erdgasfelder in der Sowjetunion erschlossen werden sollten. Die Sowjetunion zahlte über einen Zeitraum von 20 Jahren mit Gaslieferungen an deutsche Gasversorger zurück. Ein Bankenkonsortium unter Führung der Deutschen Bank finanzierte dieses Geschäft durch einen Kredit an die Bank für Außenhandel der Sowjetunion.

Die Sowjetunion galt Anfang der 1970er-Jahre als einer der potentiell größten Wachstumsmärkte des deutschen Außenhandels. Allein von 1971 bis 1975 gaben deutsche Banken unter Führung der Deutschen Bank Kredite von insgesamt 5,4 Milliarden DM an die UdSSR, die überwiegend zum Kauf von deutschen Industriegütern verwendet wurden. Unter der Federführung von Christians erhielt die Deutsche Bank damit ihre Führungsposition im deutsch-sowjetischen Kreditgeschäft zurück, die sie bereits in den 1920er- und 1930er-Jahren besessen hatte. Bei den Verhandlungen mit sowjetischen Außenhandelsbankern, Staatssekretären und Ministern gewann Christians mit seinem diplomatischem Geschick, seiner Höflichkeit und seiner Verbindlichkeit schnell das Vertrauen der Verhandlungspartner. Der Beruf des Bankiers verband sich hier mit seinem ursprünglichen Berufswunsch des Diplomaten. Für den ehemaligen Soldaten an der Ostfront dürften die Verhandlungen mit seinen etwa gleichaltrigen sowjetischen Geschäftspartnern und früheren Kriegsgegnern auch emotional bewegend gewesen sein. So stellte er 1980 bei einem Gespräch mit dem Präsidenten der sowjetischen Staatsbank fest, dass sein Gesprächspartner zur gleichen Zeit wie er Soldat an der Leningrader Front und am Kursker Bogen gewesen war – das waren Begegnungen, die ihn nachhaltig prägten.

Nicht ganz 30 Jahre nach dem Ende des Krieges schufen Deutsche und Sowjetbürger aus der ehemaligen Kriegsgeneration auf dem Feld der Wirtschaftsdiplomatie neue Beziehungen zwischen den Völkern. Engere wirtschaftliche Verflechtungen zwischen beiden Staaten dienten als Instrumente der politisch gewollten Entspannungspolitik. Christians war sich dabei immer bewusst, dass die Geschäftsbeziehungen mit der sowjetischen Außenhandelsbank auch eine sensible politische Komponente besaßen; so befürchtete die amerikanische Regierung eine zu große Abhängigkeit der Bundesrepublik von sowjetischen Gaslieferungen. 1978 drängte sie die Bundesregierung zu einer informellen Vereinbarung mit den deutschen Energieversorgern, den Anteil sowjetischer Gasimporte auf nicht mehr als 30 Prozent des Gesamtbedarfs steigen zu lassen.

Bereits in den 1970er-Jahren konnte Christians in Moskau die erste Repräsentanz einer deutschen Bank eröffnen. Da die Niederlassungen ausländischer Banken in der Sowjetunion keine eigenen Geschäfte machen durften, beschränkte sich ihr Handlungsspielraum auf Kontaktaufnahmen und Gespräche mit sowjetischen Ministerien und Banken, entweder im Auftrag der Deutschen Bank oder im Auftrag ihrer Kunden. Die Tätigkeit in einem diktatorischen Überwachungsstaat war natürlich mit einigen Problemen verbunden. So musste die Repräsentanz der Bank russisches Personal einstellen, das ihr eine staatliche Agentur vermittelte. Da diese Mitarbeiter höchstwahrscheinlich auch für den KGB arbeiteten, wurde die wichtige Geschäftskorrespondenz der Diplomatenpost der bundesdeutschen Botschaft anvertraut und nur von deutschen Mitarbeitern bearbeitet. 1985 erhielt die Deutsche Bank das ungewöhnliche Privileg, mitten in Moskau ein eigenes Haus bauen zu dürfen, was die Sowjetunion sonst nur den Botschaften gestattete.

Auch in anderer Beziehung bediente sich die Wirtschaftsdiplomatie von Friedrich Wilhelm Christians ungewöhnlicher Mittel. Als Freund und Kenner der russischen Avantgarde aus den Jahren 1910 bis 1930 vereinbarte er 1977 mit dem sowjetischen Kulturministerium die erste Ausstellung russischer Künstler wie Malewitsch und El Lissitzky im Westen. Die abstrakte russische Avantgardekunst, die während der totalitären Herrschaft Stalins und noch bis in die Ära Breschnew unterdrückt und verbannt worden war, fand ein begeistertes deutsches Publikum. Im Gegenzug finanzierte und organisierte die Deutsche Bank Ausstellungen moderner deutscher Maler und Graphiker in Moskau, Leningrad und Nowosibirsk; besonderes Aufsehen fand 1985 eine Ausstellung des berühmten Graphikers Horst Janssen. Diese „Kunstdiplomatie“ erwies sich als ein erfolgreiches Mittel, um die Beziehungen zur sowjetischen Außenhandelsbank und zu den Ministerien der UdSSR – ungeachtet der abgekühlten Ost-West-Beziehungen in den Jahren 1980 bis 1984 – so normal wie möglich zu gestalten. So unterzeichnete die Deutsche Bank 1982 ein Kreditabkommen über 3,3 Milliarden DM zur Finanzierung weiterer Mannesmann-Röhren, mit denen die Sowjetunion neue Gasfelder in Sibirien erschließen konnte.

Nicht nur aufgrund der verschlechterten außenpolitischen Rahmenbedingungen entwickelte sich das Russlandgeschäft seit Mitte der 1970er-Jahre weniger dynamisch als es die Euphorie der Anfangsjahre hatte erwarten lassen. Wegen der technologischen Rückständigkeit der zivilen Industrieproduktion und ihrer fehlenden Weltmarktorientierung verfügte die UdSSR kaum über exportfähige Industriegüter. Aufgrund ihrer Abhängigkeit von Öl- und Gasverkäufen wurde das Exportvolumen – und damit die Importkapazität der UdSSR – entscheidend von den Weltmarktpreisen für Öl und Gas bestimmt. Die seit 1983 fallenden Öl- und Gaspreise reduzierten die sowjetischen Möglichkeiten zur Kreditaufnahme und damit auch zum Import von Investitionsgütern deutlich. Darüber hinaus führte die weltweite Schuldenkrise der frühen 1980er-Jahre zur Zahlungsunfähigkeit von Polen und Rumänien, was auch für die Sowjetunion erhebliche Folgen hatte. Westliche Bankenexperten hatten bis dahin angenommen, dass die UdSSR ihre Bündnispartner vor der Zahlungsunfähigkeit retten würde, sahen sich aber getäuscht. Die Krise war auch der Grund, weshalb ein Großkredit der Deutschen Bank zur Erschließung großer Erdgasvorkommen auf der sibirischen Jamal-Halbinsel Anfang der 1980er-Jahre erheblich reduziert werden musste. Angesichts der stark gestiegenen Zinsen zu Beginn des Jahrzehnts musste sich die UdSSR mit einem Volumen von einer Milliarde DM begnügen, nachdem die Deutsche Bank zunächst einen Kredit in Höhe von zehn Milliarden angestrebt hatte. Die verschlechterten Bedingungen auf dem Kreditmarkt und die wenig Vertrauen erweckende Geheimhaltung volkswirtschaftlicher Basisdaten durch die sowjetischen Behörden führten trotz des großen wirtschaftlichen Potentials der sowjetischen Rohstoffexporte zu einer kritischeren Bewertung ihrer Bonität. 1983 musste die sowjetische Regierung auch den gigantomanisch anmutenden Plan aufgeben, die gewaltigen Kohlevorkommen in Westsibirien mit Hilfe eines Kredits in Höhe von 40 Milliarden DM unter Führung der Deutschen Bank zu erschließen.

Welche Wertschätzung die Vertreter der Deutschen Bank und speziell Christians im Kreml genossen, zeigt sich an folgendem Beispiel. Bereits eine Woche nach seiner Ernennung zum Generalsekretär des Zentralkomitees der KPdSU empfing Michail Gorbatschow Christians am 18. April 1985 zu einem Meinungsaustausch. Christians war einer der ersten westlichen Besucher, die den neuen Hoffnungsträger im Kreml nach seiner Ernennung persönlich kennenlernen konnten. Christians zeigte sich von Gorbatschows Ausstrahlung beeindruckt, pries vor deutschen Journalisten die „einzigartige Persönlichkeit" des Parteichefs, der für sowjetische Verhältnisse schon kurz nach seinem Amtsantritt „völlig ungewöhnlich in seinem Verhalten und Führungsstil" agiere. Mit seiner Einschätzung Gorbatschows („Man wird sich wundern") sollte Christians Recht behalten.

Die zunächst noch vorsichtige Öffnung der neuen Staats- und Parteiführung unter Gorbatschow ermöglichte es Christians, 1987 einen Kooperationsvertrag zwischen der Deutschen Bank, der Staatsbank der UdSSR und der sowjetischen Außenhandelsbank zu schließen. Das Ziel dieser Kooperation war, industrielle Firmenkunden der Deutschen Bank bei deutsch-sowjetischen Wirtschaftsprojekten zu unterstützen. Aus dieser Verbindung gingen die ersten gemeinsamen deutsch-sowjetischen Unternehmensgründungen („joint ventures") hervor, die den sowjetischen Binnenmarkt für deutsche Unternehmen öffnen sollten. 1988 präsentierte Christians auf einer deutsch-sowjetischen Tagung seine Idee, nach dem Vorbild Chinas Sonderwirtschaftszonen in der Sowjetunion einzurichten, in denen ausländische Investoren unter marktwirtschaftlichen Bedingungen produzieren könnten. Diese visionäre Idee marktwirtschaftlicher Musterregionen in einem System mit zentraler Planwirtschaft scheiterte jedoch am hinhaltenden Widerstand der sowjetischen Bürokratie und an der zunehmenden wirtschaftlichen Desintegration der UdSSR. Dagegen schlug sich die mit Gorbatschows Politik einsetzende Öffnung für die Interessen der Konsumenten unmittelbar in den Kreditgeschäften mit der Deutschen Bank nieder. Kurz vor seinem Ausscheiden als Vorstandssprecher besorgte Christians im April 1988 der sowjetischen Lebensmittelindustrie noch einen Investitionskredit in Höhe von 3,5 Milliarden DM.

Im Inland agierte Christians seit seiner Ernennung zum ordentlichen Vorstandsmitglied aktiv im Bundesverband deutscher Banken. Er scheute dabei auch nicht davor zurück, sich der Kritik der Öffentlichkeit an den Banken zu stellen. Da ein großer Teil der kleineren Aktionäre ihr Stimmrecht auf den Hauptversammlungen der Aktionäre durch die Depotbanken wahrnehmen ließ („Depotstimmrecht“), waren – und sind bis heute – die Banken auf den Hauptversammlungen stark überrepräsentiert. Anders als andere Banker erkannte Christians die Kritik am Depotstimmrecht dem Grunde nach an und erklärte schon 1968 auf dem Bankentag: „Wenn es brauchbare Alternativen gibt, soll man lieber heute als morgen das Depotstimmrecht aufgeben. Die Banken kleben nicht am Auftragsstimmrecht.“ Durch ihren Eigenbesitz an Aktien von Nichtbanken und durch das Depotstimmrecht waren die Großbanken bis in die 1990er-Jahre ein stabilisierendes Element in der „Deutschland AG“, das die überraschende Majorisierung von Unternehmensvorständen durch gut organisierte Anteilseigner praktisch ausschloss. Schon aus diesem Grund waren die Banken nicht wirklich daran interessiert, auf dieses Element ihrer Macht zu verzichten und eine Novelle des Aktiengesetzes zu initiieren.

Schon vor seiner Ernennung zum Vorstandssprecher der Deutschen Bank im Jahr 1976 nahm Christians eine aktivere Stellung im Bankenverband ein, als es seine nominelle Position als einfaches Vorstandsmitglied erwarten ließ. Bereits im März 1974 mutmaßte deshalb das Nachrichtenmagazin „Der Spiegel“, Christians habe „erste Chancen“ zum Präsidenten des Bankenverbands gewählt zu werden. Seine dann tatsächlich erfolgte Wahl zum Verbandspräsidenten im November 1975 war in gewisser Weise ein Novum: Während bislang angesehene Privatbankiers dieses Amt bekleidet hatten, war Christians das erste Vorstandsmitglied einer Großbank auf dieser prestigeträchtigen, wenngleich nicht wirklich einflussreichen Position. Entgegen den Mutmaßungen der Presse verdankte er seine Wahl nicht in erster Linie der Tatsache, dass einige bedeutende Privatbankiers wegen geschäftlicher Fehlschläge und Fehlspekulationen ihr Prestige eingebüßt hatten. Dank seines diplomatischen Geschicks und seines verbindlichen und distinguierten Auftretens galt Christians als ein idealer Vertreter der Banken in der Öffentlichkeit. In Presseinterviews bewies Christians wiederholt seine Fähigkeit, auch bei heiklen Fragen den richtigen Ton zu treffen, ohne arrogant oder überheblich zu erscheinen. Er vertrat die Positionen der Deutschen Bank und seine eigene Meinung prägnant, aber ohne zu polarisieren. Die lateinische Maxime *suaviter in modo, fortiter in re* („Gemäßigt im Ton, aber hart in der Sache“) beschreibt sein Auftreten präzise.

Christians stellte diese Fähigkeiten Mitte März 1975 in einem Interview mit dem „Spiegel“ unter Beweis. Zwei Wochen zuvor hatte die Deutsche Bank die Beteiligung Friedrich Karl Flicks an der Daimler-Benz AG gekauft und war damit dem Erwerb dieses Pakets durch den Iran zuvorgekommen. Durch diese Übernahme erhielt die Deutsche Bank eine Kapitalmehrheit an Daimler und weckte in der Öffentlichkeit Befürchtungen, dass sie einen der größten deutschen Autoproduzenten auf Dauer beherrschen wolle. Christians reagierte auf diese Kritik mit der zutreffenden Versicherung „Wir werden dieses Paket wieder abgeben" und erklärte, man habe das Unternehmen vor unerwünschtem ausländischen Einfluss schützen wollen. Tatsächlich hatte die Deutsche Bank wie ein idealtypisches Mitglied der „Deutschland AG" gehandelt: Großbanken verhinderten feindliche Übernahmen. Sie handelten ganz im Sinne der Bundesregierung, wenn sie den Einstieg der iranischen Diktatur in ein „Flagschiff" der deutschen Wirtschaft verhinderten. Obwohl Christians dauerhafte Mehrheitsbeteiligungen von Banken in der Öffentlichkeit nicht verteidigte, reagierte er alarmiert, als Bundeswirtschaftsminister Otto Graf Lambsdorff 1979 die Beteiligung von Banken an Nichtbanken auf 15 Prozent begrenzen wollte. Denn zum einen hätte ein Zwangsverkauf von Beteiligungen angesichts der daraus erzielten guten Erträge das Geschäftsergebnis der Bank geschmälert. Zum anderen wurden die Beteiligungen zu den meist deutlich niedrigeren Einkaufspreisen in der Bilanz geführt, so dass ein Verkauf erhebliche Gewinne und damit auch hohe Körperschaftssteuern mit sich gebracht hätte. Eine Entflechtung der „Deutschland AG" musste Christians und seinen Kollegen wegen des hohen Körperschaftssteuersatzes deshalb wenig attraktiv erscheinen.

Charakteristisch für Christians war ein neues Verständnis von Öffentlichkeit und Öffentlichkeitsarbeit im Bankwesen. Seine Äußerungen dazu sind deutlich:

> „Wenn diese [die Großbanken, C. K.] Bestand haben sollen, dann müssen sie sich erkennbar der Öffentlichkeit präsentieren als hilfreiche Instrumente, die jeweils die Fragen der Zeit verstehen und sich danach überzeugend verhalten."

Die Banken sollten ihre Geschäftspolitik transparenter als bisher gegenüber der Öffentlichkeit kommunizieren. Die banktypische Diskretion als Grundlage vertraulicher und vertrauensvoller Geschäfte und eine umfassendere Informationspolitik zum Aufbau von Vertrauen in der Öffentlichkeit schlossen sich für Christians also nicht aus. In einem Interview, das er 1979 gab, wich er der immer wieder kritisch gestellten Frage nach der Bankenmacht nicht grundsätzlich aus. Christians sagte ganz unumwunden:

> „Natürlich haben wir Macht, haben wir Einflussmöglichkeiten. Bankiers beraten. Das ist unsere Hauptaufgabe. Wir müssen etwas bewegen als Banken. Und insofern definiere ich Macht als Einfluss und Verpflichtung [...]."

Die finanziellen Machtinstrumente der Bank, die in der Vergabe (oder Verweigerung) von Krediten, in der Einsicht in die Geschäftsbücher und in Auflagen für die Kreditvergabe bestanden, nannte Christians jedoch nicht. Auch die durch Vorstandsmitglieder und Direktoren der Bank ausgeübte Macht als Aufsichtsratsvorsitzende in anderen Unternehmen blieb unerwähnt.

Im Mai 1976 geschah, was die Presse bereits seit zwei Jahren vermutet hatte: Mit der Übernahme des Vorsitzes beim Bankenverband im Jahr zuvor hatte sich Christians auch für das Amt des Vorstandssprechers qualifizieren können. Zusammen mit seinem Vorstandskollegen Wilfried Guth (1919–2009) folgte er dem scheidenden Vorstandssprecher Ulrich, der traditionsgemäß an die Spitze des Aufsichtsrats wechselte. Guth und Christians waren nur etwa zehn Jahre jünger als ihre Vorgänger, markierten aber dennoch einen Generationswechsel an der Spitze der Bank: Sie waren die ersten Vorstandssprecher, die in den Nachkriegsjahren studiert und danach ihre berufliche Laufbahn begonnen hatten.

Christians trat sein Amt im Jahr vor dem „Deutschen Herbst" an, als Terroristen der „Rote Armee Fraktion" den Vorstandsvorsitzenden der Dresdner Bank Jürgen Ponto bei einem Entführungsversuch ermordeten und Hanns Martin Schleyer, den Präsidenten des Arbeitgeberverbands, sechs Wochen nach seiner Entführung töteten. Als öffentlich exponierter Banker an der Spitze der größten deutschen Geschäftsbank musste Christians mit der permanenten Gefahr eines terroristischen Anschlags leben. Der ständige Begleitschutz durch Sicherheitskräfte der Deutschen Bank wurde für ihn (über-)lebensnotwendig. Nach einer Expertise des Bundesamtes für Verfassungsschutz gehörte er zu den am stärksten gefährdeten Spitzenmanagern in Deutschland.

Die politischen Auseinandersetzungen der späten 1960er- und 1970er-Jahre hatten noch keine Auswirkungen auf den Umgang mit der Vergangenheit der Bank in der Zeit des Nationalsozialismus. Eine umfassende und kritische Aufarbeitung der Unternehmensgeschichte sollte erst 1988 einsetzen. In diesem Jahr wurde Alfred Herrhausen (1930–1989) zum alleinigen Vorstandssprecher berufen, seit 1985 war er bereits als zweiter Vorstandssprecher im Führungsgremium vertreten. Mit ihm wurde der erste Vertreter einer Generation berufen, die das „Dritte Reich" nur als Kind erlebt hatte. Als die Deutsche Bank im Herbst 1985 Konsortialführerin bei der Übernahme des Flick-Firmenimperiums und seinem Weiterverkauf an Aktionäre wurde, wurde Christians unversehens mit dem düsteren Erbe vieler deutscher Unternehmen konfrontiert. In den ehemaligen Flick-Unternehmen der Feldmühle Nobel AG waren tausende jüdischer und nichtjüdischer Zwangsarbeiter ausgebeutet worden. Zahlreiche Zwangsarbeiter waren an den Folgen katastrophaler Arbeits- und Lebensbedingungen gestorben oder hatten bleibende gesundheitliche Schäden davongetragen. Kurz nach der Übernahme des Flick-Imperiums geriet die Deutsche Bank unter erheblichen öffentlichen Druck, für eine Entschädigung der Zwangsarbeiter zu sorgen. Nach kurzer Zeit erkannten Christians und seine Kollegen die Sensibilität dieses Themas und wiesen die Feldmühle Nobel AG an, fünf Millionen DM an die Jewish Claims Conference für die Entschädigung von Zwangsarbeitern zu zahlen.

Die Übernahme des Flick-Imperiums und der Weiterverkauf durch die Banken waren ein fast schon idealtypisches Beispiel dafür, wie die „Deutschland AG" – das enge Zusammenspiel zwischen Banken und Industrie – bis in die 1990er-Jahre funktionierte. Durch eine konzertierte Aktion verhinderten die Banken eine mögliche unerwünschte Übernahme. Auch wenn die Deutsche Bank als Konsortialführerin beim Weiterverkauf der Feldmühle Nobel AG erhebliche Provisionseinnahmen erzielte, verzichtete sie doch durch den schnellen Aktienverkauf an ihre Kunden auf eine Maximierung des zu erwartenden Kursgewinns.

Wie ihre Vorgänger ergänzten sich auch die Vorstandssprecher Christians und Guth dank einer funktionierenden regionalen und sachlichen Aufgabenverteilung ausgezeichnet. Charakterlich passten die beiden Vorstandssprecher ebenfalls sehr gut zueinander. Während Christians für das Osteuropageschäft verantwortlich war, hatte sich Guth auf das Nordamerikageschäft spezialisiert. Christians kümmerte sich um die inländischen Anleihen- und Aktienemissionen; Guth war Experte für das internationale Investment Banking. Da Guth von 1959 bis 1962 als Direktor im Internationalen Währungsfond tätig war, fielen Fragen der Währungspolitik in seine Zuständigkeit. Beide Vorstandssprecher vertraten die Deutsche Bank an erster Stelle gegenüber der Öffentlichkeit.

Schon als einfaches Vorstandsmitglied hatte sich Christians für die Anlageberatung der privaten Kunden engagiert. 1968 gründete die Deutsche Bank auf seine Initiative die Deutsche Gesellschaft für Anlageberatung (Degab), die den Kundenberatern der Filialen durch ihre Finanzanalysen Hinweise für mögliche Geld- und Kapitalanlagen in Wertpapieren gab, um Anleger kompetenter und zielgerichteter beraten zu können. Christians, der in der Presse und in der Bank auch als „Mr. Aktie“ bezeichnet wurde, setzte sich engagiert für eine Popularisierung der Aktie als Anlageform ein. Von 1973 bis 1991 amtierte er als Vertreter der Deutschen Bank im „Arbeitskreis zur Förderung der Aktie“, der heute als Deutsches Aktieninstitut firmiert. Zu einer Zeit, in der nur ein sehr geringer Prozentsatz der Bundesbürger Aktien besaß und das Interesse der breiteren Öffentlichkeit an dieser Anlageform gering war, stellte diese Informationsarbeit auch ein Stück Pionierarbeit dar.

In Christians Amtszeit als Vorstandssprecher fielen die Börsengänge angesehener Familienunternehmen, deren Aktien sich zu sicheren und lukrativen Anlagen entwickelten. Ende der 1970er-Jahre überzeugte er den stark expandierenden mittelständischen Computerhersteller Heinz Nixdorf aus seiner Heimatstadt Paderborn, das Eigenkapitalfundament seines Unternehmens durch einen Börsengang auf eine breitere Basis zu stellen. Christians nahm auf Nixdorfs Furcht vor einem Kontrollverlust an fremde Miteigentümer Rücksicht und sicherte ihm vertraglich zu, dass er bis zu 25 Prozent der Aktien innerhalb von zwei Jahren zurückkaufen könne. In den 1980er-Jahren trug Christians die Verantwortung für den Börsengang des Verlagshauses Axel Springer. Wegen der publizistischen Macht dieses Unternehmens waren der Börsengang und vor allem die Platzierung der Aktien ein medienpolitischer Prozess, der viel Fingerspitzengefühl erforderte.

Es war in der Öffentlichkeit kein Geheimnis, dass Christians Mitglied des CDU-Wirtschaftsrates war. In außenpolitischen und außenwirtschaftlichen Fragen war der entspannungsoptimistische Banker keinesfalls immer mit der Spitze der CDU einer Meinung. Während der Partei- und Fraktionsvorsitzende Helmut Kohl im Juli 1982 die weitere Entwicklung der deutsch-sowjetischen Wirtschaftsbeziehungen kritisch beurteilte und Unternehmen im Osthandel zur Zurückhaltung riet, wurde sein Parteifreund Christians mit der Äußerung: „Die Sowjetunion bleibt auch weiterhin für uns ein interessanter und zuverlässiger Partner“ in der Presse zitiert. Angesichts seiner positiven Einstellung zur Ostpolitik der sozialdemokratischen Bundeskanzler Willy Brandt und Helmut Schmidt war das gute Verhältnis zwischen Schmidt und Christians keineswegs erstaunlich. So wie Helmut Schmidt regelmäßig den Rat von Christians und Guth in Wirtschaftsfragen suchte, schätzten die beiden Banker Schmidts Sachkompetenz in Wirtschafts- und Währungsfragen.

Diese Kontakte änderten aber nichts daran, dass Christians eine Einmischung der Politik in das Geschäft der Banken grundsätzlich ablehnte. So zeigte sich Schmidt im Januar 1982 darüber verärgert, dass die Deutsche Bank der Sowjetunion aufgrund ihrer steigenden Auslandsverschuldung einen Kredit über 300 Millionen DM verweigert hatte. Die sowjetische Außenhandelsbank musste 1981/82 größere Devisenguthaben bei westlichen Banken auflösen und erhebliche Goldreserven verkaufen, um ihre Zins- und Tilgungsverpflichtungen zu erfüllen. Angesichts der zunehmenden außenpolitischen Spannungen infolge des nuklearen Wettrüstens der USA und der UdSSR war Helmut Schmidt um politische Schadensbegrenzung und „business as usual“ bemüht. Schmidt erkannte die geschäftlichen Gründe für die Entscheidung der Deutschen Bank an, bat Christians aber, sich öffentlicher Stellungnahmen zu den Geschäften mit der Sowjetunion zunächst zu enthalten. Christians war sich der politischen Sensibilität dieser Geschäfte immer bewusst und bahnte Kredite mit der Sowjetunion und anderen kommunistischen Staaten oft sehr diskret an. So wurde im Juli 1984 der Vertrag über einen Milliardenkredit der Deutschen Bank an die Außenhandelsbank der DDR unter Geheimhaltung im Hause eines Vorstandsmitgliedes unterzeichnet, da die Genehmigung des Bundeskabinetts noch ausstand.

Friedrich Wilhelm Christians war am Rande auch in die Parteispendenaffäre verwickelt, die Mitte der 1980er-Jahre die politische Kultur der Bundesrepublik erschütterte. Bis Anfang der 1980er-Jahre spendete die Deutsche Bank 25 Millionen DM an die gemeinnützige „Staatsbürgerliche Vereinigung“, die in Wirklichkeit eine getarnte Spendensammelstelle für die CDU und die FDP war. 1982 durchsuchten Staatsanwälte die Büroräume der Vorstandsmitglieder, um Beweismittel für den Straftatbestand der Steuerhinterziehung zu finden. Durch eine Selbstanzeige und eine Steuernachzahlung von 13 Millionen DM versuchte der Vorstand der Deutschen Bank staatsanwaltliche Ermittlungen zu verhindern. Journalistische Recherchen ergaben, dass Christians entgegen seinen Beteuerungen über den wirklichen Zweck der „Staatsbürgerlichen Vereinigung“ sehr wohl informiert war. 1980 war er bei einer Besprechung mit dem CDU-Vorsitzenden Helmut Kohl und dem CDU-Schatzmeister Walther Leisler Kiep zugegen, in der über die illegale Finanzierung der CDU via „Staatsbürgerliche Vereinigung“ gesprochen wurde. Nachdem die Staatsanwaltschaft über Jahre nur mit geringer Intensität ermittelt hatte, stellte sie im Dezember 1986 das Ermittlungsverfahren gegen Christians wegen Verjährung der Steuerhinterziehung ein.

In seiner Zeit als Vorstandsmitglied und Vorstandsvorsitzender (1967 bis 1988) erhöhte sich die Bedeutung des internationalen Geschäfts für die Bank erheblich. Die Deutsche Bank eröffnete in vielen Staaten der westlichen Welt Niederlassungen und war an einer zunehmenden Zahl von internationalen Anleihen beteiligt. Als Christians 1988 aus dem Vorstand ausschied und in den Aufsichtsrat wechselte, hatte sich die Deutsche Bank zu einer deutsch-europäischen Bank mit weltweiten Geschäftsbeziehungen entwickelt. Dennoch stieß die Internationalisierung des Bankgeschäfts gerade in den USA an Grenzen. Bis Ende der 1980er-Jahre gründete sie in den Wachstumsmärkten wie Südostasien und in den USA noch keine eigenen Tochterinstitute. Im Rahmen der European Banks International Company (EBIC) war sie aber mit ihren niederländischen, belgischen, britischen, französischen, italienischen und österreichischen Partnerbanken an gemeinsam gegründeten Geschäftsbanken in New York und im asiatisch-pazifischen Raum beteiligt. In Hongkong baute sie 1985 eine Investmentbank auf, die 1988 ohne Einschränkungen auch in Japan zugelassen wurde.

Im Unterschied zu ihren Nachfolgern an der Spitze der Bank trieben Christians und Guth den Prozess des globalisierten Bankgeschäfts sehr zurückhaltend voran. Das amerikanische Bankenrecht zwang sie zur Zurückhaltung: Eine ausländische Bank durfte entweder nur eine klassische Geschäftsbank für das reguläre Zahlungs- und Kreditgeschäft oder eine Investmentbank für den Wertpapierhandel gründen. Da die Deutsche Bank in den USA vor allem die Tochtergesellschaften deutscher Unternehmen mit Krediten versorgte, lag der Kauf einer amerikanischen Investmentbank noch außerhalb des Möglichen und Vorstellbaren. Auch in der Europäischen Gemeinschaft gab es noch keinen vollständig offenen Binnenmarkt für Banken; in einigen EG-Staaten durften die Niederlassungen ausländischer Banken nur eingeschränkt Geschäfte mit Privatkunden und Firmenkunden betreiben. 1986 ergab sich die Möglichkeit, die italienische Banca d'America e d'Italia von ihrer angeschlagenen amerikanischen Muttergesellschaft Bank of America zu kaufen. Der Deutschen Bank gelang damit der Einstieg in das Geschäft mit Privatkunden und mit mittelständischen Unternehmern in Italien. 1988 erwarb die Deutsche Bank eine Kapitalmehrheit am traditionsreichen Amsterdamer Bankhaus H. Albert de Bary, mit dem bereits seit langem enge geschäftliche Beziehungen bestanden. Der Versuch, eine Mehrheit an der spanischen Banco Comercial Transatlántico zu erwerben, scheiterte noch am Widerspruch der spanischen Nationalbank.

Friedrich Wilhelm Christians erkannte die Chancen der zunehmenden Globalisierung, aber auch die Risiken, die sich aus den wachsenden Interdependenzen mit anderen Geld- und Kapitalmärkten ergaben. Im September 1987 brachen die Kurse an der New Yorker Wall Street und an europäischen Börsen stärker ein als in der Weltwirtschaftskrise, ohne dass es zu einer realwirtschaftlichen Krise kam. In einem Interview mit dem „Spiegel" erklärte Christians: „Wir haben hier zum ersten Mal im großen Maßstab die negativen Folgen der Liberalisierung, Globalisierung und Computerisierung der Finanzmärkte erlebt." Er warnte am Beispiel der amerikanischen Finanzpolitik davor, welche globalen Erschütterungen politische Fehler der Weltwirtschaftsmacht USA auslösen können.

1987 wurde Christians von einem bankenpolitischen Vorstoß des zweiten Vorstandssprechers Alfred Herrhausen überrascht. Ohne Rücksprache mit dem Vorstand und mit den Vorstandsvorsitzenden der anderen deutschen Großbanken plädierte Herrhausen in einer Aufsehen erregenden Rede auf der Jahrestagung des Internationalen Währungsfonds in Washington für einen teilweisen Schuldenerlass für die ärmsten Entwicklungsländer. Gemeinsam mit den Vorstandsvorsitzenden der Dresdner Bank und der Commerzbank erklärte Christians, dass die deutschen Banken einen solchen Schuldenerlass nicht akzeptieren könnten. Sein verbales Veto bedeutete jedoch keine grundsätzliche Opposition gegen den Herrhausen-Vorschlag – schließlich hatte die Deutsche Bank einen erheblichen Teil ihrer Kredite an Entwicklungsländer in Afrika längst abgeschrieben und hätte daher keineswegs auf lukrative Forderungen verzichten müssen. Christians forderte Herrhausen mit seiner Äußerung vielmehr auf, in einer geschäftspolitisch so wichtigen Frage zunächst wie üblich den Konsens mit den übrigen Großbanken herzustellen. Tatsächlich hatten sich in anderen Fällen überschuldeter Staaten wie Polen und Mexiko die drei großen Geschäftsbanken zunächst immer untereinander abgestimmt, bevor sie mit einer Position an die Öffentlichkeit traten.

Christians repräsentierte das Konzept der „Deutschland AG“ mit ihrer engen Kooperation zwischen Banken, Industrie und Staat zur Stabilisierung der deutschen Unternehmenslandschaft idealtypisch. Der „stakeholder value“ der Kunden, Mitarbeiter und der öffentlichen Hand besaß nach Christians Verständnis für das unternehmerische Handeln die gleiche Bedeutung wie der „shareholder value“ der Kapitaleigner. Damit unterschied er sich deutlich von den folgenden Generationen deutscher Banker, die sich viel stärker an britischen und amerikanischen Vorbildern orientierten. Christians war der letzte Manager an der Spitze der Deutschen Bank, der sich primär als ein deutscher Banker in Europa und nicht als Vertreter einer globalisierten Bankengruppe verstand. In seinen letzten Lebensjahren distanzierte er sich in Interviews von der ausschließlichen Orientierung am „shareholder value“, das mittlerweile auch in den deutschen Großbanken dominierte.

Den Konventionen der Deutschen Bank entsprechend schied Christians im Mai 1988 nach seinem 66. Geburtstag aus dem Vorstand aus. Von 1988 bis 1990 amtierte er zunächst als einfaches Mitglied des Aufsichtsrats, bis er 1990 den Vorsitz übernahm. Als Aufsichtsratsvorsitzender begleitete er noch die Übernahme zahlreicher Staatsbankfilialen auf dem Gebiet der DDR, in denen nach der Währungsunion die ostdeutschen Filialen der Deutschen Bank eingerichtet wurden. 1997 schied Christians im Alter von 75 Jahren aus dem Aufsichtsrat aus und starb nach langer und schwerer Krankheit am 24. Mai 2004 in Düsseldorf.

Ungedruckte Quellen

Uhle, Wilhelm: In Memoriam Dr. F. Wilhelm Christians, o. O., o. D. [2004].

Eigene Schriften (Auswahl)

Christians, Friedrich Wilhelm: Unternehmer und Gesellschaft, Köln 1982 (Gesellschaftspolitische Schriftenreihe des AGV Metall Köln, Bd. 24).
Ders.: Deo et Patriae, in: Vereinigung ehemaliger Theodorianer, Jahresbericht 1988, S. 33–36.
Ders.: Wege nach Russland. Bankier im Spannungsfeld zwischen Ost und West, Hamburg 1989.
Ders.: Die Wirtschaftsreform in Russland und ihre Unterstützung im Westen, in: Europa-Archiv 48 (1993), S. 595–604.

Literatur

Blohm, Bernhard (Hg.): Borschtsch – Banken – Beuys. Der erste deutsche Investmentbanker im Gespräch mit jungen Journalisten, Frankfurt a. M. 2003.
Büschgen, Hans Egon: Die Deutsche Bank von 1957 bis zur Gegenwart. Aufstieg zum internationalen Finanzdienstleistungskonzern, in: Lothar Gall u. a. (Hg.): Die Deutsche Bank 1870–1995, München 1995, S. 579–877.
Dietlmaier, Peter: Über Friedrich Wilhelm Christians, Düsseldorf 1997.
Hüser, Karl (Hg.): Paderborn. Geschichte der Stadt in ihrer Region, Bd. 3: Das 19. und 20. Jahrhundert, Paderborn 1999.
Kobrak, Christopher: Die Deutsche Bank und die USA. Geschäft und Politik von 1870 bis heute, München 2008.
Lebahn, Axel: F. Wilhelm Christians [1922–2004], in: Hans Pohl (Hg.): Deutsche Bankiers des 20. Jahrhunderts, Stuttgart 2008, S. 53–62.
Pohl, Manfred: Geschäft und Politik. Deutsch-russisch/sowjetische Wirtschaftsbeziehungen 1850–1988, Mainz 1988.
Weber, Franz-Josef: Zum 75. Geburtstag von Dr. F. Wilhelm Christians, in: Vereinigung ehemaliger Theodorianer, Jahresbericht 1997, S. 59–61.
Ders.: Dr. F. Wilhelm Christians, Bankenchef und Finanzdiplomat, in: Vereinigung ehemaliger Theodorianer, Jahresbericht 2003, S. 61–63.

Der Spiegel, Ausgaben 11/1974, 12/1975, 16/1975, 47/1975, 42/1976, 33/1977, 14/1979, 1/1982, 4/1982, 29/1982, 17/1983, 21/1983, 47/1983, 7/1985, 18/1985, 3/1986, 18/1986, 29/1986, 50/1986, 41/1987, 44/1987, 20/1988.

Register der Personen, Orte und Territorien

Die Autoren des Bandes

Dr. Wolfgang Bockhorst, geboren 1949 in Essen (Oldenburg). Studium der Geschichte und Germanistik in Münster, 1975 erstes Staatsexamen. Wissenschaftlicher Mitarbeiter im Institut für vergleichende Städtegeschichte, 1978 bis 1980 Referendariat für den höheren Archivdienst, 1980 Promotion in Münster mit einer Arbeit über die Geschichte des Niederstiftes Münster bis 1400. Von 1980 bis 2014 im Westfälischen Archivamt (heute LWL-Archivamt für Westfalen) tätig, zuletzt als Landesarchivdirektor. Forschungsschwerpunkte: Westfälische Landes- und Stadtgeschichte.

Dr. Wolfgang Delseit, geboren 1960 in Köln. Studium der Mittelalterlichen und Neueren Geschichte, Neueren Deutschen Philologie und Anglo-Amerikanischen Geschichte in Düsseldorf und Köln, 1992 Magister, 1995 Promotion im Fach Neuere Deutsche Philologie mit einer Arbeit über den Briefwechsel Josef Wincklers. Von 1985 bis 2007 Geschäftsführer der Nyland-Stiftung, seit 1990 als freier Lektor (u. a.Zeitschrift für interkulturelle Germanistik, Luxemburg), Redakteur und Setzer; zahlreiche wissenschaftliche Veröffentlichungen und Rezension. Forschungsschwerpunkte: Moderne im Rheinland, Josef Winckler und die „Werkleute auf Haus Nyland“, Antisemitismusforschung, NS-Geschichte, Filmgeschichte u. a.

Dr. Gerd Dethlefs, geboren 1958 in Flensburg. Studium der Geschichte, Kunstgeschichte und Romanistik in Münster, 1985 Magister. Seit 1979 Hilfskraft am Stadtmuseum Münster, dort 1985/86 Volontariat, ab 1987 wissenschaftlicher Mitarbeiter als Historiker und Numismatiker. Seit 1996 Referent für Landesgeschichte am Westfälischen Landesmuseum für Kunst und Kulturgeschichte (heute LWL-Museum für Kunst und Kultur). 1998 Promotion in Münster mit einer Arbeit zur Kunst und Literatur während der Verhandlungen zum Westfälischen Frieden. Forschungsschwerpunkte: Westfälische Landesgeschichte, Numismatik.

Prof. Dr. Karl-Joseph Hummel, geboren 1950 in Augsburg. Studium der Geschichte, Germanistik und Politischen Wissenschaften in München und an der University of Sussex. 1976 bis 1978 Referendariat, Pädagogische Prüfung für das Lehramt an Gymnasien. 1979 bis 1984 wissenschaftlicher Mitarbeiter am Institut für Neuere Geschichte (Lehrstuhl Thomas Nipperdey) der Universität München, 1983 Promotion mit einer Arbeit über München in der Revolution 1848/1849. Ab 1984 Stellvertretender Leiter des Instituts für Begabtenförderung und Leiter der Journalistischen Nachwuchsförderung der Konrad-Adenauer-Stiftung in Sankt Augustin. Seit 1993 Direktor der Forschungsstelle der Kommission für Zeitgeschichte in Bonn, seit 2011 Honorarprofessor für Kirchengeschichte an der Universität Erfurt.

Dr. Friedrich Gerhard Hohmann, geboren 1928 in Münster. 1947 Volontariat beim Stadtarchiv Soest, 1948 bis 1954 Studium Geschichte und Deutsch in Göttingen und Münster, 1954 bis 1956 Studienreferendar in Arnsberg und Bielefeld, 1956 Promotion in Münster mit einer Arbeit über den Dominikaner Tholomeus von Lucca. 1956 bis 1992 Lehrer (seit 1970 Studiendirektor) am Gymnasium Theodorianum in Paderborn. 1975 bis 2003 Direktor des Vereins für Geschichte und Altertumskunde Westfalens, Abt. Paderborn, Herausgeber der Reihe „Studien und Quellen zur westfälischen Geschichte". 2000 bis 2015 für die Historische Kommission für Westfalen Herausgeber der „Westfälischen Lebensbilder". Forschungsschwerpunkte: Westfälische Geschichte insbesondere des Paderborner Raumes.

Apl. Prof. Dr. Christopher Kopper, geboren 1962 in Bergisch Gladbach. Studium Geschichte, Volkswirtschaft und Politologie in Frankfurt am Main und Bochum. 1992 Promotion in Bochum mit einer Arbeit über die Bankenpolitik im „Dritten Reich". 1991 bis 1998 wissenschaftlicher Assistent an der Universität Göttingen, 1995 bis 1998 Mitarbeiter am Forschungsprojekt „Die Eisenbahn in Deutschland 1918–1993", 1998 bis 2003 DAAD Professor of German Studies an den Universitäten Minneapolis und Pittsburgh (USA). 2005 Habilitation an der Universität Bielefeld mit einer Arbeit über die Deutsche Bundesbahn und die Verkehrspolitik der Nachkriegszeit. 2006 und 2008 Lehrbeauftragter der West Virginia University (USA), 2007 bis 2012 Lehrstuhlvertretungen an den Universitäten Paderborn, Bielefeld, Münster und Siegen. 2012 Ernennung zum außerplanmäßigen Professor an der Universität Bielefeld, 2012 Geschäftsführer des Dokumentationszentrums Wirtschaftregion OWL. Forschungsschwerpunkte: Wirtschaftsgeschichte, Unternehmensgeschichte und Sozialgeschichte.

Dr. Daniel Schmidt, geboren 1977 in Dortmund. Studium der Geschichte, Politikwissenschaft und Philosophie in Münster, 2003 Magister, 2007 Promotion mit einer Arbeit über die Schutzpolizei im Ruhrgebiet in der Zwischenkriegszeit. Von 2007 bis 2011 wissenschaftlicher Mitarbeiter am Historischen Seminar der Universität Münster, seit 2012 wissenschaftlicher Mitarbeiter am Institut für Stadtgeschichte Gelsenkirchen, Lehrbeauftragter an der Universität Münster. Forschungsschwerpunkte: Geschichte des Ersten Weltkrieges, der Weimarer Republik und des Nationalsozialismus, Geschichte des Ruhrgebietes.

Hergard Schwarte, geboren 1938 in Kosel, Kreis Freystadt (Niederschlesien). Nach dem Abitur in Hattingen Studium der Geschichte, Germanistik und Christlichen Sozialwissenschaften in Münster und Wien. 1966 mit dem Referendariat Eintritt in den Schuldienst. Von 1966 bis 1993 Lehrerin für Geschichte, Deutsch und Politik, zuletzt als Oberstudienrätin, an der Marienschule (bischöfliches Mädchengymnasium) in Münster. Verschiedene Veröffentlichungen im Bereich der katholischen Bildungsarbeit. Seit Mitte der 1990er-Jahre ständige Domführerin in Münster im Auftrag der Domverwaltung, langjährige Sprecherin in der Westdeutschen Blindenhörbücherei.

Dr. Gunnar Teske, geboren 1959 in Memmingen/Allgäu. Studium Geschichte und Latein in Münster, 1985 erstes Staatsexamen. 1985 bis 1989 wissenschaftlicher Mitarbeiter bei der Gallia pontificia in Paris, 1991 Promotion in Münster mit einer Arbeit über Briefsammlungen des 12. Jahrhunderts in der Pariser Abtei St. Viktor. 1991 bis 1993 Archivreferendariat in Münster und Marburg, ab 1993 Projektstelle im Westfälischen Archivamt zur Vorbereitung „350 Jahre Westfälischer Friede", seit 1998 Referent im Westfälischen Archivamt (heute LWL-Archivamt für Westfalen). Forschungsschwerpunkte: Westfälische Landesgeschichte.

Dr. Andrea Teuscher, geboren in Köln. Studium Kunstgeschichte, Klassische Archäologie, Mittelalterliche und Neuere Geschichte in Freiburg i. Br., München und Bamberg. Dissertationsstipendium des DHI Paris, 1987 Promotion mit einer Arbeit über die Entwicklung des Memorialcharakters bei figürlichen Grabmälern des 12./13. Jahrhunderts in Frankreich. 1988 Forschungsaufenthalt am Kunsthistorischen Institut in Florenz, 1990/91 Museumsvolontariat in München, anschließend verschiedene Buch- und Projektaufträge, 1994 bis 1996 Kunstsammlungen Museen Augsburg, 1996 bis 2000 Corpus der Italienischen Zeichnungen München. Tätigkeit als Autorin, Studienreiseleiterin und freiberufliche Kunstvermittlerin; Gründungs- und Vorstandsmitglied des Verbandes BerufKunstvermittlung e.V. in München. Seit 2013 als wissenschaftliche Mitarbeiterin am Bayerischen Nationalmuseum München, Bereich Publikationen.

Verzeichnis der in den biographischen Werken der Historischen Kommission für Westfalen behandelten Personen

Verwendete Abkürzungen

WB	Veröffentlichungen der Historischen Kommission für Westfalen XVIII, Westfälische Biographien (Monographien)
WL	Veröffentlichungen der Historischen Kommission für Westfalen XVII A, Westfälische Lebensbilder (Aufsätze)
RWWB	Veröffentlichungen der Historischen Kommission für Westfalen XVII B, Rheinisch-Westfälische Wirtschaftsbiographien
KB	Kurzbiographie
NF	Veröffentlichungen der Historischen Kommission für Westfalen, Neue Folge (Monographien und Aufsätze)

Name und Vorname des Dargestellten	*Autor des Beitrags*	*Reihe/ Band*	*Erscheinungsjahr*
Achenbach, Heinrich von	Hans Kruse	WL 3,1	1932
Achtermann, Wilhelm	Franz Hilff	WL 4	1933
Ackermann, Bernhard (KB)	Barbara Gerstein; Ulrich S. Soénius	RWWB 15	1994
Ackermann, Walter Erich (KB)	Barbara Gerstein; Ulrich S. Soénius	RWWB 15	1994
Adams, Wilhelm (KB)	Barbara Gerstein; Ulrich S. Soénius	RWWB 15	1994
Aders, Johann	Jacob Rudolf Boch	RWWB 18	2004
Adolf II. *siehe Schauenburg*			
Agnes v. Limburg-Stirum *siehe Limburg-Stirum*			
Ahaus, Heinrich von	Kaspar Elm	WL 15	1990
Aldegrever, Heinrich	Max Geisberg	WL 3,2	1932
Alexander II. von Velen *siehe Velen*			
Althoff, Erich (KB)	Barbara Gerstein; Ulrich S. Soénius	RWWB 15	1994
Althusius, Johannes	Ernst v. Hippel	WL 4	1933
Andreae, Christoph d. Ä	Guntram Philipp	RWWB 12	1986
Andreae, Christoph d. J.	Guntram Philipp	RWWB 12	1986
Anneke, Mathilde Franziska	Wilhelm Schulte	WL 8	1959

Name und Vorname des Dargestellten	*Autor des Beitrags*	*Reihe/ Band*	*Erscheinungsjahr*
Apelt, Franz Kurt (KB)	Barbara Gerstein; Ulrich S. Soénius	RWWB 15	1994
Armin Hans	Erich Stier	WL 5,1	1935
Arndts, Friedrich Wilhelm (KB)	Barbara Gerstein; Ulrich S. Soénius	RWWB 15	1994
Arnecke, Albert Christian (KB)	Barbara Gerstein; Ulrich S. Soénius	RWWB 15	1994
Arnhold, Carl	Martin Fiedler	RWWB 17	1999
Assmann, Theodor Julius (KB)	Barbara Gerstein; Ulrich S. Soénius	RWWB 15	1994
Aulike, Matthias	Bärbel Holtz	WL 18	2009
Baare, Louis	Paul Küppers	RWWB 1	1931
Bachem, Josef	Friedrich Zunkel	RWWB 13	1986
Bäumer, Gertrud	Barbara Greven-Aschoff	WL 12	1979
Bagel, August d. Ä.	Ilse Barleben; Josef Wilden	RWWB 6	1954
Barnbeck, Louis (KB)	Barbara Gerstein; Ulrich S. Soénius	RWWB 15	1994
Baus, Johann Baptist (KB)	Barbara Gerstein; Ulrich S. Soénius	RWWB 15	1994
Becker, Johan (Jans)	Volker Innemann	RWWB 16	1996
Becker, Johann Wilhelm (KB)	Barbara Gerstein; Ulrich S. Soénius	RWWB 15	1994
Beckhaus, Konrad	Wilhelm Burgbacher	WL 3,3	1933
Beckmann, N.N. (KB)	Barbara Gerstein; Ulrich S. Soénius	RWWB 15	1994
Bendix, Paul u. Familie	Toni Pierenkemper	RWWB 16	1996
Benno II., Bf. v. Osnabrück	Gerda Krüger	WL 4	1933
Bentheim-Steinfurt, Gf. Arnold v.	Rudolf Rübel	WL 9	1962
Berg, Carl	Alfred Colsmann	RWWB 2	1934
Bernhard II. zur Lippe *siehe Lippe*			
Bernhardi, Arnols W. E.	Barbara Gerstein	RWWB 15	1994
Bertelsmann, Conrad u. Gustav	Friedrich W. Bratvogel	RWWB 14	1992
Bertram von Minden	Robert Nissen	WL 5,2	1937
Bessel, Friedrich Wilhelm	Martin Lindow	WL 5,2	1937
Besselich, Nikolaus (KB)	Barbara Gerstein; Ulrich S. Soénius	RWWB 15	1994
Bettgenhaeuser, Richard (KB)	Barbara Gerstein; Ulrich S. Soénius	RWWB 15	1994
Beukenberg, Wilhelm	Lutz Hatzfeldt	RWWB 10	1974
Beumer, Wilhelm	Max Schlenker	RWWB 1	1932
Beyer, Jakob Friedrich W. (KB)	Barbara Gerstein; Ulrich S. Soénius	RWWB 15	1994
Biederlack, Franz Anton u. Ignaz Hermann	Volker Innemann	RWWB 16	1996

Name und Vorname des Dargestellten	*Autor des Beitrags*	*Reihe/ Band*	*Erschei-nungsjahr*
Biederlack, Johann Christof	Ernst Hövel	RWWB 4	1941
Biermer, Carl Magnus (KB)	Barbara Gerstein; Ulrich S. Soénius	RWWB 15	1994
Blanke, Gustav (KB)	Barbara Gerstein; Ulrich S. Soénius	RWWB 15	1994
Bleibtreu, Familie	Wilhelm Serlo	RWWB 3	1936
Bludau, Augustinus	Max Meinertz	WL 2	1931
Blücher, Gerhard Lebrecht von	Walter Menn	WL 2	1931
Bodelschwingh, Friedrich v. d. Ä.	Wilhelm Brandt	WL 2	1931
Bodelschwingh, Friedrich v. d. Ä.	Wilhelm Brandt	RWWB 1	1931
Bodelschwingh, Friedrich v. d. J.	Gerhard Ruhbach	WL 16	2000
Böcking, Adolf	Hermann van Ham	RWWB 4	1941
Böcking, Rudolf	Hermann van Ham	RWWB 1	1931
Böker, Moritz	Will Rinne	RWWB 6	1954
Böninger, Carl	Walter Ring	RWWB 2	1937
Böninger, Conrad	Walter Ring	RWWB 2	1937
Böninger, Johann Gerhard	Walter Ring	RWWB 2	1937
Borbet, Walter	Wolfhard Weber	RWWB 17	1999
Borght, Richard van der	Friedrich Wilhelm Henning	RWWB 15	1994
Boshammer, Carl (KB)	Barbara Gerstein; Ulrich S. Soénius	RWWB 15	1994
Bozi, Carl, Gustav und Michael	Heidrun Homberg; Josef Mooser	RWWB 14	1992
Brabender, Johannes	Géza Jászai	WL 16	2000
Brandi, Karl	Wilhelm Berges	WL 11	1975
Brandt, Otto	Clemens v. Looz-Corswarem	RWWB 15	1994
Brassert, Familie	Walter Serlo	RWWB 3	1936
Brassert, Hermann	Gerhardt Boldt	RWWB 9	1967
Bredt, Rudolph	Kornelia Rennert	RWWB 17	1999
Breitenbach, Paul von	Arthur Adam	RWWB 2	1934
Bremmer, Xaver Johann W. (KB)	Barbara Gerstein; Ulrich S. Soénius	RWWB 15	1994
Breuker, Ludwig (KB)	Barbara Gerstein; Ulrich S. Soénius	RWWB 15	1994
Brinkhaus, Hermann Joseph	Paul Leidinger	RWWB 16	1996
Brocke, H. J. (KB)	Barbara Gerstein; Ulrich S. Soénius	RWWB 15	1994
Brockhaus, Friedrich Arnold	Gertrud Milkereit	RWWB 11	1983
Brökelmann, Friedrich Wilhelm	Barbara Gerstein	RWWB 11	1983
Broustin, Ludwig August (KB)	Barbara Gerstein; Ulrich S. Soénius	RWWB 15	1994
Brüggemann, Karl Heinrich	Karl Buchheim	WL 7	1959
Brüning, Heinrich	Rudolf Morsey	WL 11	1975
Brüninghaus, Johann Caspar	Gunnar Teske	RWWB 18	2004

Name und Vorname des Dargestellten	*Autor des Beitrags*	*Reihe/ Band*	*Erscheinungsjahr*
Brüninghaus, Peter	Gunnar Teske	RWWB 18	2004
Buddeus, Karl Robert A. (KB)	Barbara Gerstein; Ulrich S. Soénius	RWWB 15	1994
Buff, Richard (KB)	Barbara Gerstein; Ulrich S. Soénius	RWWB 15	1994
Busch, Hermannus	Aloys Bömer	WL 1	1930
Calow, Theodor	Friedrich W. Bratvogel	RWWB 14	1992
Camphausen, Ludolf	Kurt Loose	RWWB 2	1937
Cappenberg, Gottfried von	Herbert Grundmann	WL 8	1959
Christ, Adolf (KB)	Barbara Gerstein; Ulrich S. Soénius	RWWB 15	1994
Christians, Friedrich Wilhelm	Christopher Kopper	WL 19 (NF 16)	2015
Cincinnius, Johannes	Aloys Bömer	WL 5,2	1937
Clouth, Franz	Horst A. Wessel	RWWB 13	1986
Coelde, Dietrich	Franz Doelle	WL 2	1931
Cohen, Cosmann David u. Nachkommen	Eduard Westerhoff	RWWB 16	1996
Corfey, Lambert von	Helmut Lahrkamp	WL 14	1987
Cornelius, Heinrich	Barbara Gerstein	RWWB 15	1994
Correns, Edmund (KB)	Barbara Gerstein; Ulrich S. Soénius	RWWB 15	1994
Corvinus, Antonius	Robert Stupperich	WL 7	1959
Coutelle, Karl Anton (KB)	Barbara Gerstein; Ulrich S. Soénius	RWWB 15	1994
Cramer, Josef Anton	Volker Innemann	RWWB 16	1996
Cremer, Hermann	Robert Stupperich	WL 14	1987
Cremer, Josef	Hans Vollmerhaus	RWWB 9	1967
Crone, Familie	Walter Serlo	RWWB 3	1936
Croon, Quirin	Kurt Apelt	RWWB 4	1941
Crüwell, Arnold	Norbert Sarhage	RWWB 14	1992
Curtius, Friedrich Wilhelm	Erich Schwoerbel	RWWB 9	1967
Dahn, Friedrich (KB)	Barbara Gerstein; Ulrich S. Soénius	RWWB 15	1994
Danckelmann, Eberhard	Johannes Schulze	WL 4	1933
Davidis, Henriette	Willy Timm	WL 12	1979
De Bey, N.N. (KB)	Barbara Gerstein; Ulrich S. Soénius	RWWB 15	1994
Dechen, Familie von	Walter Serlo	RWWB 3	1936
Decken, Christian Heinrich	Barbara Gerstein; Ulrich S. Soénius	RWWB 15	1994
Decken, Gustav (KB)	Barbara Gerstein; Ulrich S. Soénius	RWWB 15	1994
Delden, Mathieu van	Gerhard Deter	RWWB 16	1996
Delius, Carl Albrecht	Karl Ditt	RWWB 14	1992
Delius, Hermann Wilhelm	Otto Sartorius	RWWB 1	1931

Name und Vorname des Dargestellten	*Autor des Beitrags*	*Reihe/ Band*	*Erscheinungsjahr*
Delius, Hermann Wilhelm	Karl Ditt	RWWB 14	1992
Delius, Rudolph	Axel Flügel	RWWB 14	1992
Dieckmann, Reinhold (KB)	Barbara Gerstein; Ulrich S. Soénius	RWWB 15	1994
Diepenbrock, Melchior von	Hermann Beckmann	WL 1	1930
Diesterweg, Adolph Hugo	Gotthard Bloth	WL 8	1959
Dihm, Friedrich Hugo (KB)	Barbara Gerstein; Ulrich S. Soénius	RWWB 15	1994
Dinnendahl, Franz	Conrad Matschoß	RWWB 1	1932
Dirks, Walter	Ulrich Bröckling	WL 17	2005
Dohm, Christian Wilhelm von	Max Braubach	WL 5,2	1937
Donders, Adolf	Hergard Schwarte	WL 19 (NF 16)	2015
Dotzler, Johann Baptist (KB)	Barbara Gerstein; Ulrich S. Soénius	RWWB 15	1994
Drake, Heinrich	Martin Sagebiel	WL 11	1975
Dransfeld, Hedwig	Marianne Pünder	WL 12	1979
Drewen, Franz Carl (KB)	Barbara Gerstein; Ulrich S. Soénius	RWWB 15	1994
Driessen, Paul u. Familie	Lydia Maria Merkel	RWWB 16	1996
Droege, August (KB)	Barbara Gerstein; Ulrich S. Soénius	RWWB 15	1994
Droop, Theodor	Dagmar Kerschbaumer; Johannes Großewinkelmann	RWWB 14	1992
Droop, Theodor (KB)	Barbara Gerstein; Ulrich S. Soénius	RWWB 15	1994
Droste zu Vischering, Clemens August	Eduard Hegel	WL 10	1970
Droste zu Vischering, Maria	Dietrich Graf v. Merveldt	WL 12	1979
Droste-Hülshoff, Annette von	Julius Schwering	WL 1	1930
Druffel, Johann Gerhard von	Alfred Hartlieb von Wallthor	WL 8	1959
Dücker, Franz Fritz von	Wilhelm von Dücker	RWWB 2	1937
Dürrkopp, Nikolaus	Andreas Beaugrand; Regine Kroll	RWWB 14	1992
Duisberg, Carl	Otto Meesmann	RWWB 4	1941
Ehrhard, Heinrich August	Johannes Bauermann	WL 4	1933
Ehrhardt, Heinrich	Josef Wilden	RWWB 4	1941
Elisabeth von der Pfalz	Rainer Pape	WL 12	1979
Elisabeth von der Pfalz *siehe Pfalz, Elisabeth von der*			
Elverfeldt, Freiherren von	Walter Serlo	RWWB 3	1936
Elverfeldt, Levin	Horst Conrad	RWWB 18	2004
Elverfeldt, Ludwig	Horst Conrad	RWWB 18	2004
Engelhardt, Familie	Walter Serlo	RWWB 3	1936
Engelhardt, Franz Wilhelm Norbert	Friedrich zur Bonsen	WL 3,3	1933

Name und Vorname des Dargestellten	*Autor des Beitrags*	*Reihe/ Band*	*Erscheinungsjahr*
Funcke, Wilhelm	Ralf Stremmel	RWWB 18	2004
Galen, Christoph Bernard v.	Wilhelm Kohl	WL 7	1959
		WB 3	1964
Galen, Clemens August v.	Erwin Iserloh	WL 14	1987
Gall, Ludwig	Hans Stein	RWWB 1	1932
Gallitzin, Adelheid Amalia von	Waltraut Loos	WL 12	1979
Gassel (Niedergassel), Heinrich	Gertrud Angermann	RWWB 14	1992
Geisberg, Max	Paul Pieper	WL 14	1987
Gerhard, Familie	Walter Serlo	RWWB 3	1936
Gerhardi, Wilhelm	Eckhard Trox	RWWB 18	2004
Gerlach, Gustav (KB)	Barbara Gerstein; Ulrich S. Soénius	RWWB 15	1994
Gerling, Robert	Peter Koch	RWWB 9	1967
Gerstein, Karl	Alfred zur Nieden	RWWB 1	1932
Gerstein, Maximilian August Benjamin	Barbara Gerstein	RWWB 15	1994
Gertz, Eugen Oskar F. A.	Barbara Gerstein; Ulrich S. Soénius	RWWB 15	1994
Gieseler, Karl	Robert Stupperich	WL 10	1970
Gigas (= Riese), Johann	Joseph Prinz	WL 8	1959
Glasmeier, Heinrich	Norbert Reimann	WL 17	2005
Goedeking, Christian Friedrich	Arthur Suhle	WL 9	1962
Göring, Peter	Gertrud Mikereit	RWWB 10	1974
Götte, Johann Heinrich (KB)	Barbara Gerstein; Ulrich S. Soénius	RWWB 15	1994
Goldenberg, Bernhard	Helmut Maier	RWWB 17	1999
Goldschmidt, Hans	Ludwig Schertel	RWWB 8	1962
Goldschmidt, Karl	Ludwig Schertel	RWWB 8	1962
Grabbe, Christian Dietrich	Alfred Bergmann	WL 9	1962
Greul, Gustav (KB)	Barbara Gerstein; Ulrich S. Soénius	RWWB 15	1994
Greve, Maximilian (KB)	Barbara Gerstein; Ulrich S. Soénius	RWWB 15	1994
Grillo, Friedrich	Walther Däbritz	RWWB 2	1934
Grimm, Julius Otto	Paul Winter	WL 1	1930
Grimme, Friedrich Wilhelm	Julius Schwering	WL 3,2	1932
Gröninger, Johann Mauritz	Géza Jászai	WL 15	1990
Gronowski, Johannes	Detlef Grothmann	WL 17	2005
Gropper, Johann	Hermann Beckmann	WL 4	1933
Grosse, N.N. (KB)	Barbara Gerstein; Ulrich S. Soénius	RWWB 15	1994
Gruner, Justus	Willy Real	WL 5,2	1937
Grunow, Richard F. F. (KB)	Barbara Gerstein; Ulrich S. Soénius	RWWB 15	1994
Güldenpfennig, Arnold	Norbert Aleweld	WL 15	1990

Name und Vorname des Dargestellten	*Autor des Beitrags*	*Reihe/ Band*	*Erscheinungsjahr*
Gueth, Peter (KB)	Barbara Gerstein; Ulrich S. Soénius	RWWB 15	1994
Guilleaume, Familie	Horst A. Wessel	RWWB 13	1986
Guilleaume, Franz Carl	Franz Brill	RWWB 7	1960
Guilleaume, Franz von	Friedrich Keinemann	WL 15	1990
Gutjahr, A. (KB)	Barbara Gerstein; Ulrich S. Soénius	RWWB 15	1994
Habsburg *s. Max Franz v. Österreich*			
Hagen, Louis	Hermann Kellenbenz	RWWB 10	1974
Hages, Johann Ferdinand (KB)	Barbara Gerstein; Ulrich S. Soénius	RWWB 15	1994
Haindorf, Alexander	Hans-Joachim Schoeps	WL 11	1975
Hamann, Johann Georg	Julius Smend	WL 1	1930
Hamelmann, Hermann	Klemens Löffler	WL 4	1933
Hammacher, Friedrich	Alex Bein	RWWB 2	1934
Haniel, Familie	Walter Serlo	RWWB 3	1936
Hansemann, David	Walther Däbritz	RWWB 7	1960
Hansemann, David (KB)	Barbara Gerstein; Ulrich S. Soénius	RWWB 15	1994
Hanxleden, Albert (KB)	Barbara Gerstein; Ulrich S. Soénius	RWWB 15	1994
Hardt, Arnold Wilhelm	Christian Hillen	RWWB 18	2004
Harkort, Friedrich	Aloys Meister	RWWB 1	1931
Harkort, Johann Caspar IV.	Stefan Gorißen	RWWB 18	2004
Harsewinkel, Florenz Karl Joseph	Franz Flaskamp	WL 3,3	1933
Hasenclever, Josua	Adolf Hasenclever	RWWB 1	1932
Haßkarl, Justus Karl (KB)	Barbara Gerstein; Ulrich S. Soénius	RWWB 15	1994
Haßlacher, Familie	Walter Serlo	RWWB 3	1936
Hart, Heinrich	Lars-Broder Keil	WL 18	2009
Hart, Julius	Lars-Broder Keil	WL 18	2009
Havergo, Johan Adolph	Axel Flügel	RWWB 14	1992
Haxthausen, August von	Karl Schulte-Kemminghausen	WL 1	1930
Hecker, Carl	Uwe Eckhardt	RWWB 18	2004
Hecker, Johann Julius	Hugo Gotthard Bloth	WL 10	1970
Heerhaber, Otto (KB)	Barbara Gerstein; Ulrich S. Soénius	RWWB 15	1994
Hegius, Alexander	Aloys Bömer	WL 3,3	1933
Heilenbeck, Moritz	Tanja Bessler-Worbs	RWWB 18	2004
Heinrich, Rudolph (KB)	Barbara Gerstein; Ulrich S. Soénius	RWWB 15	1994
Heintzmann, Familie	Walter Serlo	RWWB 3	1936
Heintzmann, Heinrich	Karl Mews	RWWB 1	1931
Heis, Eduard	Johannes Plaßmann	WL 1	1930

Name und Vorname des Dargestellten	*Autor des Beitrags*	*Reihe/ Band*	*Erscheinungsjahr*
Heisterkamp, Johann F. (KB)	Barbara Gerstein; Ulrich S. Soénius	RWWB 15	1994
Helle, Friedrich Wilhelm	Leo Weiser	WL 3,3	1933
Henckels, Johann Abraham	Albert Weyersberg	RWWB 1	1931
Henckels, Johann Abraham jun.	Jürgen Weise	RWWB 18	2004
Henckels, Johann Abraham sen.	Jürgen Weise	RWWB 18	2004
Henckels, Johann Gotffried	Jürgen Weise	RWWB 18	2004
Hengstenberg, Ernst Wilhelm	Wihelm Zöllner	WL 3,1	1932
Henkel, Fritz	Josef Wilden	RWWB 2	1937
Herding, Max	Eduard Westerhoff	RWWB 16	1996
Herhaber *s. Heerhaber*			
Hermann II. Bf. v. Münster	Klemens Löffler	WL 3,2	1932
Hermes, Georg	Eduard Hegel	WL 7	1959
Heyden, Carl Theodor (KB)	Barbara Gerstein; Ulrich S. Soénius	RWWB 15	1994
Heynitz, von Familie	Walter Serlo	RWWB 3	1936
Hilgers, Ewald	Walter Serlo	RWWB 3	1936
Hille, Peter	Friedrich Kienecker	WL 14	1987
Hindenberg, Karl August	Wilfried Reininghaus	RWWB 15	1994
Hintze, Franz	Heinrich Weber	RWWB 1	1931
Hirsch, Wilhelm (KB)	Barbara Gerstein; Ulrich S. Soénius	RWWB 15	1994
Hittorf, Wilhelm	Gerhard C. Schmidt	WL 1	1930
Hoelscher, August (KB)	Barbara Gerstein; Ulrich S. Soénius	RWWB 15	1994
Hoesch, Albert	Karl-Peter Ellerbrock	WL 18	2009
Hoesch, Leopold	Fritz Brüggemann	RWWB 2	1937
Hoette, Carl Rudolf (KB)	Barbara Gerstein; Ulrich S. Soénius	RWWB 15	1994
Hoffmann von Fallersleben, August Heinrich	Aloys Bömer	WL 5,1	1935
Hoffmann, Albert	Ralf Blank	WL 17	2005
Hoffmann, Christoph Ludwig	Hermann Terhalle	WL 14	1987
Hoffmann, Eduard	Richard Tiemann	RWWB 1	1931
Holthaus, August Wilhelm	Ulrich S. Soénius	RWWB 18	2004
Honrath, Franz (KB)	Barbara Gerstein; Ulrich S. Soénius	RWWB 15	1994
Houdremont, Edouard	Andreas Zilt	RWWB 17	1999
Hoya, Johann Freytag von	Wilhelm Kohl	WL 10	1970
Hoya, Otto von	Wolfgang Bockhorst	WL 19 (NF 16)	2015
Huch, Gideon (KB)	Barbara Gerstein; Ulrich S. Soénius	RWWB 15	1994
Hue, Otto	Johann Mugrauer	RWWB 1	1931
Huebener, Heinrich (KB)	Barbara Gerstein; Ulrich S. Soénius	RWWB 15	1994
Husen, Paulus von	Karl-Joseph Hummel	WL 19 (NF 16)	2015

Name und Vorname des Dargestellten	*Autor des Beitrags*	*Reihe/ Band*	*Erscheinungsjahr*
Knippenberg, N.N. (KB)	Barbara Gerstein; Ulrich S. Soénius	RWWB 15	1994
Knoep, David	Max Geisberg	WL 4	1933
Knoep, Heinrich	Max Geisberg	WL 4	1933
Kock, Bernhard Joseph u.Familie	Hans Jürgen Warnecke	RWWB 16	1996
Könemann, August (KB)	Barbara Gerstein; Ulrich S. Soénius	RWWB 15	1994
König, Joseph	Rudolf Balks	WL 7	1959
Koenigs, Franz Wilhelm	Klara van Eyll	RWWB 13	1986
Koepchen, Arthur	Helmut Maier	RWWB 17	1999
Koerfer, Aloys (KB)	Barbara Gerstein; Ulrich S. Soénius	RWWB 15	1994
Kolbow, Karl Friedrich	Bernd Walter	WL 17	2005
Kolping, Adolf	Josef Klersch	RWWB 1	1931
Koppers, Heinrich	Manfred Peter Kleimann	RWWB 7	1960
Kopstadt, Hugo (KB)	Barbara Gerstein; Ulrich S. Soénius	RWWB 15	1994
Kortum, Karl Arnold	Bernhard Kleff	WL 2	1931
Krabbe, Heinrich (KB)	Barbara Gerstein; Ulrich S. Soénius	RWWB 15	1994
Krawinkel, Bernhard	Ernst Habermas	RWWB 8	1962
Kreitz, Friedrich (KB)	Barbara Gerstein; Ulrich S. Soénius	RWWB 15	1994
Krings, Michael (KB)	Barbara Gerstein; Ulrich S. Soénius	RWWB 15	1994
Kröning, Bernhard	Ludwig Aschoff	WL 4	1933
Krüger, Ferdinand	Friedrich Castelle	WL 5,2	1937
Kruer, Wilhelm (KB)	Barbara Gerstein; Ulrich S. Soénius	RWWB 15	1994
Krupp, Alfred	Ernst Schröder	RWWB 5	1953
Krupp, Friedrich	Wilhelm Berdrow	RWWB 1	1931
Kruse, Francis	Erich Hoffmann	RWWB 2	1937
Kruse, Julius (KB)	Barbara Gerstein; Ulrich S. Soénius	RWWB 15	1994
Kühlwetter, Friedrich von	Mechthild Black-Veldtrup	WL 18	2009
Kühn, Carl (KB)	Barbara Gerstein; Ulrich S. Soénius	RWWB 15	1994
Kümpers, Friedrich Carl Franz	Barbara Gerstein	RWWB 16	1996
Küp, Arnold (KB)	Barbara Gerstein; Ulrich S. Soénius	RWWB 15	1994
Küpfer, Heinrich	August Meininghaus	WL 3,2	1932
Küttingen, Nikolaus (KB)	Barbara Gerstein; Ulrich S. Soénius	RWWB 15	1994
Kunolt, Carl Heinrich G. (KB)	Barbara Gerstein; Ulrich S. Soénius	RWWB 15	1994

Name und Vorname des Dargestellten	*Autor des Beitrags*	*Reihe/ Band*	*Erscheinungsjahr*
Kunzendorf(f), Friedrich H.	Barbara Gerstein; Ulrich S. Soénius	RWWB 15	1994
Kupferberg, Florian	Hermann van Ham	RWWB 4	1941
Landois, Hermann	Jospeh Otto Plaßmann	WL 4	1933
Landois, Leonard	Rudolf Rosemann	WL 1	1930
Landsberg, Dietrich von	Gerd Dethlefs	WL 19 (NF 16)	2015
Landsberg-Velen, Ignaz von	Manfred Wolf	WL 11	1975
Lange, Friedrich Albert (KB)	Barbara Gerstein; Ulrich S. Soénius	RWWB 15	1994
Langen, Eugen	Bruno Kuske	RWWB 1	1931
Langen, Johann Jakob	Klara van Eyll	RWWB 12	1986
Langen, Rudolf von	Klemens Löffler	WL 1	1930
Laurenz, Hermann u. Familie	Barbara Gerstein	RWWB 16	1996
Le Fort, Gertrud von	Friedrich Kienecker	WL 12	1979
Lehmann, August Hermann	Barbara Gerstein; Ulrich S. Soénius	RWWB 15	1994
Lensing, Lambert	Christopher Beckmann	WL 18	2009
Lensing, Lambert	Kurt Koszyk	RWWB 10	1974
Lesecque, W. von (KB)	Barbara Gerstein; Ulrich S. Soénius	RWWB 15	1994
Leyden, Johann von	Joseph Otto Plaßmann	WL 3,2	1932
Liebrecht, Familie	Walter Serlo	RWWB 3	1936
Limburg-Stirum, Agnes von	Hans-Jürgen Warnecke	WL 12	1979
Lippe, Bernhard II. zur	Klaus Scholz	WL 14	1987
Lippe, Pauline zur	Hans Kiewning	WB 1 WL 2	1930 1931
Lippe, Simon August zur	Berbeli Schefer	WL 8	1959
Lippstadt, Johannes Cincinnius von	Andreas Freitäger	WB 10	1999
Liudger Bischof v. Münster	Klemens Löffler	WL 1	1930
Löbbecke, Alexander	Götz Bettge	RWWB 18	2004
Löbbecke, Hermann	Götz Bettge	RWWB 18	2004
Löns, Hermann	Wilhelm Deimann	WL 5,1	1935
Loerbrock, Familie	Walter Serlo	RWWB 3	1936
Löwenklau, Johannes	Dieter Metzler	WL 13	1985
Lohkampff, Bernhard (KB)	Barbara Gerstein; Ulrich S. Soénius	RWWB 15	1994
Lohmann, Dietrich	Dieter Schweitzer	RWWB 15	1994
Lohmann, Friedrich (KB) Ulrich S. Soénius	Barbara Gerstein;	RWWB 15	1994
Loringhoven, Johann Freytag von	Wilhelm Lenz	WL 9	1962
Lossen, Familie	Walter Serlo	RWWB 3	1936
Lottner, Heinrich	Walter Serlo	RWWB 3	1936
Lottner, Johann Heinrich (KB)	Barbara Gerstein; Ulrich S. Soénius	RWWB 15	1994

Name und Vorname des Dargestellten	*Autor des Beitrags*	*Reihe/ Band*	*Erschei- nungsjahr*
Luckhaus, Wilhelm (KB)	Barbara Gerstein; Ulrich S. Soénius	RWWB 15	1994
Lübke, Heinrich	Rudolf Morsey	WL 18	2009
Lübke, Wilhelm (Kunsthistoriker)	Ludwig Rohling	WL 6	1957
Lüninck, Ferdinand von	Peter Möhring	WL 17	2005
Lürmann, Friedrich Wilhelm	Wilfried Reininghaus	RWWB 15	1994
Luyken, Rudolf (KB)	Barbara Gerstein; Ulrich S. Soénius	RWWB 15	1994
Macco, Heinrich	Barbara Gerstein	RWWB 15	1994
Mallinckrodt, Arnold	Gustav Luntowski	WL 15	1990
Mallinckrodt, Gustav	Friedrich Zunkel	RWWB 12	1986
Mallinckrodt, Hermann	Friedrich Gerhard Hohmann	WL 15	1990
Mallinckrodt, Pauline von	Wilhelm Liese	WL 3,1	1932
Manger, Eduard (KB)	Barbara Gerstein; Ulrich S. Soénius	RWWB 15	1994
Mannesmann, Familie	Horst A. Wessel	RWWB 17	1999
Maron, Oskar (KB)	Barbara Gerstein; Ulrich S. Soénius	RWWB 15	1994
Martens, Oskar	Barbara Gerstein	RWWB 15	1994
Martin, Friedrich	Manfred Rasch	RWWB 17	1999
Martin, Otto (KB)	Barbara Gerstein; Ulrich S. Soénius	RWWB 15	1994
Marx, Christoph (KB)	Barbara Gerstein; Ulrich S. Soénius	RWWB 15	1994
Mathilde (Mutter Ottos I.)	Martin Lintzel	WL 5,2	1937
Max Franz von Österreich	Max Braubach	WL 1	1930
Mayer, Jacob	Walther Bertram	RWWB 6	1954
Meckenem, Israhel von	Max Geisberg	WL 1	1930
Meigen, Johann Wilhelm	Ulrich S. Soénius	RWWB 15	1994
Meinders, Franz	Martin Krieg	WL 3,2	1932
Meinwerk	Johannes Bauermann	WL 1	1930
Memmert, Wilhelm (KB)	Barbara Gerstein; Ulrich S. Soénius	RWWB 15	1994
Merkens, Peter Heinrich	Heinz Grupe	RWWB 5	1953
Metschke, Hans (KB)	Barbara Gerstein; Ulrich S. Soénius	RWWB 15	1994
Mevissen, Gustav von	Erika Loose-Weis	RWWB 2	1934
Meyer, Alfred	Heinz Jürgen Priamus	WL 17	2005
Meyer, Hermann (KB)	Barbara Gerstein; Ulrich S. Soénius	RWWB 15	1994
Meysenburg, Malwida von	Gisela Wagner	WL 12	1979
Michels, Gustav	Frauke Schönert-Röhlk	RWWB 12	1986
Michels, Peter	Frauke Schönert-Röhlk	RWWB 12	1986
Middendorf, Wilhelm	Adolf Sellmann	WL 3,2	1932

Name und Vorname des Dargestellten	*Autor des Beitrags*	*Reihe/ Band*	*Erscheinungsjahr*
Miquel, Johannes von	Gerhard Schulz	WL 8	1959
Moeller, Eduard von	Martin Krieg	WL 2	1931
Mollat, Johann G.M.F.	Helmut Bernert	RWWB 15	1994
Möller, Friedrich Wilhelm	Bernd Hey	RWWB 14	1992
Möller, Johann Friedrich	Hugo Rothert	WL 3,3	1933
Möller, Theodor von	Heidrun Walther	RWWB 9	1967
Möser, Justus	Karl Brandi	WL 5,1	1935
Muck, Fritz	Paul Gerhard Lameck	RWWB 4	1941
Mülhens, Ferdinand	Wilhelm Treue	RWWB 12	1986
Müllensiefen, Peter Eberhard	Wilfried Reininghaus	RWWB 18	2004
Müllensiefen, Theodor	Paul H. Mertes	RWWB 2	1937
Müller, Adolph	Ralf Stremmel	RWWB 17	1999
Müller, Fritz	Manfred Rasch	RWWB 17	1999
Müller, Gerhard Friedrich	Wolfgang Mölleken	WL 10	1970
Müller, Wilhelm (KB)	Barbara Gerstein; Ulrich S. Soénius	RWWB 15	1994
Mündelein, Franz	Norbert Aleweld	WL 16	2000
Münster, Johann von	Aloys Bömer	WL 2	1931
Münzer, Friedrich	Alfred Kneppe; Josef Wiesehöfer	WL 13	1985
Murmellius, Johannes	Aloys Bömer	WL 2	1931
Nassau-Siegen, Johann Moritz von	Hans Kruse	WL 1	1930
Nasse, Christian Friedrich	Paul Krause	WL 2	1931
Natorp, Christoph Bernhard Ludwig	Karl-Ernst Jeismann	WL 15	1990
Natorp, Gustav	Karl Mews	RWWB 8	1962
Neumann, J. (KB)	Barbara Gerstein; Ulrich S. Soénius	RWWB 15	1994
Ney, Elisabeth	Eugen Müller	WL 3,1	1932
Nicolai, Philipp	Adolf Sellmann	WL 1	1930
Nieberding, Karl Heinrich	Georg Reinke	WL 2	1931
Niedergassel *s. Gassel*			
Niem, Dietrich von	Hermann Heimpel	WB 2 WL 5,2 1937	1932
Noeggerath, Johann Jacob	Walter Serlo	RWWB 3	1936
Norden, Jacob van	Heinrich Müser	RWWB 6	1954
Nottebohm, Gustav	Hans Joachim Moser	WL 6	1957
Nottebohm, Richard Bernhard	Barbara Gerstein; Ulrich S. Soénius	RWWB 15	1994
Nünning, Jodocus Hermann	Werner Frese	WL 13	1985
Oberste-Brink, Karl	Evelyn Kroker	RWWB 17	1999
Ochel, Willy	Barbara Gerstein	RWWB 17	1999
Oechelhaeuser, Adolf (KB)	Barbara Gerstein; Ulrich S. Soénius	RWWB 15	1994

Name und Vorname des Dargestellten	*Autor des Beitrags*	*Reihe/ Band*	*Erscheinungsjahr*
Oechelhaeuser, Wilhelm	Wilhelm Mollat	RWWB 1	1931
Oesterreich *s. Max Franz*			
Oetker, August	Sidney Pollard; Roland Möller	RWWB 14	1992
Oeynhausen, Frhrn v.	Walter Serlo	RWWB 3	1936
Oheimb, Alexander von	Günther Engelbert	WL 11	1975
Olep, August Emil Heinrich (KB)	Barbara Gerstein; Ulrich S. Soénius	RWWB 15	1994
Olfers, Ignaz von	Paul Ortwin Rave	WL 9	1962
Oppenheim, Abraham	Wilhelm Treue	RWWB 8	1962
Oppenheim, Abraham	Wilhelm Treue	RWWB 13	1986
Oppenheim, Dagobert	Wilhelm Treue	RWWB 13	1986
Oppenheim, Simon	Wilhelm Treue	RWWB 13	1986
Orth, Josef (KB)	Barbara Gerstein; Ulrich S. Soénius	RWWB 15	1994
Osten, Hans F.E.G.von d. (KB)	Barbara Gerstein; Ulrich S. Soénius	RWWB 15	1994
Ostendorf, Julius	Joseph Hengesbach	WL 3,3	1933
Ostermann, Heinrich von	Karl Stählin	WL 6	1957
Ostfriesland *s. Rietberg, Maria Ernestine Franziska Gräfin von*			
Osthaus, Karl Ernst	Herta Hesse-Frielinghaus	WL 9	1962
Osthoff, Hermann	Hermann Güntert	WL 4	1933
Otto, Nikolaus August	Arnold Langen	RWWB 5	1953
Overbeck, Wilhelm	Paul Hermann Mertes	RWWB 11	1983
Overberg, Bernhard	Richard Stapper	WL 1	1930
Pape, Heinrich Eduard	Hans Georg Mertens	WL 11	1975
Pape, Joseph	Hubert Grimm	WL 3,2	1932
Papen, Franz von	Daniel Schmidt	WL 19 (NF 16)	2015
Pattberg, Heinrich	Willi Wiesenkemper	RWWB 6	1954
Pauline zur Lippe *s. Lippe*			
Peitz, Ferdinand (KB)	Barbara Gerstein; Ulrich S. Soénius	RWWB 15	1994
Peres, Daniel	Franz Hendrichs	RWWB 6	1954
Peres, Daniel	Wolfgang Eduard Peres	RWWB 18	2004
Person, Gobelin	Herman Josef Schmalor	WL 16	2000
Peters, Johann K.A.B.	Barbara Gerstein; Ulrich S. Soénius	RWWB 15	1994
Petri, Julius	Joseph Risse	WL 5,1	1935
Pfeifer, Emil	Klara van Eyll	RWWB 12	1986
Pferdmenges, Robert	Wilhelm Treue	RWWB 13	1986
Philippi, Friedrich	Wilfried Reininghaus	NF 15	2014
Pictorius, Peter d. Ä.	Wilhelm Rave	WL 4	1933
Piepenstock, Hermann Dietrich	Wilhelm Schulte	RWWB 2	1934
Plassmann, Otto	Friedrich Gerhard Hohmann	WL 19 (NF 16)	2015

Name und Vorname des Dargestellten	*Autor des Beitrags*	*Reihe/ Band*	*Erschei-nungsjahr*
Romberg, Giesbert von	Helmut Richtering	WL 9	1962
Rosen, Friedrich	Herbert Müller-Werth	WL 8	1959
Rosendahl, Wilhelm (KB)	Barbara Gerstein; Ulrich S. Soénius	RWWB 15	1994
Rothmann, Bernhard	Hugo Rothert	WL 1	1930
Rottendorf, Bernhard	Helmut Lahrkamp	WL 10	1970
Rump, Ernst	Eduard Westerhoff	RWWB 16	1996
Rumpe, Johann Caspar	Wilhelm Claas	RWWB 2	1937
Rumpe, Johann Caspar	Stefan Gorißen	RWWB 18	2004
Runkel, N.N. (KB)	Barbara Gerstein; Ulrich S. Soénius	RWWB 15	1994
Salm-Horstmar, Wilhelm Ernst zu	Egbert Thiemann	WL 10	1970
Salzmann, Bernhard	Alfred Hartlieb von Wallthor	WL 14	1987
Sayn-Wittgenstein-Hohenstein, Johann zu	Gustav Bauer	WL 2	1931
Schauenburg, Adolf II. von	Gottfried Wentz	WL 5,1	1935
Schauenburg-Lippe, Wilhelm von	Hans Kiewning	WL 3,1	1932
Scheffer-Boichorst, Paul	Karl Brandi	WL 2	1931
Scheibler, Christoph	Nicolaus Heutger	WL 13	1985
Scheidges, Johann Anton (KB)	Barbara Gerstein; Ulrich S. Soénius	RWWB 15	1994
Schele, Heinrich Friedrich von	Eduard Schulte	WL 4	1933
Schele, Sweder	Gunnar Teske	WL 19 (NF 16)	2015
Schemann, Friedrich A. (KB)	Barbara Gerstein; Ulrich S. Soénius	RWWB 15	1994
Schenck, Friedrich von	Berndt von Schenck	RWWB 11	1983
Scherenberg, Ernst (KB)	Barbara Gerstein; Ulrich S. Soénius	RWWB 15	1994
Schlaun, Johann Conrad	Martin Wackernagel	WL 1	1930
Schleiden, Christian (KB)	Barbara Gerstein; Ulrich S. Soénius	RWWB 15	1994
Schleiermacher, Carl F.S. (KB)	Barbara Gerstein; Ulrich S. Soénius	RWWB 15	1994
Schlenker, Max Martin	Gertrud Milkereit	RWWB 15	1994
Schlink, Joseph	Ralf Stremmel	RWWB 17	1999
Schloß, Aron (KB)	Barbara Gerstein; Ulrich S. Soénius	RWWB 15	1994
Schmedding, Johann Heinrich	Christina Rathgeber	WL 18	2009
Schmidt, Johann Heinrich	Wilfried Reininghaus	RWWB 18	2004
Schmidt, Joseph Hermann	Paul Fraatz	WL 2	1931
Schmitt, Carl	Dirk van Laak	WL 17	2005
Schmitz, Josef (KB)	Barbara Gerstein; Ulrich S. Soénius	RWWB 15	1994

Name und Vorname des Dargestellten	*Autor des Beitrags*	*Reihe/ Band*	*Erscheinungsjahr*
Schmitz, Peter Carl Hubert (KB)	Barbara Gerstein; Ulrich S. Soénius	RWWB 15	1994
Schnitzler, August	Horst Sassin	RWWB 18	2004
Schnitzler, Carl Eduard	Christian Eckert	RWWB 5	1953
Schoenen, Wilhelm Th.v. (KB)	Barbara Gerstein; Ulrich S. Soénius	RWWB 15	1994
Schopp, Johann Peter (KB)	Barbara Gerstein; Ulrich S. Soénius	RWWB 15	1994
Schorlemer-Alst, Burghard von	Karl Gerland	RWWB 1	1931
Schoultz von Ascheraden, Eugen Alexander Max von	Barbara Gerstein	RWWB 15	1994
Schreiber, Georg	Rudolf Morsey	WL 18	2009
Schröter, Paul Karl	Wolfgang Burkhard	RWWB 15	1994
Schründer, Familie	Albin Gladen; Volker Innemann	RWWB 16	1996
Schuchard, Johannes	Hans Höring	RWWB 1	1931
Schücking, Levin	Julius Schwering	WL 2	1931
Schücking, Walther	Detlev Acker	WB 6	1970
Schürmann, Friedrich W. (KB)	Barbara Gerstein; Ulrich S. Soénius	RWWB 15	1994
Schulte, Aloys	Max Braubach	WL 7	1959
Schultz, Hugo	Walter Bacmeister	RWWB 4	1941
Schulz-Briesen, Bruno	Max Schulz-Briesen	RWWB 4	1941
Schulze, Franz-Joseph	Franz Josef Weber	WL 18	2009
Schwacke, Friedrich (KB)	Barbara Gerstein; Ulrich S. Soénius	RWWB 15	1994
Schwartz, Familie (aus Bocholt)	Eduard Westerhoff	RWWB 16	1996
Seibertz, Engelbert	Andrea Teuscher	WL 19 (NF 16)	2015
Seibertz, Johann Suibert	Harm Klueting	WL 15	1990
Sell, Franz Eugen (KB)	Barbara Gerstein; Ulrich S. Soénius	RWWB 15	1994
Selve, Gustav	Ferdinand Schmidt	RWWB 2	1934
Senst, Otto Bernhard (KB)	Barbara Gerstein; Ulrich S. Soénius	RWWB 15	1994
Sertürner, Friedrich Wilhelm Adam	Hermann Coenen	WL 2 1931	
Severing, Karl	Kurt Koszyk	WL 11	1975
Silverberg, Paul	Hermann Kellenbenz	RWWB 9	1967
Simon August zur Lippe *s. Lippe*			
Soennecken, Friedrich	Christian Eckert	RWWB 2	1937
Soest, Jakob von	Josef Heinrich Beckmann	WL 3,1	1932
Soest, Konrad von	Norbert Nissen	WL 2	1931
Soetbeer, Heinrich	Wilfried Reininghaus	RWWB 15	1994
Spaeter, Carl	Gertrud Milkereit	RWWB 10	1974
Spiegel, Ferdinand August von	Walter Lipgens	WB 4	1965

Name und Vorname des Dargestellten	*Autor des Beitrags*	*Reihe/ Band*	*Erscheinungsjahr*
Spiegel zum Diesenberg, Franz Wilhelm von	Max Braubach	WL 6	1957
Sporck, Franz Anton von	Hubert Rösel	WL 11	1975
Sporck, Johann von	Hubert Rösel	WL 11	1975
Springorum, Friedrich	Walter Bertram	RWWB 5	1953
Staden, Heinrich von	Fritz Epstein	WL 2	1931
Stegemann, Johann Richard	Jürgen Weise	RWWB 15	1994
Stein, Gustav (KB)	Barbara Gerstein; Ulrich S. Soénius	RWWB 15	1994
Stein, Heinrich F. K.	Erich Botzenhart	WL 2	1931
Reichsfrhr. vom und zum	Walter Serlo	RWWB 3	1936
Stensen, Niels	Alois Schröer	WL 6	1957
Stollwerck, Ludwig	Gustav Laute	RWWB 5	1953
Strobel, Peter Josef (KB)	Barbara Gerstein; Ulrich S. Soénius	RWWB 15	1994
Stroetmann, Familie (Emsdetten)	Hermann Schulte	RWWB 16	1996
Stuermer, Carl (KB)	Barbara Gerstein; Ulrich S. Soénius	RWWB 15	1994
Stueve, Karl Bertram	Hermann Rothert	WL 6	1957
Stumm-Halberg, Carl Ferdinand von	Fritz Hellwig	RWWB 2	1937
Sturmius (Abt Fulda)	Franz Flaskamp	WL 2	1931
Sudermann, Heinrich	Luise von Winterfeld	WL 1	1930
Tecklenburg, Konrad von	Hans Richter	WL 3,2	1932
Temming, Johannes	Volker Innemann	RWWB 16	1996
Tenge, Friedrich Ludwig	Horst Conrad	RWWB 11	1983
Teutonicus, Johann Freytag	Theodor Rensing	WL 4	1933
Thilo, Conrad B.M. (KB)	Barbara Gerstein; Ulrich S. Soénius	RWWB 15	1994
Thöne, Heinrich	Wilhelm Thöne	WL 3,3	1933
Thulemmeier, Wilhelm Heinrich von	Jörg Jacoby	WL 8	1959
Thyssen, August	Paul Ernst	RWWB 2	1934
Tidemann Lemberg	Luise von Winterfeld	WL 4	1933
Tietz, Leonhard	Fritz Blumrath	RWWB 7	1960
Tille, Alexander	Fritz Hellwig	RWWB 15	1994
Timmermann, Jan Frederik	Barbara Gerstein	RWWB 16	1996
Trappen, Alfred	Rainer Stahlschmidt	RWWB 17	1999
Troost, Wilhelm (KB)	Barbara Gerstein; Ulrich S. Soénius	RWWB 15	1994
Turck, Wilhelm	Ralf Stremmel	RWWB 18	2004
Tzwyvel, Dietrich	Aloys Bömer	WL 2	1931
Uhlhorn, Dietrich	Otto Albert Borman	RWWB 1	1931
Uhlitzsch, Franz Richard (KB)	Barbara Gerstein; Ulrich S. Soénius	RWWB 15	1994

Name und Vorname des Dargestellten	*Autor des Beitrags*	*Reihe/ Band*	*Erschei- nungsjahr*
Westphalen, Clemens August von	Ludger von Westphalen	WB 7	1982
Weyermann, Bartholomäus	Barbara Gerstein; Ulrich S. Soénius	RWWB 15	1994
Weyland, Peter (KB)	Barbara Gerstein; Ulrich S. Soénius	RWWB 15	1994
Wibald Abt v.Corvey u. Stablo	Friedrich Hausmann	WL 7	1959
Wichard, Liborius	Heinrich Schoppmeyer	WL 18	2009
Wickert, Karl F. H. (KB)	Barbara Gerstein; Ulrich S. Soénius	RWWB 15	1994
Widukind	Martin Lintzel	WL 5,1	1935
Widukind, von Corvey	Gerda Krüger	WL 1	1930
Wiebe, Georg	Barbara Gerstein	RWWB 15	1994
Wiedemann, Georg L.A. (KB)	Barbara Gerstein; Ulrich S. Soénius	RWWB 15	1994
Wiese, Peter Wilhelm (KB)	Barbara Gerstein; Ulrich S. Soénius	RWWB 15	1994
Wilhelm von Schauenburg-Lippe *s. Schauenburg-Lippe*			
Wilhelmi, Joohann F. (KB)	Barbara Gerstein; Ulrich S. Soénius	RWWB 15	1994
Willach, Johann (KB)	Barbara Gerstein; Ulrich S. Soénius	RWWB 15	1994
Wilms, Friedrich C. M. (KB)	Barbara Gerstein; Ulrich S. Soénius	RWWB 15	1994
Wilms, Wilhelm (KB)	Barbara Gerstein; Ulrich S. Soénius	RWWB 15	1994
Winckler, Josef	Wolfgang Delseit	WL 19 (NF 16)	2015
Windel, Hermann	Johannes Altenberend	RWWB 14	1992
Wirminghaus, Alexander	Ulrich S. Soénius	RWWB 15	1994
Wirth, Michael (KB)	Barbara Gerstein; Ulrich S. Soénius	RWWB 15	1994
Woas, Franz (KB)	Barbara Gerstein; Ulrich S. Soénius	RWWB 15	1994
Woltmann, Arnold	Bodo Herzog	RWWB 15	1994
Worms, Johann Caspar (KB)	Barbara Gerstein; Ulrich S. Soénius	RWWB 15	1994
Wüllner, Franz	Ernst Wolf	WL 2	1931
Wurst, Adolf	Barbara Gerstein	RWWB 15	1994
Wyck, Johann von der	Robert Stupperich	WL 16	2000
Zanders, Richard	Ferdinand Schmitz	RWWB 4	1941
Zeyß, Richard Paul (KB)	Barbara Gerstein; Ulrich S. Soénius	RWWB 15	1994
Zoellner, Wilhelm	Werner Philipps	WL 13	1985
Zwehl, Josef M. H. von (KB)	Barbara Gerstein; Ulrich S. Soénius	RWWB 15	1994
Zwiegert, Erich	Paul Brandi	RWWB 4	1941

Veröffentlichungen der Historischen Kommission für Westfalen

Neue Folge

Die traditionelle Einteilung der Publikationen der Historischen Kommission in zuletzt mehr als 45 Reihen wurde zum Jahresende 2010 aufgehoben. Seither erscheinen alle Bände in der „Neuen Folge", die nicht weiter nach Themen unterteilt wird. Hinzu kommen die Bände der 2013 begonnenen Reihe „Materialien der Historischen Kommission für Westfalen", die ausschließlich elektronisch publiziert wird.

Bisher erschienen in der „Neuen Folge":

Band 1:
Der Jülich-Klevische Erbstreit 1609. Seine Voraussetzungen und Folgen. Vortragsband. Hg. von Manfred GROTEN, Clemens von LOOZ-CORSWAREM und Wilfried REININGHAUS, Redaktion Manuel HAGEMANN. Düsseldorf 2011, IX und 359 Seiten, Festeinband (Veröffentlichungen der Historischen Kommission für Westfalen, Neue Folge 1; Publikationen der Gesellschaft für Rheinische Geschichtskunde, Vorträge 36; Veröffentlichungen des Arbeitskreises Niederrheinischer Kommunalarchivare). Droste, ISBN 978-3-7700-7636-9.

Band 2:
Die Tagebücher des Ludwig Freiherrn Vincke. Band 2: 1792–1793. Bearb. von Wilfried REININGHAUS unter Mitarbeit von Hertha SAGEBIEL, Tobias MEYER-ZURWELLE und Tobias SCHENK. Münster 2011, VI und 471 Seiten, Festeinband (Veröffentlichungen der Historischen Kommission für Westfalen, Neue Folge 2; Veröffentlichungen des Vereins für Geschichte und Altertumskunde Westfalen, Abteilung Münster 2; Veröffentlichungen des Landesarchivs Nordrhein-Westfalen 37). Aschendorff, ISBN 978-3-402-15741-1.

Band 3
Franz von Fürstenberg (1729–1810). Aufklärer und Reformer im Fürstbistum Münster. Beiträge der Tagung am 16. und 17. September 2010 in Münster. Hg. von Thomas FLAMMER, Werner FREITAG und Alwin HANSCHMIDT. Münster 2012, 244 Seiten, kartoniert (Veröffentlichungen der Historischen Kommission für Westfalen, Neue Folge 3; Westfalen in der Vormoderne, Studien zur mittelalterlichen und frühneuzeitlichen Landesgeschichte 11). Aschendorff, ISBN 978-3-402-15051-1.

Band 4
Burgen in Westfalen. Wehranlagen, Herrschaftssitze, Wirtschaftskerne (12.–14. Jahrhundert). Beiträge der Tagung am 10. und 11. September 2010 in Hemer. Hg. von Werner FREITAG und Wilfried REININGHAUS. Münster 2012. 254 Seiten, kartoniert (Veröffentlichungen der Historischen Kommission für Westfalen, Neue Folge 4; Westfalen in der Vormoderne, Studien zur mittelalterlichen und frühneuzeitlichen Landesgeschichte 12). Aschendorff, ISBN 978-3-402-15052-8.

Band 5
Visitationen im Herzogtum Westfalen in der Frühen Neuzeit. Bearb. von Manfred WOLF, Paderborn 2012, 284 Seinen, Festeinband (Veröffentlichungen der Historischen Kommission für Westfalen, Neue Folge 5; Veröffentlichungen zur Geschichte der mitteldeutschen Kirchenprovinz, Band 22). Bonifatius, ISBN 978-3-89710-526-3.

Band 6
Arnold SCHWEDE: Das Münzwesen in der Reichsgrafschaft Rietberg. Mit einem Beitrag von Manfred BEINE. Paderborn 2012, XII und 301 Seiten, Festeinband, zahlreiche Abb., Karten (Veröffentlichungen der Historischen Kommission für Westfalen, Neue Folge 6; Studien und Quellen zur westfälischen Geschichte, Band 70). Bonifatius, ISBN 978-3-89710-517-1.

Band 7
Die Kirchenvisitationsprotokolle des Fürstentums Minden von 1650. Mit einer Untersuchung zur Entstehung der mittelalterlichen Pfarrkirchen und zur Entwicklung der Evangelisch-Lutherischen Landeskirche Minden. Bearb. von Hans NORDSIEK, Münster 2013, 597 Seiten, Festeinband, drei Karten in Tasche (Veröffentlichungen der Historischen Kommission für Westfalen, Neue Folge 7). Aschendorff, ISBN 978-3-402-15113-6.

Band 8
Europäische Stadtgeschichte. Ausgewählte Beiträge von Peter JOHANEK. Hg. von Werner FREITAG und Mechthild SIEKMANN. Köln 2012, 458 Seiten, Festeinband, Abb. (Veröffentlichungen der Historischen Kommission für Westfalen, Neue Folge 8; Veröffentlichungen des Instituts für vergleichende Städtegeschichte in Münster, Reihe A: Darstellungen 86). Böhlau, ISBN 978-3-412-20984-1.

Band 9
Räume – Grenzen – Identitäten. Westfalen als Gegenstand landes- und regionalgeschichtlicher Forschung. Tagungsband. Hg. von Bernd WALTER und Wilfried REININGHAUS. Paderborn 2013, 304 Seiten, Festeinband (Veröffentlichungen der Historischen Kommission für Westfalen, Neue Folge 9; Forschungen zur Regionalgeschichte 71). Schöningh, ISBN 978-3-506-77771-3.

Band 10
Historisches Handbuch der jüdischen Gemeinschaften in Westfalen und Lippe. Die Ortschaften und Territorien im heutigen Regierungsbezirk Detmold. Hg. von Karl HENGST in Zusammenarbeit mit Ursula OLSCHEWSKI, Redaktion Anna-Therese GRABKOWSKY, Franz-Josef JAKOBI und Rita SCHLAUTMANN-OVERMEYER in Kooperation mit Bernd-Wilhelm LINNEMEIER. Münster 2013, 832 Seiten, Festeinband, 2 Karten und Gliederungsschema in Tasche (Veröffentlichungen der Historischen Kommission für Westfalen, Neue Folge 10). Ardey, ISBN 978-3-87023-283-2.

Band 11
Historisches Handbuch der jüdischen Gemeinschaften in Westfalen und Lippe. Grundlagen – Erträge – Perspektiven. Hg. von Susanne FREUND, Redaktion Anna-Therese GRABKOWSKY, Franz-Josef JAKOBI und Rita SCHLAUTMANN-OVERMEYER. Münster 2013, 415 Seiten, Festeinband, 2 Karten in Tasche (Veröffentlichungen der Historischen Kommission für Westfalen, Neue Folge 11). Ardey, ISBN 978-3-87023-285-6.

Band 12 (in Vorbereitung)
Historisches Handbuch der jüdischen Gemeinschaften in Westfalen und Lippe. Die Ortschaften und Territorien im heutigen Regierungsbezirk Arnsberg. Hg. von Frank GÖTTMANN, Redaktion Wilfried REININGHAUS, Burkhard BEYER und Rita SCHLAUTMANN-OVERMEYER. Münster ca. 2015, ca. 900 Seiten, Festeinband, Karten (Veröffentlichungen der Historischen Kommission für Westfalen, Neue Folge 12). Ardey, ISBN 978-3-87023-284-9.

Band 13
Rechte, Güter und Lehen der Kölner Erzbischöfe in Westfalen. Liber iurium et feudorum Westphaliae, Arnsberg et Recklinghausen, congestus sub Theoderico de Mörsa, archiepiscopo Coloniensi (um 1438). Bearb. von Manfred WOLF, mit einer Einleitung von Wilfried REININGHAUS. Münster 2014, 456 Seiten, Festeinband, Faksimiles (Veröffentlichungen der Historischen Kommission für Westfalen, Neue Folge 13). Aschendorff, ISBN 978-3-402-15114-3.

Band 14
Das Tafelgutverzeichnis des Bischofs von Münster 1573/74. Band 1: Das Amt Rheine-Bevergern. Bearb. von Leopold SCHÜTTE. Münster 2014, 347 Seiten, Festeinband, Faksimiles (Veröffentlichungen der Historischen Kommission für Westfalen, Neue Folge 14). Aschendorff, ISBN 978-3-402-15115-0.

Band 15
Wilfried REININGHAUS: Friedrich Philippi. Historiker und Archivar in Wilhelminischer Zeit – eine Biographie. Münster 2014, 352 Seiten, Festeinband, zahlreiche Abbildungen. (Veröffentlichungen der Historischen Kommission für Westfalen, Neue Folge 15). Aschendorff, ISBN 978-3-402-15116-7.

Band 17
Historischer Atlas westfälischer Städte, Band 1: Eversberg. Bearb. von Wilfried EHBRECHT, Münster 2014, 16 Seiten und 6 lose Karten in Mappe (25,2 x 35,2 cm), zahlreiche Karten und Abbildungen (Veröffentlichungen der Historischen Kommission für Westfalen, Neue Folge 17). Ardey, ISBN 978-3-87023-367-9.

Band 18
Historischer Atlas westfälischer Städte, Band 2: Grevenstein. Bearb. von Wilfried EHBRECHT, Münster 2014, 16 Seiten und 5 lose Karten in Mappe (25,2 x 35,2 cm), zahlreiche Karten und Abbildungen (Veröffentlichungen der Historischen Kommission für Westfalen, Neue Folge 18). Ardey, ISBN 978-3-87023-368-6.

Band 19
Historischer Atlas westfälischer Städte, Band 3: Olfen. Bearb. von Peter ILISCH, Münster 2014, 16 Seiten und 5 lose Karten in Mappe (25,2 x 35,2 cm), zahlreiche Karten und Abbildungen (Veröffentlichungen der Historischen Kommission für Westfalen, Neue Folge 19). Ardey, ISBN 978-3-87023-369-3.

Band 20
Historischer Atlas westfälischer Städte, Band 4: Westerholt. Bearb. von Cornelia KNEPPE, Münster 2014, 16 Seiten und 4 lose Karten in Mappe (25,2 x 35,2 cm), zahlreiche Karten und Abbildungen (Veröffentlichungen der Historischen Kommission für Westfalen, Neue Folge 20). Ardey, ISBN 978-3-87023-370-9.

Band 21 (in Vorbereitung)
Westfälische Geschichtsbaumeister. Landesgeschichtsforschung und Landesgeschichtsschreibung im 19. und 20. Jahrhundert. Beiträge der Tagung am 10. und 11. Oktober 2013 in Herne. Hg. von Werner FREITAG und Wilfried REININGHAUS, Münster 2015, ca. 300 Seiten, Festeinband (Veröffentlichungen der Historischen Kommission für Westfalen, Neue Folge 21). Aschendorff, ISBN 978-3-402-15118-1.

Band 22
Die Tagebücher des Ludwig Freiherrn Vincke 1789–1844. Band 8: 1819–1824. Bearb. von Hans-Joachim BEHR, Münster 2015, 632 Seiten, Festeinband, zahlreiche Abbildungen (Veröffentlichungen der Historischen Kommission für Westfalen, Neue Folge 22; Veröffentlichungen des Vereins für Geschichte und Altertumskunde Westfalens, Abteilung Münster 8; Veröffentlichungen des Landesarchivs Nordrhein-Westfalen 48). Aschendorff, ISBN 978-3-402-15119-8.

Band 23
Die Tagebücher des Ludwig Freiherrn Vincke 1789–1844. Band 9: 1825–1829. Bearb. von Hans-Joachim BEHR. Münster 2015, 508 Seiten, Festeinband, zahlreiche Abbildungen (Veröffentlichungen der Historischen Kommission für Westfalen, Neue Folge 23; Veröffentlichungen des Vereins für Geschichte und Altertumskunde Westfalens, Abteilung Münster 9; Veröffentlichungen des Landesarchivs Nordrhein-Westfalen 49). Aschendorff, ISBN 978-3-402-15120-4.

Band 24
Historischer Atlas westfälischer Städte, Band 5: Gütersloh. Bearb. von Friedrich Bernward FAHLBUSCH, Münster 2014, 16 Seiten und 5 lose Karten in Mappe (25,2 x 35,2 cm), zahlreiche Karten und Abbildungen (Veröffentlichungen der Historischen Kommission für Westfalen, Neue Folge 24). Ardey, ISBN 978-3-87023-374-7.

Band 25
Historischer Atlas westfälischer Städte, Band 6: Ramsdorf. Bearb. von Volker TSCHUSCHKE, Münster 2014, 16 Seiten und 5 lose Karten in Mappe (25,2 x 35,2 cm), zahlreiche Karten und Abbildungen (Veröffentlichungen der Historischen Kommission für Westfalen, Neue Folge 25). Ardey, ISBN 978-3-87023-375-4.

Band 26
Das Tafelgutverzeichnis des Bischofs von Münster 1573/74. Band 2: Das Amt Wolbeck. Bearb. von Leopold SCHÜTTE. Münster 2015, 315 Seiten, Festeinband, Faksimiles (Veröffentlichungen der Historischen Kommission für Westfalen, Neue Folge 26). Aschendorff, ISBN 978-3-402-15121-1.